壓力管理

潘正德　譯

Comprehensive Stress Management

Jerrold S. Greenberg

作者簡介

　　Jerrold S. Greenberg是美國馬里蘭大學的知名教授，其在健康教育領域的成就斐然。他不僅是一位名教授，傑出的學術研究者，優秀的專書著作者，更是一位熱心公益的學者。在美國，Greenberg每年有無數次的演講、座談、訓練、研習、工作坊，難得的是，他仍能定期出版專書並提出精湛的研究報告。他是一位人人稱羨的成功者，但他卻在亟其忙碌的生活中備受壓力的侵擾，導致精疲力竭。這樣的心路歷程，Greenberg走過，但也從中再起，因此，他是一個理論與實務結合，外在刺激與內在控制力維持均衡的人。在其著作中，在在顯示出這種深度與內涵。

譯者簡介

潘正德

學歷□彰化師範大學輔導學系
　　　□美國威斯康辛大學教育輔導研究所
經歷□徐匯中學輔導教師
　　　□臺北市教師研習中心編審
　　　□光武工專講師兼輔導組長
　　　□光武工專副教授兼輔導室主任
現任□中原大學人文與教育學院教授
　　　□黃烈火文教基金會諮詢委員

著作□讀書治療對屢次違規五專學生輔導績效之研究（民78）

　　　□一般性團體諮商、認知模式動力諮商對五專一年級內向性
　　　　適應欠佳男生的效果研究（副教授論文，民79）

　　　□團體動力（心理出版社，民79）

　　　□桃竹苗地區成人二十一世紀基本生活知能調查研究(民81)

　　　□青少年成長營追蹤調查分析報告（民81）

　　　□小團體輔導的研究理論三篇（民81～82）

　　　□大學生團體諮商歷程中的口語互動行為分析及影響團體效
　　　　果相關因素之研究（民82）

　　　□諮商理論、技術與實務（心理出版社，民83）

　　　□團體動力學（心理出版社，民84）

　　　□壓力管理（本書）

　　　□Hill 互動矩陣理論在成長團體的驗証（民86）

　　　□團體動力學（民86）

　　　□諮商理論、技術與實務（民86）

　　　□團體效果、口語行為及相關因素之研究（民87）

　　　□不同理論取向團體的口語互動行為分析與團體效果之研究
　　　　（民87）

　　□Group Counseling Based on Satir model as an Intervention for
　　　College Students in Taiwan（1999）

譯者序

　　壓力已是現代人無可避免的一個夢魘，由老至少，從家庭內至家庭外（工作場所）無一倖免。令人不解的是，無數男女的生命、生活、生存、生計都有形或無形地遭其侵害、凌虐而仍不自覺。難怪現代人要耗費甚多能源去面對與日俱增的緊張、焦慮、恐懼、煩惱、壓迫感及浮躁，卻常落得精疲力竭、心力交瘁的下場。

　　全人心理學(holistic psychology)指出：我們內心的感覺就是改變的力量。更具體的說，思想與情緒是我們心靈的補品。成為一個人，上蒼早已設想周到地為我們預備各樣的免疫系統，它可能是生命的韌性，也可能是自我的控制力。本書要強調的，即是在面對壓力時，如何找出生命的韌性並提高自我的控制力。此外，本書並依序陳列：學理基礎、一般性應用及特殊性應用。使讀者能在理論與實務兼顧、新舊觀點並重的原則下，汲取較為完整的壓力管理知能。

　　本書為譯者在美國威斯康辛大學進修輔導時修習生活管理課程的主要參考書籍之一。初閱本書，由於文字淺顯易懂，理論完整詳實，技術應用深入淺出，可謂獲益良多。返國後隨即著手翻譯，唯因教學、研究及學生輔導工作負荷過重，竟至耽延而停頓。及至兩年前台北心理出版社與美國Wm. C. Brown Communication出版公司簽約，取得翻譯權後才全力進行翻譯工作。這當中，本校心理研究所林擎寰、藍淑眞同學（兩人均為現任桃療心理師）的助益最大。林擎寰同學以其臨床心理學的背景，翻譯本書部份章節；而藍淑眞同學則以其專業護理人員及臨床心理學的背景，爲本書專有名詞及譯文，作初步的訂正與潤飾。在此申謝。

　　本書能順利付梓，心理出版社總經理許麗玉小姐及主編蔡幸玲小姐的敦促與支持，居功至偉。沒有他們的好意，本書的中譯本是不可能問世的。此外，資料的彙整、文稿的校對要謝謝學生輔導中心的義工們，他們是本校心理系校友：林棋堂（現任心理系助教）、游俊益（現任北區心理衛生中心）；心研所同學：陳基榮；心理系同學：侯冠安、韓昌宏、馬莉莉、何倖君、謝家智；工作夥伴陳成鳳老師的協助與支援，在此一併致謝。台北市復興高中林薇老師，從兩次帶領大專導師壓力工作坊的經驗中，提供本書在實際應用與操作上的寶貴意見，提昇本書的可讀性與實用性。最後特別感謝內人的鼎力相助，在漫長的譯著過程中，若不是內人的支持與鼓勵，分擔與分享，壓力管理不可能在家庭生活中有好的實踐與體驗。

　　譯者雖以嚴謹的態度，力求譯文忠於原著的精神，並以信、雅、達爲最高理想，但由於學淺，恐有疏誤之處，尙乞先進指正。

　　本書若能對處在壓力下的痛苦心靈產生一點紓解效果的話，全歸功於原著者的智慧與心血結晶。譯者特此聲明，並致意以示謝忱。

潘正德

八十四年五月

謹誌於中原大學學生輔導中心

作者序

　　本書第一版的誕生，是由兩種需求衍生而來的。第一個需求與我的學生、同事、朋友和親人有關。他們因處理生活中的壓力，精疲力盡地前來與我商談解決之道。經過詳加檢視之後，我卻發現眞正精疲力盡的是我自己，然而我對自己的狀況，長久以來都是視若無睹，漠不關心的；事實上，我也需要別人助我一臂之力以管理好自己的壓力。第二個需求與目前坊間已發行的壓力教科書之性質有關。一般而言，此類教科書要不是偏向教育性，便是趣味性，但少有二者兼具的。我不想看到壓力管理是如此枯燥、複雜地被呈現在一般的教科書裏，並且針對壓力只作了局部的探討，卻省略了某些重要觀點。由於上述兩種需求持續的存在，喚起了我改寫「壓力管理」第四版的慾望。如今，在你眼前展現的，是一個嶄新的風貌。

　　爲了滿足上述兩種需求，本書撰寫的內涵較具人性化與教育性。此一特色，不同於坊間已有的相關書籍。因爲綜合這些著作的觀點，大多把壓力視爲生活情境裏影響深遠的一些致病作用，並以此來建構內容。在此一觀點下，壓力被視爲苦惱的事，而引發情緒與生理的覺醒，導致身心失衡的狀態。本書蒐集極爲豐富的科學與統計資料，但在內容上，亦加入軼事、幽默，與個人經驗談，使本書注入新的活力。此外，本書亦提供各種評估量表，使每位讀者均能從內容中汲取與個人產生意義聯結的相關內涵。

　　我們每一個人都是從經驗中學習，我亦不例外。本書在內容上做了一些改變，這些改變來自於前三版中讀者們的建議，然而，本書亦保有某些重要內容，這些內容也是前三版讀者們認爲極爲有價值的。新版的增訂，包括下列幾部份：

1.第三章有關免疫系統及其要素，在內容上做了一些延伸。其中包含食菌細胞（白血球等）、T和B細胞，與對人體有益及有害的T細胞等。

2.第三章新增部分為影響疾病的人格因素之探討，其中包括：容易致病的人格類型及健康的特質。

3.第十一章增加其他的放鬆技術。包括：橫隔膜呼吸法、身體掃瞄法、按摩與指壓、瑜珈、重覆的禱告及安靜內省等。

4.第十二章增加重量訓練的益處。這些益處包括：身體的健康與管理壓力的能力。

5.第十四章增加高、低壓力的工作探討，同時亦介紹高壓力工作的性質。

6.第十五章新增約會強姦對壓力與大學生造成的影響。此外，亦提供如何避免約會強姦與熟人強姦的相關建議。

7.第十六章增加男女刻板化印象，及學科性向測驗（SAT)分數效果造成的壓力。

8.第十六章增加最近有關婦女與工作場所的資料，其中包括：婦女獲取的權力、工作類型，和其他資料。

9.第十七章增加有關家庭大小、家庭結構、離婚與結婚統計的最新數據資料。

10.第十八章增加有關中年的壓力，其中包括中年人經常遭遇的更年期、男性危機，與其他生活事件等。

11.本書新增一個有關壓力管理視聽器材的附錄。此一附錄由卅八套壓力管理錄音帶和廿九種壓力管理的錄影帶所組成。

此外，參考資料也經過修訂，並加入代表最新觀點的演講、文獻而擴充其篇幅，而前三版中出現的統計和數據，均已更新。

本書大量蒐集的參考書目，將幫助讀者更深入去探討相關主題。

　　本書第一篇包括壓力反應，及壓力與特殊疾病的關係。第二、三、四篇教導讀者如何在壓力因子（源）和生理覺醒作用之間作介入處理。經過合適的處理，你將有能力在遭遇到壓力因子時，減輕壓力的傷害。換言之，從本書你可以學到如何調適你的生活情境，覺知不同的生活事件，作出較少的情緒反應，並運用壓力的正面效果以縮短壓力期限。第五篇討論家庭主婦、上班族、小孩與青年人、大學生及老年人的特殊壓力需求。但有關壓力管理的程序如何運用在每一個特殊的母群體，以有效的緩和壓力的傷害，則分散在第二、三、四篇的內容中。

　　本書的主題環繞在，人們經常超過自己所能了解的，不斷投入過多心力，想試圖控制自己的生活與環境。不幸的是，許多人並未學好控制的方法，導致在一個快速變遷和壓力重重的社會中，我們像一群無舵的人，終日熙熙攘攘地過生活。壓力管理讓我們學習找回對自己的控制力，本書便在描述如何去完成的歷程

　　許多人在本書撰寫的過程中，助了一臂之力。他們的幫助，實在無法一一道盡，也許，藉本書一角略表謝意，他們的幫助令本人感念再三。

　　首先是我的學生，他們教導我的壓力管理和我教導他們的一樣多。我從他們的報告和作業以及生活方式中，學習到如何管理自己的壓力。

　　其次，是我在馬里蘭大學的同事們。我工作夥伴們的鼓勵、刺激，激發我竭盡所能的成為有能力且合格的人——倘若沒有別的理由遠勝於試圖與他們並駕齊驅的話。我特別要感謝Robert Feldman，他是第十三章的作者，他對本書的貢獻是具體而明顯的，卻又是難以估量的。

　　接著，當然是那些審閱本書的人，他們的意見雖令人不舒服，不知所措，甚至激怒我；但他們也比我原先的預期創造出更多的心血結晶，和更好的修訂意見。而且，他們也同時鼓舞了我，並提供最好的輔助。由於他們的協助，本書遠比舊版更豐富。這些審閱者包括：

David Furst　　San Jose State University

Barbara Ritsema　　Uniformed Services University

Patricia Tyra　　University of Lowell

Deitra Wengert　　Towson State University

Dennis Kamholz　　University of Maine

Gretchen Koehler　　Gustavus Adolphus College

Wynn Gillan　　SE Louisiana University

　　對本書編輯Chris Rogers的支持，我是不會怠慢表達致謝的。這是我們合作計畫中的第六本書，由於每本書均經過Chris詳細瀏覽閱讀，因此均比原來的風貌更加美好。不管如何，他在本書編輯管理方面的表現，正是我肯定他貢獻甚多的理由。在與他的互動中，我發現他是一個值得信任、有良知，且樂趣橫生的人。由於他貢獻的心力，使得本書變得淺顯易懂，每個人都能理解並獲益，這是我要特別致謝的。他的認真態度和傑出成就，正反映出Wm. C. Brown編輯群們的最高品質。

　　最後，最重要的，當然是我的家庭了。他們不僅尊重我安靜寫作的需要，同時提供我足夠的靈感需求。Karen、Keri和Todd——我雖不常告訴妳對我的工作與績效的貢獻是何等的大！但事實上妳作得很好，我能了解妳的支持與肯定。

Jerrold S. Greenberg

再版序

能爲再版寫序文，是一件開心的事。

歷經後現代的解構和去人性化，台灣社會正面臨空前未有的遽變。乍看之下，整個社會似乎沒有傳統可依循，沒有目標導引前行，沒有理想提昇心靈。有人處心積慮追求卓越，有人埋首投入社會興革，有人沈迷於名利追求，更有人習於鬱鬱寡歡大嘆不如歸去。凡此種種，均使人身陷理想與現實的差距，精神與物質的失衡之泥沼中而不自知。一切光怪陸離的社會現象，便一一呈現在我們眼前，如：徹夜不停的續攤應酬，通宵達旦的卡拉OK，追求名牌的高消費行爲等。表面上，大家都在追求某種需求的滿足；事實上，則是在紓解心頭的壓力。

壓力，是一種剪不斷、理還亂的文明產物。此一產物造成現代人腦力、體力、心力失去穩定而平衡的狀態，因而耗損龐大的人力與物力，是現代人值得正視的問題。從本書發行後，深受坊間大眾的歡迎，似乎支持此一觀點。

第二版的修訂，並未在內容與篇幅上做大輻度的更動，只在錯別字、文句語意通暢上做必要的修訂與潤飾。特別要感謝台北市成功高中輔導室林薇老師及中壢復旦中學實習教師鄭麗文老師。她們二位不論是在文字的潤飾、更正，乃至於壓力管理的實務演練上的建議，均有助於本書第二版的修訂，使本書更具可讀性。

修訂本書，譯者雖抱持嚴謹的態度，但疏誤恐亦難免，盼請學者專家指正。謹以聖經智者之言共勉：

「願你的心歡喜，
　你的靈快樂，
　你的肉身安居在指望中。」

潘正德　謹識
中原大學學生輔導中心

目　錄

7. 知覺的因應　179

第三篇　一般應用：放鬆技術　217

8. 靜坐　219

第一篇　學理的基礎

2   壓力管理

什麼是壓力

　　那是個晴朗愉快的日子——大約華氏七十度，陽光普照，微風輕拂。在這樣的日子裏，原本應該是愉快地打打網球啊！慢跑啊！然後教教孩子學騎腳踏車的。但是，相反地，我卻蹲在紐約一條小街道上嘔吐。這麼亮麗的一天，而我卻在這不顯眼的地方忍受心靈的煎熬與肉體的痛苦！對我而言，這整個事件實在是一個令人難以忘懷的教訓。

　　那個時候，我是Baffalo 紐約州立大學的助理教授，在天眞無邪的大學學生眼中，我是學問淵博而無所不知的。在升等考核標準所涵括的三方面——教學、研究與發表、大學與社區服務上，我都非常成功。在課堂上學生給我的評價非常的高；在專業期刊上我發表了大約十五篇論文；而且即將著手出版的第一本書，也已經訂了契約！這些都符合研究與發表的標準，也是我竭盡心力所要達到的目標。

　　爲了達到社區服務的升等標準，我成爲社區團體的客座演講者。很快的，我發現不管是我所專長的領域——健康教育，或者其他無關的主題，我都可以透過演說或工作坊，去激勵社區的居民。我在當地俱樂部演講「藥物教育技術」，對Green Cooperative 護士學校的父母及老師演說「青少年藥物教育」，對

Medaille 大學的高年級學生演說「性教育」。並且在地區公立學校成立工作坊，討論「如何推行健康教育」，「價值和教學」，「團體過程」及「吸煙者的教育與同儕訓練計劃」。事情順利地展開，前途一片看好，我把我的地區性演講擴展到州及全國各地，並且，在許多州及全國會議上發表論文。

　　我的生活快速地改變，並且一直這樣改變下去。從到 Baffalo 擔任助理教授開始，經過兩次升等，成為一個全職教授，並負責研究所「健康教育」課程的行政事務。當我離開 Baffalo 時，我已經在專業期刊上發表了將近四十篇的論文，而且我的第二本書也即將出版。在 Suny／Baffalo 時，我也曾經上過電台和電視節目，並且成為報紙上的焦點人物。在 Baffalo 期間，我不僅僅買下我的第一棟房子，養育我兩個孩子，並且贏得我第一場的網球錦標賽。在這麼短的期間裏，我已成為一個人人欽羨的成功者。

　　既然如此，為什麼我會落到蹲在路邊嘔吐的慘狀？那是因為在這麼短的時間內，我的身心狀況經歷了太多的變化，我懷疑自己是否如別人所想的那麼好？或純粹只是運氣罷了！我擔心在別人面前出醜，因此，要在大團體面前演講，讓我變得非常不安，以致於在赴演講途中，開始覺得反胃，而須停車嘔吐，然後再回到駕駛座，繼續開到演講會場，完成一個小時的演講。如今，我想當時在場的每一個人，早就忘了那場演講的所有內容，而我卻仍保有這段不愉快的回憶。

　　在那時我並不知道什麼原因造成我的反胃，但現在我知道了。當時我感受到壓力——太多的壓力；但我並不知道如何處理。似乎每樣事情都進展得很順利，似乎也沒有理由讓人不安或生病；但事實上，我是病了，而且病得不輕！當我遭遇壓力時，我一點辦法也沒有。我的學識與經驗一下子發揮不了什麼作用，更糟的是，我自己並未發現問題的嚴重性。也許，在高度的工作競爭壓力下，不少的讀者與我處在同一種身心狀況中。因此，期望本書能幫助讀者們了解壓力，且懂得如何掌握壓力，如此，您的生活將會更美好、更健康。

壓力管理的拓荒者

我不知道怎麼樣，歷史課對我而言，並不像想像中這麼有趣，但在另一方面，就一般概念而言，這方面課程的學習是很重要的。舉例來說：雖然我已忘記引發世界大戰的特殊經濟因素，卻記得戰爭不單只是理想上的衝突，而且常是經濟現實的必然結果，這樣重要的概念，而當時的我並不以為意，所以我沒有繼續選「歷史101」這門課。

對於壓力管理歷史的介紹，除非在內容上變得生動、有趣，否則對讀者們不會有太大的幫助的，為了接受這項挑戰，讓我們回到過去，從壓力的學術領域中的前輩們談起。

我們所要介紹的第一個人是堪農（Walter Cannon）。在二十世紀初期，堪農是一個著名的生理學家，任職於哈佛醫學院，他是提出面對壓力時身體如何反應的第一人。讀者們可以想像一下這樣的畫面：某一個晚上，妳獨自走在黑暗的小路上，而且忘記戴眼鏡。一個滿臉橫肉的傢伙，手拿著一根棍子，擋著妳的去路！除了「完了！」以外，妳還有什麼反應呢？此時可能感覺到，心跳加速且怦怦的響！似乎不能控制呼吸、出汗、肌肉緊繃……，身體產生了一連串的變化。堪農首先把這樣的壓力反應，稱為「戰或逃」（fight－or－flight）反應。當面對威脅時，你的身體會準備使自己進入「戰或逃」的狀態，在今天的社會，我們很快就發現：「戰或逃」反應本身已經成為一個威脅，威脅你我身體的健康。

對於「戰或逃」反應，一個內分泌學者雪萊（Han Selye）做了更仔細的研究。雪萊將老鼠放在壓力源＜可以潛在引發壓力的因素＞下，發現了身體生理的變化。雪萊的結論指出：不管壓力的來源如何，老鼠體內均以相同的型式來做反應。他發現老鼠在壓力下，腎上腺皮質明顯腫大，胸腺、脾臟、淋巴節和淋巴系統萎縮，某一種白血球細胞幾乎完全消失，造成胃、十二指腸的潰瘍出血。他的研究首先發表於「生活的壓力」（The stress of life）一書中。雪萊綜合壓力反應為三個階段歷程：

階段一　警覺反應：開始曝露於壓力源下時身體所產生的特徵。在這個階段中，體內抵抗力明顯減弱，假若壓力源繼續增強（例如：嚴重燒傷，極高或極低溫），可能會導致死亡。

階段二　抗拒期：在可適應的水準下，繼續曝露於壓力源下，抗拒會隨之產生，身體的警覺反應消失且抗拒反應升高至平常狀態以上。

階段三　衰竭期：長期而持續地曝露於相同的壓力源下，儘管身體已經做了調整，最終適應能量會被耗盡，而警覺反應的訊號雖再度出現，但已於事無補了，個體隨時可能會死亡。

雪萊將壓力定義為：身體面對任何加諸於它的要求時，所產生的非特定反應。它包括，我們必須適應的好事情＜例如：升職＞和壞事情＜例如：心愛的人死了＞，因為兩者都經歷相同的生理變化。

雪萊的研究是如此的有趣與重要，以致於吸引了許多的追隨者。其中之一就是西門斯（A.T.W. Simeons）。西門斯在人的傲慢大腦（Man's Presumptuous Brain）一書中，提出身心症的演變過程。西門斯認為人類的腦部（特別是間腦）還未發展到能面對二十世紀生活中抽象的壓力來源，例如：當我們的自尊受到威脅時，腦部準備使身體進入「戰或逃」的反應，假若對自尊的威脅源於害怕公開演講中受窘的話，則逃開和戰鬥都不是適當的反應，結果，原本生理上已準備好做出一些反應，卻遭到心理上的阻止，這種無效的反應，使得身體崩潰，身心症於焉誕生！

許多其他的研究者也陸續加入堪農、雪萊、西門斯的工作，致力於釐清壓力與生理歷程間的關係。由於他們的努力，人類不僅愈來愈了解某些疾病跟壓力的關係，而且也愈來愈知道，如何去防止這些情況的發生。例如吳爾夫（Harlold Walff）就曾經感到好奇，為什麼第二次世界大戰中被囚在德國的戰俘一百人中有一人在釋放前死亡，而日本的戰俘在釋放前的死亡率卻高達百分之三十三。雖然，戰俘的營養狀況及被俘的時間是不變的，但吳爾夫發現，在日本的戰俘比在德國的戰俘承受更大的情緒性壓力，這就是造成這兩者之間差異的原因。

其他人對壓力影響的研究也有很多貢獻，例如瓦福（Stewent Walf）研究壓力對消化功能的作用，列山（Lawrence Lushan）認為壓力與癌症有關，耶傑（George Ergel）研究壓力和潰瘍的關係，弗利得曼（Meyor Friedman）和若絲曼（Ray Roseman）證明了壓力和冠狀動脈疾病密不可分，而瓦福和吳爾夫則致力於研究壓力和頭痛之間的關係。

有些研究者成功地發現許多方法來治療與壓力有關的疾病，

例如：西門頓（Carl Simonton）相信人格與癌症有關，因此，在癌症治療程序中，他讓病人目睹治療此惡疾的正面效果。對於一些頭痛的患者，巴吉斯基（Budzynski）成功地使用生物回饋方法來減輕它。邊孫（Herbert Benson）開始對於壓力研究有興趣是在和瓦萊斯（Robert Keith Wallace）共同研究「超覺靜坐」（Transcendental Mediation）（T.M.）技巧的時候。邊孫發展一個和T.M.相似的放鬆技巧，而且利用它有效地治療高血壓的患者。

有關放鬆技巧，早已有一些研究成果，除了邊孫的鬆弛反應外，還有一些更有效的方法，包括「自我暗示訓練」（autogenic training）及「漸進式放鬆術」（progressive relaxation）等。一九〇〇年左右，生理學家瓦葛德（Oskar Vogt）發現人們具有自我催眠的能力，德國的精神科醫生舒滋（Johannes Schultz）更將這些知識和特殊的運動結合在一起，讓人達到一種四肢溫暖而沈重的放鬆狀態。這種自我催眠的放鬆方法，就是後來的「自我暗示訓練」，舒滋的學生路茜（Wolfgang Luthe）後來繼續對它做更進一步的發展和研究。

另一種有效且已被完整研究的放鬆技巧——「漸進式放鬆術」（progressive relaxation），它包括拉緊和放鬆肌肉的練習，使人能分辨肌肉的緊張程度，在需要時能放鬆肌肉。這個技巧是醫生周克遜（Edmund Jacobson）發展出來的。注意到一些臥床的病人，表面上在休息，但肌肉卻仍緊繃著，無法獲得真正的放鬆。周克遜認為：病人肌肉的緊張，是神經衝動傳送到肌肉的作用，它干擾了病人的復原。「漸進式放鬆術」也被稱為「神經肌肉的放鬆術」（neuromuscular relaxation），它包括一系列結構化的活動，用來訓練人們消除不必要的肌肉緊張。

　　雖然邊孫的冥想式放鬆反應到一九七〇年代才爲衆人所周知，但有關冥想的記錄大約可回溯到兩千年前，印度的瑜珈修行者和禪宗的僧人是最早被科學化研究的冥想者。研究的結果指出冥想對許多人體機能有減緩代謝的效果，如：心跳、呼吸、肌肉的緊張程度等等。舉例來說：布若西（Therese Brosse）曾指出：瑜珈修行者能控制他們的心跳；安拿（Anand）和其學生也指出：在靜坐冥想時腦波會改變；卡撒瑪茲（Kasamatsu）和盧瑞（Hirai）則確認並說明了安拿的發現；葛曼（Goleman）和史瓦茲（Schwartz）也發現靜坐冥想者的心理狀態比非靜坐冥想者穩定等。

　　近年來，許多的研究關心到我們必須適應生活的改變，以及這些改變所造成的健康危害。根據荷姆（Thomas Holms）和瑞希（Richard Rahe）的研究，當一個人生活上越有明顯的改變，則越有機會產生疾病。因此，有關生活改變與疾病的關係，是目前研究者最感興趣的主題。

　　以上是對壓力管理的拓荒者作概括性介紹，在後續的章節中，仍會引用這些前輩們的研究，以幫助讀者們對壓力及緊張的管理有更進一步的了解。

　　由上述的介紹，讀者們大致上能了解到：壓力不僅是惹人厭的而且是不健康的，但已經發展出很多有效的管理方法以減少因壓力造成的不健康結果。讀者們會在本書中發現，壓力管理是一個很有意義的工作。從過去到現在，有許多優異的學者們在壓力管理上貢獻了他們的心力，爾後，這樣的理論仍將繼續發展下去。

壓力因子

　　爲什麼會形成壓力呢？其答案有二：一源於「壓力因子」（stressor），二源於「壓力反應」（stress reactivity）。壓力因子是指可能激發「戰或逃」反應的一種刺激。早在我們身體演化過程中，我們就被訓練得知這些壓力因子會危害我們的安全。例如，在穴居時代的人類看到獅子在覓食時，就得趕緊地反應，如果對此危害的反應不夠快或不夠好，他們就可能會成爲獅子的食物。所以「戰或逃」的反應，不僅僅是必需的，而且，在生命安全受到危及時，更是攸關生死呢！

　　現代人也能在「戰或逃」反應中獲得安全與舒適。我們曾經聽說有人能對壓力因子做出超人般的反應，例如：救出被重車壓住的人。我們將這種力量歸因於腎上腺素的分泌增加，因研究已證實腎上腺素分泌能加強部份的「戰或逃」反應。但是，這種戲劇化的「戰或逃」反應在我們日常生活中，卻極少發生。當你沒注意到街上的來車而踏出護欄，卻突然聽見汽車喇叭聲，你會立即、快速地跳回護欄，你會感覺到心跳加快，呼吸改變和出汗，這些都是你對壓力因子（被車撞的威脅）的反應，這些反應顯示出你的身體早已經準備好要主動地做出某些反應，而且能立即執行。

　　到目前爲止，我們談到的壓力因子的例子，都是需要立即反應，才能避免身體的傷害。但我們也會遭遇到一些壓力因子，它們雖然會激發「戰或逃」的反應，但卻不適宜做立即反應或採取行動，這些通常是一些具有象徵性意義的壓力因子，例如：失去地位，自尊受到威脅，工作量過重，或過度擁擠等等。雖然你的老板給你過量的工作，但你卻不能跟他翻臉，更不能跑開或不去處理這個工作。

我們會遭遇到許多不同類型的壓力因子，有些是生理上的（毒性物質，熱、冷……），有些是心理上的（自尊受到威脅，憂鬱……），其他如社會性的（失業、心愛的人去世），或哲學上的（時間的運用，人生的目的……）。如同Selye 的發現，在任何情況下，不管是什麼壓力因子，身體的反應都相同。腦下腺、甲狀腺、副甲狀腺、腎上腺，以及下視丘或其它部分的腦，都會因壓力因子而活絡起來。

這些反應的發生，主要是因為我們的身體已發展到會藉著改變生理狀況，使其更快速和有力地對壓力因子做立即的反應。當我們遭遇象徵性壓力因子時，我們的身體一樣會做同性質的改變，只是我們不會因為這些生理改變，就採取某些行動而已。儘管如此，壓力的產物卻已形成，這些產物包括：血壓上升，膽固醇增加，胃酸分泌，和肌肉收縮。當壓力產物形成時，我們無法加以運用成為有效資源；相反的，我們只能逆來順受。當壓力反應呈慢性化且長時間不衰退時，就會造成身體的疾病。

事實上我們並非只能坐以待斃，我們可以學習控制自己或我們的身體，不讓它在遭遇「象徵性壓力因子」的威脅時，產生「戰或逃」的反應。一旦反應已形成，我們仍可以學習如何利用壓力的產物，使它不致於成為疾病。因為壓力因子只是「可能」激發「戰或逃」反應的刺激，而不是「一定」會激發出該反應。藉由本書中相關技巧的練習，我們就可以控制該反應，並決定讓反應出現與否！

壓力反應

　　「戰或逃」反應就稱爲「壓力反應」（stress reactivity）。這個反應將在下一章做更詳細的介紹。一般的壓力反應包括：肌肉張力增加，心跳加速，心搏輸出量增加，血壓升高，神經亢奮性增加，唾液分泌減少，鈉的滯留量增加，出汗增加，呼吸速率改變，血糖升高，胃分泌增加，腦波改變，尿量增加等等。壓力反應使我們得以在必要的時候，做出迅速的行動。但是當壓力產物生成後，我們若不去利用它，那麼壓力反應就可能成爲身體不健康的肇因了。

　　當我們的生理變化偏離一般正常狀態的時間愈久，則影響的程度就愈大，我們就愈可能因此而生病。其中，生理變化偏離一般正常狀態的持續時間是影響身體的重要變項。例如：某一天早晨你發現鬧鐘壞了，你上班可能會遲到，這個壓力因子已經激發起你的生理反應。接著，你又匆匆忙忙地加了太多牛奶在麥片粥裏。臨出門，又發現車子沒油了，多倒楣的一天啊！每個小事故所造成的激發作用，遠比險些被車子撞到來得小，但是這些壓力因子所持續的時間，對健康的危害程度卻大於撞車這類「來的快，去的也快」的壓力事件。

　　學習過壓力管理技巧的人，在面對壓力因子時，會比沒有學習過壓力管理技巧的人，有較大的反應，但隨即可以較快速地恢復到平常狀態。例如：有慢跑習慣的人比起那些不拘型式運動的人，在運動時，心臟的舒張壓會巨幅升高，但很快又會回到正常狀態。我們試著以圖1－1來證明壓力因子在生理上的反應效果。

壓力的定義

　　我們已經知道什麼是壓力因子，以及什麼是壓力反應，接著我們進一步探討「壓力」的定義。

　　雖然拉撒如斯（Lazarus）已經對壓力提出一個完整的定義，在其定義中涵括了所有的因素（刺激、反應、對威脅的認知評估、因應型態、心理防衛，和社會環境），但是，以我們的目的而言，這個定義似乎太複雜了些。即使對一個專家來說，給壓力下個定義，也是一件困難的事。梅森（Mason）曾列舉出「壓力」這個名詞在引用時的許多不同型式，以說明其複雜性。一般而言，「壓力」曾被認爲是：

　　1.刺激。這也是我們對壓力因子的定義。

　　2.反應。這也是我們對壓力反應的定義。

　　3.所有的互動因子。指拉撒如斯的定義。

　　4.壓力因子和壓力反應的互動及組合。

　　根據我們的目的，我們對壓力的操作性定義如下：壓力是壓力因子和壓力反應的結合。沒有同時具備這兩種成份就不算是壓力，單單只有壓力因子，則僅具有激發壓力的「潛在可能性」而已。例如：有兩個人被開除了，其中一人視開除爲大災難，他的反應是「我要怎麼維持家計？」，「我將如何付我的房租？」，「沒有健康保險，生病該怎麼辦？」。另一個人對開除這件事則沒有看得那麼嚴重，並且說：「被開除並不是件好事，但我從來也沒眞正喜歡這個工作，這會刺激我去找另一份我喜歡的工作，我工作得太辛苦了，我需要一個假期，現在我得到了。」如你所看到的，「被開除」的壓力因子，只是具有激發生理反應的潛在可能性而已，只有第一個人的思考歷程才會真正產生反應，他遭遇了壓力因子，將它視為有壓力的，並且產生生理反應！以定義而言，他經歷了壓力。第二個人雖然遭遇了相同的壓力因子，但他卻採取完全不同的態度，也因而免於產生生理反應，所以壓力對他並未造成任何影響。

　　　以一個舒適的姿勢坐下，並且以下列的方法確定你在休息狀態下的心跳次數（使用具有秒針的手錶）。
　　將你的食指和中指，放在1.你另一隻手的手腕內面靠姆指方向（如圖示），或2.下頸部向肩膀方向，或3.耳朵前，靠近腮鬍的位置。兩指沿著方向移動，直到你找到你的脈搏為止，計算一下30秒內，你的脈搏次數，再將它乘以2，便是你一分鐘的心跳次數。
　　現在閉上你的眼睛，想像一個你不喜歡的人或你曾經被驚嚇的情境，想像他們是如何讓你不喜歡或如何驚嚇到你。不僅僅是「想像」並且儘可能讓你自己回到當時的情境，真正再「經歷」當時的討厭與驚嚇。一分鐘後，如同剛才的方式計算你的心跳。

　　　大多數的人都會發現，經過了有壓力的回憶後，心跳次數會增加。增加的原因不是生理活動所造成，而是「想像」所引起的。這個事實證明了兩件事，一是壓力因子和壓力反應的本質有關係。二是壓力因子是「可能」激發壓力反應的刺激。

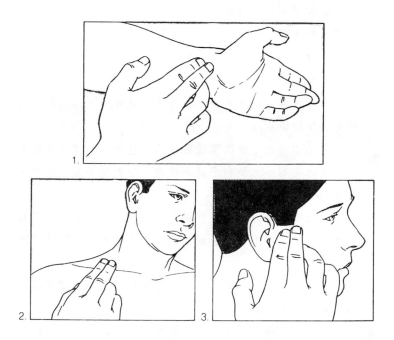

圖1-1　壓力和壓力反應

肌肉緊張

當你讀到這個字眼——凍（停）住（Freeze）時，先不要移動身體，試著注意你的身體感覺和姿勢。

你能放下你的雙肩嗎？如果可以，那麼剛剛你的肌肉已經是過度用力地支撐著的。

你能放鬆你的前臂和前額嗎？如果可以，你的肌肉剛剛是過度地繃緊的。

你的坐姿是不是像預備要做出某些反應的樣子？檢查你的胃、臀部、大腿和小腿的肌肉，它們是不是也過度地繃緊的？

不必要的肌肉繃緊被稱為「緊張」。大多數的人都有「緊張」的毛病，也都苦於緊張所造成的頭痛、頸痛或背痛。

現在給你自己一點時間，將書放到一旁並且儘可能放鬆你的肌肉，注意一下這種感覺。

當我們討論到深度肌肉放鬆和漸進式放鬆術時，你將學到一些技巧，讓你能更真實的體驗到這個感覺。

表1-1　周（Joe）和諾斯科（Roscoe）一天的生活

壓力因子—睡過頭，應該6：30起床，卻7：30才起床。	Joe（慢性化的壓力類型）—	Roscoe（健康的壓力類型）—
	動作：牛飲咖啡，不吃早餐，刮傷自己的臉，穿衣時扯掉襯衫的扣子。 想法：我不能再遲到了！老板會發怒，這將會破壞我一整天的生活。結果：帶著焦慮，擔憂和飢餓出門。	動作：打電話到辦公室，告知將會遲到，然後好好地吃一頓早餐。 想法：沒問題，我確實需要這額外的睡眠。 結果：平靜且輕鬆的出門。
因在慢吞吞的老爺車後面。	動作：閃車燈、按喇叭、咒罵、危險的超車，差一點撞及來車。 想法：真是個白痴，開車慢的駕駛都該關起來，從不考慮到他人！	動作：利用時間做些放鬆運動，聽聽喜愛的電台節目。 想法：這裡有個空檔，我該如何利用它？
工作會議	動作：沒精神的坐著，忽略別人的報告內容，偷偷的做著自己的月份報告。	動作：仔細的聽著，並積極參與討論。 想法：能聽到同事們的其他觀點，真好！

	想法：真浪費時間，誰在乎其他部門在做什麼，我只在意是否能控制我自己的工作。 結果：錯過了和自己部門有關的重要訊息，被主管叱責。	了解 整個大方針，能使我的工作更有效率。 結果：他的建議受到主管的稱讚。
中午，辦公桌上仍有工作。	動作：沒吃午餐，桌上有咖啡，不小心將咖啡灑在重要文件上。 想法：真不值得，必須將整份文件重新打字，又得延後下班。	動作：吃了午餐，並在公園裡散步一會兒。 想法：我可以離開辦公室，做一點運動來提振下午的精神。
傍晚。	動作：晚上9：00回到家中，對家人發脾氣，睡在沙發上，一直到早上才入眠。 結果：再度晚起，感覺可怕，決定打電話請病假。	動作：和平常一樣的時間回到家，和諧的與家人度過傍晚，11點上床，很快入睡。 想法：美好的一天，工作有效率，今晚讀給孩子聽的真是個好故事。結果：早起，感覺又是新的美好的開始。

過度反應者

　　你是一個過度反應者嗎？有些人對壓力因子的反應，傾向於傾盆而出的生理反應方式，這樣的人就是把身體健康當做賭注。事實上，他們是使用身體來對壓力情境作過度的反應。我們稱這些人為過度反應者。如果你發現自己容易生氣、經常焦慮或沮喪、頻尿、便祕或痢疾的情況較以往多，或有反胃或嘔吐等現象時，你可能是一個過度反應者。在這情況下，你可能需要接受一般的身體檢查以確定病情，若能透過藥物治療，或從本書學習並應用壓力管理的技術或策略，病情將很快地被控制或改善。下一章將呈現身體對壓力的反應，閱讀完該章，你將更了解為什麼學習克服壓力是如此的重要了。隨後的章節將介紹與壓力有關的疾病和負向的結果，同時，也將討論防患之道。

壓力管理的目標

　　在結束本章之前，我們應該注意到，壓力管理的目標並不是要消除所有的壓力。缺少我們需要去調適的快樂的壓力因子，及令人沮喪的壓力反應時，人生註定是十分乏味的。有時，壓力反而是高（良好）績效的促動者呢！例如，當你正為即將來臨的考試而感到壓力時，你一定會比平常沒有考試壓力時更專心用功；再則當你即將在一群人面前公開講話而感到憂慮不安時，你很可能會做最好的準備。壓力很可能是有用的、有益的、被接受的。因此，我們沒有必要在我們的生活中，除去所有的壓力。

　　我們的目標是減少壓力的傷害效果，以維持生命的活力和品質。很多研究者已經發現：壓力與疾病的關係呈現U型曲線，如圖1－2所示。曲線圖說明了壓力愈多，疾病發生的可能性也愈高；然而，曲線圖也同時顯示，在少量的壓力下，發生疾病的可能性也很高。此外，適量的壓力——即在不多也不少的情況下，才是最健康的，而且可以預防疾病。我們將以這個重要的結論為前題，進而對壓力採取有效的控制。

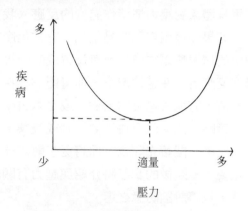

圖1－2　壓力與疾病的關係圖

摘要

1.生理學家堪農（Walter Cannon）是第一位說明壓力反應的學者。堪農稱壓力反應爲「戰或逃」反應。

2.內分泌學家雪萊（Hans Selye）提出導源於壓力的身體生理變化的觀點。

3.雪萊發現老鼠在壓力下，腎上腺皮質明顯腫大，胸腺、脾臟、淋巴節和淋巴系統萎縮，某一種白血球幾乎完全消失，造成胃、十二指腸的潰瘍出血。

4.雪萊綜合壓力反應爲三個階段：警覺反應、抗拒階段和衰竭階段。他將壓力定義爲：身體對任何加諸於它的要求，所產生的非特定反應。

5.心臟學家邊孫（Herbert Benson）研究超覺靜坐，並且發展一個和T.M.相類似的放鬆技巧，而且利用它有效的降低高血壓患者的血壓。

6.壓力因子是指可能激發「戰或逃」反應的一種刺激。壓力因子可能有生理上的、心理上的、社會性的，或哲學上的等類型。

7.一個人生理變化偏離一般正常狀態的時間愈久，則影響的程度就愈大，我們就愈可能因爲這些壓力反應而生病。

8.壓力已經由不同背景的專家給予不同的定義。有些專家將壓力定義爲刺激，有些視之爲反應，更有些視爲所有互動的因子。本書對壓力的定義爲：一個壓力因子與壓力反應的組合。

參考書目

1. Walter B. Cannon, *The Wisdom of the Body* (New York: W. W. Norton, 1932).

2. Kenneth R. Pelletier, *Mind as Healer, Mind as Slaryer* (New York: Dell Publishing Co., 1977), 71.

3. Hans Selye, *The Stress of Life* (New York: McGraw-Hill Book Co., 1956).

4. Hans Selye, *Stress without Distress* (New York: J.B. Lippincott, 1974), 14.

5. A.T.W. Simeons, *Man's Presumptuous Brain: An Evolutionary Interpretation of Psychosomatic Disease* (New York: E.P. Dutton, 1961).

6. Harold G. Wolff, *Stress and Disease* (Springfield, Ill.: Charles C. Thomas, 1953).

7. Stewart Wolf, *The Stomach* (Oxford: Oxford University Press, 1965).

8. Lawrence LeShan, "An Emotional Life-History Pattern Associated with Neoplastic Disease," *Annals of the New York Academy of Sciences,* 1966.

9. George L. Engel, "Studies of Ulcerative Colitis–III: The Nature of the Psychologic Processes," *American Journal of Medicine,* August 1955.

10. Meyer Friedman and Ray H. Rosenman, *Type A Behavior and Your Heart* (Greenwich, Conn.: Fawcett, 1974).

11. Stewart Wolf and Harold G. Wolff, Headaches: *Their Nature and Treatment* (Boston: Little, 1953) .

12. Carl O. Simonton and Stephanie Matthews-Simonton, "Belief Systems and Management of the Emotional Aspects of Malignancy," *Journal of Transpersonal Psychology* 7 (1975) :29 -48.

13. Thomas Budzynski, Johann Stoyva, and C. Adler, "Feedback -Induced Muscle Relaxation: Application to Tension Headache," *Journal of Behavior Therapy and Experimental Psychiatry* 1 (1970) :205–11.

14. Robert Keith Wallace, "Physiological Effects of Transcendental Meditation," *Science* 167 (1970) :1751–54.

15. Herbert Benson, *The Relaxation Response* (New York: Avon Books, 1975) .

16. R.K. Peters, Herbert Benson, and John Peters, "Daily Relaxation Response Breaks in a Working Population: II. Effects on Blood Pressure," *American Journal of Public Health* 67 (1977) :954–59.

17. Johannes Schultz, *Das Autogene Training* (Stuttgart, Germany: Geerg-Thieme Verlag, 1953) .

18. Wolfgang Luthe, ed., *Autogenic Training* (New York: Grune & Stratton, 1965) .

19. Edmund Jacobson, *Progressive Relaxation,* 2d ed. (Chicago: Chicago Press, 1938) .

20. Therese Brosse, "A Psychophysiological Study," *Main Currents*

in Modern Thought 4（1946）:77-84.

21. B.K. Anand et al.,"Studies on Shri Ramananda Yogi during His Stay in an Air-Tight Box,"*Indian Journal of Medical Research* 49（1961）:82-89.

22. A. Kasamatus and T. Hirai,"Studies of EEG's of Expert Zen Meditators,"*Folia Psychiatrica Neurological Japonica* 28（1966）:315.

23. Daniel J. Goleman and Gary E. Schwartz,"Meditation as an Intervention in Stress Reactivity,"*Journal of Consulting and Clinical Psychology* 44（1976）:456-66.

24. Thomas H. Holmes and Richard H. Rahe,"the Social Readjustment Rating Scale,"*Journal of Psychosomatic Research* 11（1967）:213-18.

25. Richard S. Lazarus,"Puzzles in the Study of Daily Hassles," *Journal of Behavioral Medicine* 7（1984）:375-89.

26. Anita DeLongis et al.,"Relationship of Daily Hassles, Uplifts, and Major Life Events to Health Status,"*Health Psychology* 1（1982）:119-36.

27. Richard S. Lazarus, *Psychological Stress and the Coping Process*（New York: McGraw-Hill Book Co., 1966）.

28. James W. Mason,"A Historical View of the Stress Field," *Journal of Human Stress* 1（1975）:22-36.

29. Robert S. Eliot,"Are You a Hot Reactor: How do You React to Stress？"*Shape*, February 1987, 66-73, 128-31, 138.

30. Clinton G. Weiman,"A Study of Occupational Stressors and

the Incidence of Disease/Risk,"*Journal of Occupational Medicine* 19（1977）:119-22.

2

壓力的生理心理學基礎

當我和我的兩個小孩透德（Todd）和愷瑞（Keri）走進大型購物中心時，我的機智便開始受到考驗，我必須隨時分散他們的注意力，避免他們花錢。就在我們正要離開時，突然被一陣吵雜的聲音，和眩目的彩色燈光干擾著！一個看似懷有恨意的小孩正在電動遊樂器上，肆無忌憚地發洩！我猜他是因爲常常被處罰而產生報復的想法，報復的目標其實是父母親，而這部電動遊樂器，只不過是他報復的工具罷了！

當我們經過這裏時，我開始和兒子討論他上次的足球賽，以及女兒所期待的一場練習球賽。時而我會討論和他們一起看過的電影，或是一個正在計劃中的假期，你能想像那個畫面嗎？任何能將他們的注意力從那些吃錢機器上移開的事都行。若我沒花半毛錢地走出來時，我知道我轉移注意的計謀成功了。但是，通常我出來的時候，硬幣總會比進去的時候少了些。

電動遊樂器是裏面最受歡迎的東西，這當然有好幾個理由啦！你看那些聲光簡直就是一種獎賞，玩的人還可以藉此幻想自己正處在一場太空旅行或戰爭中，而且能在社會准許的情況下發洩部份攻擊性。當然還有許多原因，而其中之一，是我們相信未來將會是一個電腦化的科技世界。其實，在老早以前，我們就已經開始使用「電腦」，只是感覺上我們很少真正去運用「電腦」。換句話說，我們只有把「電腦」運用在電動遊樂器上，讓它發出不同的聲音，和五光十色的色彩。

　　我們可以把「電腦」視為我們的「腦」，把「程式」視為我們的「心智」，那「遊樂器」就是我們的身體，讓我們進入自己的身體，看看這部遊樂器是怎麼運作的？特別是在壓力情境中！

腦

　　當我們討論壓力管理時，我們真正討論的是管理心理性或社會性的壓力因子。雖然壓力可能導因於生物因素（例如：病毒），環境因素（例如：溫度），或是其他的來源，但本書的重點主要放在當自尊受到威脅，失去心愛的人所造成的寂寞，諸如此類的壓力因子。這些心理性和社會性的壓力因子，被我們的「心智」察覺，再傳送到腦部，經過轉譯，然後我們的腦就指揮整個身體去適應這些壓力因子。

　　腦包括兩大部份：大腦皮質（cerebral cortex 為較上層的部份）和下皮質（subcortex，為較下層的部份）。圖2-2就是腦的構造和位置，下皮質包括小腦（cerebellum）——協調身體動作，延腦（medulla oblongata）——調節心跳，呼吸和其他基本的生理歷程，橋腦（pons）——調整睡眠週期，以及間腦（diencephalon）。

　　間腦有很多功能，其中包括調整情緒，是由視丘（thalamus），下視丘（hypothalamus）和其他神經細胞組成。下視丘是主管壓力反應的重要構造，它是自主神經系統（autonomic nervous system）最主要的控制部份，它控制基本的身體活動

圖2-1　研究人類身體已有很長的歷史，本圖是摘錄自Andreas Vesalius於1543年所著的De Humani Corpus Fabrica一書

，如荷爾蒙的平衡，體溫調節，和血管的收縮或舒張。

　　邊緣系統（limbic system）和間腦相連接，亦被稱爲「情緒中心」，主要功能是控制情緒和情緒的行爲表達。你可以想像得到，旣然情緒在壓力反應中扮演了一個重要的角色，邊緣系統當然是壓力生理心理學上的重要構造了。

　　大腦皮質（cerebral cortex）又稱爲「灰質」（gray matter），它控制較高層次的抽象功能，如語言和判斷等，此外也控制許多腦的原始區域，例如：當間腦接收到「害怕」的刺激時，大腦皮質會進一步判斷刺激是否具威脅性，若無則大腦就會停止產生「害怕」的情緒經驗。

　　還有一個構造稱爲網狀活化系統（reticular activating system），在過去皮質和下皮質的功能被視爲「二元化」，也就是人類的行爲是由皮質的作用，或是由下皮質控制的。如今，學者們認爲在皮質與下皮質間有著神經的連結，使訊息在兩者間來回地傳遞著。這個神經網路就稱爲網狀活化系統（RAS），RAS可以視爲心智和身體的連結者，它是一條雙向管道，能將高級覺察中心的訊息傳遞到負責的器官和肌肉，也能將器官和肌肉所接收到的刺激往上傳回給大腦皮質。基於這樣的特性，一個單純的生理壓力因子能影響到高層的思考中心，而一個心理上所知覺到的壓力因子也會造成神經生理上的反應。

　　有關腦的主要結構已做過大略的介紹，接下來，我們要看看壓力因子是如何影響到腦，以及腦如何使身體完成反應的準備。

　　當我們遭遇到一個壓力因子，首先接觸到這個壓力因子的身體部份（眼、鼻、肌肉等等），會沿著神經傳送一個訊息到腦，這個訊息透過網狀活化系統，在邊緣系統和視丘間來回傳遞，在邊緣系統時情緒被誘發，而視丘就如同開關一樣，決定對進入的訊息做何種處置，然後由下視丘來執行。

　　當下視丘經驗到壓力因子時，它會使內分泌系統（endocine system）和自主神經系統兩個主要的壓力反應路徑活動。內分泌系統活動時，下視丘前部會釋放出促進皮質素分泌物質（corticotrophin releasing factor CRF），它會使腦下垂體分泌腎上腺皮質素荷爾蒙（adrenocorticotrophic hormone, ACTH），ACTH 則使腎上腺皮質活動。而自主神經系統的活動，則是下視丘後部經由神經系統傳出訊息到腎上腺髓質所造成。

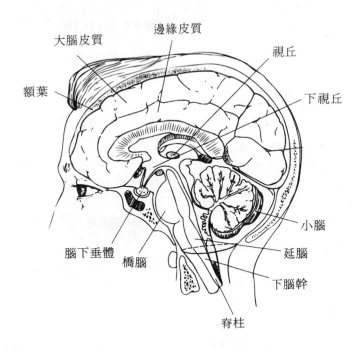

圖2－2　腦

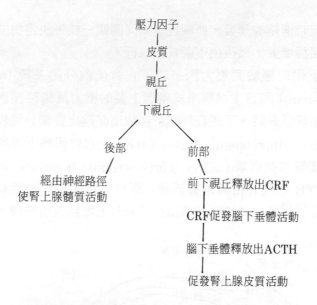

圖2-3　腦與壓力間的關係

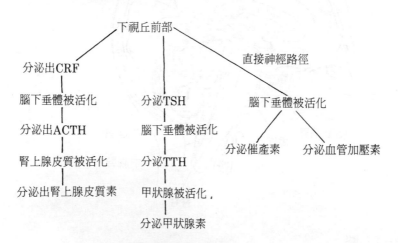

圖2-4　壓力與下視丘前部的關係

同時下視丘還會完成其他項機能，其中之一是下視丘前部釋放出甲狀腺刺激荷爾蒙（thyroid stimulating hormone, TSH），它會指示腦下垂體分泌類甲狀腺荷爾蒙（thyrotrophic hormone, TTH），TTH 則刺激甲狀腺分泌甲狀腺素（thyroxin）。另外下視丘前部也刺激腦下垂體分泌催產素（oxytocin）和血管加壓素（vasopressin, ADH）。這些荷爾蒙的功能（腎上腺髓質和皮質的分泌物，甲狀腺素，催產素和血管加壓素）將在本章後半部做討論。圖2－4是將下視丘前部的機能做一概述。

內分泌系統

當下視丘前部分泌CRF，而使腦下垂體分泌ACTH，腎上腺的外層（皮質）即分泌類皮質醣（glucocorticoids）和礦物皮質酮（mineralocorticoids）。類皮質醣的主要成份是荷爾蒙可體松（cortisol），而礦物皮質酮的主要成份是醛類脂醇（aldosterone），這些腺體的位置如圖2－5所示。

可體松提供反應（或戰或逃）的燃料，主要的功能是增加血糖，使我們有活動的能量。血糖的增加則是由於肝將胺基酸轉換成葡萄糖的緣故，這個過程稱為糖質新生。此外，可體松也使脂肪組織代謝出脂肪酸，分解蛋白質，並且增高動脈血壓。這些反應也都是做為「戰或逃」的準備。然而，可體松也會造成生理上的其他改變，其中最主要的是造成胸腺（thymus）和淋巴節（lymph nodes）所產生的淋巴細胞減少。淋巴細胞的角色是破壞入侵人體的物質，是免疫系統中重要的一環。因此，隨著可體松的增加會使免疫能力降低，使人容易生病。

　　醛類脂醇也為我們做了行動的準備，它主要是增加血壓，使得養份和氧氣能傳送到身體各個活動的部位。

　　血壓分成收縮壓和舒張壓。收縮壓是指當心臟將血液壓送出來時，作用於血管壁的壓力；舒張壓則是指心臟放鬆時血管壁所受的壓力。一般年輕成年人的平均血壓是120／80；即收縮壓是120厘米汞柱，舒張壓是80厘米汞柱。雖然心臟學家們，對於高血壓的標準並不一致，但一般都認為當收縮壓高於140，或舒張壓高於90都對人體有害。高血壓症將在下一章有更詳細的說明。

　　醛類脂醇可以使血壓昇高的理由，是因為它可以減少尿量，並且增加鈉的回收。這兩個機制的結果都會減少體液的流失，增加血流量，而造成血壓昇高。除了腎上腺皮質的功能外，腎上腺髓質也分泌腎上腺素（epinephrine）和正腎上腺素（norepine-phrine），這兩種荷爾蒙會導致體內許多改變，包括：

　　1.心跳加速。

　　2.心臟壓縮血液的力量增加。

　　3.擴張冠狀動脈。

　　4.支氣管擴張。

　　5.基本代謝率增加（身體活動加速，消耗更多的能量）。

　　6.四肢的表皮和肌肉中的血管收縮。

　　7.氧的消耗量增加。

　　在此我們先暫停一下，回憶上面所提的壓力生理心理反應，並做個小測驗（題）看看你了解多少？

（　）1.邊緣系統　　　a.視丘和下視丘

（　）2.下皮質　　　　b.腦的上部

（　）3.間腦　　　　　c.被ACTH 活化

（　　）4.大腦皮質　　　　　d.情緒中心

（　　）5.腎上腺髓質　　　　e.小腦、延腦、橋腦、和間腦

（　　）6.腎上腺皮質　　　　f.由腎上腺皮質分泌

（　　）7.下視丘　　　　　　g.被下視丘藉神經直接活化

（　　）8.醛類脂醇　　　　　h.釋放ACTH

（　　）9.腦下垂體　　　　　i.糖質新生

（　　）10.正腎上腺素　　　j.釋於CRF

　　　　　　　　　　　　　k.血管加壓素

　　　　　　　　　　　　　l.由腎上腺髓質分泌

　　依據下列的解答，要是正確率不及七成，建議你在繼續閱讀下面的內容之前，重新溫習前半部的內容。

解答：1.(d) 2.(e) 3.(a) 4.(b) 5.(g) 6.(c) 7.(j) 8.(f) 9.(l) 10.(i)

　　在壓力下甲狀腺也會加入反應，經由腦下垂體分泌的TTH刺激，它會分泌出甲狀腺素，其功能如下：

　　1.基本代謝率增加。

　　2.脂肪酸的釋放增加。

　　3.醣質新生的速率增加。

　　4.胃腸的蠕動增加。

　　5.呼吸的速率和深度增加。

　　6.心跳加速。

　　7.血壓增高。

　　8.焦慮增加。

　　9.疲倦感減低。

總而言之，當遭遇壓力時，下視丘會活化腎上腺和甲狀腺，

分泌出可體松、醛類脂醇、腎上腺素，正腎上腺素和甲狀腺素，
這些荷爾蒙使我們的身體對壓力做好多種反應的準備。

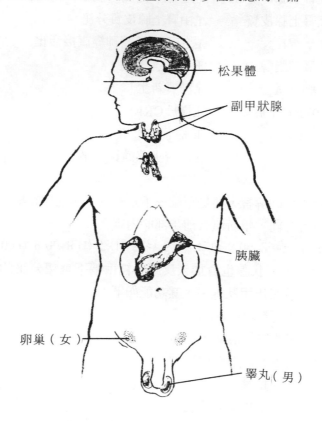

松果體

副甲狀腺

胰臟

卵巢（女）

睪丸（男）

圖2－5　主要腺體的位置

皮質

髓質

圖2-6　腎上腺包括外層的皮質和內層的髓質

自主神經系統

　　從人類的集體意識來看，人類一直視自己為宇宙的主宰。一直到哥白尼證明了地球只不過是環繞太陽的衆多行星之一，而不是宇宙的中心時，人類才發覺到自己就不再是「注意力的焦點」！對人類的另一個打擊是達爾文（Darwin）的進化論。達爾文認為人類是從人猿演化而來，人類只不過是生命演化階梯中的一階罷了！生理學家加倫、達文西（Galen, Davinci）等人，也指出人的許多功能是非自主的，不為人類所控制的，這種種一再地打擊人類的自尊——我們的自由意志比想像中更少！

　　然而，讀者們不要沮喪，壓力研究者最後證明了我們比想像中，具有更多的自我控制能力。

　　身體中的非自主功能，是由自主神經系統所控制，正如圖2－7所示。非自主功能包括：心跳、血壓，呼吸和體液的調節等；自主神經系統包括：交感神經和副交感神經系統（sympathetic and parasympathetic nervous systems），如圖2－8所示。一般來說，交感神經系統是主管消耗能量的活動（增加呼吸速率）。副交感神經系統則是主管保存能量的活動（減緩呼吸速率）。

　　在遭遇壓力時，交感神經被下視丘所活化，產生下列反應：

　　1.心跳加速。

　　2.增加心臟收縮的力量。

　　3.冠狀動脈擴張。

　　4.使腹部血管收縮。

　　5.瞳孔擴張。

　　6.支氣管擴張。

　　7.骨骼強度增加。

　　8.從肝臟中釋出葡萄糖。

　　9.心智活動增加。

　　10.皮膚和肌肉中的血管擴張。

　　11.大量增加基本代謝率。

　　因為這些生理上的改變，使人在緊急的情況中，能激發出不可思議的「壯舉」。而副交感神經系統的功能，則是使我們從壓力狀態回復到放鬆狀態。

　　上面提及的最新研究結果，又再度地提昇人類的自尊，因為科學研究發現人體中的非自主功能，並非眞的無法控制。生物回饋器材（能立即測量並報告出人體內的活動，詳見第11章）的發展，使我們能進行「控制人體非自主性生理過程」的研究。如此一來，人們就能學著控制自己的血壓，調整心跳和呼吸速率，或發出特定的腦波。換言之，人們知道他們比想像中更能控制自己的身體。

　　上面的叙述使我們知道，我們常常以這種方式調節生理變化，同樣的也因這樣的調節方式，使我們生病。然而，我們也發現自己不再是無助而又無望的疾病受害者，事實上，我們是有能力預防它的。

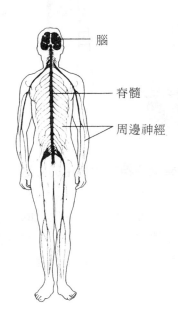

腦

脊髓

周邊神經

圖2-7　腦脊髓和周圍神經系統

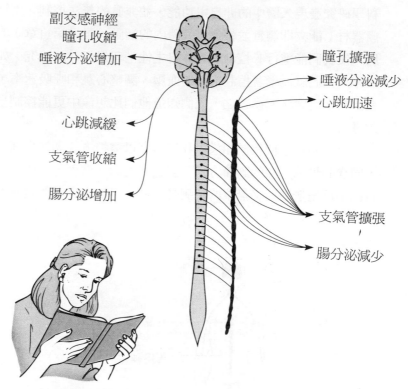

圖2－8　交感神經和副交感神經所產生的影響

　　如我們所知壓力反應會造成我們生理上的多項改變，這些生理改變，常會造成情緒性的解釋，例如：我們會說「心涼到腳底了」，這是因為處在壓力時，四肢的血管收縮的緣故。處在壓力下，我們也會說「繃得很緊」，因為壓力會使肌肉收縮拉緊的緣故。

　　你能想出其他與壓力有關的「形容詞」嗎？它是基於什麼生

理基礎呢？請將它們寫下來，你將會發現生活體驗有了理論基礎的樂趣。

形容詞	生理基礎
1	1
2	2
3	3
4	4
5	5

　　整體而言，交感和副交感神經系統的作用是相對的，但是，有些身體機能是只受交感神經系統的影響（如：汗腺和血醣）；有些則只受副交感神經系統的控制（如：眼睛的睫狀肌）。一般的情況是，交感神經通常在個體緊張而警覺時產生反應；副交感神經系統則常使個體在鬆弛狀態時產生反應。

心臟血管系統

　　我和我的家人最近搬了新家，意外的遇到一個令人生氣的事。幾乎每隔幾週，我們就必須拆下水龍頭，清除裏面的碎片。建築公司告訴我這是因為新房子的緣故，但是以前也住過新房子，卻從未曾遭遇這樣的問題！其中的滋味，只有身歷其境才能了解。

　　我會提到這件事，是因為要談到身體的循環系統——你的心臟、血液和血管（見圖2-9），也可能和水籠頭一樣遭到阻塞。雖然循環系統的阻塞，要經過很多年的時間，但不幸的是，它無法清除掉。當血管阻塞時，等待血液送來氧氣和養份的器官，可能因為不能充份得到補給而死亡，血管可能因血壓過高而破裂，而其他血管可能遞補上來，形成另一條補給的路徑。

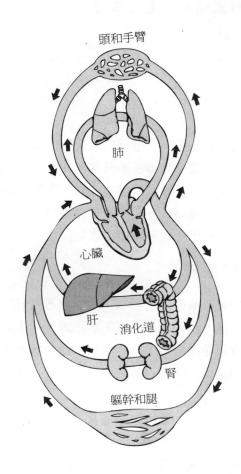

頭和手臂

肺

心臟

肝

消化道

腎

軀幹和腿

圖2-9　循環系統的功能是在細胞和器官間傳送血液

壓力對循環系統的影響是很明顯的，當下視丘對壓力因子做反應時，它會使腦下垂體釋放催產素和血管加壓素，這兩者都會導致平滑肌收縮，而血管壁就是一種平滑肌，所以也會造成血管收縮。此外，血管加壓素還會增加血管壁對水的滲透性，造成血液量增加。再加上醛類脂酮造成的鈉回收量增加，這些作用的結果使得血壓升高。

除此之外，心臟（圖2－10）本身也會受到壓力的影響，當遭遇壓力時，心臟會增加收縮的力量，使送出的血液量增加。而膽固醇和脂肪酸也會增加，這會使供給心臟養份的血管增加阻塞的可能性。甚至，會使得不到補給的心臟部份死亡。而嚴重的壓力因子還可能造成心臟休克，造成猝死。

腸胃系統（消化系統）

我以描述自己在路邊嘔吐做為本書的開始，現在讀者們應該能了解我當時是處於對壓力過度負荷的情況。很明顯地，消化系統（gastrointestinal，GI）也是壓力反應的一部份。

讓我們用擬人化的方法來描述消化系統的構造和功能，這個系統的主要過程包括：攝食、分解、吸收養份，和排出廢物。

唾液周（Joe）對他的兄弟說：嗨！哈瑞（Harry），又來一批貨了。唾液兄弟們「住」在口腔裏，當食物進入時，便將它們分解成小碎片，這些碎片經由食道送給住在胃裏的胃酸。胃酸再將碎片分解，使它們能順利進入小腸，同時，胰臟送來膽汁幫助胃酸分解脂肪，然後這些分解後的碎片「經由當地的郵局，被分送到其他城市」（身體的其他部位），至於那些沒有郵遞區號的廢棄物，則經由大腸、肛門排出。如圖2－11。

壓力對消化系統的影響，可以綜合下列幾點：

1.壓力會減少唾液的量，因此人們會在演講前，感到口乾。

2.壓力會造成食道肌肉的收縮，因此會感到吞嚥困難。

3.壓力會使胃液分泌量增加，可能會造成潰瘍。

4.壓力會改變大小腸的蠕動節奏，可能造成腹瀉或便秘。便秘常伴隨於憂鬱無聊，腹瀉則常伴隨緊張，甚至連膽管、胰管的阻塞和胰臟炎也跟壓力有關。

肌肉

當你要保持一個特定的姿勢，或是做出一個動作時，你會送出一些訊息給你的肌肉，這些訊息會讓肌肉收縮，當這些訊息消失後，肌肉也跟著放鬆下來。在你體內的互動系統會將肌肉的收縮度回饋給大腦，所以肌肉會如你的意願做出恰當的收縮，而不會過猶不及。以下可以證明這一點：把一個空的油漆罐放在地上，然後去告訴你的朋友，油漆罐是滿的，並請他提起來。你會發現你的朋友很快地提起來而且提得很高，直到肌肉感覺到油漆罐的真正重量，調整成較適當的姿勢高度為止。這是因為開始時，大腦傳送給肌肉的訊息，是要提起滿罐的油漆，而使個體產生一股較大的力量來提。當油漆罐被提起後，視覺和骨骼肌，送出「真正的重量」訊息到腦，造成新的調整，而做出更恰當的肌肉收縮，以完成工作。

壓力會造成肌肉收縮（緊張）。因此有些人處在壓力中，似乎處在備戰狀態，好像一直準備著要去保衛自己或要發動攻擊一般。這類的肌肉收縮就稱為「繃緊」（bracing），這種繃緊的肌肉會造成不同程度的不健康，例如：頭痛、背痛……等。

　　我們常常沒有留意到我們的肌肉是拉緊的，當我們在寫投訴信時我們緊握著筆；看恐怖片時，坐在椅子上會愈坐愈往前傾；車流量大時，我們比平常更緊握方向盤；或是在生氣時，咬牙切齒。斷續的肌肉收縮不會有問題，但頻繁的壓力因子造成的緊張則是有害的。而原來已經存在的肌肉緊張又加上一個新的壓力因子時，會造成肌肉更大的緊張。

　　以上的例子，都是骨骼肌──一種附在骨骼上的肌肉（如圖2-12）面對壓力的變化。除此之外，還有一種平滑肌，它控制身體內器官的收縮，在壓力反應時，也會造成平滑肌的收縮。例如：當我們經驗到壓力因子時，腦下垂體會分泌催產素和血管收縮素，使血管壁的平滑肌收縮，造成血壓上升。無怪乎習慣性的壓力會造成高血壓了！而胃壁的平滑肌收縮，我們會胃痛，腸壁平滑肌收縮則造成腹瀉等等，類似情況可以發生在身體的任何部位。

　　林達（Linder）是我多年前的一個博士班學生，有一年九月她對我說：今年我沒有發病！聽到這句話使我感到訝異。追問之下，她告訴我，每年夏天她都必須離開學校，回家去放鬆自己。在夏天時她的皮膚是非常光滑的，但是當九月來臨，學校即將開學，她的皮膚就開始長粉刺。林達是在含蓄地告訴我一件事「你這個傢伙給我們學生太多的壓力了！」，她把她的壓力表現在身體之窗皮膚上，而且她相信她能控制這個反應。

　　雖然壓力和粉刺之間沒有明確的關係，但壓力反應會影響皮膚的導電能力和皮膚的溫度。壓力情況下出汗會增加，即使只增加些許出汗量，當事人可能仍無法感覺到，但它卻會增加電流的傳導，這可由檢流器測得。這種測量稱為「膚電反應。」

（ galvanic skin response; GSR ），它是測謊的主要裝置。這
種測謊方式並非絕對無誤的，因為人們能藉著控制緊張而改變
膚電反應，一個善於說謊的人，可能比一個緊張的無辜者有較
低的膚電反應，雖然有經驗的測謊人員，常能區分出這兩者的
不同，但還是有可能出錯。

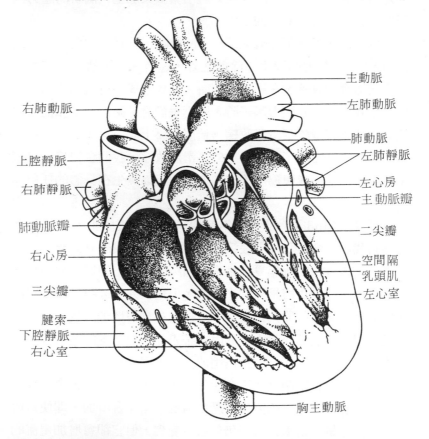

圖2-10　心臟內部結構

　　當有壓力時，皮膚表面的溫度也會下降，因為有壓力時，腎上腺素會使四肢皮膚的血管收縮，所以手指和腳趾會有點冰涼。皮膚也會因血管收縮的緣故而變得蒼白，這就是人們所說的「蒼白得像鬼一樣」。以上所說，就是為什麼緊張、焦慮、壓力下的人會被形容成冰涼、濕濕黏黏和蒼白的理由了。

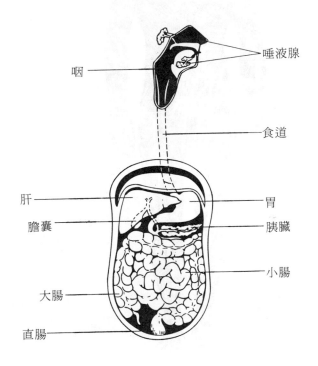

咽

唾液腺

食道

肝

膽囊

胃

胰臟

小腸

大腸

直腸

圖2-11　消化系統的主要器官

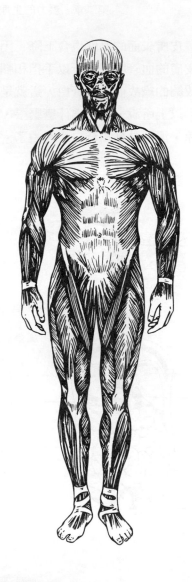

圖2－12　人體的骨骼肌

症狀、壓力與你

現在你已經了解到你的身體是如何地對壓力做反應了，在此一基礎上，你可以更進一步去了解你的狀況。表2－1指出每一種身體症狀出現的頻率，而其得分代表的意義如下：

40－75　得分在此範圍者，壓力造成身體疾病的機會很小。換言之，身體症狀對壓力的反應屬低度反應。

76－100　在你的生活中，壓力造成身體疾病的機會有一些。換言之，身體症狀對壓力的反應屬中度反應。

101－150　你經歷到的壓力容易造成身體疾病。換言之，身體症狀對壓力的反應屬高度反應。

150以上　你隨時都可能因經歷到的壓力而生病。換言之，身體症狀對壓力的反應屬高度反應。

你很幸運地正閱讀這本書，並且即將了解如何妥善的管理你的壓力，在你初遭遇壓力的時刻，你就可以運用本書的知識消除某些壓力因子。

表2－1　對壓力的身心反應

請將下列最能代表你身體症狀出現頻率的號碼圈起來，並計算總分。

	從未有過	很少 （六個月內超過一次以上）	偶而 （每月一次以上）	經常有 （每週一次以上）	連續不斷
1.緊張性頭痛	1.	2.	3.	4.	5.
2.偏頭痛	1.	2.	3.	4.	5.
3.胃　痛	1.	2.	3.	4.	5.
4.血壓增高	1.	2.	3.	4.	5.
5.手冰冷	1.	2.	3.	4.	5.

6.胃酸過多	1.	2.	3.	4.	5.
7.淺而急促的呼吸	1.	2.	3.	4.	5.
8.腹瀉	1.	2.	3.	4.	5.
9.心悸	1.	2.	3.	4.	5.
10.手顫抖	1.	2.	3.	4.	5.
11.打嗝	1.	2.	3.	4.	5.
12.喘氣	1.	2.	3.	4.	5.
13.尿急	1.	2.	3.	4.	5.
14.手腳出汗	1.	2.	3.	4.	5.
15.皮膚多油	1.	2.	3.	4.	5.
16.疲倦／精疲力竭	1.	2.	3.	4.	5.
17.氣喘吁吁地	1.	2.	3.	4.	5.
18.口乾	1.	2.	3.	4.	5.
19.手發抖	1.	2.	3.	4.	5.
20.背痛	1.	2.	3.	4.	5.
21.頸部僵硬	1.	2.	3.	4.	5.
22.咬口香糖	1.	2.	3.	4.	5.
23.磨牙	1.	2.	3.	4.	5.
24.便祕	1.	2.	3.	4.	5.
25.胸腔或心臟拉緊	1.	2.	3.	4.	5.
26.庸懶	1.	2.	3.	4.	5.
27.翻胃／嘔吐	1.	2.	3.	4.	5.
28.月經煩惱	1.	2.	3.	4.	5.
29.皮膚斑點	1.	2.	3.	4.	5.
30.心臟砰砰跳	1.	2.	3.	4.	5.
31.大腸炎	1.	2.	3.	4.	5.
32.氣喘	1.	2.	3.	4.	5.
33.消化不良	1.	2.	3.	4.	5.
34.高血壓	1.	2.	3.	4.	5.
35.換氣頻頻	1.	2.	3.	4.	5.
36.關節炎	1.	2.	3.	4.	5.
37.皮膚疹	1.	2.	3.	4.	5.
38.咽喉痛	1.	2.	3.	4.	5.
39.食物過敏	1.	2.	3.	4.	5.

摘要

1.腦部包括兩大部份：大腦皮質和下皮質。下皮質包括小腦、延腦、橋腦以及間腦。間腦由視丘、下視丘和其他神經細胞組成。

2.當下視丘經驗到壓力因子時，下視丘會釋放出促皮質素分泌物質，它會使腦下垂體分泌腎上腺皮質素荷爾蒙。此外，下視丘會直接促使腎上腺皮質的活動。

3.一旦受到下視丘和腦下垂體的指示，腎上腺皮質即分泌類皮質醣和礦物皮質酮。類皮質醣的主要成份是荷爾蒙可體松；而礦物皮質酮的主要成份是醛類脂醇。此外，下視丘也會指示腎上腺髓質分泌腎上腺素和正腎上腺素。

4.腎上腺賀爾蒙會引發體內許多的改變，其中包括：心跳加速、冠狀動脈擴張、支氣管擴張、基本代謝率增加、四肢的表皮和肌肉中的血管收縮、氧的消耗量增加及心臟壓縮血液的力量增加等。

5.除了腎上腺對壓力反應外，甲狀腺釋放甲狀腺素，腦下垂體分泌催產素和血管加壓素。這些賀爾蒙使我們的身體對壓力做好多種反應的準備。

6.自主神經系統由交感神經系統和副交感神經系統組成。前者主管消耗能量的活動，後者主管保存能量的活動。

7.壓力導致催產素和血管加壓素的分泌，因而引起平滑肌的收縮。因此血管收縮便產生。此外，血管加壓素還會增加血管壁對水的滲透性，造成血液量增加。這些作用的結果使得血壓昇高，最後威脅到心臟血管系統。

8.壓力會減少唾液量，使人感到口乾。壓力亦會造成食道肌肉的收縮，因而感到吞嚥困難。壓力會使胃液分泌量增加，最後造成潰瘍的現象。

9.骨骼肌會因壓力而緊縮，因此使人處於備戰狀態，導致緊張性的頭痛、背痛，和疲憊不堪。平滑肌亦會在壓力狀態下收縮，造成血壓上昇。

10.皮膚的導電能力和溫度均會因壓力的影響而改變。

參考書目

1. Kenneth R. Pelletier, *Mind as Healer, Mind as Slayer* (New York: Dell Publishing Co., 1977), 51.

2. G. Makara, M. Palkovits, and J. Szentagothal,"The Endocrine Hypothalamus and the Hormonal Response to Stress,"*in Selye's Guide to Stress Research,* ed. Hans Selye (New York: Van Nostrand Rinehold, 1980), 280–337.

3. "Of Rats and Men,"*Psychology Today,* July 1985, 21.

4. Walter McQuade and Ann Aikman, *Stress* (New York: Bantam Books, 1974), 52.

5. Daniel A. Girdano and George S. Everly, *Controlling Stress and Tension: A Holistic Approach* (Englewood Cliffs, N.J.: Prentice-Hall, 1986), 37.

6. Barbara B. Brown, *Stress and the Art of Biofeedback* (New York: Harper & Row, 1977), 28.

參考書目

1. Kenneth R. Pelletier, *Mind as Healer, Mind as Slayer*, New York, D.I. Publishing Co., 1977, p.

2. O. Michael Ziegler, and R. L. Swearingen. *The Holistic Hospital and its Humanitarian Efforts to*

3.

4.

5. Handbook of Stress and Anxiety, San Francisco and New York, Jossey-Bass.

6.

3

壓力與疾病

　　壓力會導致肌肉繃緊、出汗、呼吸變快變淺，或造成心理上的緊張狀態——即使壓力只會造成這些不適，就已經很糟，但不幸地，慢性的壓力還會更進一步地使健康狀況惡化。

身心症

　　比爾（Bill）的妻子去年去世了，她的死讓比爾傷心難過了很久。他覺得老天很不公平——她是一個那麼好的人，怎麼會早逝?!一種無助的感覺纏繞著他。寂寞變成他每天生活的一部分，眼淚成了他深夜的同伴。在他的妻子死後一年，比爾也跟著去世了。一般人認爲比爾死於心臟病，但是，比爾的朋友們卻認爲他是傷心欲絕而死。

　　像比爾這樣的故事，你也許曾聽過——一個看起來沒有任何生理毛病的人，卻在嚴重的壓力過後病倒或死掉！也許當時你會認爲，那都是自己想不開的結果，也許你也曾勸過他，而如今仍然感到有點內疚！不論如何，比爾的死並不全是想不開的問題，還有一部分是因爲心臟的毛病所引起。有些疾病很容易就知道是生理上的，例如：皮膚疹；然而有些疾病無疑地是心理作用的產物，例如：頭痛。無可否認地，心和身之間有互動關係存在，而且互相影響著。

　　同樣的，這就是為什麼我們體內一直有感冒的病毒存在，而我們只偶爾才會感冒一次的原因。下面我們要討論的疾病，都是因為心理作用而使身體具有易感染性，這種現象叫做身心症（psychosomatic）（psycho 指心；soma 指身）。身心症並不全是心理的問題，而是包括心和身兩者的問題。身心症是一種真正的病，它有生理上的明顯症狀，而且可以被診斷出來。但是，它也有另一種不容易被測量出來的心理成份。一般的感冒很可能是心理壓力所造成的，心理壓力會減少免疫系統的效能，而導致身體遭受感冒病毒的危害。感冒也可能是因為心理壓力用光了身體內多種維生素，而導致對感冒病毒的抵抗力降低。

　　身心症可能是心因性（psychogenic）的，也可能是身體性的（somatogenic）。心因性是指情緒壓力所造成的身體疾病，例如：潰瘍（vlcers）和氣喘（asthma）等。上述病例中沒有任何導致疾病的微生物侵入體內，而是心理作用改變了生理機能以致於身體的某些部分遭受破壞。當心理作用增加身體對某些致病微生物或某些自然退化過程的感受性時，身體性的身心症就會發生。疑似身體性疾病的例子是癌症（cancer）和風濕性關節炎（rheumatoid arthritis）。

　　有一個最重要的概念是，一個人是由一個互相有關聯的部位組成的整體。為了討論或研究的目的，把心和身分開是不適當的。生理的變化會改變心理活動，心理的活動也會改變生理歷程。

與壓力有關的疾病

　　現在我們已經了解身心症的概念了，我們再來看看特殊疾病與壓力的關係，因爲理論上，壓力會導致心因性疾病，也可能造成身體性疾病。

高血壓

高血壓是指血流衝擊動脈血管壁的壓力太大，因此具有危險性。血壓可以用血壓計（sphygmomanometer）來測量，血壓計是一種儀器，包括一個可以繞在手臂上的膨脹環帶和一個聽診器。膨脹的環帶是先截斷手臂動脈的血流，然後慢慢放氣，直到一個可以允許血壓推動血流的壓力點。這個壓力點叫做心臟收縮壓（systolic blood pressure），一般是120毫米汞柱（mmHg）左右。當環帶繼續放氣，直到血流完全通暢無阻的另一個壓力點。這個壓力點叫做舒張壓（diastolic blood pressure），一般是80毫米汞柱左右。血壓的記錄方式是：收縮壓／舒張壓（120／80）。收縮壓是指在心室收縮時，壓縮出去的血液衝擊動脈血管壁的力量。

高血壓是一個相對的名詞。健康醫學專家們不認爲它有一個絕對的起始點，但是一般而言收縮壓比140mm Hg 高或舒張壓比90mm Hg 高時，即被認爲是高血壓。但因爲老年人的平均血壓比其他人高，所以老年人的血壓比140／90稍高，是可以預期的正常現象。

造成高血壓有幾個原因，例如在遺傳上有敏感體質的人若過度地攝取鈉（鹽），可能會導致高血壓。由於我們無法確定誰是遺傳上有敏感體質的人，所以美國的飲食專案建議我們每天鹽的攝取不要超過5,000毫克。據估計，美國人每天鹽的攝取量平均爲10～20克（10,000－20,000毫克）。在我們飲食中控制鹽分攝取的最大困難是：鹽是以隱藏的形式，包含在很多食物內。所以，那些只知道減少烹調用鹽的人，依然可能攝取太多的鹽分。表3－1和3－2分別指出低鹽和高鹽的食物來源。所以我們該注意的是，飲食內是否包含太多高鹽的食物？是否具有遺傳性高血壓的敏感體質？以及上一次量血壓是什麼時候？

表3－1　一般食物的平均鈉含量

食　　　物	鈉(毫克)
肉、魚、或家禽類（未加鹽）	
平均	33
蛤（低鹽的）	36
蛤（鹽的）	205
蟹（罐裝的）	1000
蟹（清蒸的）	456
比目魚類	237
香腸(2)	1100
冷凍魚（鱈）	400
鱈魚類	177
腰子、牛肉	253
龍蝦（罐裝的）	210
龍蝦（生的）	325
牡蠣（生的）	73
鮭魚（罐裝的）	522
鮭魚（無鹽罐裝）	48
扇蛤（生的）	265

小蝦（生的）	140
小蝦（冷凍或罐裝的）	140
甜麵包	116
鮪魚（罐裝的）	800
鮪魚（無鹽罐裝）	46

乳酪類

美國乳酪	341
奶脂霜狀乳酪	75
用酸牛奶做的軟乾酪	76
用酸牛奶做的軟乾酪，無鹽的	6
低鈉乳酪（乾酪）	3

蛋類

完整的（生的和冷凍的）	61
白色的（生的和冷凍的）	73
蛋黃（生的）	26

牛奶類

白脫牛奶（高級的）	135
濃縮甜牛奶	135
濃縮牛奶（沒攙水的）	142
奶粉（脫脂的）	160
低鈉牛奶（罐裝的）	6
全脂奶粉	120
酸奶酪（脫脂牛奶）	51

馬鈴薯類

白的（連皮一起烘烤）	4

白的（煮熟的）	2
即溶的（加水牛奶、脂肪調配）	256
甜的（罐頭固體包裝）	48

麵包類

白色麵包	127
全麥麵包	132
裸麥麵包	139
低鈉（局部的）	4
清淡的鬆餅	132
英國鬆餅	215
A蛋白乾甜麵包(1)	4
全麥蘇打餅(2)	93
低鈉蘇打餅(2)	10
香草夾心酥餅	35
酵母甜甜圈	70
蛋糕甜甜圈	160

穀類（乾）

凱洛格的玉蜀黍玉米片	282
稻米點心	微量
麥子點子	微量
細條麥子	1
凱洛格的甜的冷凍玉米片	200
甜爆米花	167
麩（糠）玉米片	118

穀類（未加鹽）

粗碾穀物（完整的）	1
穀粉（完整的）	2
穀粉（立即烹調）	7
穀粉（快速烹調）	190
燕麥片或輾平的燕麥	2
微提約翰麥子	微量
稻米	5
稻米（即食的）	微量
麥（輾平的）	微量
小麥	微量

脂肪類

醃燻豬肉（1小片）	73
奶油	49
人造奶油	49
沙拉醬	90
沙拉醬（低鈉）	17
低鈉奶油	1
無鹽人造奶油	0
蔬菜油	0

乳酪類

咖啡奶精	4
牛奶和奶油各半的飲料	14
冰淇淋（30%）	－
酸乳酪（多蛋和牛奶）	13
乳酪（18%）	－

肉汁類

    低鈉   10

    完整的   210

花生醬類

    一般的   91

點心類

    烘烤的牛奶蛋糊（迪爾馬克）   128

    果凍   51

    冰淇淋（4盎司一杯）   23

    冰凍果子露   6

    冰水   微量

蛋糕類

    各種蛋糕（薑餅、水菓蛋糕除外）   123

    蛋糕（低鈉）   10－12

派類

    派（葡萄乾、碎肉除外）   375

糖果類

    硬糖果（1顆等於5克）   32

    水果口香糖（8小粒等於10克）   35

    豆形軟糖   12

鹽類

    一包鹽（1克氯化鈉）   400

    一茶匙（5克氯化鈉）   2000

鹽的替代品類

    菱形結晶鹽   1

聯鹽   0

糖的替代品類

精糖（1／4克拉一粒）   1

甜－10   0

菱形結晶糖   0

飲料類

啤酒   7

巧克力糖漿（2茶匙）   5

可口可樂   4

咖啡（即溶）   1

小紅莓果汁   1

健怡七喜   10

蛋酒（稀釋）   250

冷凍檸檬汁（稀釋）   微量

薑汁汽水   6

熱巧克力   104

百事可樂   2

皇冠可樂   3

七喜   9

小精靈   16

茶（即溶）   微量

資 料 來 源： 選 自 Committee on Nutrition and Human
Needs, Dietary Goals for the United States, 2
nd ed.（Washington, D.C.: Government Pri-

nting Office, 1977), PP.80－83.

表3－2　蔬菜（每100克）的鈉含量

食　　物	鈉(毫克)
第一類　蔬菜（0－20毫克／100克，平均7.4毫克）	
蘆筍	7
花椰菜	12
芽甘藍	14
甘藍菜（一般的）	14
花椰菜	9
菊苣	－
玉米	2
牛豆	1
胡瓜	6
茄子	1
萵苣	14
萵苣	14
青辣椒	13
球莖甘藍	6
韭菜	5
扁豆	3
萵苣	9
賴馬豆（未冰凍）	1
蘑菇（生的）	15
芥菜葉	10

扁豆	7
秋葵莢	2
洋葱	7
防風草根	8
豌豆（乾的、去皮、煮過）	13
豌豆、青豆	1
馬鈴薯（連皮一起烘烤）	4
馬鈴薯（烹煮前煮過、去皮）	3
蘿蔔	18
蕓苔	4
南瓜（夏天或冬天）	1
菜豆	2
紅薯	10
蕃茄	4
蕪菁葉	17
扁豆	2
蕃薯	4

第二類　蔬菜（23－60毫克／100克，平均40毫克）

朝蘇薊	30
甜菜	43
黑眼豌豆（冷凍的）	39
胡蘿蔔	33
中國甘藍菜	23
蒲公英葉	44
無頭甘藍	43

香菜	45
紅甘藍	26
菠菜	50
蕪菁	34
木田芥	52
第三類　蔬菜（75－126毫克／100克，平均81毫克）	
甜菜葉	76
芹菜	88
甜菜（瑞士的）	86

資料來源：選自Committee on Nutrition and Human Needs, Dietary Goals for the United States, 2nd ed.（Washington, D.C.; Government Printing Office, 1977），PP.80－83.

註解：本表專指尚未加鹽烹調的蔬菜含鈉量。罐裝和冷凍蔬菜的鹽量，另有不同。來自VSDA 第8期的農業手冊估計罐裝蔬菜每100克食用部分平均就有235毫克的鈉。冷凍蔬菜的鈉含量範圍從幾乎無鈉到每100克食用部分有125毫克不等。

　　高血壓也可能導因於腎臟病（kidney disease），主動脈開口狹窄（即血液離開心臟的主要血管），庫辛氏症候群（Cushing's Syndrome）（即腎皮質荷爾蒙的過度分泌），肥胖和口服避孕藥等。不過，這些原因只佔所有高血壓原因的百分之十。其餘百分之九十的高血壓被稱為原發性高血壓（essential hypertension），其致病原因至今仍無具體結論。

　　在十七歲以上的美國人中，有百分之二十已經被診斷為高血壓。至於那些還沒有被診斷出來的個案不知道有多少？女性罹患高血壓的比率高於男性，而且罹患高血壓的可能性會隨著年齡增加而提高。黑人的罹患率也高於白人。其中，白人男性發生高血壓的機率較少，黑人女性發生高血壓的機率最多（詳請參閱圖3－1和表3－3）。

　　我們不妨想一想美國的阿拉斯加（Alaska）的輸油管。石油經過這些輸油管，從阿拉斯加通過加拿大到美國。當這些輸油管正常運作時，供油量充足而沒有任何中斷。如果量太多，衝擊金屬管的壓力太大，會發生什麼問題呢？當然，這些油管可能會破裂。同樣的事情也會發生在血壓、血液和血管的關係上。血液就像油，血管（特別是動脈）就好比是輸油管。如果血液衝擊動脈壁的壓力過大，動脈壁就可能會破裂，血液就無法流到位於破裂點之後的地方。如果血管破裂發生在腦部，我們叫做腦出血（cerebral hemorrhage）；如果發生在冠狀動脈，並且造成局部心肌因為缺乏由冠狀動脈輸送來的氧氣而壞死，我們稱為心肌壞死（myocardial infarction）。另外，血液也可能因為血管阻塞或因為廢物集中在血管內壁造成血管變窄而無法把血液輸送到該去的地方。

圖中沒有信度或精確的標準（相對標準差百分之三十以上）

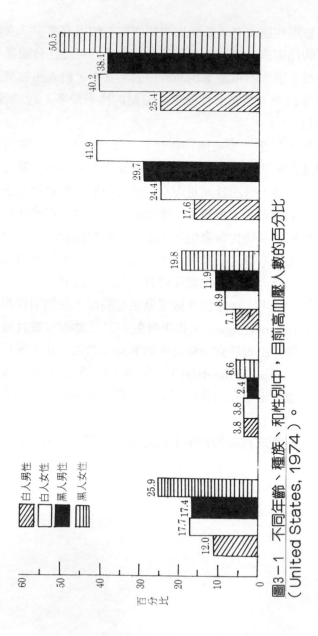

圖3-1　不同年齡、種族、和性別中，目前高血壓人數的百分比（United States, 1974）。

表3－3　17歲以上的人在各個高血壓狀態的人數和百分比——取自健康晤談所得資料（United States, 1974）

| 種族、性別和年齡 | 17歲以上的人數 | 人數（以千人為單位） | | | | | 17歲和17歲以上的人數 | 百分比 | | | | |
		曾經有高血壓的總人數	現在有高血壓 是	否	從未有高血壓	不知道		曾經有高血壓的總人數	現在有高血壓 是	否	從未有高血壓	不知道
所有種族												
兩種性別												
17歲和17歲以上	144,38	29,789	22,626	5,345	105,004	9,587	100.0	20.6	15.7	3.7	72.7	6.6
17—24歲	29,562	2,069	1,147	675	24,966	2,527	100.0	7.0	3.9	2.3	84.5	8.5
25歲—44歲	51,216	7,235	4,560	2,129	40,590	3,391	100.0	14.1	8.9	4.2	79.3	6.6
45—64歲	42,862	11,960	9,652	1,657	27,977	2,926	100.0	27.9	22.5	3.9	65.3	6.8
65歲和65歲以上	20,740	8,525	7,267	884	11,471	744	100.0	41.1	35.0	4.3	55.3	3.6
（男性）												
17歲和17歲以上	67,947	11,562	8,479	2,156	49,784	6,601	100.0	17.0	12.5	3.2	73.3	9.7
17—24歲	14,252	837	507	205	11,744	1,672	100.0	5.9	3.6	1.4	82.4	11.7
25歲—44歲	24,698	2,989	1,869	837	19,135	2,574	100.0	12.1	7.6	3.4	77.5	10.4
45—64歲	20,419	4,953	3,829	774	13,468	1,998	100.0	24.3	18.8	3.8	66.0	9.8
65歲和65歲以上	8,578	2,784	2,273	339	5,437	357	100.0	32.5	26.5	4.0	63.4	4.2
（女性）												
17歲和17歲以上	76,433	18,228	14,147	3,189	55,220	2,986	100.0	23.8	18.5	4.2	72.2	3.9
17—24歲	15,310	1,232	640	470	13,223	855	100.0	8.0	4.2	3.1	86.4	5.6
25歲—44歲	26,518	4,247	2,691	1,291	21,455	816	100.0	16.0	10.1	4.9	80.9	3.1
45—64歲	22,443	7,007	5,823	884	14,309	927	100.0	31.2	25.9	3.9	64.6	4.1
65歲和65歲以上	12,163	5,742	4,993	545	6,033	388	100.0	47.2	41.1	4.5	49.6	3.2

白人　兩種性別												
17歲和17歲以上	127,787	25,598	19,143	4,871	93,930	8,259	100.0	20.0	15.0	3.8	73.5	6.5
17－24歲	25,464	1,789	959	611	21,557	2,117	100.0	7.0	3.8	2.4	84.7	8.3
25歲－44歲	44,934	6,037	3,614	1,936	36,024	2,873	100.0	13.4	8.0	4.3	80.2	6.4
45－64歲	38,514	10,194	8,132	1,501	25,708	2,612	100.0	26.5	21.1	3.9	66.7	6.8
65歲和65歲以上	18,875	7,578	6,438	822	10,640	657	100.0	40.1	34.1	4.4	56.4	3.5
（男性）												
17歲和17歲以上	60,482	10,063	7,244	1,990	44,707	5,712	100.0	16.6	12.0	3.3	73.9	9.4
17－24歲	12,375	761	468	191	10,218	1,397	100.0	6.1	3.8	1.5	82.6	11.3
25歲－44歲	21,922	2,617	1,564	790	17,092	2,213	100.0	11.9	7.1	3.6	78.0	10.1
45－64歲	18,414	4,252	3,236	688	12,377	1,784	100.0	23.1	25.4	3.7	67.2	9.7
65歲和65歲以上	7,771	2,433	1,976	321	5,019	319	100.0	31.3	17.7	4.1	64.6	4.1
（女性）												
17歲和17歲以上	67,305	15,535	11,898	2,881	49,223	2,547	100.0	23.1	3.8	4.3	73.1	3.8
17－24歲	13,088	1,029	491	420	11,339	721	100.0	7.9	8.9	3.2	86.6	5.5
25歲－44歲	23,012	3,421	2,050	1,147	18,932	660	100.0	14.9	24.4	5.0	82.3	2.9
45－64歲	20,100	5,941	4,896	813	13,331	828	100.0	29.6	40.2	4.0	66.3	4.1
65歲和65歲以上	11,104	5,145	4,461	501	5,621	338	100.0	46.3	4.5	50.6	3.0	

黑人												
兩種性別 17歲和17歲以上	14,865	3,943	3,294	439	9,725	1,197	100.0	26.5	22.2	3.0	65.4	8.1
17－24歲	3,725	270	179	64	3,084	372	100.0	7.2	4.8	1.7	82.8	10.0
25歲－44歲	5,415	1,114	887	176	3,847	454	100.0	20.6	16.4	3.3	71.0	8.4
45－64歲	3,982	1,668	1,441	137	2,016	299	100.0	41.9	36.2	3.4	50.6	7.5
65歲和65歲以上	1,743	890	787	62	779	74	100.0	51.1	45.2	3.6	44.7	4.2
（男性） 17歲和17歲以上	6,614	1,377	1,154	148	4,423	814	100.0	20.8	17.4	2.2	66.9	12.3
17－24歲	1,668	76	40	14	1,341	251	100.0	4.6	2.4	0.8	80.4	15.0
25歲－44歲	2,343	327	279	37	1,687	329	100.0	14.0	11.9	1.6	72.0	14.0
45－64歲	1,853	650	550	79	1,004	199	100.0	35.1	29.7	4.3	54.2	10.7
65歲和65歲以上	749	324	285	19	391	35	100.0	43.3	38.1	2.5	52.2	4.7
（女性） 17歲和17歲以上	8,252	2,566	2,140	290	5,302	384	100.0	31.1	25.9	3.5	64.3	4.7
17－24歲	2,057	194	140	49	1,742	120	100.0	9.4	6.8	2.4	84.7	5.8
25歲－44歲	3,072	787	607	139	2,160	125	100.0	25.6	19.8	4.5	70.3	4.1
45－64歲	2,129	1,018	891	59	1,012	100	100.0	47.8	41.9	2.8	47.5	4.7
65歲和65歲以上	994	567	502	44	388	39	100.0	7.0	50.5	4.4	39.0	3.9

資料來源：National Center for Health Statics, "Hypertensien:United States, 1974" Advance Data, November 8, 1976, P.5

　　由於血壓和血清膽固醇在壓力之下都會增加，因此長久以來專家們一直懷疑壓力和高血壓有關。在高血壓的諸多原因中，「情緒壓力是一個最主要的因素」。基於這樣的認識，有關高血壓的教育計畫也會包含壓力管理。雖然高血壓可以經由藥物控制，但是藥物的副作用會讓我們更想嘗試其他方式來控制它。所以當肥胖、抽菸和缺乏運動都和高血壓有關時，因應高血壓的計畫就也包含了控制體重、戒烟、運動，和減少鹽分的攝取。

　　壓力管理也被用來控制高血壓。很不幸地，有太多提供健康照護者都只會叫高血壓患者「放鬆」卻沒有提供放鬆的方法，直到邊孫醫生（Dr. Herbert Benson）出現爲止。邊孫醫生是一位心臟學家，他利用靜坐（mediation）來降低高血壓病人的血壓。他敎導病人靜坐的方法，不僅是在醫療環境裏做，而且在兩次門診中間，也要求病人自行靜坐。在他的「放鬆反應」（The Relaxation Response）一書中有更進一步的說明。

　　關於壓力和惡性高血壓之間的關係有進一步說明的，是在一九四〇年代當鈸（Flanders Dunbar）對1600個醫院病人的研究報告中出現。當鈸發現高血壓病人具有特定的人格特質；例如，他們容易因被批評或不完美而心煩意亂，把生氣積壓在心裏，並且缺乏自信。而壓力適足以讓這些較敏感的人爆發出來！

中風

　　腦溢血（俗稱中風）是由於輸送氧氣到腦部的動脈阻塞或破裂而導致腦部缺氧所造成的中風的輕重，要視缺氧的腦部位置和缺氧的時間量而定，其中會有癱瘓、語言障礙、運動功能損傷或

死亡等不同結果。中風也和高血壓有關，高血壓可能造成供腦的
主血管破裂而導致大腦出血和中風。中風與高血壓、飲食和壓力
都有關係。每年美國人死亡原因中的頭號殺手，便是包括腦溢血
在內的心臟血管疾病。

冠狀動脈心臟病

　　當我們知道壓力會加速心跳速率，增加血清膽固醇，並透過
增加血量而增加血液的滯留時，我們就能了解壓力與冠狀動脈心
臟病的確有關。此外，典型的心臟病患者常常是那些有高度壓力
，工作過度，一支煙叼在嘴裏和一杯馬丁尼握在手中的「超胖」
實業家。

　　冠狀動脈心臟病與食用過飽和脂肪、缺乏運動、肥胖、遺傳
，甚至男性禿頭都有關係。其中，被認爲與冠狀動脈心臟病關聯
最大的三個原因是，高膽固醇血型（高血清膽固醇）、高血壓和
抽菸。

　　然而在重覆的臨床研究中發現，有一半以上的冠狀動脈心臟
病的新案例完全沒有這些因素，這些病人並沒有高膽固醇，而且
，只有一小部分人有高血壓。來自美國更進一步研究的資料也顯
示，具有這些危險因素兩個以上的男人中，只有大約百分之十的
人在十年內發展成冠狀動脈心臟病，大約二十年前我們發現採取
職業壓力比採取遺傳、飲食、肥胖、抽菸量、運動等因素，更能
有效地區分出年輕的冠狀動脈心臟病病人和健康的控制組。在我
們的研究中發現，於病發當時，有百分之九十一的病人，曾經在
兩個或兩個以上的工作裏，遭受過度的工作壓力，他們每個星期
工作六十小時以上或經歷過不尋常的不安、不滿，和挫折的僱主

關係。反之這樣的現象，在健康的控制組中，只有百分之廿的人曾經經歷過。

　　另外，有許多不同的專案，分別根據壓力的程度將他們自己職業的專業性分級。然後，再根據職業的專業性，分別調查冠狀動脈心臟病的流行率。如同表3－4，3－5和3－6所示。一般而言，專業性的壓力愈大，冠狀動脈心臟病就愈普遍。當我們知道美國人因心臟病而死最常發生在星期一，而最不常發生在星期五時，我們可以概括地說，一般性壓力，和職業上的特殊壓力是造成冠狀動脈心臟病的主要原因。

　　在佛瑞德曼（Meyer Friedman）和羅斯曼（Ray Roseman）的研究中，找到了壓力和冠狀動脈心臟病有關的進一步證據。這兩個心臟學家和他們的研究在第六章做更詳細的討論。佛瑞德曼和羅斯曼發現，有相當比例的心臟病病人具有A型的行為型態。這些病人較具攻擊性，其競爭心強，具有時間緊迫感和敵意，他們做事做得很快，過度關心數字（量比質重要），並且時常在同一個時間做一件以上的事情（例如，在吃早餐時看報紙）。A型行為型態的研究也證明了壓力和冠狀動脈心臟病之間的關係。

表3－4　不同壓力等級的醫學領域，盛行冠狀動脈心臟病的百分比

職業領域		調　查　年　齡				
	壓力				40－69	40－69
	等級	40－49	50－59	60－69	（平均）	（調整過後的年齡）
皮膚科	最少	0.9	5.1	7.8	3.2	3.8
病理科		1.8	5.2	11.7	4.1	5.0
麻醉科		2.6	13.7	30.0	8.9	12.2
一般內科	最多	6.0	12.0	23.3	11.9	11.7
		2.8	8.6	18.4	7.0	8.1

表3-5 不同壓力等級的牙科醫學盛行冠狀動脈心臟病的百分比

職業領域	壓力等級	調 查 年 齡				
		40-49	50-59	60-69	40-69（平均）	40-69（調整過後的年齡）
齒前膜病學	最少	0.0	4.7	6.1	3.8	2.9
矯型齒科學		0.7	7.2	8.8	4.3	4.7
口腔外科		1.3	8.5	12.5	6.3	6.1
一般牙科	最多	1.7	8.8	21.9	9.1	8.4
平均		1.1	7.6	13.8	6.4	6.0

表3-6 不同壓力等級的法律專業盛行冠狀動脈心臟病的百分比

職業領域	壓力等級	調 查 年 齡				
		40-49	50-59	60-69	40-69（平均）	40-69（調整過後的年齡）
專業律師	最少	0.7	4.8	7.1	3.7	3.5
法律相關專業		2.5	5.9	12.5	6.9	5.8
試用律師		3.4	7.2	13.8	8.8	6.9
一般律師	最多	6.9	11.3	16.3	11.0	10.4
平均		3.4	7.2	12.8	7.6	6.7

　　從慢性壓力到冠狀動脈心臟病發展的路徑來看，其中的生理機制似乎和增加的血清膽固醇、血壓、血量與壓力下加快的心跳速率有關。後三個因素會讓心臟運作更辛苦，而前一個因素（高膽固醇血症）會造成動脈阻塞（動脈粥樣硬化症），甚至造成冠狀動脈與其他動脈的彈性降低。這兩大類情況都會造成心臟肌肉的工作負荷過重以及心臟的供氧量減少。除此之外，也不可忽略其他冠狀動脈的危險因素與壓力的關係。一個人可能會因為壓力過多而沒有時間運動，或為了獎勵自己的「努力工作」而吃過量

，或爲了放鬆而抽菸（實際上尼古丁是生理上的一種興奮劑）。因此，這些壓力對心臟的負面影響會因爲伴隨其他危及心臟的行爲而加重。

潰瘍

潰瘍是胃壁、十二指腸或腸的其他部位有裂縫或傷痕。雖然潰瘍的眞正原因無法確定，但是有人認爲是胃酸增加所造成的，這是壓力反應的一部分，雖然壓力不能爲潰瘍負絕對的責任，但是至少要負一部分的責任。關於這個結論，是有充足的證據的。雪萊指出：老鼠暴露於壓力之下，會造成胃和十二指腸潰瘍。林德曼（Lindemann）研究悲傷的反應也發現：四十一位潰瘍病人中有三十三位病人，「他們發生潰瘍的時間與他們失去身邊重要的關係人有密切的關係」。其他學者也注意到：在潰瘍病人身上常找到一份全然的無助感，這些學者們相信，不是潰瘍造成無助的感覺；相反地，是無助感促成潰瘍的發生。甚至失業也會使得被解雇者和他們的妻子出現潰瘍的情形。

偏頭痛

泰瑞（Terry）是一個非常忙碌並具有生產力的女人。她有兩個可愛的男孩和一個令人尊敬的醫生丈夫（這兩個男孩非常像她的丈夫）。她覺得光只是母親和妻子的角色並不足以讓她滿足，也因爲她具有特殊的天份，所以泰瑞多半在下午時間畫畫，最後她改讀藝術方面的碩士學位。在研究所的課程，她表現優異，在順利取得學位之後，也被邀請擔任敎席。除此之外，她還在地方美術館和市民組織的委員會裏服務。

除了泰瑞本身，每一個人都覺得泰瑞做太多事情了。她本來就已經有偏頭痛的毛病，很快地，她的偏頭痛愈來愈常出現，而且愈來愈嚴重。常常在她先生出去替病人拔牙的時候，她必須蜷縮在昏暗的房間裏等待偏頭痛消退，並請鄰居幫忙照顧小孩，而我正是泰瑞的鄰居。

偏頭痛是指頭一邊的頸動脈收縮又擴張的結果。收縮的階段，稱為發作前期（ preattack ）或前驅徵兆期（ prodrome ），這個階段的特徵是對燈光或噪音敏感，而且易怒，皮膚會有發紅或蒼白的現象。當動脈擴張時，某些化學物質會刺激鄰近的神經末梢造成疼痛的感覺。

偏頭痛不只是一種嚴重的頭痛，也是一種獨特的頭痛型態，它的特徵是：通常只痛一邊。出現偏頭痛之前，會有一些警告的信號，例如對閃光敏感、眼前一片黑暗、情緒不穩等。這些前驅徵兆通常發生在頭痛之前一到二小時。真正的偏頭痛通常是一陣陣的抽動，並持續六小時左右（ 不同的人在持續時間上，有很大的差別 ）。很意外的是，偏頭痛通常發生在壓力的經驗結束之後，而不是壓力當前的時刻，並且頭痛時常發生在週末。泰瑞的很多週末都用在等待偏頭痛消退。

對於某些人，飲食也可能會促發偏頭痛。巧克力、放久的乳酪，或紅酒都是隱藏的殺手。但是偏頭痛的最主要原因還是情緒壓力和緊張。所以焦慮感、神經緊張、生氣，或抑制住的憤怒都與偏頭痛有關。而當個體將敵意發洩之後，偏頭痛可能就會消失。典型的偏頭痛患者是一個完美主義者，他的特質是，雄心勃勃、僵化、嚴守秩序，而且有強烈的競爭心，並且不放心把事情交給別人。

　　偏頭痛最時常發生在十六歲到三十五歲之間，五十歲以後發生的頻率就大大減少，但是偏頭痛患者並不希望，只是被動地等待偏頭痛的煎熬消失。因此有各種不同的藥提供給偏頭痛患者，而大部分的藥都包含酒石酸麥角胺（ergotamine tartrate），它是在前驅徵候出現時服用，其作用在收縮頸動脈。但是偏頭痛的藥也可能會產生副作用，例如：雙腿無力、肌肉痛、麻木和心跳速率不規則。

　　另外有一些方法可以用來消除偏頭痛而沒有惱人的副作用。既然主要的問題是頭部血管的擴張，所以任何可以阻止過多血液流向頭部的方法都可以預防或治療偏頭痛。這本書稍後討論的放鬆技巧（生理回饋、靜坐、和自我暗示訓練），可以增加周邊（手臂和腳）的血流，而這增加的血液正是來自包括頭部在內的其他區域，這些技巧可以成功地預防和治療偏頭痛。

　　在這裏必須強調的一點是：偏頭痛是生活型態出錯的一種信號和徵兆，沒有消除根本的原因（一個人的生活型態），而只是用藥物或靜坐來控制症狀，這就像這首詩所述說的故事一樣：

　　它是一個危險的懸崖，

　　雖然走近它的山頂是如此的令人愉快；

　　但是在它那可怕的邊緣，已滑落了一位公爵，和多位農夫。

　　人們說：一定要提出一些辦法來，

　　但是每個人所提出的計劃都不一樣。

　　有人說：圍一個籬笆在懸岩的邊緣；

　　有人說：在山谷預備一輛救護車；

　　當他們的心充滿著憐憫時，

　　群眾的悲嘆大聲而深切；

要救護車的呼聲，贏得最後的決議，

這樣的消息傳到了鄰近的城市，

人們為了籌資而開始募款，

大街小巷的人們，

都捐出一些錢來，——不是去建籬笆——

而是要停一輛救護車在山谷裏。

這個故事聽起來是這麼地奇怪，所以我們把它記下來。

但是奇怪的事情卻時常發生，

我們認為，更合乎人性的作法，不是去援助傷患，

而是將危險移走。

最有效的方法是在危險的地方設防；

理性地做該做的事情。

是的，趕快建築籬笆，而不要

停一輛救護車在山谷裏。

與其在偏頭痛發生之後或在徵候發生時再來處理，為什麼不在一開始就藉著改變生活型態來預防呢？改變生活型態的方法將在本書隨後的章節裏介紹。

緊張性頭痛

頭痛也可能因為壓力引起的肌肉緊張而造成。肌肉緊張的部位可能包括前額、頜部，或脖子。我十分驚訝的發現，在我班上有那麼多人有緊張性頭痛，尤其是那些上夜間課程的學生！或許是因為做了一整天的工作，或者上了一天的課，累積下來的肌肉緊張使然吧！但是我們是可以控制我們自己的肌肉的。我們可以在緊張性頭痛開始之前就去放鬆它！否則！一旦頭痛發生，想要

立即放鬆是很難的！

城市的生活比市郊或鄉村的生活型態有較多的壓力，也比較不健康。

緊張性頭痛的治療方法包括藥物（阿斯匹靈或鎮靜劑），或者在緊張的肌肉上熱敷、按摩。不僅是帶著緊張性頭痛來上課的學生數目讓我驚訝，我更驚訝地發現：在練習放鬆技巧之後，有那麼多人在下課時，已經不再頭痛了。也有其他人報告說：放鬆訓練的確可以有效地控制緊張性頭痛，特別是生理回饋。可是，就如同偏頭痛一般，預防遠勝於治療。

癌症

很多人不知道癌症的預防和治療壓力有關。癌症有很多種，其中有一些可能是吃進致癌物質（carcinogensl）造成的，也有一些可能是在環境中或在抽菸場所吸入致癌物，但也有一些是由濾過性病毒所引起的。它們共同的特徵是：癌症細胞的不正常繁殖形成腫瘤，最後造成器官損傷。

當濾過性病毒引起的癌症發生時，免疫系統會發生作用——特別是免疫系統中的淋巴細胞（lymphocytes）。在突變異種細胞繁殖和造成傷害之前，破壞突變異種細胞的T－淋巴細胞數目，在壓力的情況下會減少。因此，有些研究者相信慢性壓力會造成免疫反應失去效能而不能再防止突變異種細胞的繁殖。

雖然壓力與癌症的關係仍然是爭議中的議題，但是因為癌症是美國的第二大死因，所以在美國有關癌症的研究一直都在進行。有一些研究也認為壓力與導致癌症有關。把母親帶有癌症病毒的實驗老鼠分成兩組（一組在壓力情況下），比較的結果，在有壓力情況下的老鼠，有百分之九十發展成癌症。此外，有些支持者也提出一種癌症傾向的人格型態。這種癌症傾向的人容易(1)懷著怨恨，而無法寬恕他人；(2)自憐；(3)缺乏發展和維持有意義人際關係的能力；和(4)不滿意自己。在癌症病人身上，也常發現：他們在小時候曾經經歷過嚴重的情緒困擾，例如：父母離婚、家人死亡等等，而讓他們覺得寂寞、焦慮，並且有被拒絕的感受。列仙（Lawrence Leshan）在一九五〇年代研究癌症病人的心理特徵時發現，這些病人不同於控制組的健康受試者。這些病人比較明顯的特徵爲：

1.在被診斷爲癌症之前有失落的人際關係。

2.爲保護自己而表達敵意，但常在兩者間矛盾、衝突。

3.覺得自己沒有價值，也不喜歡自己。

4.與父母或父母之一有緊張的關係。

運用心理作用，影響生理歷程的方法，已經納入癌症治療的一部分。癌症病人在治療中，學著要去想像Ｔ－淋巴細胞攻擊癌症細胞的場面。既然Ｔ－淋巴細胞在壓力反應之下會減少；那麼它們應該會在放鬆反應之下增加，所以具象化技巧（visulization skill）和其他放鬆技巧就可以讓免疫系統在控制癌症細胞上更有效能。可是，這種癌症治療的方式仍有爭議，也仍處於實驗階段。所以，具象化治療總是與其他的治療方式，例如：Ｘ光、化學藥物、手術等合併使用。

過敏症、氣喘病和花粉熱

氣喘病和花粉熱是過敏症的兩個例子。一般是身體對外來刺激物質——叫做抗原（antigen）的防衛反應。面對這些抗原，身體會產生抗體（antibodies）。抗體還會刺激化學物質的釋放。組織胺（Histamine）就是其中之一，它會導致組織腫脹，黏液分泌增加，和肺部的呼吸道收縮。現在你知道為什麼治療過敏症的藥物是抗組織胺了吧！

　　有一些醫學專家，因為找不到很多氣喘患者的抗原，所以認為過敏症是情緒性的疾病。曾經有一個實驗結果支持這種論點，在實驗中有一個對馬過敏的女人，當她看到馬的圖片時，就開始喘氣；另外一個對魚敏感的女人對玩具魚和空的魚碗，也有過敏反應；另外一些人在以為空氣中含有花粉時就會對事實上沒有污染的空氣過敏。

　　為了支持情緒因素（特別是壓力）和過敏反應之間的關係，我們回顧前面曾經討論過有關免疫系統效力降低的問題。因為T－淋巴細胞會破壞抗原（不是透過直接接觸就是透過分泌毒素），所以在壓力的情況下，T－淋巴細胞數目減少的結果就會減低控制抗原的效力。再者，在壓力反應之下腎上腺皮質分泌的腎上腺皮質素，也會減低組織胺的效能。

　　因此，有些人下結論說，壓力會改變免疫系統而降低我們抵抗抗原的能力（即敏感閾值下降），在沒有抗原的情況下，可能產生類似過敏的反應。有些過敏症患者，特別是氣喘病患，也學習放鬆技巧和控制呼吸的運動，以便在過敏反應時能夠控制自己的生理機能。在下一章你會學到這些壓力管理的技巧，但這些技巧，必須加上調整生活情境，以避免壓力源或在我們遭遇壓力源時改變對它的認知才算完整。

風濕性關節炎

　　風濕性關節炎折磨著很多美國人（其中女人是男人的三倍）
，身體不同部位的關節會發炎、腫脹，而且愈來愈痛、愈來愈衰
弱。眞正的病因目前仍未確定，但是有人認爲它與免疫反應的機
能不良有關。

　　正常的關節都連著一層關節滑液薄膜，這層膜會分泌液體潤
滑關節。在風濕性關節炎中，關節滑液薄膜增生太快而造成腫脹
。腫脹會導致薄膜侵入關節，使覆蓋在骨頭末端的軟骨變質，甚
至會侵蝕骨頭本身。最後會長出疤痕組織（scar tissue）使關節
硬化，結成瘤（knobbiness）使關節變形（deformity）。風濕
性關節炎可能是關節滑液細胞發炎所致。因爲某種理由，對抗感
染的抗體可能會同時攻擊健康和不健康的細胞，而導致異常細胞
增加，取代了原來的健康細胞，於是，上述的病理過程就開始了
。

　　某些人似乎在遺傳上就比較容易感染風濕性關節炎。因爲，
大約有一半的風濕性關節炎患者，體內有一種叫做風濕因子
（rheumatoid factor）的血蛋白，這種東西在沒有風濕性關節
炎的人身上，是很罕見的。

　　因爲風濕性關節炎涉及身體的自體免疫反應，所以有人認爲
自我破壞性人格可能會經由這種病表現出來。雖然支持這種假設
的證據尚未形成一致的結論，但是研究者已經發現風濕性關節炎
患者和其他人的人格有所差異。這些人常是有自我犧牲，有被虐
待狂、沒有自我意識、害羞而壓抑傾向的完美主義者。女性的風
濕性關節炎病人常常比較神經質，喜怒無常而憂鬱，她們有一個
嚴格的父親，或曾經有被母親拒絕的經驗。有人認爲那些有風濕

圖3-2　壓力和免疫反應

因子的人在經歷慢性壓力之後會更容易感染風濕性關節炎。他們異常的免疫系統和先天的遺傳傾向是發生風濕性關節炎的原因。就我們所知道的，壓力也會使關節炎發作。一般使用可體松（cortisone）的藥物治療；但它的副作用會使骨頭容易碎裂，屯積脂肪使肌肉無力，造成潰瘍，並產生精神不正常。如果壓力管理技巧可以減少可體松的需求量，那實在是一件非常有意義的事！

背痛

　　有成千的人患有背痛的毛病，他們以爲那全是姿勢不正確或工作性質所造成的。當然背痛可能來自不正確的舉重或有構造上的問題。可是，很多的背痛問題其實是肌肉衰弱或肌肉緊張的結果。背痛專家亨利‧菲佛醫生（Dr. Henry Feffer）指出：運動是預防背痛最好的方法。圖3－3進一步說明這些運動。

　　就像緊張性頭痛一樣，緊張會導致肌肉失去彈性，而容易疲勞。緊張也會使肌肉痙攣，造成背痛。持續的肌肉收縮，就像預備好要做出某些動作一樣，這樣的現象常常在那些有強烈競爭心、生氣和憂慮的人身上發現。背痛也常出現在那些經歷很多壓力的人身上。

TMJ症狀

　　聯接上下顎接合處的太陽穴是一個結構複雜的部位，這裏負責統合五塊肌肉和一些韌帶。（詳見圖3－2）。當接合處順暢運作遭受干擾時，TMJ 症狀隨即產生。TMJ 症狀包括：臉面疼

1.

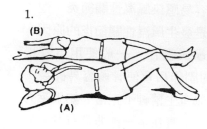

2.

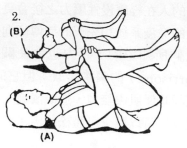

1.(A)膝蓋彎曲，腳掌平放在地板上，雙手置於頭後抱住頭，縮緊臀部，勒緊腹部，背部緊貼地面。首先，保持此種姿勢五下，然後放鬆五下；逐漸增加至二十下。
(B)然後將腿部伸直，手臂舉直超過頭部。

2.(A)保持肩膀平點地板，膝蓋朝向胸部，雙手抱膝，使膝蓋緊貼胸部。
(B)然後以前額接近膝蓋。

3.

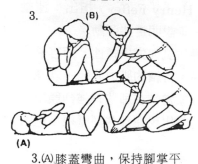

4.

3.(A)膝蓋彎曲，保持腳掌平貼地面，並置於較重的傢俱之下，以作爲槓桿之用。

(B)**雙手交錯置於胸前，頭部和肩膀抬起，並捲曲成坐姿。**保持背部成圓形及勒緊腹部肌肉，然後，慢慢後仰躺下去。

4.(A)彎曲膝蓋，保持腳掌平貼地面，手臂向前伸直。壓低頭碰觸膝蓋。

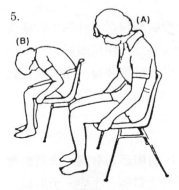

5.(A)雙手置於椅子邊緣。
　(B)向前彎曲使頭部靠近膝
　　蓋，向前捲曲並縮緊腹部
　　。保持重心一直在臀部。
　　當起來時，慢慢放鬆腹部
　　肌肉。

圖3-3　背部的運動

痛、張開或閉合嘴巴時發出玎瑲聲或爆烈聲、偏頭痛、耳鳴、耳
朵痛、頭暈，或牙齒敏感等。雖然估計TMJ症狀患者的人口數
自28％至86％不等，但一般婦女在二十歲至四十歲之間最容易得
到此一症狀。導致TMJ症狀的原因很多，例如：牙齒不當咬合
、咬口香糖、咬指甲，或下顎突出等。然而，最常見的咬牙、磨

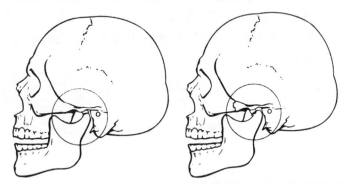

圖3-4　太陽穴上下顎接合處的骨骼鬆動產生爆裂聲並造成不舒
服，且壓力造成的磨牙，也能導致肌肉疼痛和（或）上下顎骨的
排列不當。

牙等症狀，大多源自壓力。常見的治療處理包括：廿四小時或夜間戴壓克力口罩，牙科醫生矯正咬合或磨牙，使用頭冠和矯正器，或牙齒矯正等。此外，生物回饋的壓力減輕技術，亦開始被教導並協助TMJ病患放鬆上下顎，並且減少磨牙的次數。

結論

　　從研究文獻中可以清楚地發現：疾病與壓力有關，像高血壓、中風、心臟病、潰瘍、偏頭痛、緊張性頭痛、癌症、過敏症、氣喘、花粉熱、風濕性關節炎、背痛等疾病，就是因為心理作用改變了身體的生理機能所造成的。認識這些與壓力反應有關的生理變化之後，就不會訝異於健康不佳可能是由壓力造成的。同樣地，健康不佳也會變成壓力而進一步使情況惡化下去。因此，壓力管理有助於在剛病發的時候，即可以避免疾病發生；而在疾病發生之後，壓力管理也是一種有效的治療方法。目前對心——身之間奧妙關係的探討正方興未艾，其中的一些觀點可以立刻用來改善目前的生活品質。這些觀點會在本書後面的章節中進一步說明。

摘要

1.身心症並不全是心理的問題，而是包括心和身兩者的問題；身心症是一種真正的病，而不只是心病。

2.由情緒性壓力造成的心因性身心症，會造成身體的疾病。上述疾病中沒有任何導致疾病的微生物侵入體內，而是心理作用改變了生理機能以致於身體的某些部分遭受破壞。

3.當心理作用增加身體對某些致病微生物或某些自然退化過程的感受性時，身體性的身心症就會發生。

4.與壓力有關的疾病包括：高血壓、中風、冠狀動脈心臟病、潰瘍、偏頭痛、緊張性頭痛、癌症、過敏症、氣喘、花粉熱、風濕性關節炎、背痛，與TMJ症狀等。

5.由於血壓和血清膽固醇在壓力下都會增加，因此研究已發現：壓力與高血壓、中風和冠狀動脈心臟病有關。

6.由於壓力會減少T－淋巴細胞數，因而減低免疫系統的效力；免疫系統效力降低，被懷疑會導致過敏反應、氣喘，甚至癌症。

7.壓力會導致肌肉的緊張並拉緊。在此一現象中，壓力被認為是緊張性頭痛、背痛、頸部與肩膀酸痛的主因。

參考書目

1. John D. Curtis and Richard A. Detert, *How To Relax: A Holistic Approach to Stress Management* (Palo Alto: Mayfield Publishing Co., 1981), 134.

2. Daniel A. Girdano and George S. Everly, *Controlling Stress and Tension: A Holistic Approach* (Englewood Cliffs, N.J.: Prentice-Hall, 1979), 11－12.

3. Robert Ornstien and David Sobel, *The Healing Brain: A New Perspective on the Brain and Health* (New York: Simon and Schuster, 1987).

4. Howard S. Friedman and Stephanie Booth-Kewley, "The 'Disease-Prone Personality': A Meta-Analytic View of the Construct," *American Psychosogist* 42 (1987): 539－555.

5. Hans J. Eysenck "Health's Character," *Psychology Today,* December 1988, 28－35.

6. "Princeton Study: Student Stress Lowers Immunity," *Brain Mind Bulletin* 14 (1989) :1, 7.

7. Sally Squires "The Power of Positive Imagery: Visions to Boost Immunity," *American Health,* July 1987, 56－61.

8. Arthur A. Stone el al. "Evidence that Secretory IgA Antibody is Associated with Daily Mood." *Journal of Personality and Social Psychology* 52 (1987) :988－93.

9. "Women's Health: More Sniffles in Splitsville" *American Health,* July／August 1986, 96, 98.

10. "Putting the Heart in Cardiac Care," *Psychology Today*, April 1986, 18.

11. Sandra Blakeslee "Study Links Emotions to Second Heart Attack," *New York Times* September 20, 1990, B8.

12. Meyer Friedman, Ray Rosenman, and V. Carroll "Changes in the Serum Cholesterol and Blood Clotting Time in Men Subjected to Cycle Variation of Occupational Stress," *Circulation* 17 (1958) :852−64.

13. F. Dreyfuss and J. Czaczkes "Blood Cholesterol and Uric Acid of Healthy Medical Students under Stress of an Examination," *Archives of Internal Medicine* 103 (1959) :798−11.

14. N. Clark, E. Arnold, and E. Foulds "Serum Urate and Cholesterol Levels in Air Force Academy Cadets," *Aviation and Space Environmental Medicine* 46 (1975) :1044−48.

15. Larry A. Tucker, Galen E. Cole, and Glenn M. Friedman "Stress and Serum Cholesterol: A Study of 7,000 Adult Males," *Health Value* 11 (1987) :34−39.

16. L. van Doornen and K. Orlebeke "Stress, Personality and Serum Cholesterol Level," *Journal of Human Stress* 8 (1982) :24−29.

17. Kenneth Lamott, *Escape from Stress: How to Stop Killing Yourself* (New York: G.P. Putnam, 1974) , 40.

18. Lawrence W. Green, David M. Levine, and Sigrid Deeds " Clinical Trials of Health Education for Hypertensive Outpa-

tients: Design and Baseline Date," *Preventive Medicine* 4 (1975) :417－25.

19. Herbert Benson, *The Relaxation Response* (New York: William Morrow, 1975) .

20. Ruanne K. Peters, Herbert Benson, and John M. Peters, " Daily Relaxation Response Breaks in a Working Population: II. Effects on Blood Pressure," *American Journal of Public Health* 67 (1977) :954－59.

21. Flanders Dunbar, *Psychosomatic Diagnosis* (New York: Harper , 1943) .

22. Henry I. Russek and Linda G. Russek, "Is Emotional Stress and Etiological Factor in Coronary Heart Disease ? " *Psychosomatics* 17 (1976) :63.

23. Meyer Friedman and Ray H. Rosenman, *Type A Behavior and Your Heart* (Greenwich, Conn.: Fawcett, 1974) .

24. Jack Sparacino, "The Type A Behavior Pattern: A Critical Assessment," *Journal of Human Stress* 5 (1979) :37－51.

25. Markku Koskenvuo, Jaakko Kaprio, Richard J. Rose, Antero Kesaniemi, and Seppo Sarna, "Hostility as a Risk Factor for Mortality and Ischemic Heart Disease in Men," *Psycholomatic Medicine* 50 (1988) :330－340.

26. Hans Selye, *The Stress of Life* (New York: McGraw-Hill Book Co., 1956) .

27. Erich Lindemann, "Symptomatology and Management of Acute Grief," in *Stress and Coping: An Anthology,* ed. Alan

Monet and Richard S. Lazaurs (New York: Columbia University Press, 1977) , 342.

28. Walter McQuade and Ann Aikman, *Stress* (New York: Bantam Books, 1974) , 56.

29. B. Fier, "Recession Is Causing Dire Illness," *Moneysworth*, 23 June 1975.

30. Kenneth R. Pelletier, *Mind as Healer, Mind as Slayer* (New York: Dell Publishing Co., 1977) , 171.

31. Ibid., 171 — 72.

32. J.D. Sargent, E.E. Green, and E.D. Walters, "Preliminary Report on the Use of Autogenic Feedback Techniques in the Treatment of Migraine and Tension Headaches," *Psychosomatic Medicine* 35 (1973) :129 — 33.

33. Thomas H. Budzynski, Johann Stoyva, and C. Adler, "Feedback-Induced Muscle Relaxation: Application to Tension Headache," *Journal of Behavior Therapy and Experimental Psychiatry* 1 (1979) :205 — 11.

34. Thomas H. Budzynski et al., "EMG Biofeedback and Tension Headache: A Controlled Outcome Study," *Psychosomatic Medicine* 35 (1973) :484 — 96.

35. Ricky Fishman, "Headache Cures," *Medical Selfcare*, November／December 1989, 24 — 29, 64.

36. Steven F. Maier and Mark Laudenslager, "Stress and Health: Exploring the Links," *Psychology Today*, August 1985, 44 — 49.

37. V. Riley, "Mouse Mammary Tumors: Alternation of Incidence as Apparent Function of Stress," *Science* 189 (1975) :465－67.

38. Carl O. Simonton and Stephanie Simonton, "Belief Systems and Management of the Emotional Aspects of Malignancy," *Journal of Transpersonal Psychology* 7 (1975) :29－48.

39. Pelletier, *Mind as Healer*, 134.

40. Lawrence LeShan and R.E. Worthington, "Some Recurrent Life-History Patterns Observed in Patients with Malignant Disease," *Journal of Nervous and Mental Disorders* 124 (1956) :460－65.

41. McQuade and Aikman, Stress, 69.

42. R.H. Moos and George F. Solomon, "Psychologic Comparisons between Women with Rheumatoid Arthritis and Their Nonarthritic Sisters," *Psychosomatic Medicine* 2 (1965) :150.

43. Esther Wanning and Michael Castleman, "Healing Your Aching Back," *Medical Self-Care*, Fall 1984, 26－29.

44. "How To Prevent Back Trouble," *U.S. New & World Report*, 14 April 1975, 45－48.

45. T.S. Holmes and Thomas H. Holmes, "Short-term Intrusions into the Life-Style Routine," *Journal of Psychosomatic Research* 14 (1970) :121－32.

46. Robin Marantz Henig, "The Jaw Out of Joint," *Washington Post, Health*, 9 February 1988, 16.

47. Gini Hartzmark, "Teeth," *Ms.*, May 1985, 106 – 8.

48. Mary Tasner, "TMJ," *Medical Self-Care*, November-December 1986, 47 – 50.

49. Jack Anderson, "Whistleblower Stress," *Washington Post*, 24 March 1985, C7.

50. Sally Squires, "When You're Smiling, the Whole Immune System Smiles with You," *Washington* Post, 9 January 1985, 16.

第一篇 一般的應用：
生活情境與
知覺因應

┌─────────────────────────────┐ 4

因應之道

一個小男孩問他的哥哥「嬰兒是從那裏來的？」哥哥告訴他說：「嬰兒是白鶴鳥帶來的」。為了確定這個意外的答案，小男孩再問他的爸爸嬰兒是從那裏來的。爸爸也告訴他說嬰兒是白鶴鳥帶來的。小男孩對這個答案仍不滿意，為了不被家人指為沒有禮貌，小男孩去問家裏最有智慧的長者──祖父。「嬰兒是從那裏來的」，祖父仍然告訴他嬰兒是白鶴鳥帶來的。隔天，在學校裏，小男孩把這些對話告訴老師和同學，並且說，他們家至少有三代沒有正常的性（或血緣）關係。

為了避免對壓力管理有任何不正確的觀點，本書第一篇說明了壓力的性質、壓力因子、身體對壓力因子的反應方式，和由壓力所產生的疾病。有了這些說明，讀者們應該可以了解到，壓力管理是一個複雜的活動，而不是像「白鶴鳥」那麼簡單的答案。目前，已發展出一套綜合性的壓力管理系統，可以讓你有效地控制壓力和緊張。本章介紹的內容包括：壓力模式，壓力模式與疾病的關係，以及介入處理的壓力管理技巧。因應（intervention）──是被用來阻斷壓力造成疾病的一系列活動。從這些活動中，你會很快發現：一個綜合性的壓力管理是切合實際，合乎邏輯，而且是可行的。藉著因應處理，你可以有效地管理你自己的壓力。

壓力模式

　　壓力起於某一個生活情境逐漸地或突然間破壞你的平衡狀態。這種破壞，可能是逐漸發生，也可能是突然產生，它讓你必須調整自己以恢復、平衡這些生活情境，它可能是溫度的變化，其他人給你的威脅，所愛的人死亡，或是一些你必須適應的生活改變。

　　我們都知道，相同的情境對不同的人可能會產生不同的反應。例如有人可能視所愛的人死了是一件悲傷和失落的事；而有人可能視所愛的人死了是一件令人難過的事，但僅止於懷念過去與死者相處的美好時光。因此，一個你必須適應的生活情境只是壓力的必要條件而非充分條件；另一個條件則是，你得從這個情境中知覺到「壓力」。

　　如圖4－1所示，當一個生活情境被認為是痛苦時，接著會發生的是對這個痛苦的生活事件所產生的情緒反應，諸如：害怕、生氣、不安全的感覺，或是感到無價值、傷心、挫折、無助等，這都是因為把事件視為壓力的結果。

　　這些感覺會引發生理反應，如第二章所描述的，壓力反應包括：血清膽固醇增加、呼吸和心跳速率變快、肌肉緊張、血壓和血糖的升高以及降低免疫系統的效能、減少心肌強度、減低消化功能和組織胺的效力。如果生理反應是慢性長期或無止盡的，就會導致疾病產生。

生活情境（Life situation）

　　╱

知覺為壓力（Perceived as stressful）

圖4-1　生活情境的知覺（Perception of a life situation）

生活情境（Life situation）

　　╱

知覺為壓力（Perceived as stressful）

　　╱

情緒覺醒（Emotional arousal）

　　╱

生理的覺醒（Physiological arousal）

　　╱

疾病（illness／disease）

圖4-2　壓力－疾病模式（Stress-illness model）

　　圖4-2是這整個過程的說明，一個生活情境一旦被知覺為壓力，就會引發情緒，這些情緒會改變一個人的生理狀況，接著，便造成疾病。

　　讓我們隨著一個人產生疾病的過程來看這個模式的功能。如果你投身於汽車工業八年之久，並且對工作勝任愉快，和工作夥伴們相處得很好，下班時，還有幾個特別要好的同事可以聊聊，整個情況看來都很好。不幸地，面臨經濟不景氣，信用緊縮，利率增加，顧客不再購買汽車，你的公司也因此決定要裁掉數百名員工，而你又正好在解雇名單中，於是，一個你必須適應的生活情境就出現了。

你的整個世界好像粉碎了，要如何付房租、買食物、付醫藥帳單？如何排遣時間？別人對自己又是怎麼想的？能不能再找到另一個工作？要從那裏開始著手呢？所有的問題都來了。現在你已經進入這個模式的第二個部分，你知覺到被解雇是很痛苦的，但是，並非每個人都跟你有同樣的想法，你有些同事可能會認為：

1.被裁員，並不是一件好事，但我正需要休息。最近，我工作得太辛苦了。

2.我要趁這個機會和我的孩子多多相處。

3.我想趁這個機會重新回到學校去充實自己，這一件事我已經想了好久了！

這些人已經隔開了生活情境和對此生活情境知覺間的關係。他們並不認為這個事件是一個了不得的災難，因為他們認為不是，它就不是！

而你既然已經將被解雇這件事當做是個傷害事件，你的情緒便會被激起。你開始對未來感到害怕，你變得不能肯定自我的價值，並對老闆把你列在解雇名單感到忿忿不平，整個情況都讓你很挫折，且不知道該如何走下一步？而這些感覺又會進一步引發生理變化，你的血管開始急速地充斥著血脂肪，出汗增多，呼吸改變、肌肉緊張、胃酸分泌增多，用來和細菌戰鬥的淋巴細胞減少。假如你沒有去除掉這些壓力的產物，而這個情況和你的反應又都持續下去的話，就有可能會造成與壓力有關的疾病。

十四天的壓力減肥計畫（The fourteen-day diet）

第一天：跟你的配偶或男、女朋友吵了一架！這個看似簡單
　　　　且平常的壓力事件可以做為逐漸進入本計畫的開始
　　　　，而不會造成嚴重的後遺症。

第二天：出外整晚不睡覺。既然不睡覺是這個計畫的規定，
　　　　你當然不能找時間補足這些失去的睡眠，如此一來
　　　　，你的壓力期就會延長。

第三天：整天和一個最近戒了煙的朋友在一起，聽他滔滔不
　　　　絕地說48小時沒有抽煙的感覺是多麼好。這也是一
　　　　件極大的壓力，你會發現你已經全倒胃口了！

第四天：去把好幾顆牙填補起來。光是這樣想像，就能消化
　　　　掉那些討厭的脂肪，更何況是實際去做！

第五天：叫你十六歲大的女兒問你晨間嘔吐和流行性感冒有
　　　　什麼不同。

第六、第七天：強迫你自己只喝咖啡、可樂和巧克力，而不
　　　　吃其他東西。累積下來的咖啡因會在這二個禮拜，
　　　　將壓力推到一個令人訝異的程度上。

第八天：凌晨三點開車到較落破的城裏去（假如你有CD的
　　　　收音機在車上，要把它留在家裏）。此時你應該消
　　　　遣一下你那憔悴的外表，尤其是頸子和臉部周圍的
　　　　皺紋。

第九天：去看你那四年級的兒子或女兒在「戰爭與和平」戲
　　　　劇中的演出。

第十天：讓你的老闆在辦公桌上發現半瓶威士忌。如果你沒
　　　　有工作，就讓你的配偶在枕頭上看到相同的酒瓶。

　　　　　　　害怕從工作上，或「家裏」被解僱，也是很好的減
　　　　　　　肥劑呢！
第十一天：將你所有的薪水拿去買彩券。假如你輸了，你必
　　　　　　須擔心如何去支付抵押貸款，就算賭贏了，你也
　　　　　　必須擔心要繳的稅，這麼一來，對你的腰圍會有
　　　　　　驚奇的效果。
第十二天：吃牡蠣或在中國餐廳叫一客起士漢堡。此時你應
　　　　　　該減少很多體重了，你可以開始恢復進食。
第十三天：假如你還能做直線駕駛，那麼，選擇一個尖峯時
　　　　　　間，在一個其他車道都封閉只剩下單一車道的高
　　　　　　速公路上，開車去上班。
第十四天：拜訪你的醫生，聽他描述你的身體，在過去兩個
　　　　　　禮拜以來的變化。

　　現在你要開始你的壓力減肥對抗計畫了，計劃中包括：每天
要有一個低度的危機，每個禮拜還要有兩個重要的焦慮事件。無
論在任何情況下，千萬不要在三年內再度重覆這兩星期的壓力減
肥，假如你在這十四天內生病了，你最好不要怪罪這個壓力減肥
計畫，因爲發展出這個計劃的人，已經聘請一位很好的律師，你
的控訴是不會成功的。任何像這樣的壓力都會幫助你減肥的。

設立路障

　　既然了解從生活情境，經由知覺、情緒、生理反應到容易致
病的整個過程，我們就可以對「損害健康」的最終結果進行干預
。所謂干預或因應，是在壓力模式的不同點上設立路障。這個模

式具有一系列上下相關聯的階段，因此，在這系列上的任何點都可以進行干預，以阻斷這個過程。例如：即使面對一個你必須調適的生活事件，你也可以在下一階段把生活情境知覺為壓力之前阻斷它。阻斷的方式可能是利用由醫生開的藥（鎮靜劑、鎮定劑）和不法的藥物（大麻、海洛因），或是強迫自己修正角度，不再完全認為這個生活情境對自己來說是一個困擾或不利因素。針對後面這一點，你可以把注意力的焦點放在這個情境的積極面或正向的方面。其實，在每一種情境下都有好的一面，也常因為這一點點的好，會讓事情不至於太糟！在知覺階段和情緒階段中間也可以設立一個路障。例如：放鬆技巧是很好的方法，它可以避免情緒反應產生持久的生理變化。如果生理反應已經發生，也可以在造成「不良健康」之前做一些生理上的活動，以阻斷其過程，並消除已經產生的反應。前面說過，生理反應是讓你的身體做好「戰或逃」的準備，凡是可以消除身體這個準備狀態的生理活動（例如慢跑），都可以讓生理變化免於造成健康危害。

完整的壓力管理方案

有些不完整的壓力管理方案只教導一項或幾項壓力管理技巧，結果，他們只能在這個壓力模式下的某一個位置建立路障。例如：有些計畫只教導人們靜坐，瑜珈術或是時間管理。事實上，對整個壓力模式有更完整的了解是必要的。

在此模式的每一個層次都只能過濾掉一部分的壓力經驗，光是在一個地方設立路障，並不能阻止所有負荷的壓力滲透到下一個階段。它們就像篩子一樣，只是過濾掉某些壓力內容，同時也容許另一些壓力通到壓力模式中的下一個階段。所以，那些只教導一部分壓力管理技巧的計劃，只能對某些部分有幫助，而不可能發揮完全的功能。

完整的壓力管理方案須包括對壓力模式的所有階段進行干預，並且可以有許多不同的方法用來干預同一個過程。本書第五至第九章會進一步介紹這些內容。而其中的每一章都將焦點放在壓力理論模式的某一個階段，並提供在該階段上改變某些壓力經驗的各種方法。我們前面討論過每個人都有最適當的壓力量，因此，要完全地消除所有的壓力既不可能，也不必要！完全的壓力管理方案，其目的也不在此，相反的，我們要了解壓力中也有良性壓力的存在。

良性的壓力

到目前為止，我們把焦點擺在壓力帶來的負向結果，例如：病痛、不好的績效，及人際關係的傷害等。然而，我們可以透過同一個壓力模式，而對壓力帶來的正面結果有更清楚的了解。當壓力能導致好的結果，例如促成個人的成長時，我們稱之為良性的壓力。

有一個例子可以更清晰地說明良性壓力的觀點。在我教壓力管理課程時，非正式的納入大部分本書所討論的主題，只要看一眼課程大綱，就可以知道主題的名稱和內容。但是，各個主題之間的關聯性卻常常被忽略掉，所以讓我左右為難的是，如何才能讓這些學生既有興趣又願意深入研究。像時間管理和生物回饋這兩個看似毫無關聯的主題，其實在壓力管理家庭中是表兄妹的關係。

因此，我決定在期末考試時，要求學生把這些不同的主題整理成具有完整意義的內容。考試本身就形成一個良性壓力——它迫使學生不得不去尋求在考試中得到好成績的方法而間接獲得更好與更多的學習。這個壓力是有益的，它可以導致更多的學習，所以它是一個良性的壓力。

在這個例子當中，考試便是良性的壓力，更具體的說，它是導致正向結果的生活情境。其次，我的學生曾把考試解釋成具有威脅性的壓力。這種知覺產生害怕、自我懷疑、煩惱等情緒，而造成生理的覺醒。然而，由於這種壓力使我的學生更用功，且學得更好。學生更多了解到壓力帶來的正面效果，並知道如何去管理它。由上可知，壓力模式能夠用以解釋壓力的正面與負面結果。

我敢打賭你一定也經歷過那種壓力，當它結束時，能讓你感覺到你比過去更好，不管它是一個要你做大幅度調整的正向壓力事件，或是一個讓你在生活中必須做重大改變的威脅性情境，只要它讓你比過去更好，就可算是良性的壓力。

有效控制

如果你只記得本書中的一個概念，我希望你記得的是：對於自己，你比想像中有更多、更好的控制力。壓力管理實際上就是在練習「自我控制」，而不是任由自己受制於人或生活環境。現在，我們進一步來看一個自我控制的例子，回想一個你對某人生氣的情景，越生動越好。想想在生氣之前發生了什麼事？那一天之前又發生了什麼事？天氣如何？你和他以前的關係怎麼樣？那個人做了什麼惹得你如此生氣。接著，想想你生氣反應的種種細節——你感覺如何，你當時想做什麼，實際上你又做了什麼，最後是怎麼解決的。

　　我們時常聽到別人說：「就是這樣，把我弄得很生氣」，其實，沒有人能使你生氣，除非你容許自己對別人所說和所做的事情生氣。換句話說，當你依據別人所說的和所做的來描述自己的行爲時，你是把自己對自己行爲的控制轉讓給別人。現在試著改變你上述回憶中情境的變項，將雨天想成一個晴朗宜人的天氣，將那個讓你生氣的傢伙想成是你最喜歡的朋友，多想想你在學校裏獲得「Ａ」的成績，或得到晉陞機會、加薪的種種愉快的、好的經驗。這時候，你會發現你的反應和剛剛做不愉快回憶時有很大的不同。因此，事件本身不一定會造成生氣的結果，眞正把生氣帶進情緒的，是你而不是別人或事件本身。在某一些時候，相同的事件可能不會讓你那麼生氣。也許當時正在享受美好的一天，你告訴自己這一天是這麼的美好，再也沒什麼事情可以破壞它。於是就眞的什麼事情也沒發生了！你可以主宰你自己的行爲。你或許不能讓別人改變他們所說的或所做的事，但是，你絕對可以改變你對他們所說的和所做的事的反應，所以每件事情都操縱在自己的手上。

　　把這個控制的概念運用到壓力管理上，那麼是否要繼續升高血壓、心跳加速，或讓肌肉緊張便是你自己可以決定的。此外，是否要變得害怕、焦慮或是在路邊嘔吐，也是你自己的決定了。你可以自己決定是否要時常練習放鬆技巧（例如：靜坐），練習這些技巧後，可以控制自己行爲並對自己的行爲負責。我指導的學生和參加工作坊的人時常告訴我他們很喜歡靜坐，但是他們沒有時間，或者找不到符合標準的時間、地點和空間靜坐。在聽多了以上的叙述之後，我仍然覺得，其實你是有時間的，只是你花在做其他的事了。我還記得我曾經在車子裏靜坐，因為家中擠滿了四個僕人，兩個小孩和許多鄰居的孩子，他們吵雜得讓人無法放鬆。「安靜」是可以自己去找的！既然你可以在任何地方靜坐，「地點」就更不成問題了！我曾經在飛機上，高爾夫球場的樹下和以六十英哩的時速在高速公路上奔馳的車子前座上靜坐。

　　在任何情況下，你都可以決定要做什麼或不做什麼來管理你的壓力。事實上，你可以對這個決定負責，並且接受這個決定的後果。呈現在書中的這些技巧能幫助你控制你的壓力和緊張，但是，能不能達到這樣的效果，就要看你是否真正學會這些技巧，常常練習並將它納入日常生活的一部分了。

　　用一種很有壓力的方式來使用壓力管理技術是達不到效果的，但這卻是常見的現象。如果我們非常努力地要去控制壓力，其本身就是一個壓力。既然多年來你從未使用過完整的壓力管理，那麼也不急著現在立刻進行，仔細並慢慢地閱讀，試試看這些技巧，選擇對你有效的，而捨棄那些對你沒有用的方法。假如你仍在用藥物治療，就和你的醫生討論，進行這些方法適當與否？也許你可以因而減藥，也許某個方法並不適用於你目前的狀況。要愉快地管理壓力而不要使它成為另外一項負擔，利用完整的壓力管理方案來放鬆你的日子，而非緊縮你的生活。

　　在下面問題的空白處，重寫每一句話來說明在壓力下你正處於可以自我控制的情況，第一句話是例句。

目前的壓力	自我控制的情況
1.你讓我沮喪！	1.當你做那件事時，是我讓我自己變得沮喪的。
2.不安全的感覺，迫使我不得不那麼做。	2.
3.我好害怕，我是無助的。	3.
4.那是一個我無法改變的壞習慣。	4.
5.我命中註定要失敗。	5.
6.假如我當時把話講清楚，我的工作會做得比較好。	6.
7.我是成功的，因為在壓力下我工作得非常好。	7.
8.因為我父母的教養方式，我成為今天這個樣子。	8.

完成一個承諾

　　雖然說不要太急著進入壓力管理方案，但卻應該立刻進行開始的工作。最初的工作只是要你答應讀這本書，以便能更多了解壓力與學習壓力控制的知識。這第一步是非常重要的，因為再來的步驟都要以此為基礎。既然長期、慢性而持續的壓力會產生疾病，那麼壓力控制的工作愈慢開始，對於健康的效果就愈會大打折扣。假如你現在很健康，你可以藉著壓力管理方案保持這種良好的情況。假如你現在是處於因為壓力而來的疾病狀態，你也可以藉著它邁向健康之路。你是否願意開始？你希望能做到何種程度？行為學派心理學家們知道被強化的行為都會重覆出現，而被處罰的行為會漸漸消失，所以你可以和你自己訂定一個契約來表示你對於處理自己壓力的承諾，你可以使用下面的契約單，這契約包含對你履行的獎賞，以及違背契約內容的懲罰。

承諾的契約

我＿＿為了關心壓力對我健康的影響，我決定學習如何較妥善地處理我所遭遇的壓力，因此，我對我自己承諾讀完這本書，並練習書中所教的技巧。而且至少將2至3個技巧融入我的日常生活中。

　　假如我能遵守這個承諾（從現在開始兩個月），我給自己的酬賞是：（例：買一些我平常不買的東西，或做平常沒有做過的事）。

　　假如我在上述時間內沒有遵守我的承諾，我對自己的懲罰是：（例：剝奪我最喜歡的事物）。

　　　　　簽名：　　　　　　　　日期：

　　讓這個契約變成一個壓力，試著以實際一點的方法面對問題。這裏有許多你可以使用的酬賞例子：

・買票去看電影。
・買一件新外套。
・重新用羊腸線去穿你的網球拍。
・整天躺在太陽底下。
・用手指吃晚飯。
・要求某一個你喜歡的人疼愛你。

　　這裏有一些可以使用的懲罰：

· 一個禮拜不看電視。

· 三個星期不吃冰淇淋。

· 一個月不要玩橋牌。

· 四天內都是自己一個人吃飯。

摘要

1.因應是可以用來阻斷壓力造成疾病的一系列活動。壓力管理方案包括因應的使用。

2.壓力起於某一個生活情境逐漸地或突然間破壞你的平衡狀態。然而壓力反應是否產生，要視生活情境是否被知覺且被評估是痛苦的事件而定。

3.當生活情境被知覺且被評估是痛苦的事件時，害怕、生氣、不安全的情緒反應便產生。這些情緒反應隨後會導致生理的覺醒（反應）。

4.如果生理反應是慢性的、長期的或無止盡的，就會導致疾病、績效不佳或人際關係受傷害等負向結果。

5.壓力管理方案包括從生活情境到知覺、情緒覺醒、生理覺醒及負向結果（反應）出現的途徑之間，設置路障以阻斷其影響。

6.不完整的壓力管理方案只教導一項或幾項壓力管理技巧。完整的壓力管理方案包括教導在壓力模式的所有階段中，進行干預，且透過不同的方法來完成。

7.導致積極、正向結果的壓力被稱爲良性壓力。良性壓力包括調適帶來的改變，但是這類改變通常是個人的成長，而且是受歡迎的。例如：當關心好成績造成學習更認眞，且收穫更豐富時，考試便成爲良性的壓力因子。

8.你比你自己所了解的擁有更多、更好的「自我控制」。壓力管理方案事實上就是在練習「自我控制」，而不是任由自己受制於他人或生活環境。

5

生活情境的因應——個人內在的

　　本章將以一個故事來做為開始。一個有責任感，教科學的教師常示範一些實驗來讓學生了解什麼是科學，某一天出乎學生意料之外地，老師的口袋中發出咕嚕、咕嚕的叫聲，在叫了兩、三聲後，一個臉上長著雀斑、紅頭髮的學生問老師「口袋中發出噁心叫聲的是什麼東西？」老師將手放入口袋裏，從裏面抓出一隻青蛙放在桌子上，然後老師喊了一聲「跳」，像變魔術一樣，青蛙真的跳了一下，老師叫學生們仔細地觀察，然後又喊了一聲「跳」，青蛙又同樣跳了一下。學生們都很驚奇，不知道接下來還會發生什麼事？這個時候，老師將手伸入另一個口袋，拿出一把剪刀，在大家都還來不及說話之前，就剪掉青蛙的一隻腳，老師跟學生說「仔細觀察青蛙現在的反應」接著又喊了一聲「跳」，此時，青蛙並沒有跳。學生瞪大了眼睛看這個實驗，但卻不曉得這個實驗的結論是什麼？老師下結論說「剪斷青蛙的腳，青蛙就聽不見了。」

　　本章將用清晰、易懂的方式說明在生活情境上，各種不同方式的壓力管理，我們呈現科學上的發現，一定會比科學教師的故事更切合實際，且容易了解，也更有益於你自己的生活。壓力管理「系統」是一個系統，而不是零亂、瑣碎地去控制你的壓力和緊張。這個對你有意義的系統會使你更健康、更愉快。

減少不必要的壓力因子

　　從壓力理論模式來看，你能抽走的壓力因子（來源）愈多，你就愈能管理在你生活中的壓力。假如你能減少從你生活中產生出來的所有壓力來源，那你就再也不會經歷到壓力，也就不會產生疾病了。既然這個目標是不可能而且也沒有必要，那麼，針對這壓力管理模式中的最上層，你的企圖應該只是「儘可能地」去消除壓力的來源。這一章要教你一些內省的活動，以便你可以將生活中不必要的壓力來源找出來，並加以消除。本章也會談到壓力累積的效果；肯定自己需要的技巧；如何解決衝突；如何下定決心成功並獲得成功；和如何運用別人的力量。

　　在「控制壓力和緊張」的課程中，學生要寫六個禮拜的日記，這日記包含每天生活中的七個部份：

1. 當天的壓力來源
   (1)一般的壓力來源（經常經歷到的）
   (2)特殊的壓力來源（很少遭遇到的）
2. 對每一個壓力來源的反應
   (1)生理反應（例如：流汗、增加脈搏速率、肌肉緊張）
   (2)心理反應（例如：害怕、焦慮、迷惑）
3. 因應每個壓力來源的方法
4. 已經嘗試過的，較好的因應方法
5. 那一天所嘗試的放鬆技巧
6. 這些放鬆技巧的有效程度
7. 發生在當天的小毛病

(1)生理的（例如：頭痛、胃不舒服、背痛）

(2)心理的（例如：焦慮、感到不安全、較爲急躁）

除了抱怨寫這六個禮拜的日記有點沈悶之外，學生也表示這個學習經驗比起以前做過的作業更有意義和價值。要了解這個反應的意義，就必須了解我們是怎麼運用這六個禮拜的時間。由日記裏可以了解每一個學生和他們生活中所表現出來的既有習慣模式。不是去注意單一事件或單一天所發生的事情，而是嘗試找到他們面對壓力的固定模式。爲了達到這樣的目標，我們問學生下面幾個問題：

1.你較常經歷到的壓力來源是什麼？

2.你是否需要或想要持續地經歷這些壓力來源？

3.假如你不要，有沒有什麼壓力來源是可以減少的？如何做？

4.你的身體如何對這些壓力來源做反應？

5.你的心理如何對這些壓力來源做反應？

6.對於壓力來源的身體和心理反應是否能讓你較早地辨別壓力而減少一些傷害？

7.有沒有一些較常使用的因應（干預）技術？

8.這些技術對你是眞的有效或反而更糟？

9.是否有任何一個技術是你認爲有效，但卻不常用的？

10.你如何使自己能更常使用這些不常用但有效的技術？

11.有沒有那一種放鬆技巧，對你特別有效？

12.在使用放鬆技術時是否有困難？沒時間？沒地方？不夠安靜？

13.如何能更有效安排你的生活，而獲得更多放鬆的時間？

14.在壓力事件發生的前後，是否時常經歷到生理失調的現象？

15.在壓力事件發生的前後，是否時常經歷到心理失調的現象？

16.是否有方法來防止壓力造成的生理上或心理上的失調？

17.經過記錄和分析自己的日記，接著摘錄下來你將會怎麼做？愈具體愈好。例如不要只說你要更放鬆，而要具體地說明放鬆的時間、地點及方法。

你要不要也來做這六個禮拜的日記？ 圖5－1 呈現的是一個範本。

如果你能不屈不撓地完成兩個禮拜或六個禮拜的日記，並且在完成後，回答上述所問的問題，你也許可以更了解你的壓力經驗而且能調適自己的生活，以減少壓力來源。你要做的是在未進入壓力過程前就減少壓力來源（至少是不必要的壓力源），以防止壓力源對健康造成不良的影響。你能減少的壓力源愈多，就會愈少發生因為壓力而產生的疾病。在下一個主題中將提出，減少不必要壓力源的重要性之證據。

營養與壓力

營養與壓力的關係仍然不清楚，而這種與壓力有關的領域，將是未來研究的一片沃土。然而，我們卻知道某些食物能產生類似壓力的反應；而由食物供應的某些物質卻能被壓力所耗盡。此外，一些與壓力有關的疾病，可能因飲食習慣不當而惡化。因此，先了解營養的涵意，然後再探討減少營養與壓力源有關的方法，似乎是可行之道。

壓力來源	反　　應		因應方法	效果較好的
（因子）	生理的	心理的		因應方法
1.一般的				
(1)				
(2)				
2.特殊的				
(1)				
(2)				
3.嘗試的放鬆技術　　　　　技術的有效程度				
(1)				
(2)				
(3)				
失調現象				
生理的　　　　　　　心理的				

圖5－1　壓力日記

　　維護健康的營養是，你必需均衡地攝取食物的營養。而一個均衡的飲食習慣，包括攝取各類食物，這些食物含有各種豐富的營養，如蛋白質、脂肪、碳水化合物、維他命、礦物質和水等。為了確保你每天均能攝取合適的食物，你應該每天吃四大類的食物：牛奶及牛奶產品；肉、魚及家禽；水果和蔬菜及穀類。所謂營養不均衡，是指上述四大類食物攝取太少，或者某些營養食品攝取過量。

　　有關營養不均衡，不管是某些特定營養過量或不足，均會導致疾病產生，因而引發明顯的壓力。由於在我們的社會中，心臟疾病和癌症是極為盛行的兩種病症，因此我們先討論這兩大病症與營養的關係。事實上，有許多其他的疾病也是和營養有關的。

　　冠狀心臟疾病是由於當動脈阻塞時，血液無法通暢，因而無法將氧輸送至心臟，致使心臟缺氧。其結果將使心臟的某些部位壞死，如果壞死的部位在心臟或其延伸器官的重要部位，可能致人於死地。在第三章中，我們已提出一個有關忽略壓力對冠狀心臟疾病的警訊。一般大眾均了解攝取過量飽合性的脂肪，如：紅肉、全脂牛奶、奶油等，將增加血液裏膽固醇的含量。膽固醇會累積在動脈血管的壁上，累積過量，便容易產生冠狀心臟疾病。因此，飽合性脂肪應該被限制攝取，以避免過量。最簡單的一個好方法是，用單飽合性脂肪（如花生油、橄欖油）或多非飽和性脂肪（如液體蔬菜油、向日葵油、醬油）以取代飽合性脂肪，如此將有益健康。

　　癌症早已被證實與飲食有關。資料顯示：倘若飲食習慣偏向少量纖維，或多量飽合性脂肪者，容易在體內發展某些特定的癌症。為了避免癌症，美國癌症學會建議：攝取少量的脂肪，大量的纖維食品，多量維他命A和C，足夠的十字花科蔬菜如：硬花甘藍、花椰菜、龍眼包心菜，禁酒等以預防各類癌症的病發。此外，過度肥胖會增加婦女罹患子宮頸癌與乳癌的風險與機會。

　　雖然能有效的控制體重是一件愉快的事，但過份強調而節食可能是有害的。有時候，肥胖成為關心健康者心裏的焦點問題。即是因為我們受到大眾傳播媒體長久以來的疲勞轟炸，而得到一個印象——理想的身材是玲瓏有致，該瘦的地方瘦。結果是，當我們的身材未能合乎這個理想標準時，我們便感到痛苦不舒服，馬上減肥除去身上多餘的重量。社會大眾和坊間大量的減肥書，證實了現代人樂於減輕體重。不幸的是，有些減肥是不合乎健康的，甚至導致壓力重重的。有些人為了急於由胖變瘦，採取過量減肥的激烈措施（如厭食症），或狂亂大吃並且事後有目的的嘔吐（如善饞癖）以達目的。採用上述方式的，大多數是婦女，男士僅佔少數。事實上，上述方式最後均將導致疾病或死亡，要是你周遭的親朋好友有人有類似狀況的，你應該鼓勵他（她）們儘快尋求專業上的協助。如果你發現自己因肥胖而超重，想去除多餘體重，你應該和醫生或專業人員諮詢，以決定進一步的措施。

　　再者，有些食物的組成要素和壓力有特別的關係，例如某一類的食物能實際產生類似壓力的反應。這些食物被稱為假性壓力因子或擬交感神經作用（sgmpathomimetics）。所謂假性壓力因子或擬交感神經作用是指摹擬的交感神經系統刺激（興奮），例如：咖啡、可樂、茶和巧克力等。由於這些食品含有咖啡因等刺激性物質，因此容易加速體內的新陳代謝、提神，並導致壓力賀爾蒙的釋放；而由於壓力賀爾蒙的釋放，使得心跳加速及血壓增高。由此可知，一個假性壓力因子的反應，摹擬的交感神經系統會促使神經系統更活躍，也因此更容易使壓力因子誘出壓力反應來。

　　另一個與壓力作用有關的營養是維他命。人體內可體松的產生，需借助於維他命。因此，慢性壓力常使得人體內的維他命被耗盡，特別是綜合性維他命B和維他命C。這兩種維他命最容易耗損。缺乏這些維他命會導致焦慮、憂鬱、失眠、肌肉無力和翻胃等現象。壓力不僅會耗盡這些維他命，這些維他命正好是被用以製造腎上腺賀爾蒙，因此當維他命被用完後，一個人對壓力的反應便顯得力不從心了。於是，一個惡性循環便產生了。維他命B一般可以從穀類、綠葉蔬菜、肝臟，或魚獲取；維他命C一般貯存在柑橘、蕃茄、甘藍菜、馬鈴薯等蔬果中。

　　此外，壓力也會干擾腸內鈣質的吸收，增加鈣質的排出，同樣的情形也發生在鉀、鋅、銅、鎂等化學元素上。在此與婦女們特別有關的是骨骼疏鬆症，這是一種因骨骼內的石灰質流失，而造成骨骼脆弱的現象。固然停經後的婦女最容易得到骨骼疏鬆症，但一個人長久以來的生活型態，亦會影響一個人罹患此一病症的可能性。攝取足夠的鈣質、規律的運動及管理壓力，是避免或延遲骨骼疏鬆症最好的方法。

　　糖是壓力的另一個共犯。為了分解糖，人體內必需使用同等的綜合維他命B。其結果正如前文所述一般，降低人體內製造對壓力反應的腎上腺賀爾蒙之能力。除非有豐富的維他命和礦物質，否則加工的麵粉和糖同樣的需要綜合維他命B來協助分解。

　　糖的攝取，另有壓力的作用。短時間內攝取大量的糖，或未吃食物而攝取糖一段時間，體內會產生所謂的血糖過低的現象。血糖過低是在體內血糖昇高後的低血糖的現象。伴隨此一現象而來的症狀是，焦慮、頭痛、眼花撩亂、顫抖與易怒等。隨著壓力因子的出現，容易激起一個不尋常的密集壓力反應。

再者，壓力反應和伴隨可體松的分泌，造成血液內葡萄糖的昇高。隨著血液內葡萄糖昇高的反應是，胰島內的細胞團分泌出胰島素。慢性壓力能夠破壞這些細胞團。正由於這些細胞團無法更換，體內產生胰島素的能力便被破壞了。由此而致使個體罹患糖尿病。

另一個與壓力有關的食物是鹽。有些人對鈉的吸收在遺傳上比較敏感，當他們攝取太多鹽時，就可能發生高血壓。因此醫生們大多建議每天不要攝取超過五千毫克的鹽，因其中可轉換出二千毫克的鈉。在短時間內，由於鈉會停留在體內血液裏，因此過量攝取會增高血壓。正如第三章所叙述的，當一個具有高血壓的患者，遭遇到壓力時，血壓可能會增高到危險的程度。

現在你已了解到營養與壓力的關係，在此基礎上，你正好可以利用這些知識，好好的管理你的壓力。下面是一些透過飲食可以減少壓力因子的好方法：

1. 從四大類的食物中，攝取均衡的營養。
2. 在飲食中限量攝取飽合性脂肪，增加纖維的數量。
3. 在飲食中增加攝取十字花科蔬菜，如：硬花甘藍、花椰菜、龍眼包心菜等；限制飲酒。
4. 務實地看待自己的體重。倘若有必要減輕體重，絕對不要期望符合大眾傳播媒體的理想身材。記住，不當減輕體重，將導致厭食症或善飢癖。
5. 限制可樂、咖啡、巧克力或含咖啡因的食物，同時不要抽菸或吸食菸類產品。

6.處在壓力的時刻中，你需要考慮補充維他命，特別是維他命C及綜合維他命B。許多專家相信，從各類食物中攝取均衡的營養，將確保體內擁有足夠的維他命。

7.限制食物中糖的含量。勿在短時間內攝取大量的糖，且不可忽略正餐。

8.限量攝取加工麵粉。然而許多專家相信，麵粉內若含有豐富維他命、醣類的話，就不需限量了。

9.限量攝取鈉。

減少不必要的壓力因子，可透過包括減少更容易導致壓力的食物，或引起類似壓力反應的刺激性食物。以下是在我們生活中，另一個我們需要掌控的領域：

噪音與壓力

任何人與聒噪的一群人相處在一個房間，或在充滿噪音的辦公室工作，或在舉辦舞會的鄰室唸書，均能證明噪音對人類壓力的影響。噪音會昇高血壓，加速心跳，造成肌肉緊張。噪音已被證實與工作不滿足感有關，同時會導致易怒和焦慮。有一位專家形容噪音是我們環境中，最煩人的壓力因子。

當噪音不斷地改變其音調、強度，或頻率時，對人的干擾也最大；而平緩、穩定的噪音，常使我們習以為常並忽略它，例如住在機場附近的居民，似乎太習慣而常聽不到飛機聲。事實上，這只是因為你習慣飛機的噪音，習而不察，並不代表你不受噪音的影響。

噪音的大小是用分貝加以顯示，一般在餐廳裏的對話約六十分貝，普通小汽車七十分貝、大卡車八十分貝、尼加拉瓜瀑布九十分貝、地下鐵一百分貝、割草機一百一十分貝、高分貝音響一百二十分貝、樂團演奏一百三十分貝、空氣壓縮鉚釘機一百三十分貝以上、噴射飛機一百四十分貝以上。一般人們處在八十五分貝時，壓力反應便逐漸發展出來，而長時間曝露在九十分貝以上的聲音時，將會導致聽力受損。當然，這還要看一個人專心的程度如何，以及從事何種工作而定，即使是低分貝的噪音中，也可能令人厭煩。

為了減低噪音程度，你能採取的措施包括：

1. 倘若你的工作需要持續曝露在高噪音中，你可以使用棉花或耳塞。
2. 在樂隊演奏、交響樂團演奏、搖滾合唱團表演時，儘可能坐在合適距離的位子。
3. 學習在家中享受音量合適的音樂。
4. 放下窗簾以減少街上的噪音。
5. 蓋房子或整修房間，可在天花板或牆上選用吸音板或隔音板。
6. 房間鋪設地毯或選用有地毯的房子。
7. 讓產生噪音的器具遠離臥室、私室和客廳。
8. 選擇遠離卡車路線、機場、商業，和工業區的住家或房子。

不管噪音潛在的壓力如何，噪音能及時被抒解。事實上，在許多壓力管理的錄影帶中，你會發現某些噪音反而可以幫助你放鬆。這種噪音被稱之為白色噪音，它的目的在於能去除可能干擾你放鬆的一些雜音。例如海浪沖刷海岸的聲音、鳥叫聲，或吹拂過樹梢的風聲等，這些都是令人舒坦的聲音。此外，有些聲音能用以產生放鬆效果，例如冥想中使用一個字以達到專注的目的，以及其他有使用單調的語調以達放鬆的方法等。

　　由上可知，某些噪音可能導致壓力，但特定的聲音可能導致放鬆的效果。你愈能限制擾人的噪音，你將更能控制你的生活，並且找到令你放鬆的樂音。森林中漫步，海邊躺臥，是噪音還是令你放鬆的樂音，那就全在你自己了！

生活事件

　　假如你能依照這些指示去做，這一節的資料對你會很有意義。假如你現在是一個大學生，在下列的事件中，找出你去年經歷到的有那些？這第一個生活事件量表是由G.E. Anderson發展出來的。

平均值　　事件

〈50〉　進入大學

〈77〉　結婚

〈38〉　和你的老闆之間有或多或少的麻煩

〈43〉　半工半讀

〈87〉　經歷到配偶的死亡

〈34〉　睡覺習慣有大幅度的改變（睡得較多或較少，
　　　　或是改變睡覺的時間）

〈77〉　一個親密的家庭成員死亡

〈41〉　對於主修的科目做一個改變或選擇

〈30〉　飲食習慣的重大改變（吃得較多或較少，或是
　　　　改變用餐的時間和地方）

〈45〉　個人的習慣有所改變（朋友、衣著、態度……
　　　　等等）

〈68〉　一個親密朋友的死亡

〈22〉　輕微地違反法律（交通罰單……等）

〈40〉　要有顯著的個人成就

〈68〉　懷孕或是養育一個孩子

〈56〉　某個家庭成員的行為或健康有重大改變

〈58〉　性方面有困難

〈42〉　姻親關係有困難

〈26〉　住在一起的家庭成員數目上有變化（較多或較
　　　　少）

〈53〉　財務狀況有重大改變（較好或是較壞）

〈50〉　新增加一個家庭成員（出生、收養、老人搬進
　　　　來等等）

〈42〉　搬家或是改變居住狀況

〈50〉　在價值觀上有很大的衝突或改變

〈36〉　在教堂活動上有所改變（比一般來的多或來的
　　　　少）

〈58〉　夫妻關係復合

〈62〉　被炒魷魚

〈76〉　離婚

〈50〉　換一個不同性質的工作

〈50〉　與配偶爭吵的次數有重大的變化（比一般多或
　　　　少）

〈47〉　在工作的責任上有重大的變化（升級、降級、

　　　　　　　轉調部門）

〈41〉　你的配偶開始或辭去家庭以外的工作

〈74〉　與配偶分居

〈57〉　娛樂的形式和量上有重大的改變

〈52〉　少於＄10000元的抵押或是貸款（例如買車、電視、學校貸款等等）

〈65〉　有重大的個人傷害或疾病發生

〈46〉　喝酒的量有重大的改變（較多或較少）

〈48〉　在社交活動上有重大的改變

〈38〉　在學校參與活動的次數上有重大的改變

〈49〉　在獨立和責任量上有重大的改變（例如預定時間進度）

〈33〉　旅行或是渡假

〈54〉　訂婚

〈54〉　換一個新學校

〈41〉　改變約會習慣

〈44〉　和學校當局之間有問題（老師、行政人員、課表等等）

〈60〉　解除婚約或是一個穩定的關係破裂

〈57〉　在自我概念或自我知覺上有重大的改變

資料來源：G.E. Anderson，新近經驗的大學行程，美國北達科他大學碩士論文。

假如你的年紀比大學生大，在下列事件中，你去年經歷到的有那些？

　　平均值　　事件

〈100〉　配偶的死亡

〈73〉　離婚

〈65〉　分居

〈63〉　坐牢

〈63〉　親密家庭成員的死亡

〈53〉　個人傷害或疾病

〈50〉　結婚

〈47〉　被解雇

〈45〉　婚姻關係復合

〈45〉　退休

〈44〉　家庭成員健康有了變化

〈40〉　懷孕

〈39〉　性方面有困難

〈39〉　家庭加入一個新成員

〈39〉　生意上的重新調整

〈38〉　財務狀況改變

〈37〉　親密朋友的死亡

〈36〉　換到一個不同性質的工作

〈35〉　與配偶爭吵的次數有變化

〈31〉　為購置重要物品而抵押或貸款

〈30〉　喪失貸款或抵押品贖取權

〈29〉　工作責任的變化

〈29〉　兒子或女兒離開家裏

〈29〉　姻親關係有困難

〈28〉　傑出的個人成就

〈26〉　妻子開始或停止工作

〈25〉　居家條件的改變

〈24〉　個人習慣的修正

〈23〉　與老闆之間有問題

〈20〉　工作時間和條件的變化

〈20〉　搬家

〈19〉　娛樂上的改變

〈19〉　教堂活動的變化

〈18〉　社交活動的變化

〈17〉　添購東西的抵押或貸款（如：電視、車子）

〈16〉　睡覺習慣的變化

〈15〉　住在一起的家庭成員數有變化

〈15〉　飲食習慣改變

〈13〉　度假

〈12〉　聖誕節

〈11〉　輕微地違反法律

資料來源：Thomas H. Holmes 和 R.H. Holmes, 社會再適應評量表，身心研究期刊，11期，213～218頁。

　　將所經歷到的每個生活事件的次數乘上它的平均值，再將每項的分數相加，就是你獲得的總分。

　　這個分數稱為生活變化單位（life-change units LCU），

這是測量你必須去適應的重大生活改變量。換句話說，你的
LCU分數代表你在去年一年當中所遭遇到的壓力因子。這個範圍
的研究開始於Holmes和Rahe，他們也已經發展出第二種量表──
─社交再適應評量表（The Social Readjustment Rating Scale
），他們認為假如壓力造成疾病，則經歷愈多壓力的人，愈容易
出現疾病。他們發現一年內LCU 分數150～199的人，在下一年
裏，有百分之三十七的機率會因為這些壓力而引起疾病，LCU
分數200～299的人，有百分之五十一的機率，而LCU分數超過
300以上則有百分之七十九的機率。這些證據支持了他們的理論
。在前面所呈現的第一個量表，是改編自Holmes和Rahe關於大
學生的生活量表。

　　許多其他的研究者也支持Holmes和Rahe的發現，但並非所
有測量生活變化單位的研究都支持這個理論。因為在壓力理論模
式中，所有這些生活事件量表都是在測量最上面的一個階段（生
活情境）。我們知道單只是生活情境變化並不足以引起疾病，而
必須在這個情境被知覺為痛苦而且產生情緒，並隨之造成持久、
慢性而無法消退的生理變化時，疾病才會發生。我們也知道有一
些方法可以干預從壓力源到疾病的過程。研究者發現社會支持（
Social Support）的方法就是其中之一。雖然經歷較大量的生活
變化，但有重要他人可以跟自己討論所遇到的問題，這樣的人產
生疾病的可能性，並不會多於那些生活變化少的人。而那些經歷
大量生活變化，並缺乏適當的人可以討論問題者，的確比一般人
容易生病。「社會支持」將會在後面更詳細的討論，而現在我們
有足夠的理由說：生活變化本身並不會導致不良的健康。

　　假如你也在意生活事件量表中的得分，你應該要做什麼？首

先，讓我們來看看人們處在壓力下的典型反應。我們時常聽到人們說「最近我有太多壓力，我需要去度假」，假如你已經有太多的生活變化單位，為什麼還要再增加呢？因為度假會增加十三分的生活改變量。與其增加你的壓力，還不如讓你自己的生活保持規律來減少必須適應的生活變化。因此，不要去度假，相反地，應該保持日常生活原有的作息（也許減少某些事情，但是不要再增加其他的事件了）。常有人問我為什麼像度假、聖誕節如此高興的事件，也會成為壓力來源。記住，壓力的發生是因為均衡被破壞了，所以當某一個需要用力氣去適應的事件發生時，我們就必須調整均衡狀態。先想想在度假之前你要先做那些事情？

　　當你到達度假地點時，你需要再一次調整。重建一個新常規，包括：凌晨三點才睡覺；躺在長椅上不做任何事情；吃非常精緻的、煎炸的，和油膩的食物，而且大部分的時間都和別人相處在一起。所有這些在度假前、中、後的事情都必須去適應，這就是為什麼度假也是一種壓力來源的原因。

　　假如你和你的配偶分居，你就累積了六十五分。這個事件讓你必須去適應從兩個人的生活中回復為單身的生活，你必須去適應孤單、寂寞，你必須把以前與配偶相處的時間另做其它安排。這些事情都顯示出分居需要大量的適應能量，而且非常有壓力。讓我們假設你花了六個月的時間調適你分居的生活，而且終於適應了，如果此時舊情復燃，你和你的配偶都決定要做復合的嘗試。婚姻復合值四十五分，此時你又必須從好不容易已經適應好的單身生活重新調整為兩個人共處的日子。你的日常生活作息又必須做改變，而且你必須發展出比以前更好、更有效率的婚姻關係。

在兩人分開之前，必須確定你們之間確實有分居的需要。與所愛的人結束關係，也是一樣的。一旦你做了這個決定，要再重新恢復舊有的關係就很難了。當然，關於這個決定還有許多影響因素，對某些人來說，分居是非常有壓力的，而且在適應上是如此地困難。所以，復合的壓力會比持續分居關係的壓力來得少。有些人可能願意忍受這些健康的威脅，而重新建立他們的婚姻（或其他的關係）。不管如何，你需要適應的生活情境愈多，你致病的機會就愈大，某些壓力源你可能沒辦法減少（例如配偶和親密朋友的死亡），但其他的壓力因子，你是可以控制的。你可以讓他們不再成為你生活中困擾的一部份，如果能這樣做，增進你的健康將是指日可待的。

激烈爭論和慢性壓力

跳開生活改變與壓力關係之外，拉薩如斯（Lazarus）和其同事提出一個假設：每天持續激烈爭論，將會比主要的生活事件更危害身體健康。他們對激烈爭論的定義為；每天與環境產生本質上是負向的互動，由於這種互動是緩慢進行的，因此會顯著的傷害我們的健康。遺失皮夾，抽菸過量，煩人的鄰居等都屬激烈爭論的範例。再者，拉薩如斯更進一步提出缺少昂然自得——令我們感到愉快的積極事件——也會傷害我們的健康。

雖然缺乏昂然自得會傷害我們的健康，並未獲證實；但激烈爭論的出現有害健康已是不爭的事實。激烈爭論早已被證實能預測心理的沮喪、壓力與老化的動力關係，及不良的心理與生理健康。並且，拉薩如斯的有關激烈爭論後所引發身心疾病的危害程度，大於主要生活事件的危害程度之理論，早已獲得證實。

　　評量激烈爭論的方法，可以透過量表、日記、清單的方式進行。目前已有的量表太長，並不適用。但是分析自己的日記，及記錄每天與環境互動感到厭煩、累贅的清單，不失爲好方法。想一想，放鬆自己令你爲難嗎？與同事相處感到困難重要嗎？爲生活所需而缺錢嗎？一旦你認定這些激烈爭論，你還要弄清楚那一些是要花時間去改變，那一些是你要學習與它和平共處的，然後盡你所能的去消除它。

成功的分析

　　在此我要推薦一本我朋友寫的書，這本書的標題反映出她的性格和她實際的現況。書的標題是「成功：你可以讓它發生」（Success：You Can Make It Happen），成功不是運氣而是你自己將自己推至成功的邊緣，讓你自己成功會使得你更能相信你自己。成功可以增進自尊，相反的，失敗會導致自尊的降低，並且形成一個非常大的壓力來源。

　　在這一點上，你需要從我們的討論中，藉著一些有關你自己的資料來找出屬於你個人的意義。將你的人生，從五歲開始分成三個時間相等的時期，完成你的成功圖表（表5－1），假如你是五十歲，你的三個人生階段是5～20歲，21～35歲，36～50歲；假如你是二十歲，則就是5～10歲，11～15歲，16～20歲。接著，想想在每個時期中，你生活上的三個成功事件，以及你爲什麼認爲這些事是成功的原因。將這些成功事件和理由填在你的成功圖表上，最後，寫下你認爲生活中最成功的經驗和最不成功的經驗，並寫下你會這樣想的原因。

　　最後一部份的資料，請在另一張空白紙上，寫下十個你的長

表5－1　你的成功圖表

年齡	成功經驗	一個成功事件的原因
	1.	
	2.	
	3.	
	1.	
	2.	
	3.	
	1.	
	2.	
	3.	
最成功的經驗	理由	
最失敗的經驗	理由	

資料來源：採用Lila Swell，成功：你可以讓它發生（New York: Simon & Schuster, 1961）P.61

處——你的十個最正向的特性、才能等等。請先列出這些，再繼續讀下去。

　　成功是有許多種面貌的，就像美一樣，是因為各人的眼光不同而有各種的美。所以，你認為成功的事件，別人可能不這麼想。有些人認為成功就是可以獨立完成一件事，他們會在成功圖表上寫著：擁有第一輛車，獲得第一個工作，或是搬進他們自己的公寓等。他們將這些視為成功的原因可能是「不需要依賴他人」或是「現在我有錢去做我想做的事」。

　　有些人則視競爭和勝利為成功，他們的成功圖表可能包括：在運動競賽中，贏得勝利獎品，或是和其他同學競爭而贏得大學獎學金諸如此類的成功事件。他們給的理由可能是「這個競爭是激烈的」或「有許多人試著去做，但只有我成功」。

　　事實上，許多人用不同的方式來定義成功，例如：

1. 被別人選到（選出）
2. 取悅別人（父母、老師、朋友）
3. 能幫助別人
4. 學問上的成就
5. 運動方面的成就
6. 成為最好的人
7. 雖然有困難和阻礙但仍然達成目標（假如是太簡單的，這個成就不會被視為成功）
8. 學習一個技巧
9. 獲得別人的認可
10. 成為一個愉快的人

你是如何定義成功？檢視你的成功圖表，列出至少四項不同的成功模式，它必須在成功圖表上出現很多次，最後你可以用一個句子來做結論。成功對我來說是……。

現在你已經知道你對成功的定義了，你如何去達成它？最好的方法是利用前面所列十個長處的特性，試著發揮你的長處而避免你的弱點以增加你獲得成功的機會。多給自己製造一些可以運用這些長處的機會，避免那些必須用到才能、技巧和你所欠缺特性的經驗。例如，假如你認為成功是獨立完成一件事，不要企圖從裝配線上的工作找你的成功經驗。假如你沒有口才，你就不應該去從事推銷員的工作，假如你的成功需要別人認可，而且你有寫作的才能，那麼就可以試著去當一個成功的作家。假如你視幫助別人為成功的定義，你最好寫能對別人有所助益的書。現在你知道我為何寫這本書了吧！

利用你對成功的定義及你的長處清單，可以使你自己成功。現在你學到可以控制更多的壓力來源，也更能保持你的健康和增進你的生活品質。但是要達到這樣的目的，你必須把所學到的知識運用在生活中才行！

摘要

1.有益的營養，可以幫助管理壓力。食物的攝取，應該包括各種來源。從所建議的四大類食物中攝取適量的營養，方能確保均衡的飲食。

2.飲食中力行飽合性脂肪和菸酒的限量，可維持營養及健康；增加纖維和十字花科蔬茱的攝取，也能在食物中減少壓力因子。

3.有些食物的組成要素能產生類似壓力反應的，稱之為假性壓力因子或擬交感神經作用。假性壓力因子或擬交感神經作用是指，摹擬的交感神經系統刺激，例如含有咖啡因的食物，即屬這類食物。

4.壓力會耗盡維他命C和綜合維他命B；慢性壓力患者，必需在飲食中補充維他命和礦物質。糖與加工麵粉的食用，可能使上述情況更惡化，因為糖與加工麵粉在人體內新陳代謝作用過程中，將會用光有價值的營養成份。

5.為達有效管理壓力，應限量食用咖啡、糖，與含有加工麵粉的食物。處在壓力時刻中，補充維他命是需要的。

6.噪音可能令人苦不堪言，但也可能帶來鬆弛的效果。噪音高過85分貝，通常會引起壓力反應，長期處在90分貝以上的地方，將導致聽力受損。白色噪音被用以去除惱人的噪音，而達到放鬆的效果。

7.侯梅斯（Holmes）和雷耶（Rahe）發現一個人在他的生活中，愈顯著而鉅大的改變，愈容易造成生理或心理的疾病。由於在概念上認定壓力因個體對改變的調適而來，侯梅斯和雷耶認為：改變愈大，壓力也愈大；同樣的，疾病也愈多。

　　8.拉薩如斯發現：一個人每天遭遇到激烈的爭論，比生活中顯著的改變，對人體的危害更大。拉薩如斯相信由於每天遭遇激烈爭論的事件太頻繁了，因此比難得一見的生活主要事件的影響更大。

參考書目

1.American Cancer Society, *Cancer Facts & Figures*—1989（New York: American Cancer Society, 1989）, 18.

2.Marjie Patlak, "Eating to Avoid Cancer Gets More Complicated," *Washington Post, Health*, 2 April 1986, 16—17.

3.George B. Dintiman and Jerrold S. Greenberg, *Health through Discovery*, 4th ed.（New York: Random House, 1989）, 150.

4.Elaine M. Marieb, *Human Anatomy and Physiology*（Redwood City, CA: Benjamin／Cummings, 1989）, 555.

5. "Nutrients and Stress," *Medical Self—Care*, Summer 1985, 18.

6.Jeanne Stellman and Mary Sue Henifen, *Office Work Can Be Dangerous to Your Health*（New York: Pantheon, 1983）, 118.

7.Sheldon Cohen, "Sound Effects on Behavior," *Psychology Today*, October 1981, 38—49.

8.V. Lundberg, T. Theorell, and E. Lind, "Life Changes and Myocardial Infarction: Individual Differences in Life—Change Scaling," *Journal of Psychosomatic Research* 19（1975）:27—32.

9.R.T. Rubin, E. Gunderson, and R.J. Arthur, "Prior Life Change and Illness Onset in an Attack Carrier's Crew," *Archives of Environmental Health* 19（1969）:753—57.

10.T. Theorell and R. Rahe, "Life-Change Events, Ballistocardiography and Coronary Death," *Journal of Human Stress* 1（1975）:18—24.

11.M. Masuda et at., "Life Events and Prisoners," *Archives of*

General Psychiatry 35（1978）:197-203.

12.Thomas Stachnik et al., "Goal Setting, Social Support and Financial Incentives in Stress Management Programs: A Pilot Study of Theri Impact on Adherence," *American Journal of Health Promotion 5*（1990）:24-29.

13.A.D. Kanner, Richard S. Lazarus et al., "Comparison of Two Modes of Stress Management: Daily Hassles and Uplifts versus Major Life Events," *Journal of Behavioral Medicine 4*（1981）:1-39.

14.Richard S. Lazarus, "Puzzles in the Study of Daily Hassles," *Journal of Behavioral Medicine 7*（1984）:375-89.

15.C.K. Holahan, C.J. Holahan, and S.S. Belk, "Adjustment in Aging: The Roles of Life Stress, Hassles, and Self-efficacy," *Health Psychology 3*（1984）:315-28.

16.Richard S. Lazarus and A. DeLongis, "Psychological Stress and Coping in Aging," *American Psychologist 38*（1983）:245-54.

17.Kanner and Lazarus, "Comparison of Two Modes of Stress Management," 1-39.

18.J.J. Zarski, "Hassles and Health: A Replication," *Health Psychology 3*（1984）:243-51.

19.Nancy Burks and Barclay Martin, "Everyday Problems and Life Change Events: Ongoing Versus Acute Sources of Stress," *Journal of Human Stress* II（1985）: 27-35.

20.Lila Swell, Success: *You Can Make It Happen*（New York: Simon & Schuster, 1976）.

生活情境的因應──人際間的

6

第五章所描述的生活情境因應技巧，是在沒有別人介入的情況下，承受壓力者可以成功地應用這些技巧處理自己的壓力。而本章所要介紹的生活情境因應技巧，對於承受壓力者生活情境中遷涉到其他人時，特別有效。本章的主題包括：自我肯定、衝突解決、有效的溝通、有智慧的管理時間，及與核心工作夥伴、家人和朋友的協調。此外，我們也考慮到如何發展一個支持的網絡，使其在壓力與負向結果之間充當一個緩衝器。

由於其他人涉入你的壓力情境，你可能要考慮是否教導這些與你互動頻繁的人這套壓力管理技巧。或許在你教導他們之後，在壓力情境中，你可能偶爾會遺忘使用本章所介紹的壓力管理策略，此時，其他人便可適時提醒你，並為你帶來更好的互動，及較少的壓力。

肯定你自己

電話鈴聲響起，葛萊迪（Gladys）拿起電話聽到他朋友蘇（Sue）的聲音，「葛萊迪，我有一個午餐約會，你能否幫我照顧比利（Billy），我需要幫忙，時間是中午一直到下午三點。」

「沒問題。蘇，好好享受妳的約會，中午的時候我會到妳家幫忙。」但是在葛萊迪的心中浮起另一段對話「我真受不了她，她總是要求我幫她照顧小孩，我是誰，保姆嗎？」「我多麼渴望今天和瓊安（Joan）一起打網球呢！算了吧！」

這情節不光是發生在女人身上，男人和女人都發現要拒絕別人是很困難的。例如當你的老闆跟你說：「你是否可以負更多的責任時。」此外，年輕人也很難拒絕朋友慫恿他們去嘗試可以改變情緒的酒或是其他藥物。而葛萊迪也有相同的問題──很難向別人說「不」。風行全世界的訓練計劃可幫助人們在必要的時候說「不」，在願意的時候說「是」，表現出自我實現的態度。這些訓練計劃教導自我肯定的行為，對於此點的相關定義如下：

1.自我肯定行為：適度表達自己並滿足自己的需要。這種表達方式的感覺很好，在過程中亦不會傷害到其他人。

2.非自我肯定行為：否認本身的慾望來滿足別人；犧牲自己的需要來符合別人的需要。

3.攻擊性行為：以犧牲別人來換取自己的滿足。

為了要了解你的行為模式，請由下列的句子裏，找出符合你的特性。這個量表是由雷斯（Rathus）所發展出來的。

＋3：非常符合我的特性

＋2：很符合我的特性

＋1：有一點符合我的特性

－1：有一點不符合我的特性

－2：很不符合我的特性

－3：非常不符合我的特性

＿＿ 1.大部份的人似乎比我更具攻擊性和自我肯定性。

_____ 2.因為害羞，我會遲疑去製造或接受約會。

_____ 3.不滿意餐廳的服務或食物時，我會向侍者抱怨。

_____ 4.我會小心地避免傷害別人，即使我覺得我已經被傷害了。

_____ 5.假如一個推銷員向我推銷一個不適合我的商品，我仍很難說「不」。

_____ 6.當我被要求做某件事時，我堅持要知道為什麼。

_____ 7.有時候我會去尋找一個對我有利的論點。

_____ 8.我奮發苦幹地想要超越和我在同樣職位的大多數人。

_____ 9.老實說，別人常常欺騙我、利用我！

_____ 10.我喜歡和陌生人及新認識的人交談。

_____ 11.面對迷人的異性我時常不知道要說些什麼。

_____ 12.我會遲疑地去打電話到公司行號或某些機構。

_____ 13.在應徵工作或申請入學時我較喜歡用寫信的方式而不要經由面談。

_____ 14.我覺得要退回商品是一件很困窘的事。

_____ 15.假如一個親密的或受尊敬的親戚讓我感到困擾，我會抑制我的感覺不表現出來。

_____ 16.為了怕被嘲笑，我會避免去問問題。

_____ 17.在爭吵時，有時會因擔心自己變得很沮喪而全身發抖。

_____ 18.假如一個知名的、受尊敬的演講者做了一個我認為不對的評論，我會向聽眾說出我的觀點。

_____ 19.我不敢和銷售員討價還價。

_____ 20.當我做了某些重要或值得做的事，我會設法讓別人知道。

_____21.對於我的感覺，我是非常開放和率直的。

_____22.假如某人散播錯誤而且不利於我的言談，我會立刻去找他談。

_____23.我時常很難拒絕別人。

_____24.我會企圖掩藏我的情緒不讓它顯現出來。

_____25.我會抱怨餐廳或其他地方的服務很差。

_____26.當我要恭維別人時，有時我會不知道該怎麼表達才好。

_____27.在聽演講或看電影時，如果一對情侶坐在我附近大聲講話時，我會要求他們安靜或是到別的地方去講。

_____28.任何人休想在我前面插隊。

_____29.我會很快地表達我自己的意見。

_____30.有些時候，我會說不出話來。

　　計分的方式是：首先將下列題號的符號（＋或－）改變過來，1、2、4、5、9、11、12、13、14、15、16、17、19、23、24、26和30題。然後將正的分數加起來，負的分數也加起來，再將正的分數減掉負的分數就得到你的總分。這個分數的範圍從90分到0分到－90分，得到的分數愈高（接近於＋90）就愈自我肯定，得到的分數愈低（接近於－90）就愈接近「非自我肯定」。但這個特殊的量表並不測量攻擊性。

　　在上面的電話交談中，葛萊迪表現出非自我肯定的行為。她放棄她自己想安排其他事的需要，而沒有對蘇表達她真正的感受。假如她較具攻擊性的話，葛萊迪會說「妳竟然敢要求我照顧妳的小孩？我有更重要的事要做，妳太自私也太自我中心了，妳從未問過我是否也需要別人幫忙照顧小孩。」這種攻擊性表現，否定掉蘇可以向她請求協助的權利。雖然葛萊迪滿足了自己的需求，但是這種方式對 Sue 非常不公平。僅管如此，葛萊迪也的確擁有自己行爲的主控權，她有權利說「不」。面對蘇的要求自我肯定的反應應該是「我知道妳需要找別人來看顧比利，但是因爲最近我很忙，我需要一些放鬆的時間，所以，我已經計劃好和瓊安去打網球，或許瑪俐有空去照顧比利，妳有她的電話號碼嗎？」如果這個時候或不久之後，葛萊迪把「被利用」的感受告訴蘇，也都是很恰當的反應。假如這個感受表達出來了，她們就可以繼續相處，蘇會知道她必須改變她的行爲。然而，假如葛萊迪沒有讓蘇知道她的感受，蘇將會繼續做同樣的要求，而且葛萊迪不好的感覺會累積下來而降低了彼此之間關係的品質。等一下我們會討論葛萊迪可以怎樣自我肯定地表達她的感覺──包括語言和非語言上。

　　自我肯定行爲和壓力之間的關係是來自於需求的滿足，假如你時常做自我肯定的行爲，你就常能達到你的需要並且保持有效的人際關係。假如你時常做非自我肯定的行爲，不僅不能滿足你的需求而且這些需求將會變成壓力來源。假如你時常做攻擊性的行爲，雖然會符合你的需求，但會破壞自己和別人之間的人際關係。這不好的人際關係也會形成壓力來源。如果想要在生活情境這個層次上減少壓力來源的話，你就必須學習、練習而且採用自我肯定的行爲做爲滿足需求的方式。自我肯定理論（Assertion Theory）的前提是每個人都有某些基本的權利，但是，我們時常被教導說，行爲和權利相一致是社會和道德所不容許的。從小到大，許多傳統的教條也告訴我們說，不能根據這些基本的權利去行動。但這些教條都違背了我們的權利，我們必須丟掉它！表

6－1列出許多生爲人的基本權利，還有我們時常被提醒而且時常用來否定基本權利的教條。這些教條中有那些是你時常使用的？那一些是你要放棄的？假如你放棄這些傳統的教條，你的行爲會有怎樣的不同？

非語言的自我肯定

　　爲了不否定個人的基本權利，你要讓自己變得更自我肯定。對某些人來說，要做出自我肯定的行爲是很困難的，但這一節所強調的，會促使所有的人往自我肯定的行爲方向改變。自我肯定的行爲不只包括你要說的話，也包括說的方法。即使你作了一個自我肯定的語言反應，如果你的身體反應是非自我肯定的，你仍無法取信於他人的。下列是自我肯定的表達方式：

1. 站直、站穩且直接面對說話的對象，並保持眼光接觸。
2. 用清晰、穩定的口語來說話，且聲音大到足夠讓聽的人聽清楚你在說什麼。
3. 說話流利、不遲疑、肯定而有自信。

相反的，非自我肯定的身體語言包括：

1. 缺乏眼光接觸，眼睛看下面或別的地方。
2. 兩隻腳動來動去。
3. 說話時口齒不清、呑呑吐吐。

攻擊性的行爲可能根本不聽對方說話，它包括：

1. 身體向前、怒視對方。
2. 用手指著談話的對象。
3. 大聲叫喊。
4. 緊握拳頭。

5.將手背在後面，且搖晃著頭。

假如你要做自我肯定的行為，你必須注意你的身體語言，練習和採用肯定的非語言行為，並避免不確定的攻擊性行為表現。否則，即使你做一個肯定的語言反應，你的身體語言卻可能傳達出非肯定的訊息。

表6-1　人類基本權利和違反這些相關權利的教條

錯誤的傳統教條	正當的權利
1.將自己的需要放在別人需要之前是自私的。	有時候你有權利將自己放在第一位。
2.做錯事是非常羞於見人的，你必須在每個情況下都有適當的反應。	你有權利出錯。
3.假如別人不認為你的感覺是合理的，那一定是他們錯了，要不就是你瘋了。	你有權利對自己的感覺做最後評斷，且接受這些感覺。
4.你必須尊重別人的觀點，特別是一些權威的人。保留你不同的意見，只要聽和學就好。	你有權利擁有自己的意見且確信它們。
5.你必須隨時讓自己具有邏輯性和一致性。	你有權利改變心意或決定採取一個完不一樣的行為。
6.你必須具有彈性和適應性，因為別人對他們自己的行為都會有適切的理由，若質疑他們是非常不禮貌的。	你有權利去抗議不公平的待遇或批評。
7.你不應該打斷別人，對別人問問題會顯示出你的愚蠢。	你有權利打斷對方的話，以求澄清。
8.事情即使會變得更糟，也要堅持下去。	你有權利對事情做改變而去

商議。

9.你不能因為自己的問題，而去佔用別人寶貴的時間。

你有權利要求幫助和情緒上的支持。

10.人們不希望聽到你不好的感覺，因此你要把它隱藏起來。

你有權利去感覺和表達痛苦。

11.當別人花時間來勸告你，你應該誠懇地接受它，他們通常都是對的。

你有權利不理會別人的勸告。

12.你要知道把事情做好，本身就是酬賞。人們總是討厭愛表現的人，而成功的人總是讓人旣討厭又羨慕，所以，面對恭維要表現謙虛一點。

你有權利接受外界對你的工作和成就的正式肯定。

13.你要常常給別人方便，否則，在你需要的時候他們也不會幫你忙。

你有權利說「不」。

14.不要違背社會風俗，假如你說你較喜歡獨處，人們會認為你不喜歡他們。

即使別人非常喜歡你的加入，但你仍有權利獨處。

15.對於你的感覺和所做的事都要有一個很好的理由。

你有權利對別人證明你自己。

16.當某人有麻煩的時候，你一定要去幫助他們。

你有權利不對別人的麻煩負責。

17.你必須對別人的需要和願望非常敏感，即使他們不能告訴你他們所要的什麼。

你有權利不去設想別人的需求和願望。

18.接受別人的好意往往是一個好的策略。

你有權利不接受別人的好意。

19.冷落別人是很不好的，假如他們問你問題，你一定要給他們一個答案。

你有權利選擇不對某一個情境做反應。

語言的自我肯定

現在談談你要怎麼表達，有一個公式可以有效地幫助人們肯定地表達自己，那就是DESC 公式。語言的反應可以區分成四個部份，描述（Describe）、表達（Express）、明確化（Specify）和選擇（Choose）。

1. 描述：描繪對方的行為或你面對的情境。「當你……」、「當……」。
2. 表達：說出你對對方的行為或這個情境的感覺。用「我」的立場，說出來：「我感覺……」。
3. 明確化：明確地說出你期待他或這個情境改變的方式。
4. 選擇：決定你面對對方行為或情境結果的方式，如果別人的行為或情境改變是你滿意的，你會怎麼做？「假如你做＿＿，我會……」假如情況沒有改變，或這個改變沒有符合你的需求，你又會怎麼做？「假如你沒有做＿＿，我會……。」

讓我們以吉姆（Jim）和卡茜（Kathy）約會的例子，來說明DESC 的運用。吉姆希望卡茜不要和別人約會，卡茜卻認為她還年輕，不應該過早限定約會對象，Jim 在這情境下的肯定反應可以採用這種方式：

（描述）當你和其他的男人出去，（表達）我感到非常嫉妒而且懷疑你是不是還愛我，（明確化）我希望你只跟我約會，（選擇）假如你只和我約會，我會很誠懇、很努力地提供你各種不同的經驗，不會讓你感覺到錯過任何東西，我們會去高級的餐廳、去聽音樂會，和任何合理且我負擔得起的地方，讓我們都能玩得很愉快。假如你不同意只和我約會，我就不再約你了，這樣的痛苦我無法忍受。

也想想你自己的自我肯定反應吧！就像我一個學生曾經邀請一個朋友來晚餐，正在準備晚餐時，這個朋友卻接到一個久未謀面的朋友的電話，因為電話交談不能深入，他邀請她共進晚餐，而且她也答應了。將電話放下後，這個朋友為他的行為向我的學生表示抱歉。我的另外一位學生，她的兒子和兒子的女朋友一起從學校回來過聖誕節。她知道她的兒子會要求和女朋友就像在學校一樣共睡一個房間，但她認為這樣的安排違反了她的權利，她決定肯定地對兒子說明，而她也如此做了。結果這件事，比預料中更容易解決！

有沒有那一個情境，需要你做自我肯定的反應？你能拋棄那些阻礙你的教條嗎？假如你要做肯定的反應時，你會怎麼說？把它寫在下面。

這樣做的話，你的感覺是什麼？

你會如此做嗎？做的時候，記住，你的身體也要同時表達肯定才行。

解決衝突

假如你能有效地解決衝突，你的人際關係就會增進，相對的也會減少你的壓力來源；而在短時間內把衝突解決掉，會讓你比較沒有壓力且有益健康。

在我們繼續討論有效的解決衝突方法之前，須先找出在衝突情境下你習慣處理的方式。在下列情境中，圈選出你的反應來：

1. 假如一個女售貨員因為我遺失購買證明而拒絕我退貨。
   (1)我會告訴她「我很抱歉——我應該要小心的」並且不退貨款就離開。
   (2)我會告訴她「你們是這鎮上唯一有這個品牌的店，我一定要退貨，否則我再也不來你們這家店買東西了。」
   (3)我說「假如我不能退貨，我能不能換別的東西？」

2. 假如我因質疑老師的論點而激怒老師，結果他以給我D的成績做為報復。
   (1)我不會說什麼，我知道為什麼會發生這件事情而且在下一堂課我會閉嘴。
   (2)我會告訴他，他做錯了而且很不公平。
   (3)我會嘗試找他談，然後看看我可以怎麼做。

3. 假如我的工作是電視修理員，而我的老闆要我向顧客收兩倍的價錢，我會……
   (1)隨他的意思去做，這是他的事。
   (2)告訴他，他是一個騙子，而且我不同意他這麼不誠實的做法。
   (3)告訴他，他自己可以超收費用，但是我要誠實地收費。

4. 假如在公車上，我要讓座給一個帶行李的年老婦人，但一個年輕人搶先佔住了座位：
   (1)我會試著幫這位婦人再找另一個座位。
   (2)我會跟這個年輕人爭吵，直到他讓座為止。

　　(3)我會忽略這件事。

5.假如我在超商排了二十分鐘的隊，等著結帳，有一個婦人匆忙地插到我前面說「對不起，我趕時間。」

　　(1)我會笑一下，讓她先結帳。

　　(2)我會說「妳怎麼可以這樣做，妳到後面去排隊」。

　　(3)假如她有好的理由，我會讓她先結帳。

6.假如一個朋友約我晚上七點在街角見面，而到了八點他還沒到，我會：

　　(1)再等他三十分鐘。

　　(2)對他的失約生氣，離開不等了。

　　(3)打一個電話給他，告訴他「你最好找一個好的藉口」。

7.假如我的妻子（先生）替我接下一個委員會的工作，而這個工作要和一個她（他）明知道我不喜歡的人在一起，我會：

　　(1)仍然去做這個工作。

　　(2)告訴她（他），她（他）不應該支配我的時間，打電話給委員會主席說，我不做！

　　(3)告訴她（他），我希望她（他）以後做這種事時要先跟我談，然後再幫她（他）想一個好藉口，讓她（他）跟委員會主席說。

8.假如我那四歲的兒子拒絕接受我的命令，我會：

　　(1)讓他做要做的事。

　　(2)說「你要做！而且現在就要做！」

　　(3)說「或許你要晚一點才做」。

計算你每一題獲得的分數，除了第4題外，每一題(1)的答案給1分，(2)的答案給5分，(3)的答案給3分。第4題則是(1)的答案給3分，(2)的答案給5分，(3)的答案給1分。將這些分數加起來，總分會落在8－40分之間。

　　你的分數會告訴你，你通常處理衝突的方式。當你的分數愈接近8分，在衝突時你會較爲順從（非自我肯定）；你的分數愈接近40分，你的反應是較具攻擊性的；你的分數愈接近中點（24分），表示你常用妥協的方法解決衝突。

　　解決衝突並不難，阻礙它的常是因爲缺乏傾聽的態度。而想要贏的心，使你不願意去了解對方，以及想法僵化無法找到其他可行的解決方式。想想這個從「性教育理論和實務」（Sex Educatoin, Theory and Practice; Bruess and Greenberg）摘錄出來的例子：

保羅：芭芭拉（Barbara），感恩節快到了，我想帶妳回老家和我的家人共度感恩節。

芭芭拉：你現在才說！我已經告訴我的家人說我們要回去吃感恩節晚餐了。

　保羅：妳發神經啊！你都沒先問我一下是否在感恩節要和妳一起回家。

芭芭拉：問你？你最近都埋在書堆裏，連跟你打招呼都很難了，更甭提要邀你在感恩節和我回家吃晚餐了。

　保羅：妳要我怎麼做，讓功課當掉嗎？妳太自私了吧。

芭芭拉：不管，反正你要不就感恩節和我一起回家，要不就現在跟我說再見了。

　保羅：旣然如此，再見！

在這個情況下，保羅和芭芭拉兩個人都想要贏，也就是說，兩個人都試著想讓對方到自己家共度感恩節。然而最後，保羅和芭芭拉兩人都沒贏，其實，不管是明顯的或是隱含的，都有好幾個選擇在那裏：

1.在保羅家度過感恩節。
2.在芭芭拉家度過感恩節。
3.打破他們之間的關係。

假如他們決定要去保羅家度過感恩節，芭芭拉就必須取消她的計劃，並得費一番唇舌向家人解釋。更甚的，她會覺得她的期望在他們的關係上並沒有受到重視，結果是帶著一肚子的氣和保羅回家去度過感恩節。

相反地，假如他們決定要去芭芭拉家度過感恩節，保羅也會對此感到憤慨。他會覺得，既然是他先提起的，他們就應該去他家，而且他會抗議芭芭拉，未經協商，就擅自決定了包括他在內的計劃。

非常明顯的，不管去誰家度過感恩節，其中的一方都會生氣，而讓感恩節過得很不愉快。換句話說，沒有人贏而且兩個人都輸了，他們都過了一個難堪的假期。

至於第三條路——結束他們之間的關係，更明顯的，這是一個沒有人贏的方式。

如何讓這個共度感恩節的計劃有一個較圓滿的決定？我們看看下列的對話：

保羅：芭芭拉，感恩節快到了，我想帶妳回家，和我的家人共度感恩節。

芭芭拉：你現在才說，我已經告訴我的家人說我們要回去吃感恩節晚餐了。

保羅：妳認為我們會去妳家度過感恩節？

芭芭拉：是啊！而且我的父母已經在準備了。

保羅：假如我們取消感恩節和他們共進晚餐，你的父母會很失望囉？

芭芭拉：那是一定的，而且我也不敢跟他們說。

保羅：假如我們感恩節不去妳家，妳的父母會讓妳很頭痛，是不是？

芭芭拉：對！

保羅：妳也會因為必須改變和妳父母已確定好的計劃而覺得不好意思？

芭芭拉：是的，我會。

保羅：聽起來妳真的很希望我們一起去妳家，和妳的家人共度這個假期。

芭芭拉：對啊！我是這麼想。

保羅：我很高興妳將我納入妳的感恩節計劃中；但是我真的希望妳和我回家，和我的家人一起度過感恩節，我已經很久沒見到我的家人了。另外，我也知道他們真的喜歡妳。而且我對於妳在訂定這個假期計劃之前，沒有和我商量感到有點不高興。

芭芭拉：我想你也有某些權利，我很抱歉。

保羅：我們來看看是否有其他我們沒有想到的變通辦法。

芭芭拉：也許我們可以用一半的時間在你家，一半的時間在我家度過這個假期。

保羅：或者也許我們可以邀請妳的家人到我家來。

芭芭拉：待在這裏而不去雙方的任何家裏度過感恩節，也是一個
　　　　辦法。

　保羅：好像有許多可以解決的方法。但是如果我們把時間分成
　　　　一半一半，先到你家再到我家，這樣的話，我們會把大
　　　　部份的時間浪費在搭車上。

芭芭拉：如果要我的家人取消他們的計劃到你家去，那也很不實
　　　　際。

　保羅：假如我們待在這裏，我們兩家的父母都會失望，那也很
　　　　不好。

芭芭拉：還有另外一個方式，不知道你同不同意，那就是我們去
　　　　某個人的家裏，下一次假期再到另一個人的家裏。

　保羅：這聽起來很合理。既然妳已經訂下計劃了，感恩節我們
　　　　就先去你家。

芭芭拉：好啊，那下一個假期我們就去你家。

　　　在這個例子中，保羅遵循一個簡單的程序來解決人際關係的
衝突。他開始用的技巧就是反映式傾聽，這個技巧需要聽者簡述
說話者的話，讓談話者知道他（她）要表達的意思已經被接收到
了。更進一步聽者要聽出談話者在言語之外，所要表達的感覺。
在這一點上，保羅了解芭芭拉會因爲取消和家人共度感恩節計劃
而感到困窘，雖然芭芭拉並沒有明說！藉著反映說話者的話和想
法，聽者讓說話者了解到，聽者很用心地在聽並且能了解他（她
）的觀點。一旦談話者也接收到這個事實，他（她）會更願意去
傾聽和了解對方的觀點。這樣一來，不僅對彼此之間的觀點較了
解，而且也較不會堅持己見。

　　下一步則是利用「腦力激盪」一同想想可變通的方法，也就是說，列出所有可能的解決方法並且評估它們的可行性，直到兩個人達成共識為止。用這個技巧剛開始看起來，好像沒有人贏，而事實上是每一個人都贏了。在上述的例子裏，保羅將會陪同芭芭拉回去和家人共度感恩節，而不會有任何生氣。保羅也讓芭芭拉知道他的需要──在計劃之前能先聽聽他的意見。而且在下一個假期時他們會在保羅家共同度過。最後他會在感恩節裏，和芭芭拉的家人共度一個快樂的時光，這個假期會變得很有趣，所以，每一個人都贏了。

　　整個溝通的步驟和過程就是：

　　1. 積極傾聽──把對方的話語和感覺反映回去。

　　2. 說明你的立場──陳述這情境下你的想法和感受。

　　3. 尋找選擇性的解決方法──腦力激盪以尋求其他的可能性。

　　我教過許多人運用這個技巧成功地解決他們的衝突。記住，這個技巧的目的不是要說服別人同意你的觀點，也不是讓你去操縱別人，而是企圖找出一個可變通的解決方法，讓兩個人都能高興的接受。因此，如果你的心裏不願意尋找其他的解決方法，不要運用這個程序來解決衝突。如果你不想放棄你的權力時（例如，父母對子女，老闆對伙計），也不要使用這個技巧。

　　我的一個學生問我「假如我照你所說的步驟去做，而我的女兒卻說『又是一個心理學上的陷阱』，那我應該怎麼辦？」我告訴他，去跟他的女兒說「你是對的，這是一個我從學校學來幫助我解決衝突的方法，我是如此的愛妳，而且非常重視你我之間的關係。所以，若我們之間有不一致的意見時，我可以試試這個技

巧來找出一個彼此都高興的解決方法。妳希望我敎妳這個技巧嗎
？這樣一個有助於解決問題的方法，是沒有人會拒絕的。這個技
巧幫助他們：(1)找到一個可以讓他們都滿意的解決方法；(2)保持
與交往者之間的關係。我確信在你參與的事件中一定存在著些許
的衝突，何不試著找出一個正向的解決方式來處理這些衝突，而
不要以一般固著的方式解決問題，因爲照著舊有的方式，使你不
快樂。爲什麼不試試這個能讓你們兩者都贏的方法？去試試看，
你會喜愛它的！

溝通

　　除了學習成爲更自我肯定，更有效解決衝突外，其他的溝通
技巧將幫助你與朋友、家人、工作夥伴，在沒有壓力下相處得更
愉快。

非語言溝通

　　注意你同班同學的身體姿勢。在一個引人入勝的演講或活動
中，大多數同學的身體會微向前傾，或望向演講者或團體的中央
，這顯示同學們融入了進行的活動中。相反的，在一個令人厭煩
的演講或活動裏，同學的身體會往後傾，儘可能和演講者或團體
保持距離。我們稱這種身體行爲爲身體語言。由身體姿勢所傳遞
的訊息，經常和口語所傳達的一樣多。當人類感到難以用語言表
達他們的想法或感受時，身體語言經常是人類所能使用的唯一溝
通方式。

　　當我們向人問候時，我們微笑著；困窘時，搔搔頭；表現熱
情時，擁抱朋友，所以，我們都能體認到非語言溝通的重要性。

我們同時也會使用身體名稱的修飾語以表達非語言行為：我無法忍受他（stomach him）、她真沒志氣（backbone）、我不愛說話（tongue－tied）、他吸引她的注意（caught her eye）等。我們會透過表達和姿勢表明我們的讚賞和情愛，厭惡和歧視。我們僅僅利用眼神的接觸，即可告訴人們我們喜愛他們；透過我們的穿著、走路、和如何站立的方式，即可展示我們的風格，正如同雄性孔雀一樣，適時展示其羽毛。

　　不幸的是，感受、想法等非語言的表達很容易被對方錯誤的解釋。因此，若單靠非語言溝通去表達，很可能是冒著被誤會的風險了。再者，倘若一個人單用非語言溝通向你表達感受，你是否要用語言去追問自己得到的訊息是否正確。缺乏真實的核對，發出訊息者在無法進一步聯結的情況下，可能會認為他的溝通是有效的。例如：想像一對青年男女，在第一次約會中看完電影，兩人開始擁抱、接吻、相互挑逗。女士心跳加速、呼吸急促，男士誤以為是女士性興奮有意進一步接觸的信號，於是將女士衣服掀起。不料女士掙脫而出，抱怨男士的毛躁，男士頓時陷入困惑之中。這裏出現的是個人解釋的問題，而非不相容（對立）的問題。事實上，男士誤以為是女性性興奮的心跳加速、呼吸急促的信號，實際上卻是緊張、害怕的信號。倘若這對年青人有更多有效的溝通，他們將可避免類似的尷尬場面發生。核對一下你的印象中，某些人的非語言溝通，同時，儘量使你的語言溝通和非語言溝通達到一致，如此將能改善你的溝通技巧。

安排時間

　　對溝通而言，電視是一個最普遍的障礙。由於我們太忙於觀賞電視，以致於我們較少花時間和周遭的人交談。為了增進你與別人的溝通，你需要預先安排時間。為了設定時間，下面有幾個有智慧的措施你可以跟著做：

1. 確定你有足夠的時間去做有意義的討論。
2. 暫時切斷電話，不要讓別人干擾。
3. 為了讓語言完整表達，要先接納所有的感受和權利，再做適度表達。例如：我感到很生氣，當……；我覺得太棒了，當……。
4. 冒一個風險，描述你真正的想法和感受。不要讓別人費力地猜想你的感受和想法。
5. 兩人均了解目的在增進你們的關係，且逐步接近討論問題當中。

傾聽

　　傾聽在衝突解決時，經常是被忽視的。傾聽和簡述語意（積極或反映式傾聽）在一般的會話和衝突中，是非常有效的。在你的溝通中，可以多花點心力使傾聽做得更好一些。

由同意部份開始

　　你會很驚訝的發現，當你和一位你不贊同的人由意見相同的部分開始談起，能產生意想不到的效果。當然啦！這需要你細心傾聽，才能認定你真正同意的觀點。例如：如果你不同意誰應該洗盤子，你可以這樣開始「我同意把盤子洗乾淨是很重要的」；接著你用心的看和聽，你就會發現有同意的觀點出現。

多用並且，少用但是

「但是」這個詞就像橡皮擦一樣，它擦去（否定）先前的一切觀點。當有人說「是的，你的需要很重要，但是……」，意謂著「你的需要可能很重要，但是讓我們忘了它吧！因爲我即將告訴你什麼才是眞正重要的。」換句話說；你的需要的重要性被擦掉（否定）了，我們來專注在眞實的問題上吧！注意聽人們是如何使用「但是」這個詞，將使你對人們如何溝通得到一個眞正的領悟。同時，也注意聽你自己是如何使用「但是」。

將「並且」代替「但是」是很容易做的，但卻是意義非凡的。「並且」的使用，爲先前所談的，再加上一些預留的空間。例如：「你的需要是很重要的，並且……」意味著我們對你的需要不打折扣；我們會好好考慮，此外亦會考慮接下來可以再談些什麼。試著多使用一點的「並且」，和少用一點的「但是」吧！

「我」的敘述

我們經常試著要別人跟著我們作，或相信我們所作的。別人很自然地因此而惱怒；正如同我們也會惱怒要跟著別人作，或相信他們所作的。記得學生期望在星期六去打工使用DESC 的談話方式嗎？如果不記得，請再讀一遍，並且注意學生肯定反應所使用的字，包括許多「我」的敘述。例如：該生說「當我期望星期六去打工時……」，而不說「當你期望我星期六去打工時……」。在該生的表達中，不把重心擺在上司的行爲，而把重心放在情境上。最後，上司並不需要防衛起來，兩個人可以好好討論並解決問題。當我們使用「你」爲開頭時，會讓對方感到是被批判的，因此他或她必需防衛自己。當我說「我」時，我們是把重心擺在我們的感覺、想法，和解釋上，而減少對方的防衛性，別人會更容易聽進去我們的傾述，而達成更有效的溝通了。

避免「爲什麼」的問句

當使用「你」爲開始的叙述，再加上「爲什麼」的問話時，會使對方不得不防衛起來。例：「你爲什麼這麼早離開？」這樣的問話使得其他人必需提早離開。此外，「爲什麼」問句經常隱含著批評。例：「你爲什麼不多花點時間陪我們？」的問句可能是要求一個答案，但是，與其說是問句，不如說是叙述句。因爲，較多的意思是在叙述「你較少花時間來陪我們」。因此，避免使用「爲什麼」的問句吧！

時間管理

在日常生活中我們經常沒有把時間管理好。坊間已有許多時間管理技術，故時間管理不當是沒有理由的。時間管理技術能幫助你擁有你最珍貴的資產——你的時間。韶光易逝是不變的眞理，不管我們是如何的熟練，我們仍無法保有時間。時間是連續運轉的，如果我們浪費時間，並無所謂的時間銀行，可以讓我們提領先前儲存進去的時間。當我們與必死的生命達成協議時，我們才眞正了解到時間的有限。了解到時間有限的事實和善加利用的方法，你就會有效的運用時間了。下面是有效時間管理的一些技術：

評估你如何利用時間

　　有效時間管理的第一步，你需要先分析目前自己是如何用掉時間的。為了完成分析，你要先把一天的時間以十五分鐘為單位分隔開來（詳見表6－2）。接著，回顧你進行那些活動，總共花費多少時間（詳見表6－3）。例如：你可能花費三小時看電視、一小時運動、一小時唸書，和二小時逛街。其次，評估時間的使用。你發現花太多時間看電視，而花太少時間唸書。於是決定作一個具體化的調整，例如：我決定只看一小時電視，並唸書兩個小時。為了使這個改變有成效，你可以和自己簽定一個合約，其中包括成功的酬償在內。

設定目標

　　管理時間最重要的事，是設定目標，一般的目標包括：每日、每週、每月、每年，和更長時間的目標。這就像是，如果你不清楚要去那裏，你絕對沒有能力計劃如何到達那裏。所以，你的時間使用應該被妥善規劃，以增加達成目標的機會。

排定優先順序

　　當你決定了目標後，接著要將目標和相關活動排出一個優先順序。你所有的目標不見得同等重要，先把焦點擺在最重要的，接著完成次要的；同樣的，先把重心擺在達成最高目標的最重要活動，接著再完成次要活動，以此類推。為清楚顯示其重要性，可用A、B、C 表示之。

　　A表代表相關的活動應儘快完成，因為無法完成時，將導致嚴重的後果。例如：如果你的期末報告下週截止收件，而今天是本週你唯一可以利用的一天。於是「到圖書館完成報告」須列入今天的A表內。

　　B表代表你喜歡今天做的相關活動，並且儘可能在今天內把它完成。然而如果今天完成不了，也不致引起嚴重後果。例如：假如你一直想打電話給一位要好的朋友，因為你太久沒有跟他聯絡了。你原想今天打電話給他，但是如果沒有時間，明天或後天打均可。

　　C表代表當A、B表活動均完成後，你想做的相關活動。而C表內的活動若一直無法完成，也不會有太大影響。例如：如果一家百貨公司正在清倉大拍賣，你想去逛逛，你可將此一活動列入C表。在你完成A、B表內的相關事宜後，仍有餘力就去逛逛；如果忙不過來，不去也沒什麼損失。

　　此外，你應該列一張未完成工作的清單。例如：假如你想看電視來打發一些時間，你便可以記在未完成的清單上。如此一來，清單會提醒你今天不要看電視。所以，其他打發時間的活動項目，應該也列在本清單上。

擬定行程

　　當你排定活動的優先順序後，接著便可以在每天中擬定行程。例如：何時去圖書館？何時到雜貨店去？但是不要忘記擬定一些放鬆和休閒的活動行程。

增加酬償

　　在擬定活動的行程時，記得一些時間管理專家們的話：「我們要從20%的活動中獲取80%的酬償；相反地，我們不要從80%所花費的時間中獲取20%的酬償。」在我們進入另一個活動行程之前，先確定我們已從20%的活動中獲得80%的酬償。多利用時間的規劃，以增加你的酬償吧！

說「不」

我有一位朋友常說：「我不需要做我要做的每一件事！」他的意思是指：他喜歡去參與許許多多他喜愛的活動，這些活動令他負荷過重，導致無法享受活動的樂趣並感到壓力重重。由於罪惡感（虧欠不安），過度關切別人對我們作何想法，或熱切地想參與活動，我們的確難以開口說「不」。Ａ、Ｂ、Ｃ表及擬定行程將使我們清楚到底還有多少時間能參與活動，這使得我們在權衡輕重之餘，更容易說「不」。

代理工作

如果可能，可以請別人代理必需完成但不需你操心的一些事。相反的，要儘量避免接受別人要你代理的一些事。請留心這句話：這並不意味著你利用別人作你該作的事，或當別人提出請求時，你不願助人。我的建議是，好好區別相關事宜的代理。另一個解決的方法是，當你缺乏足夠時間並且負荷量過重時，不要猶豫不決去找人協助。而助人必需是在自己有多餘的時間，且對方真的有需要的情況下才進行。

評估任務一次完成

許多人打開信件閱讀後，隨手就把信件擱置一旁而未有任何行動。我經常接到許多研究壓力的研究生之問卷。我一向的作法是，擱置一旁，有空再找出來填答。倘若我有空找出，我必需再度花時間熟悉問卷的形式。因此，儘可能一次即完成它。換句話說，一旦你打開信件，你立刻要有完成它的準備。

限制干擾

在一天中，當我們計劃作某些事時，我們可能會被干擾，所以，我們該爲可能遇到的干擾擬定合適的時間。換句話說，不要安排太緊湊的行程，免得因干擾而造成手忙腳亂的窘境。要儘量減少干擾並維持在最低限度範圍內。以下有一些方法可幫助你，例如：在某些時間內不接聽電話；請你的室友或祕書代轉訊息並且晚點再回電話。訪客也可一樣處理，任何訪客均應被安排在合適的時間見面，或另行安排合適時間後再回電話敲定。倘若你眞的想爲好好利用時間而做些安排的話，可以選取限制干擾的方法，並儘可能的根據擬定的行程而行事。

評估時間利用

爲了產生效益，時間管理的底線是，你需要一開始即評估你的時間，並妥善使用時間。那些參加我的課程或研討會者經常會說：「我沒有時間按照你的建議規劃我自己，你的建議會令我愈陷愈深。」這是很有意思的詭辯。那些感到沒有空規劃妥善利用時間的學員（生），恐怕比感到有空規劃妥善利用時間的學員（生），更需要好好的利用時間。換句話說，如果你感到時間緊迫不夠用，那正告訴你你的確需要時間管理的技巧。時間評估最大的好處，在於能規劃你自己，使你能達成更多眞正重要的事，並從中獲取利潤。

表6-2 每天的活動記錄

時間(AM)	活動項目	時間(AM)	活動項目	時間(PM)	活動項目	時間(PM)	活動項目
5:00		9:45		14:30		19:30	
5:15		10:00		14:45		19:45	
5:30		10:15		15:00		20:00	
5:45		10:30		15:15		21:15	
6:00		10:45		15:30		21:30	
6:15		11:00		15:45		21:45	
6:30		11:15		16:00		22:00	
6:45		11:30		16:15		22:15	
7:00		11:45		16:30		22:30	
7:15		12:00		16:45		22:45	
7:30		12:15		17:15		23:00	
7:45		12:30		17:30		23:15	
8:00		12:45		17:45		23:30	
8:15		13:00		18:00		23:45	
8:30		13:15		18:15		24:00	
8:45		13:30		18:30			
9:00		13:45		18:45			
9:15		14:00		19:00			
9:30		14:15		19:15			

表6-3　活動摘要（範例）

活動項目	耗費時間
電話聊天	2小時
社交生活	2小時
唸書	1小時
看電視節目	3小時
運動	1小時
逛街	2小時
家事	2小時
上課	5小時
睡覺	6小時

社會支持網絡

　　如前所提，另一個防止壓力導致疾病的因素就是社會支持。社會支持是歸屬感、能被接納、被愛或是被需要。換句話說，它是指一些令你感覺親密，且能和你共同分享快樂、問題、憂慮和愛的人。社會支持網絡可以來自家人、朋友，愛人或有上述條件的任何人。社會支持的作用是「幫助個體動員內在的心理資源，控制情緒負擔，分擔這件事並且能提供額外的金錢、物資、工具、技巧和認知上的協助，而增進個體對情境的控制力」。社會支持網絡有助於當事人處理壓力來源，並使當事人免於無法解決壓力來源的困境。

　　社會支持和一些健康及疾病的指標有關，有良好社會支持的懷孕婦女，無論生活改變單位如何，她們罹患妊娠合併症的比率，只有社會支持較差的懷孕婦女的三分之一。當婦女們經歷重大生活壓力時，擁有親密關係者會比沒有親密關係者，更少造成憂鬱的機會。同樣的，有高社會支持的失業男性會比有較少社會支持的失業男性，有較低的血清膽固醇，較少的疾病症狀，和較低的情緒反應。

　　在填寫下面由Dean 發展出來的量表後，便可了解你的社會支持系統。針對下列的每一個陳述，請在空白處填上合適的反應：

A：非常同意

B：同意

C：不確定

D：不同意

E：非常不同意

_____　1.有時候我覺得在世界上我很孤單。

_____　2.我擔心現今兒童所要面對的未來。

_____　3.我並未如我所期望的時常被朋友邀約出遊。

_____　4.為達目的不擇手段。

_____　5.現在大部份的人都很少感到寂寞。

_____　6.有時會有別人都在利用我的感覺。

_____　7.人們的想法時常在改變，所以我懷疑是否有任何事情可以依賴他們。

_____　8.真心的朋友是很容易找到的。

_____　9.要對幼小孩童的發展負責是一件令人害怕的事。

_____10.每件事都是相對的，沒有任何特定的規則可以用來生活。

_____11.假如一個人是友善的，他就可以常常找到朋友。

_____12.我時常懷疑人生的真正意義是什麼。

_____13.對於防止危險的槍戰，我一點都使不上力，即使有，也是微乎其微。

_____14.我們生活的世界基本上是一個友善的地方。

_____15.現代生活要面臨這麼多的決策，也許有一天我會崩潰。

_____16.現今社會唯一可以確定的是，沒有任何一件事是確定的。

_____17.人們彼此依賴的關係再也不存在了。

_____18.除非是走運，否則工作升遷的機會幾乎沒有。

_____19.現在有這麼多的宗教，實在不知道要相信那一個才好。

_____20.今天我們生存在一個制度化的社會，因此，已經沒有其他的空間可供選擇。即便私人的事情，也是一樣。

_____21.在生活的大機器上，我們只是一個小齒輪。

_____22.人的本性是友善且樂於助人的。

_____23.未來的前景是很暗淡的。

_____24.我並不如原先所期望的，能常常去拜訪我的朋友。

這個量表測量許多疏離（alienation）的指標，其中一個就是社會隔離（social isolation），高社會隔離分數代表低社會支持，反之亦然。九個題目組成社會隔離的次量表，這些題目的計分如下：

<table>
<thead>
<tr><th colspan="2">項目</th><th colspan="5">計分</th></tr>
</thead>
<tbody>
<tr><td>1.</td><td></td><td>A＝4</td><td>B＝3</td><td>C＝2</td><td>D＝1</td><td>E＝0</td></tr>
<tr><td>2.</td><td></td><td>A＝4</td><td>B＝3</td><td>C＝2</td><td>D＝1</td><td>E＝0</td></tr>
<tr><td>5.</td><td></td><td>A＝0</td><td>B＝1</td><td>C＝2</td><td>D＝3</td><td>E＝4</td></tr>
<tr><td>8.</td><td></td><td>A＝0</td><td>B＝1</td><td>C＝2</td><td>D＝3</td><td>E＝4</td></tr>
</tbody>
</table>

11.　A＝0　B＝1　C＝2　D＝3　E＝4
14.　A＝0　B＝1　C＝2　D＝3　E＝4
17.　A＝4　B＝3　C＝2　D＝1　E＝0
22.　A＝0　B＝1　C＝2　D＝3　E＝4
24.　A＝4　B＝3　C＝2　D＝1　E＝0

　　你的分數應該在0～36分之間，分數愈高，你認為你自己與社會隔離的程度愈高。換句話說，你認為你的社會支持系統愈無效。你需要增進你和別人的關係嗎？

　　本章所談的衝突解決技巧和自我肯定技巧都能增進人際關係。而社會支持系統的發展是很複雜的，它需要一本專書來說明。但是，發展社會支持網絡的重要關鍵是開放自己和關心別人。而相對的，與他人疏離是比較簡單而且較不具威脅感的方式。例如：害怕會妨礙和別人親近的機會，我們害怕一旦表現出對他人的喜愛，會遭到他的拒絕；害怕我們會困窘；害怕我們會太過荒謬，甚至害怕發現自己沒有和別人親近、彼此關懷和喜愛的能力。要發展社會支持系統，一定要克服這些害怕。這讓我想起一個大學裏同事的多年往事。那是一場在授予教授資格會上的演說，他的演說是非常讓人振奮且令人感動的。演說完畢，聽眾都起立鼓掌，當我等著和他靠得更近，以便恭喜他的時候，我注意到聽眾在恭喜之後，凡是婦女們都與他擁抱，而男士們都與他握手。當我和我的朋友非常靠近時，我很希望能緊握他的手，致上我最誠摯的敬意，但是害怕突然侵入我的心裏──我的其他同事會怎麼想？如果我伸出手而被拒絕了，我怎麼辦？我敢嗎？我不會尷尬嗎？然而，我拒絕了這個害怕，而且，當我們倆靠得夠近時，我握住他的手並且告訴他，我是多麼喜歡他的演說，以及他是多麼值得接受這項榮譽。你知道嗎？他更緊緊地握著我的手。所以，如果我沒有把握機會向他握手道賀，我會很遺憾的！這次機會讓我們比以前更親密，並且這樣的時刻對我們的生活有很大的意義。機會稍縱即逝，所以當機會出現在我們面前時，我們必須立刻迎向前去，或許我們不再有另一次了。

　　你要不要把握機會告訴某個人你喜歡他（她），和他們相處在一起，讓他們知道你關懷他們。如此做的話，你會增進你的社會支持網絡，你也會因此受到別人喜愛、關懷的回報，而且能讓你更有效率地去管理你生活中的壓力。

摘要

1.自我肯定是表達你自己，並滿足你自己的需要，並且在過程中，並不傷害到別人。那些不能滿足自己需求的人，或知覺違背個人基本人權的人，經常會因情境而感受到壓力。DESC 公式的使用，能夠幫助你組織一個在語言上自我肯定的反應方式；而挺直的站立，清楚、流暢且毫不猶豫的表達，均能傳達非語言的自我肯定訊息。

2.衝突歸結於一個人的滿足未能有效地解決。一個解決衝突三步驟的理論，能有效的滿足衝突的雙方。此一理論包括：積極傾聽、確定觀點，和探索其他選擇的解決方法。

3.為了增進溝通，你可以透過：檢核你對別人非語言訊息的印象，安排時間討論，用心聽，由同意觀點談起，使用「並且」代替「但是」，使用「我」的敘述，並避免「為什麼」的問句。

4.時間管理的技巧包括：設定目標，排定優先順序，擬定行程，說「不」，代理工作，評估任務一次完成，限制干擾，及評估現在如何利用時間。

5.社會支持是歸屬感、被接納、被愛或被需要。它是指一些令你感覺親密，且能和你共同分享快樂、問題、憂慮和愛的人。社會支持網絡能有助於當事人免於負向壓力帶來的後果。

參考書目

1. Jerrold S. Greenberg et al., *Sexuality: Insights and Issues*, 2d ed. (Dubuque, Iowa: William C. Brown, 1989) .

2. G.E. Moss, *Illness, Immunity and Social Interaction* (New York: John Wiley & Sons, 1973) , 237.

3. G. Caplan, *Support Systems and Community Mental Health* (New York: Behavioral Publications, 1974) , 6.

4. K. Nuckolls, J. Cassel, and B. Kaplan,"Psychosocial Assets, Life Crises, and the Prognosis of Pregnancy,"*American Journal of Epidemiology* 95 (1972) :431–41.

5. G.W. Brown, M. Bhroclain, and T. Harris,"Social Class and Psychiatric Disturbance among Women in an Urban Population,"*Sociology* 9 (1975) :225–54.

6. S. Gore,"The Effects of Social Support in Moderating the Health Consequences of Unemployment,"*Journal of Health and Social Behavior* 19 (1978) :157–65.

7. R.D. Feiner, S.S. Farber, and J. Primavera,"Transitions in Stressful Life Events: A Model of Primary Prevention,"in R. D. Feiner, L.A. Jason, J.N. Moritsugu, and S.S. Farber (Eds.) , *Preventive Psychology: Theory, Research and Practice* (New York: Plenum, 1983) .

8. Z. Solomon, M. Mikulincer, and S.E. Hobfoll,"Objective Versus Subjective Measurement of Stress and Social Support: Combat Related Reactions,"*Journal of Consulting and Clinical*

Psychology 55（1987）:557-583.

知覺的因應

有一個關於性行為罪惡感的性教育故事：有一隻大象和螞蟻，在難以抑制的性慾趨使下，整晚做愛。次晨，螞蟻得知大象患有絕症而且即將死去，螞蟻感到驚訝、憤怒，牠想：「為了一夜的激情，我卻必須花費後半生來挖掘墳墓。」

螞蟻對此情況感到挫折、不公平，以及苦惱。其實螞蟻可以不用這樣想，牠可以回想那個夜晚，在大象皺摺的皮膚上爬來爬去的快感（或者是所謂的做愛），而不是去想這個令人苦惱的情況。本章要討論的主題就是：去注意事情好的一面，而忽略不愉快的一面，以減少不必要的苦惱和壓力。

選擇性覺察

每個人都可以自由地選擇自己的思想，但是，我們大部份的人都沒有善加控制，而任它肆無忌憚地自由來去。當搞砸了某件事情時，我們常被教導的，是去批評而不是去支持，叫我們去注意壞的一面，而不是好的一面。例如：

1.當我們受稱讚時，我們會覺得困窘。例如，稱讚一位女士，說她打扮得很漂亮時，她可能會說：「哦，這衣服已經很舊了。」這好像是在說：「對一件舊衣服稱讚，你實在太沒有品味了。」這位女士，因為平時太少受到讚美了，所以在接受讚美時，表現得手足無措的樣子。

2.教授發還給你的期末報告裏，你所能看到的通常是，關於那些地方你應該改進的評語，很少看到教授稱讚報告中那個地方寫得不錯。

3.如果你拿到二科考試成績，一科的等級是43％，另一科是93％，那麼，這一整天的時間裏，你會一直想到那一科，是通過的那科呢？還是被當掉的那一科呢？

我們確實很少去理會事情好的那一面，那麼該怎麼辦呢？首先，要了解每件事情都有好的一面，也有不好的一面。例如，你可能無法忍受在機場等飛機的時刻，因為那會浪費你很多寶貴的時間，若換個角度想，你可以藉這個機會去觀察他人，研究別人在分別時的傷感；可以觀察別人的穿著，改善自己的打扮；或者看那些逛免稅商店的人們，如何購買物品。換個角度來看，往好的方向去想，你就不會覺得是在浪費寶貴時間了。因此，即使在很糟糕的情況下，你依然可以找到這個情況下好的一面。

以下是一些常會使人感到苦惱的情境，請想想在這些情境下，還有那些好的、令人愉快的事情。請在空白處寫下來。

1.為了選課而大排長龍。

_____

2.塞車塞得非常嚴重，車子動彈不得。

_____

3.必須在很多人面前發表演說。

_____

4.因年齡的緣故，遭到拒絕。

_____

5.與某些人的關係破裂。

_____

在生活中，可能有很多情況都會使你感到有壓力。例如，你可能不喜歡現在住的房子，你可能不喜歡跟你住在一起的人，你可能不喜歡你的工作，你可能身體健康狀況不好，你可能很孤獨……等等。有些情況是你可以改善的，有些情況是你無法改善的，你現在應該知道，你可以故意忽視（不是否認）令人煩心的部份，選擇性的去覺察情況好的一面。試試看拿張紙，把讓你心煩的事寫下來，然後把這些事情的好處也寫下來。

你也可以更進一步的，在事情不順利時，用同樣的方法對待自己。例如：多告訴別人你是多麼的以自己為榮，多讚美自己！睡覺前或有時間時，好好想想今天一整天有那些是好事，而那些是自己無法控制的事。有句諺語說：「做你自己最好的朋友吧，要為你每天所做的好事高興。」

停下來聞一聞玫瑰香味

如果你能花點時間去慶賀，生命便能成為一份禮讚。有些人在他們的一生中，雖然做了很多偉大的，有成就的事，但他們卻不太會享受這些成就。儘管他們有錢，有名聲，拿到了博士學位，或者擁有其他社會上公認很有成就的事，但他們仍然感到沮喪，不快樂，為什麼呢？因為他們錯過生命中最重要的東西，就是去生活、去體驗、去聞聞玫瑰的花香。

　　生活中有太多的事是一成不變的，當事情一做再做，久而久之，就變成了習慣。這時，我們不太去注意正在做的事情，也忘了去體驗生活的本質。舉例來說，你是否每天都走同樣的路線去上學或上班，可能有些路線風景比較好，也比較有趣，但因爲走這條路最快，所以你每天都走這條路。可能有其他路線會看到更多車子、更多人，但你一樣選擇每天習慣走的路線。也可能有其他路線，你會經過鄉村、城市、商業區，但你還是寧願把速度列爲最優先的考慮。這樣一來，不僅僅錯過了欣賞風景，欣賞車子，欣賞行人，最後使我們對生活變得不再敏感，而認爲是理所當然。當我們每天固定地上學或上班，不知不覺當中，時間就過去了，也消失了！我們不僅沒有體驗到它的內容，有時連蹲下來聞聞路旁的花香，都不曾有過。甚至有時還打開收音機，阻止自己去欣賞路上的一切呢！

　　因此，請你想想下面的問題：

· 你可曾改變你已習慣的開車路線？

· 你曾體驗過「正在開車途中」的經驗嗎？還是只有「抵達目的地」的經驗？

· 在你開車時，你可曾去感覺你所握住的方向盤？你可曾仔細聽聽汽車發出的聲音？你可曾留意從旁邊經過的車子是否發出什麼聲音？

· 若你搭乘交通工具，你可曾試圖跟陌生人說話？可曾提前或延後一站下車，去走走那些陌生的街道？你是否每天只坐著看報紙、看書，而很少眞的去體驗、去看、去聽、去聞、去感覺這趟旅行？

　　還有很多方法可以讓你去體會人生。有時候，你可以閉上眼睛，那麼你就有機會去發揮其他的感覺，你會聞到一些平常沒聞到的味道，會聽到一些你平常聽不到的聲音。打開眼睛，你可以去看看架上那些不同顏色的書皮，去看看各種東西的形狀、大小、或是顏色。這樣子做，爲的是不讓你的生活一成不變，你可以因此而更深切的體驗你的生命。

如果你有一抽屜排放整齊的刀叉，刀子都放在這邊，而叉子放在那邊，試著把它們都弄亂。那麼，當你需要刀叉時，你必須去找，你就有一種去把它找出來的經驗。

如果你的鞋子都很整齊的放在鞋架上，那麼，去弄亂這些鞋子吧！你就可以體會到一種在亂堆中尋找鞋子的經驗。同樣的，你也可以試著去弄亂你的衣服，你的襪子，你將會有不同的感受。只要願意花點時間，生命中的每一刻，都值得我們去慶祝、去讚美。

A型性格

看到一個人總是趕來趕去，匆匆忙忙，凡事慢不下來，我們對這種人的印象是，他可能是個生意人，他的領帶常沒有打好，香菸總是不離口，袖子捲得高高的，辦公桌上老是一大堆的公文。不幸的，你或你所愛的人，很可能就是這樣的類型。爲什麼說不幸呢？因爲根據研究指出，這種人容易患有冠狀動脈的心臟血管疾病。

以下是A型性格的量表，你可以看看你到底是不是A型性格的人。（摘自Friedman 及Rosenman 的Type A Behavior and Your Heart）

像我　不像我

1. 在說話時，我常把關鍵的字眼說得特別用
力。　　　　　　　　　　　　　　　　　＿＿　＿＿

2. 表達一個句子到最後幾個字時，我說話的
速度會加快。　　　　　　　　　　　　　＿＿　＿＿

3. 我的動作、走路的步伐和吃飯的速度都很
快。　　　　　　　　　　　　　　　　　＿＿　＿＿

4. 我常覺得日常生活中的大部分事情，步調
太慢了。　　　　　　　　　　　　　　　＿＿　＿＿

5. 我會用嗯、嗯或是、是的回答別人的問題
，或乾脆打斷他的話來催促其講話速度。　＿＿　＿＿

6. 開車時，要是有一輛速度不快的車子擋在
前面，我會很憤怒。　　　　　　　　　　＿＿　＿＿

7. 我覺得要排很長的隊是很痛苦的。　　　　＿＿　＿＿

8. 我常無法忍受別人做事情的速度太慢。　　＿＿　＿＿

9. 我讀書時經常很快讀過去，並且希望能儘
快得到結論。　　　　　　　　　　　　　＿＿　＿＿

10. 我常常同時做二種以上的事情。　　　　　＿＿　＿＿

11. 當我對某話題有興趣時，我總是忍不住要
去談論它。　　　　　　　　　　　　　　＿＿　＿＿

12. 當我休息個幾小時或幾天時，我會有莫名
的罪惡感。　　　　　　　　　　　　　　＿＿　＿＿

13. 對於一些重要的、有趣的事情，我不太去
注意。　　　　　　　　　　　　　　　　＿＿　＿＿

14. 因為我非常在乎讓事情變得有價值（ha-

ving），而無暇去品味事情本身存在的價

值（being）。　　　　　　　　　　　　　＿＿　＿＿

15.我希望把行事曆排得愈滿愈好。　　　　　＿＿　＿＿

16.我總是匆匆忙忙。　　　　　　　　　　　＿＿　＿＿

17.當遇見一個有活力的、有競爭性的人時，

我總想向他挑戰。　　　　　　　　　　　＿＿　＿＿

18.我講話時會習慣性的握拳、擊掌，或拍打

桌面，用以強調自己說的話。　　　　　　＿＿　＿＿

19.我常常牙關緊閉，咬牙切齒。　　　　　　＿＿　＿＿

20.我相信自己某些成功乃由於自己做事情比

別人快的緣故。　　　　　　　　　　　　＿＿　＿＿

21.我發現自己愈來愈會用數字來衡量自己和

別人所做的事情。　　　　　　　　　　　＿＿　＿＿

　　如果你發現以上的敘述大部份都可以用來描述你的話，那麼
，你就很可能具有某種程度的A型性格。A 型性格的特點包括：
很強的競爭性、攻擊性、沒有耐心、覺得時間很緊迫，具有廣泛
而充分合理化的敵意，以及內心深處的不安全感。這些特點，與
發生冠狀動脈心臟血管疾病息息相關。傅德曼和羅斯門（Meyer
Friedman and Ray Rosenman）這二位心臟科醫師，首先發現
來看病的心臟病病人，都只坐椅子的邊緣，就好像隨時要採取某
一個行動似的，而提出了A型性格這個名詞。而研究亦發現，具
有此性格的人比不具此性格的人較易罹患冠狀動脈心臟血管疾病
。

　　另有一種完全與A型性格相反的稱之爲B型性格，這種人就

不會匆匆忙忙、沒有時間壓迫感、不會有過度的競爭性,也沒有廣泛的敵意。當然,也比較不會有冠狀動脈心臟血管疾病。

A型性格的人抽菸抽得比較多,血漿中膽固醇的濃度也較一般人高,而這兩個因素都是造成冠狀動脈心臟病的原因。就算這兩項因素都相等,A型性格的人,也比一般人容易造成冠狀動脈阻塞和冠狀動脈疾病。

A型性格的改變

若你是個A型性格的人,你該怎麼辦呢?首先,你必須明瞭,其實A型的行爲就像其他的行爲一樣,是學習來的。父母經常催促著我們去漱洗,上床睡覺,老師則常要我們在規定的時間內做完家庭作業,而老闆則要我們在上班時間做大量的工作。在整個環境中,一直有壓力迫使我們成爲一個A型性格的人,因此,被增強的行爲就會重覆出現。所以,改變的方法就是:當你做的是B型性格的行爲時,就給自己獎勵;若做事太急躁,像個A型性格的行爲時,就懲罰自己。例如:若你在開車時,爲了節省時間,闖了紅燈,那麼就懲罰自己,去多繞一圈街道才可以再走。若你一整個禮拜每天去做一些讓自己輕鬆的活動,或每一個中午都專心用餐,不辦公事。那麼,你可以去買新衣服,或者是其他你認爲可以獎勵自己的東西來獎勵自己。

你可以做一個行爲改變的計劃,每週訂出切實可行的目標,並列出那些行爲是應該獎賞的,那些行爲是應該懲罰的。獎賞的標準是什麼?懲罰的標準又在那裏?本書第十三章談到行爲改變,其中不乏一些有效的建議,可以幫助你建立新的行爲型態。

傅德曼及羅斯門這二位醫師另外有一些關於減少A型性格行

為的建議，如下：

1. 要明白生活常有做不完的事，要把每一件想做的事都做完，是不合實際的。

2. 安靜地聆聽別人講話，不要打斷別人的話或催促別人講快點。

3. 不要同時去做二件事情，只專心做一件就可以。

4. 當別人正在做一件你做起來會更快的事情時，也不要去干擾他。

5. 要做一件事情時，不妨先問問自己——
   a. 五年以後，這件事情還重要嗎？
   b. 我難道非馬上做不可嗎？

6. 在說話之前，不妨先問問自己——
   a. 我真的有重要的事要說嗎？
   b. 別人會想聽嗎？
   c. 是該說的時候嗎？

7. 每天這樣告訴自己——事情慢慢做、好好做，就不會失敗。

8. 儘量讓自己有彈性的時間可以運用，在非必要時，不要訂下行事曆。

9. 記住自己的時間是寶貴的，而且要保護它，如果可能，讓其他人去打雜而省下自己的時間。

10. 等著電影上演或等著上菜時，把這個時間用來了解跟你在一起的同伴，如果單獨一人，也可以把它看做是沒有書本、電話或朋友占據的難得空檔。

11. 藉著閱讀一部需要你全神貫注的書，來消除你同一時間做好幾件事的習慣。例如，一部情節複雜的小說。

12. 當你要做一些會使你緊張，而且必須很努力才能完成的工作時，請在緊張發生以前先安排一些使你放輕鬆的休息時間。

13. 每天固定練習你知道的某一個放鬆技術。（在第三章已提及）

14. 儘可能地常保笑容，以減少不由自主產生的敵意。

15. 當別人順利地做完事情時，記得謝謝並稱讚他們。

16. 記得每天提醒自己，無論你得到多少東西，除非它可以提昇你的心靈，否則都是沒有價值的。

17. 永遠認為自己的意見只是正確中的一種，以開放的心去接納別人的新意見。

18. 要規律地安排獨處的時間。

19. 把人際關係固定在某幾個朋友身上，使彼此的關係能更親密。

20. 時常花一些時間去回味過去好的表現。

自尊

「你認為自己是怎樣的人，就會做出怎樣的行為」。在解說這個概念之前，我們首先來看看下面的句子，看那些句子所描述的內容與自己相不相同。（這些量表乃由Coopersmith 所編製）

像我　不像我

1. 跟我相處會很有趣。　　　　　　　　　　　＿＿　＿＿

2. 我總是做正確的事情。　　　　　　　　　　＿＿　＿＿

3.我待在家中常會很心煩。　　　　　　　　＿＿　＿＿

4.我對自己的學業成績感到很驕傲。　　　　＿＿　＿＿

5.我對任何事情都不會擔心憂慮。　　　　　＿＿　＿＿

6.我很容易喜歡周遭的人、事、物。　　　　＿＿　＿＿

7.我喜歡我所認識的每一個人。　　　　　　＿＿　＿＿

8.有好幾次我都想要離家出走。　　　　　　＿＿　＿＿

9.我喜歡在上課時被老師叫到。　　　　　　＿＿　＿＿

10.在家裏，沒有人會理睬我。　　　　　　　＿＿　＿＿

11.我對自己很有自信。　　　　　　　　　　＿＿　＿＿

12.我在學校的表現不盡理想。　　　　　　　＿＿　＿＿

　　前面12個題目是用來測量自尊的，它包括你尊敬自己的程度和自我價值感。在第1、4、6、9及11這五題若你答的是「像我」，則每題給1分，在第2、3、5、7、8、10及12這七題若你回答的是「不像我」，則每題給1分。

　　因爲有些人會刻意在這類的量表上欺騙、惡作劇，也有些人不敢或不願意把自己的某些情況表現出來，或者匆匆忙忙作答而不專心。所以，第2、5及7題，便是所謂的測謊題，可以看出受試者是否說謊，這三題的回答應該都是「不像我」才對，若回答「像我」是不可能的。因爲我們不可能總是做對事情，都不會擔心，或者喜歡所認識的每一個人。因此若這三題沒有拿到2分以上的話，那麼，這份問卷的回答可能就不足以採信了。

　　除了那三題測謊題之外，把其他的分數加起來就是你的自尊分數了。但是，只有一般性的自尊分數，並不能告訴你可以在那一方面提昇自尊，來降低因爲低自我價值感而帶來的壓力。也許你對自己某部分很有信心（如外表），但卻對另一部分（例：智力）不滿意。因此，除了一般性的自尊分數之外，這個量表還可以更細分爲以下三種：

a. 社會自我的自尊　　　第1、6、11題
b. 家庭自我的自尊　　　第3、8、10題
c. 學校／工作自我的自尊　第4、9、12題

　　若你想知道自己在社會互動上，對自己的自信心有多高，你只要將社會自我的題目得分相加，若分數愈高，表示你社會自我的自尊愈高。同樣的，把家庭自我的得分和學校／工作的得分加起來，你也可以知道自己對家庭生活或在學校裏、工作上的自信心有多高。不過，前面這幾個題目只是Coopersmith 所編製的量表中的一部分而已，若想有更完整的測量，則必須去填寫原來的量表才行。

　　在討論自尊與壓力的關係之前，我們先來看看你對你的外表有多大的自信？你對你的外貌感覺如何？以下有二十四個身體的部位，請你對每一題寫下你的感覺。

1＝表示非常滿意
2＝表示還可以
3＝表示不很滿意
4＝表示非常不滿意

＿＿＿ 1.頭髮	＿＿＿13.胸部
＿＿＿ 2.臉	＿＿＿14.眼睛
＿＿＿ 3.脖子	＿＿＿15.腳趾
＿＿＿ 4.肩膀	＿＿＿16.背部

_____ 5.臀部　　　_____17.嘴巴

_____ 6.腳　　　　_____18.下巴

_____ 7.手指　　　_____19.大腿

_____ 8.腹部　　　_____20.手臂

_____ 9.鼻子　　　_____21.膝蓋

_____10.耳朵　　　_____22.生殖器

_____11.屁股肌肉　_____23.手肘

_____12.手　　　　_____24.小腿

　　如果你認為自己不好，你就不會信任自己的意見和決定，那麼，你就很容易被別人影響，尤其是生活中常接觸到的人。就我們所知的，自尊心低的人常常會有嗑藥、亂性，以及一些有害健康的活動。反之，高自尊的人則較少參與這些活動。

　　前面講過自我肯定，成功和社會支持都是減少壓力的方式，而自尊和這些處理方式又都有關係。如果你不認為自己是個有價值的人，你就做不出肯定的決策，也就不敢目光直視他人，更不敢挺直身軀了。除非，你對自己很有自信，才可能說話清楚又流利了。

　　自尊心是學習來的。別人怎樣對待我們，社會上對外表、能力或智商的價值觀，父母、朋友甚至老闆對待我們的方式，都會影響我們對自己的觀感。預期自己會成功，就會增加自尊，預期失敗則會降低自尊。在前面的章節曾討論過成功分析的活動（success－analysis activity）這些活動能幫助我們去感覺自己會更成功，而提高自我價值感。

　　一個沒有自尊心的人，他不會相信別人會在乎自己、喜歡自己，也將不知如何去結交朋友，如何與他人有親密關係。因此，也容易缺乏社會性支持，最後更可能因而產生與壓力有關的疾病。壓力管理最重要的本質就是對自己有信心，並能有效控制生活的決定。

自尊心對於一個人是很重要的，但是並沒有任何神奇的方法可以立刻提昇它。惟有靠著時間、憑著自己的注意和努力才能改變，或至少對無法改變的既定事實，覺得好一點。首先，你要做的是找出你想要提高自尊的地方，如果你對自己的外表不滿意，你可以根據剛剛的量表，找出你該努力的目標。也許擬訂一個運動計劃，改善自己的化妝技術，改變自己的穿著打扮，或持之以恆地實行減肥計劃，這些都需要一段較長的時間才能達成的。

若覺得自己在學校、在工作上的表現不太好，你就該擬訂增加自己能力的計劃，有計劃性地多學習相關的知識與技能。相同的，若是社會性的自我分數不夠高，則可以學習一些社交技巧，以提高自我在這方面的自尊。

不論你決定怎樣做，現在就去做吧！並且持續下去，你會對自己更有自信。

內外控

在討論何謂內外控之前，請先回答以下的問題。把比較合乎你的答案圈出來。

1.a.成績的好壞決定於學生的用功程度。

　b.成績的好壞決定於老師的仁慈與否。

2.a.努力工作便會有晉升的可能。

　b.要有適時的機會才會有晉升的可能。

3.a.有沒有戀愛的對象需靠運氣而定。

b.若常外出，接觸很多人，談戀愛的機會就會增加。

4.a.一個人活得長久與否要看他的遺傳是否良好而定。

b.有健康習慣的人較可能活得久。

5.a.一個人會太胖是因為他的脂肪細胞一出生就比別人多。

b.食量的多寡決定你會胖或會瘦。

6.a.一個人只要按照計劃，每天都可以找出時間運動的。

b.人們常因太忙而無法抽出時間每天運動。

7.a.賭注下得好才是贏得撲克牌賭博的原因。

b.賭撲克牌要贏，要看運氣好不好。

8.a.平時對婚姻的努力經營有助於維持長久的婚姻。

b.婚姻的破裂常起因於選錯對象或運氣不好。

9.a.人民對政府具有影響力。

b.個人對政府根本發揮不了影響的作用。

10.a.一個運動技巧很好的人完全是因為他天生有很好的運動協調能力。

b.運動技能很好的人，是因為他很努力學習運動技巧的緣故。

11.a.一個人有好朋友，完全是因為他運氣好，剛好碰上個可以成為好朋友的人。

b.要結交好朋友必須自己去努力追求。

12.a.你的未來好不好要看你遇到的人和機會而定。

b.你的未來如何，完全掌握在你自己手裏。

13.a.很多人都堅信自己，所以你根本很難去改變他們的意見。

　　b.只要有合乎邏輯的理由，很多人都會被你說服的。

14.a.我們可以決定自己生活的方向。

　　b.大部份的時候，我們無法掌握自己的未來。

15.a.不喜歡你的人，也不會了解你。

　　b.你可以讓那些你想要他們喜歡你的人來喜歡你。

16.a.你可以讓自己的生活快樂。

　　b.會不會快樂要看你的命而定。

17.a.你會評估別人的回饋，並且依此做出決定。

　　b.你很容易受別人影響。

18.a.如果有候選人的完整記錄，我們是可以選出較誠實的政治家的。

　　b.政治和政治家的本質其實都是貪污、腐敗的。

19.a.父母、老師或老闆很能影響你的快樂或自我滿意的程度。

　　b.要不要快樂全看你自己。

20.a.只要大家都討厭髒空氣，空氣污染是可以防治的。

　　b.空氣污染是科技發展的產物，是無法避免的。

　　前面是一些測量內外控的問題，所謂內外控是指你認為你可以控制生活事件的程度。也許你是屬於外控型（external locus of control）──認為很多事情都是自己無法控制的；內控型（internal locus of control）──認為很多事情都是自己可以控制的。你想知道自己是外控或內控嗎？下面是以上20題的答案，每題一分，若你得分在11分以上（含11分），則是內控型取向，若你得分在10分以下（含10分），則是外控型取向。無論內、外控型，都有不同的程度，但大部份人的分數都在10分左右。

1．a	6．a	11．b	16．a
2．a	7．a	12．b	17．a
3．b	8．a	13．b	18．a
4．b	9．a	14．a	19．b
5．b	10．b	15．b	20．a

研究指出，外控型的人比較不會主動採取適當的行動來控制自己的生活。因為這種人認為這些行為到頭來也不會有什麼結果的。例如，醫院中的病人和監獄裏的犯人若是外控型的人較不會主動去問有關機構或自己的切身問題，而內控型的人會提出較多問題，也較清楚自己身體的狀況。其它的研究也指出，肥胖症與外控型人格有關。因為他們的進食，較不受自己的控制，相反地，是受制於食物的色、香、味等外在線索，當他們看到好吃的或聞到香噴噴的食物時，就忍不住吃了起來。而內控型的人，不是有食物就吃，而是餓了才吃。對菸癮的研究也發現跟外控型人格有很大關係。他們受制於香菸，而不認為他們有能力戒菸，即使戒了菸也不能改變健康狀況。

就賭博來說，內控型的人可能較喜歡賭二十一點、橋牌，而外控型的人則可能較喜歡賭輪盤。

讀到這裏，我想你已經學到了，我們遠比想像中更能控制自己的生活。但是，如果因為這樣我們就認為可以全然地控制一切對我們有影響的事件，那將是不正確的。我的一位同事John Burt，提出「協同創造的知覺缺陷」（cocreator perception deficiency, CCPD）這個名詞，來說明這個重要概念。他認為我們都只是命運的「協同創造者」，換句話說，有些事情是我們

可以控制的，也有一些事情，是我們無法控制的。但是有太多的
人缺乏這樣的認識，他們要不就認為可以完全控制，要不就認為
完全無法控制。

內外控人格和自尊一樣，都是經由長時間學習而來，要想改
變它並不是一天兩天的事情。但是，一旦了解這個概念之後，不
可思議的改變，可能就會發生了。大部份的人都可以掌握自己的
生活和行動，當然我們就更可以練習去控制攝取食物的種類，選
擇我們交往的對象，對待朋友的方式，以及安排自己的休閒活動
了！

外控型的人最常把事情的成功或失敗歸因於外在的環境。例
如，事情做成功了，會說：「這是來自外在環境壓力的結果。」
若失敗了則說：「哦！這是時間太緊迫才會如此。」而內控型的
人則會把事情的成功或失敗做以下的解釋，若成功則會說：「我
會這樣的成功，完全是我把時間控制得剛剛好的緣故。」若失敗
則會認為是：「自己不夠努力用功。」內控型的人接受他們自己
在成功或失敗上所應負的責任！

焦慮管理

以下這些句子，你認為那些是對的？那些是錯的？請逐題回
答。

____ 1.我不會很容易疲倦。

____ 2.我常會覺得反胃。

____ 3.我覺得我比多數人不容易緊張。

____ 4.我很少頭痛。

____ 5.我的工作環境很緊張。

_____　6.我無法專心於某一件事。

_____　7.我常擔心金錢的週轉和生意不佳。

_____　8.當我想做某一件事情時，我的手常會發抖。

_____　9.我比多數人不易害羞臉紅。

_____10.我一個月至少拉肚子一次。

_____11.我很擔心可能會發生什麼不幸的事情。

_____12.事實上我從沒有害羞過。

_____13.我常擔心我會臉紅。

_____14.每隔幾天我就會做一次惡夢。

_____15.我的手和腳常常很溫暖。

_____16.即使在涼爽的天氣裏，我仍然很容易流汗。

_____17.當困窘時，我會冒很多汗，對我而言這實在是一件很大的困擾！

_____18.我的心臟很少怦怦跳，呼吸也很少會急促。

_____19.我總是覺得餓。

_____20.我很少便秘。

_____21.我的胃有很多毛病。

_____22.我曾經好幾次因為焦慮而睡不好。

_____23.我睡覺時總是不安穩而且常會醒過來。

_____24.我常會夢見我所在意的事情。

_____25.我很容易感到困窘。

_____26.我比多數人敏感。

_____27.我常發現自己正在擔心某件事。

_____28.我希望自己能像別人一樣快樂。

_____29.我通常都很鎮定、不會不安。

____30. 我很容易哭。

____31. 我總是擔心某個人或某件事。

____32. 大多數的時間我都很快樂。

____33. 我在等待事情時都會很緊張。

____34. 好幾次，我因為很不安而無法在椅子上久坐。

____35. 我有時候心情會很興奮而無法入睡。

____36. 有時候我會覺得事情困難得無法解決。

____37. 我常會毫無理由地為一些不應該擔心的事擔心。

____38. 跟朋友比起來，我是比較不會感到害怕的人。

____39. 即使某些人或某些事不會對我造成傷害，我仍然會感到
　　　害怕。

____40. 有時候我會覺得自己沒有用。

____41. 我工作時很難專心。

____42. 我經常是能自我覺察的。

____43. 我常把事情想得很難。

____44. 我是一個很容易緊張的人。

____45. 多數時間，生活對我而言，是一種負擔。

____46. 有時候我覺得自己一無是處。

____47. 我缺少自信心。

____48. 有時候我覺得自己快要崩潰了。

____49. 當面對危機或困頓時，我會退縮。

____50. 我對自己很有信心。

　　前面50個題目稱之為泰勒焦慮量表（Taylor Manifest Anxiety Scale）。若你想知道你焦慮的程度有多高，那麼以下

是這五十題的計分，若與以下之回答相同則計一分，然後累加你的總分。

1.錯	11.對	21.對	31.對	41.對
2.對	12.錯	22.對	32.錯	42.對
3.錯	13.對	23.對	33.對	43.對
4.錯	14.對	24.對	34.對	44.對
5.對	15.錯	25.對	35.對	45.對
6.對	16.對	26.對	36.對	46.對
7.對	17.對	27.對	37.對	47.對
8.對	18.錯	28.對	38.錯	48.對
9.錯	19.對	29.錯	39.對	49.對
10.對	20.錯	30.對	40.對	50.錯

一般而言，本量表的平均分數是19分，若你分數低於19，則表示你的焦慮程度低於一般人。若你的分數超過19分則表示你的焦慮程度高於一般人。

現在，你知道自己的焦慮分數了，那麼，什麼叫做「焦慮」？在此，我們將焦慮定義為：「是一種不合實際（不真實）的害怕，它導致了生理的覺醒反應（arousal），並產生逃避或退縮的行為反應。」從這個定義來看，焦慮包括三個要素：㈠你一定感到害怕。㈡你的心跳、呼吸等生理歷程會激昂起來。㈢你會在害怕剛開始時就想避免引發它的刺激，就算無法避免，你也會設法逃開它。除此之外，這個害怕一定是不合實際的。

有人會怕高，有人會怕擁擠，當身處高處或擁擠的人群之中覺得心臟快要跳出來了，或冒冷汗、昏眩，這就是焦慮了。焦慮，有時候不見得會對你的生活造成影響，例如，你怕蛇，但是你

可以設法遠離有蛇的地方，讓蛇不在你四周出現，所以怕蛇並不
會帶給你生活上的不便。但是如果你怕坐飛機，你便無法很便捷
地到世界各地去觀光旅遊。如果你有很多好朋友分佈在世界各地
，你便喪失了很多與朋友相處的機會了。在這種情況下，你最好
學會管理你的焦慮。

特質性或暫時性焦慮

到目前為止，我們所討論的都是暫時性焦慮，它是短暫的，
或只針對某一個特定刺激作反應。如果是一種廣泛而普遍的焦慮
感，我們稱為特質性焦慮。你的泰勒焦慮量表上的分數若超過三
十五分，這表示焦慮的程度已經明顯地造成生理上或心理上的症
狀，該是你慎重關切它的時候了！

因應技術

有太多人想要對付焦慮，卻把事情搞得愈來愈糟！有人企圖
用藥物、酒精或其他方式改變自己的意識狀態，使自己暫時不必
面對焦慮的情況。用這些方式，並不能對焦慮有根本的解決，反
而可能使自己成為藥癮或酒癮的人，以下有幾種建議，或許可以
使你免於焦慮的痛苦。

環境計劃

有時候，你可以選擇適宜的生活環境，儘量使自己不要接觸
到會產生焦慮的情境。例如：不喜歡擁擠的人，最好是選擇居住
在小城鎮，而不要居住在大都市。害怕空難的人，可以將住處遠
離機場。害怕在大眾面前演講的人，可以在演講前先到會場熟悉

環境，會有助於減低焦慮。

重新定義

　　碰到焦慮的情況，可以運用前面討論過的選擇性覺察技巧，把負向事件，看成是一個正向的經驗。這個技巧的重點就是把焦點放在該事件正向的方面，而忽略負向部分。例如：害怕考試的人，可以多想想考試可以讓別人知道你眞的懂很多，而不要去想考試失敗怎麼辦？害怕會飛機失事的人，就不要去想坐飛機有多危險，只要去想自己有機會坐飛機，可以從雲層頂端往下看，不也是很愉快的經驗嗎！我把公開演講「重新定義」爲是可以提供經驗或知識去幫助別人，並使別人生活得更有意義。而不似從前，只想著在衆人面前講話會尷尬、不知所措。

自我語言

　　這個方法需要具備一些客觀性。當你陷於焦慮的情境時，你必須告訴自己，即使最壞的情況發生，事情也不見得會像你想像的那麼嚴重，而且，發生最壞情況的機會，其實是微乎其微的。如果你很努力讀書，考試失敗的可能性就非常少，就算眞的失敗了，那又怎樣！反正還有別的考試機會啊。即使考試失敗了，你還擁有健康啊！如果你不敢主動邀約異性，運用這個方法可以知道，其實自己眞正害怕的是失去自尊、害怕被拒絕，而事情卻不一定會眞正遭到拒絕，一旦眞的被拒絕，「天下何處無芳草」，事情也不會糟到那裏去。

　　我曾經這樣告訴自己─即使自己講得不好，聽衆也不會做出粗魯或無禮的舉動，他們最多只是假裝在聽演講罷了，最壞的情況也只是不再被邀請去演講而已。換個角度想，少了多餘的害怕，自己反而有更多的時間去充實自己，因為再怎樣糟糕，也只是如此！

思考中斷法

　　這個方法是當你往壞的方面想時，就馬上停止，不再想下去。並且利用肌肉鬆弛法（在part 3中會提到）來使自己放鬆，增加思考停止的效果，避免生理上產生不良的反應。

　　我也曾經運用「靜坐」的方法，有效地控制焦慮。類似的其他深度肌肉放鬆技巧，都可以與思考中斷法併用。

系統減敏感法

　　系統減敏感法是由Joseph Wolpe 所創始的一種方法，這個方法是用想像或實際去經驗焦慮來源，並同時做出一個與焦慮不相容的反應（例如：放鬆）。這個技巧不僅被心理治療師廣泛應用，就是病人使用這個技巧來治療自己也相當有效。

　　首先要對你的焦慮，設定害怕的階層（fear heirarchy），就是把害怕的對象，細分成至少十個小步驟。例如，若有坐飛機的焦慮，你可以這樣設定害怕階層：

　　1.決定去那裏旅行。

　　2.打電話去機場訂位。

　　3.收拾行李。

　　4.去機場途中。

　　5.在機場中行李受檢。

　　6.分派到登機門。

7.登機前的等候。

8.登上飛機。

9.飛機準備起飛。

10.注意並且去感受飛機離開地面的情形。

11.飛機飛到雲層之上。

以上是搭飛機焦慮的害怕階層，你可以坐在椅子上漸次的想像這些情況，或者你可以真正的去搭飛機，去感受這些經驗。以下是系統減敏感法的程序，你可以試看看。

1.學習深度肌肉放鬆法。

2.寫出你對某焦慮的害怕階層，由最低度的害怕刺激開始，每一階層都增加一點點害怕的強度，直到最終的害怕刺激。（害怕階層大約在10－20個之間）

3.放鬆肌肉，用一秒－五秒的時間開始想像第一個害怕階層的情況。慢慢地，增加想像時間，最後延長想像時間到三十秒。

4.在想像三十秒之後立刻停止，然後把注意力轉到肌肉的放鬆上面，並且持續注意它三十秒鐘。

5.在每一個害怕階層重覆以上的動作，一旦感覺到焦慮時，立刻改變注意力到肌肉放鬆上。

6.如果你無法從某一階層順利的進入下一個階層，可能是這兩個階層之間的害怕程度差距很大。那麼，你可以再加入幾個階層進去，使階層與階層之間的差距減少。例如，前面搭飛機焦慮的例子，在第八階層和第九階層之間還可以加入三個步驟；(1)將外套放在座位上方的物架上。(2)坐下來，並且繫上安全帶。(3)仔細聽引擎發動的聲音。

　　學完了本章，你可以試著用以下的焦慮管理公式來控制自己的焦慮。

焦慮管理公式

1.當_____時，我會感到焦慮。

　　a._____

　　b._____

　　c._____

　　d._____

　　e._____

2.此時我可以怎樣告訴自己，以控制自己的焦慮？

　　a._____

　　b._____

　　c._____

　　d._____

　　e._____

3.或者在外在環境上，我該怎麼做？

　　a._____

　　b._____

　　c._____

　　d._____

　　e._____

4.如果用系統減敏感法，我應該把這個焦慮分成怎樣的害怕階層呢？

　　a._____

b.＿＿＿＿＿＿＿＿＿＿＿＿＿＿＿＿＿＿＿＿＿＿＿＿

c.＿＿＿＿＿＿＿＿＿＿＿＿＿＿＿＿＿＿＿＿＿＿＿＿

d.＿＿＿＿＿＿＿＿＿＿＿＿＿＿＿＿＿＿＿＿＿＿＿＿

e.＿＿＿＿＿＿＿＿＿＿＿＿＿＿＿＿＿＿＿＿＿＿＿＿

5.你認為使用以上一種或合併幾種技巧成功的機率有多少呢？
大約＿＿＿％。

堅毅性

最近的研究已指向，為何某些人能防止壓力導致疾病，而另
一些人則無法避免的原因。柯伯沙（Kobasa）發現區隔一個人
苦惱與不苦惱的三個重要因素為：堅持、掌控，和挑戰。堅持是
促使自己獻身於某些事或工作的傾向；掌控是指相信一切事務是
在影響與掌握之中的傾向；挑戰意謂著生活的變動是正常的，而
且是可預期的，認定改變可激起個人的成長。在此，主要觀點是
將改變視為一種挑戰，而非威脅。一般人具有上述三個C（com-
mitment、control、challenge），即堅持、掌控、挑戰者，被
稱為是堅毅個性的人，這些人較能夠抵擋壓力因子的侵害。換句
話說，他們較不容易從壓力因子致病。自從堅毅性的概念被發展
出來後，許多研究已發現並證實，對一個人的健康而言。堅持、
掌控，和挑戰已形成緩衝器的作用。

有關疾病的防患，堅毅性不僅與低血壓、三酸甘油脂有關，
堅毅性更能影響非醫藥的因素，例如：堅毅性與較少的痛苦有關
，增加幸福感和適應的能力，甚至婚姻的美滿等。

事實上，不是所有的研究均同意堅毅性可以成為對抗疾病的
緩衝器。當研究中加入太複雜的構想（念）時，堅毅性和它的效

果有時是難以捉摸的。例如：芳克（Funk）的研究發現，堅毅性絕不是一個獨立的整體，有時堅毅性反而可以用適應不良（maladjustment）的字眼來代替。其他相關的研究亦發現，堅毅性的三個因素中，有部份因素可以成為疾病的有效緩衝器。儘管未來的研究仍會繼續進一步探討，但人們經過實際教導後成為具有堅毅個性的人，而減少疾病的侵害，亦是目前可了解並接受的。

摘要

1.選擇性覺察取決於是否將焦點放在好的或壞的人、事或情境上。把焦點放置在好的方面，就會有較少的壓力。

2.當事情一再重覆去做時，久而久之就變成習慣了，因此，儘可能充分去體驗生活的本質，就需要意識上的努力了。在這些過程中，讓我們的經驗多樣化是有幫助的。

3.A型性格是一種特殊的人格特質，其特質包括：很強的競爭性、攻擊性、沒有耐心、覺得時間緊迫，具有廣泛而充分合理化的敵意，以及內心深處的不安全感。一般人具有A型性格的，比具B型性格者更易罹患冠狀動脈心臟血管疾病。B型性格者較不易罹患冠狀動脈心臟血管疾病，並且表現出與A型性格者相反的行為類型。由A型性格引起的敵對和憤怒，可能是和疾病有關聯的兩個主要變項。

4.自尊就是你對自己尊敬的程度。低自尊的人從不讓自己往好的方面去想，不信任別人的意見，並且表現出非自我肯定的行為。自尊是學習來的，也是可以改變的。

5.內外控是指你認為你可以控制生活事件的程度。外控型者認為很多事情是自己無法控制的；內控型者認為很多事情都是可以控制的。

6.焦慮是一種不合實際（不真實）的害怕，它會導致生理的覺醒反應，並產生逃避或退縮的行為反應。暫時性焦慮是短暫的，或只針對某一特定刺激作反應；特質性焦慮是一種廣泛而普遍的焦慮感。

7.焦慮時可以運用環境計劃、重新定義、自我語言、思考中斷，或系統減敏感法等方式，而加以管理。

8.艾里斯（Albert Ellis）為焦慮管理發展ABCDE的技術。這套技術由檢查引發我們焦慮的非理性信念、改變信念，及想像更積極的行動結果組合而成。

9.堅毅性由堅持、掌控及挑戰三個因素組成。堅持是促使自己獻身於某些事或工作的傾向；掌握是指相信一切事務是在影響與掌握之中的傾向；挑戰意謂著生活的變動是正常的，而且是會激發個人成長的。研究已發現，堅毅性和較少疾病、低血壓和三酸甘油脂、較少心理痛苦、較多的幸福感和適應能力，及婚姻美滿有關。

參考書目

1. N.F. Dixon, "Humor: A Cognitive Alternative to Stress？" *in Stress and Anxiety*, I. Sarason and Charles Spielberger, eds (New York: Hemisphere, 1980), 281－89.

2. R.A. Martin and H.M. Lefcourt, "Sense of Humor as a Moderator of the Relationship between Stressors and Mood," *Journal of Personal and Social Psychology* 45 (1973): 1313－24.

3. Susan M. Labott and Randall B. Martin, "The Stress-moderating Effects of Weeping and Humor," *Journal of Human Stress* 13 (1987): 159－64.

4. Waleed Anthony Salameh, "Humor in Psychotherapy: Past Outlooks, Present Status, and Future Frontiers," *in Handbook of Humor Research*, Paul E. Mcghee and Jeffrey H. Goldstein (New York: Springer-Verlag, 1983), 75－108.

5. Vera M. Robinson, "Humor and Health," *in Handbook of Humor Research*, Paul E. Mcghee and Jeffrey H. Goldstein (New York: Springer-Verlag, 1983), 111.

6. D.D. Bushnell and T.J. Scheff, "The Cathartic Effects of Laughter on Audiences," *in The Study of Humor*, H. Mindesc and J. Turek, eds. (Los Angeles: Antioch University, 1979).

7. Vera M. Robinson, "Humor in Nursing," *in Behavioral Concepts and Nursing Intervention*, 2d ed., C. Carlson and B. Blackwell, eds. (Philadelphia: Lippincott, 1978).

8. Steven Sands, "The Use of Humor in Psychotherapy," *Psychoanalytic Riveiw* 71 (1984): 458.

9. Meyer Friedman and Ray H. Rosenman, "Association of Speicfic Overt Behavior Pattern with Blood and Cardiovascular Findings: Blood Clotting Time, Incidence of Arcus Senilis, and Clinical Coronary Artery Disease," *Journal of the American Medical Association* 169 (1959): 1286—96.

10. Meyer Friedman, A.E. Brown, and Ray H. Rosenman, "Voice Analysis Test for Detection of Behavior Pattern: Responses of Normal Men and Coronary Patients," *Journal of the American Medical Association* 208 (1969): 828—36.

11. Ray H. Rosenman, Meyer Friedman, and Reuban Strauss, "A Predictive Study of Coronary Heart Disease: The Western Collaborative Group Study," *Journal of the American Medical Association* 189 (1964): 15—22.

12. Ray H. Rosenman, Richard Brand, and C. David Jenkins, "Coronary Heart Disease in the Western Collaborative Group Study: Final Follow-up Experience of 8½ Years," *Journal of the American Medical Association* 223 (1975): 872— 77.

13. R.B. Shekelle, J.A. Schoenberger, and J. Stamler, "Correlates of the JAS Type A Behavior Pattern Score," *Journal of Chronic Diseases* 29 (1976): 381—94.

14. R.D. Caplan, S. Cobb, and J.R.P. French, "Relationships of Cessation of Smoking with Job Stress, Personality, and

Social Support," *Journal of Applied Psychology* 60 (1975): 211–19.

15. C.D. Jenkins, "Recent Evidence Supporting Psychologic and Social Risk Factors for Coronary Disease," *New England Journal of Medicine* 294 (1976): 987–94, 1033–38.

16. K.F. Rowland and B.A. Sokol, "A Review of Research Examining the Coronary-Prone Behavior Pattern," *Journal of Human Stress* 3 (1977): 26–33.

17. Jack Sparacino, "The Type A Behavior Pattern: A Critical Assessment," *Journal of Human Stress* 5 (1979): 37–51.

18. Ronald J. Burke, "Beliefs and Fears Underlying Type A Behavior: What Makes Sammy Run So Fast and Aggressively?" *Journal of Human Stress* 10 (1984): 174–82.

19. David R. Ragland and Richard J. Brand, "Type A Behvaior and Mortality from Coronary Heart Disease," *New England Journal of Medicine* 318 (1988): 65–69.

20. Suzanne G. Haynes, M. Feinleib, and W.B. Kannel, "The Relationship of Psychosocial Factors to Coronary Heart Disease in Framingham Study. III. Eight Year Incidence of Coronary Heart Disease," *American Journal of Epidemiology* 3 (1980): 37–58.

21. Meyer Friedman and Diane Ulmer, *Treating Type A Behavior and Your Heart* (New York: Alfred A. Knopf, 1984), 84–85.

22. Karen A. Matthews, "Psychological Perspective on Type A Behavior Pattern," *Psychological Bulletin* 91 (1982): 293–

323.

23. Karen A. Matthews and Suzanne G. Haynes, "Reviews and Commentary: Type A Behavior Pattern and Coronary Disease Risk. Update and Critical Evaluation," *American Journal of Epidemiology* 123 (1986): 923－60.

24. J.R. Anderson and I. Waldon, "Behavioral and Content Components of the Structured Interview Assessment of the Type A Behavior Pattern in Women," *Journal of Behavioral Medicine* 6 (1983): 123－34.

25. Haynes, Feinleib, and Kannel, "The Relationship of Psychosocial Factors to Coronary Heart Disease," 37－58.

26. B. Kent Houston and C.R. Snyder, eds., *Type A Behavior Pattern: Research, Theory and Intervention* (New York: John Wiley & Sons, 1988).

27. R.B. Shekelle et al., "The MRFIT Behavior Pattern Sutdy. II. Type A Behavior and Incidence of Coronary Heart Disease," *American Journal of Epidemiology* 122 (1985): 559－70

28. R.B. Case et al., "Type A Behavior and Survival after Acute Myocardial Infarction," *New England Journal of Medicine* 312 (1985): 737－41.

29. J.C. Barefoot, W.G. Dahlstrom, and W.B. Williams, "Hostility, CHD Incidence, and Total Mortality: A 25-Year Follow-up Study of 255 Physicians," *Psychosomatic Medicine* 45 (1983): 59－64.

30. R.B. Shekelle et al., "Hostility, Risk of Coronary Heart Di-

sease and Mortality," *Psychosomatic Medicine* 45 (1983): 109－14.

31. Haynes, Feinleib, and Kannel, "The Relationship of Psychosocial Factors to Coronary Heart Disease."

32. Marilyn Elias, "Type A's: Like FAther, Like Son," *USA Today*, 7 August 1985, D1.

33. M. Seeman and J.W. Evans, "Alienation and Learning in a Hospital Setting," *American Sociological Reviews* 27 (1962): 772－83.

34. M. Seeman, "Alienation and Social Learning in a Reformatory," *American Journal of Sociology* 69 (1963): 270－84.

35. G. Tom and M. Rucker, "Fat, Full and Happy: Effects of Food Deprivation, External Cues, and Obesity on Preference Ratings, Consumption, and Buying Intentions," *Journal of Personality and Social Psychology* 32 (1975): 761－66.

36. J. Rodin and J. Slochower, "Externality in the Obese: Effects of Environmental Responsiveness on Weight," *Journal of Personality and Social Psychology* 33 (1976): 338－445.

37. B.C. Straits and L. Sechrest, "Further Support of Some Findings about Characteristics of Smokers and Non-Smokers," *Journal of Consulting Psychology* 27 (1963): 282.

38. K. Deaux, *The Behavior of Women and Men* (Monterey, Calif.: Brooks／Cole, 1976).

39. Roger J. Allen and David Hyde, *Investigations in Stress Control* (Minneapolis: Burgess Publishing Co., 1980), 103.

40. Joseph Wolpe, *The Practice of Behavior Therapy*, 2d ed. (New York: Pergamon, 1973).

41. Ronald B. Adler, *Confidence in Communication: A Guide to Assertive and Social Skills* (New York: Holt, Rinehart & Winston, 1977).

42. Albert Ellis and Robert Harper, *A New Guide to Rational Living* (Englewood Cliffs, N.J.: Prentice-Hall, 1979).

43. Albert Ellis and Robert Harper, *A Guide to Rational Living* (N. Hollywood: Melvin Powers, Wilshire Book Company, 1975)

44. Suzanne C. Kobasa, "Stressful Life Events, Personality, and Health: An Inquiry into Hardiness," *Journal of Personality and Social Psychology* 37 (1979): 1—11.

45. Salvatore R. Maddi, "Personality as a Resource in Stress Resistance: The Hardy Type" (Paper presented in the symposium on" Personality Moderators of Stressful Life Event." at the annual meeting of the American Psychological Association, Montreal, September 1980).

46. Suzanne C. Kobasa et al., "Effectiveness of Hardiness, Exercise, and Social Support as Resources against Illness," *Journal of Psychosomatic Research* 29 (1985): 525—33.

47. Suzanne C. Kobasa, Salvatore R. Maddi, and Marc A. Zola , "Type A and Hardiness," *Journal of Behavioral Medicine* 6 (1983): 41—51.

48. Suzanne C. Kobasa, Salvatore R. Maddi, and Mark C. Pu-

ccetti, "Personality and Exercise as Buffers in the Stress-Illness Relationship," *Journal of Behavioral Medicine* 5 (1982): 391－404.

49. Jay G. Hull, Ronald R. Van-Treuren, and Suzanne Virnelli, "Hardiness and Health: A Critique and Alternative Approach," *Journal of Personality and Social Psychology* 53 (1987): 518－30.

50. Meredith Duhamel, "Rising Above Stress: Staying Hardy," *Medical Selfcare*, January／February, 1989, 26－29, 59.

51. John H. Howard, David A. Cunningham, and Peter A. Rechnitzer, "Personality (Hardiness)as a Moderator of Job Stress and Coronary Risk in Type A Individuals: A Longitudinal Study," *Journal of Behavioral Medicine* 9 (1986): 229－44.

52. Kenneth M. Nowak, "Type A, Hardiness, and Psychological Distress," *Journal of Behavioral Medicine* 9 (1986): 537－48.

53. Kenneth M. Nowak, "Coping Style, Cognitive Hardiness, and Health Status," *Journal of Behavioral Medicine* 12 (1989): 145－58.

54. Kevin McNeil et al., "Measurement of Psychological Hardiness in Older Adults," *Canadian Journal on Aging* 5 (1986): 43－48.

55. Julian Barling, "Interrole Conflict and Marital Functioning amongst Employed Fathers," *Journal of Occupational Be-*

haviour 7 (1986): 1－8.

56. Steven C. Funk and Kent B. Houston, "A Critical Analysis of the Hardiness Scale's Validity and Utility," *Journal of Personality and Social Psychology* 53 (1987): 572－78.

57. Susan E. Pollock, "Human Response to Chronic Illness: Physiologic and Psychosocial Adaptation," *Nursing Research* 35 (1986): 90－95.

58. Lori A. Schmied and Kathleen A. Lawler, "Hardiness, Type A Behavior, and the Stress-Illness Relation in Working Women," *Journal of Personality and Social Psychology* 51 (1985): 1218－23.

第三篇　一般的應用：放鬆技術

8

靜坐

　　本篇要介紹的是一些放鬆技術（巧），其中包括靜坐法、自我暗示訓練法、漸進式放鬆法、生物回饋法、瑜珈等。每一種放鬆技巧都會依序呈現出：技巧的發展歷史，技巧的內容與如何使用及技巧的效果。記住！這些放鬆技巧都只是綜合性壓力管理的一部份而已，它是用在壓力模式中——情緒覺醒反應的階段，以作爲因應干預壓力衍生疾病的處理。

醫藥上該注意的事

　　由於我們將學到如何使用每一種放鬆技巧，因此，兩個額外的意見需先作說明。一爲使用放鬆技巧，將會改變我們人體的生理狀況，減低新陳代謝，例如：血壓降低、心跳變慢、肌肉鬆弛、血漿中的膽固醇減少，以及其他的生理反應等等。若你本身就有某些疾病，例如：癲癇、高血壓、糖尿病、精神問題等病症，可能你已經有服用藥物，而這些藥物可能也有與放鬆技巧相類似的放鬆效果。如果再同時使用這些放鬆技巧，將導致新陳代謝改變過度，所以最好先經過醫師同意後再練習這些技巧。

放鬆技巧的嘗試

再者，嘗試各種不同的放鬆技巧，可以幫助自己找到一個適合自己，並且可以經常使用的方法。因為目前並沒有那一種方法是對每個人都有效的。因此，在第八、九、十這三章的後面，都附有評量表以幫助你做選擇，除此之外，你必須用嘗試錯誤的方式來選擇並確定那種放鬆技巧較適合你。

放鬆技巧量表

由於我們所處的內外環境，每天都在改變，因此若只是練習一、兩天，是無法比較其效果的。所以每一種放鬆法至少練習一週以上（愈長愈好），再做評量，正確性才比較高。另外，你必須在合適的時間，合適的環境條件下，依據所有的指示，正確地練習。最後，你把量表上的分數加起來，愈低分就表示這種放鬆法愈適合你。

你也許會覺得靜坐是穿著棉製長袍，點著香，而且剃了髮的虔誠佛教徒做的事。其實，靜坐是每一個人都可以練習的，並不見得要信奉佛教。就如同天主教儀式中一部分與酒有關，但喝酒的人，並不全是天主教徒一樣。

什麼是靜坐

靜坐是利用心靈的活動來影響身體歷程的一種方法。就如同運動也有益於心理健康，而靜坐也有助於身體健康。靜坐的目的是使你可以掌握你的注意力，讓你不被外在多變的環境所控制。

靜坐起源於東方，例如印度和西藏。流傳到西方以後，現在在西方世界也很流行。將靜坐傳入西方社會的主要功臣是Ma-charishi Mahesh Yogi。Marharishi建立了世界性的組織，來傳授他改良的靜坐——超覺靜坐（Transcendental Meditation簡稱TM）。使更多的人能學習靜坐，並體驗靜坐的好處。在他的機構中，學習TM是非常昂貴的（在1970年代，收費是125元美金，現在則不止這個價錢），但仍然吸引很多人去學習。因為現代生活的壓力愈來愈大，想要逃離壓力的人愈來愈多，超覺靜坐便很快地風行起來。

Maharishi 本身是一位傳奇人物。他出生於一九一八年，並於一九四二年獲得印度Allahabad大學的物理學學位。畢業之後，他遇到了宗教教師，啓發了他的興趣，潛心學習了十七年，老師指導他發展出簡單易學的靜坐法。之後他閉關在Hima-layan的山洞裏兩年，終於發展出TM來。然後他運用各種大眾傳播媒體，將TM推行到全世界。

靜坐的種類

靜坐的種類很多，例如：禪、瑜珈等，而禪、瑜珈又分多種派別，TM只是靜坐的其中一種方式而已。不論是那一種靜坐，都是運用集中注意力（focusing of attention）或是流暢注意力（Opening-up attention）的方法。流暢注意力是指允許外來的或內在的多種心理刺激，進入你的意識狀態，而你只要像一張吸墨紙吸收倒在上面的所有墨汁。並讓這些刺激能自由進出，你不去評斷，也不正面處理它。集中注意力是你只注意其中一個刺激（通常是指一個單調而重覆不變的刺激上），例如你要在心中一直覆誦著一個字或一個句子，或注視著牆上的某一個定點。

　　你可以在你的房間，約腰部高度的地方放置一個東西，集中注意力看著它約五秒鐘，除此之外，別的東西都只是「背景」，而你所注意的東西則是「主題」。就像你在聽演講時，只聽到演講者的話，而完全忽略身邊的其他雜事。或是，當你唸這本書時，你只感覺到心中默唸的聲音，而聽不到外面的冷氣聲、小鳥叫聲等。被你注意的對象稱爲「主題」，被忽略的其他刺激，則稱爲「背景」。集中注意力的靜坐方式，就是集中注意在主題上，而忽略掉背景；但流暢注意力的方式，則是讓主題和背景融合爲一，像圖8－1，你可以看她是個少女，也可以看她是個老女人。

圖8－1 你看到的是少女或是老女人，或兩者都是呢？

靜坐的好處

　　靜坐是一種流行且易學的放鬆法，因此，關於靜坐的研究也就相當多。不同的靜坐方式所產生的效果並不一樣。而靜坐者的動機和經驗，也影響靜坐的效果。但一般靜坐的好處不外乎心理上和生理上兩部份。

生理效應

　　早期的瑜珈行者和禪師們，就曾研究並發現靜坐的生理效應。而這些研究的發現，也在現代學者的研究下，得到印證。已有的研究指出：靜坐會使得呼吸次數減少（每分鐘約4～6次），膚電反應減少70%，心跳次數減慢（每分鐘約24次），增加腦波中的α波，並降低肌肉緊張的程度。

　　研究已證實，有五年以上及十四個月以上靜坐經驗的人，比那些只學習一星期其他放鬆技巧的人，有更明顯的心跳減慢現象。當他們在受到刺激時（例如看到意外事件的影片），雖然一樣會改變心跳，但卻比沒有靜坐經驗（或初學者）的人，更容易恢復正常心跳。

　　膚電反應與壓力有關，靜坐者的膚電反應較少表示所經驗到的壓力就較小。因此，有長期靜坐經驗的人，比一般人具有更穩定的自主神經系統，也更能應付壓力的情境。

　　另外，瓦萊斯（Robert Keith Wallace）的靜坐研究指出，除了上述幾種生理現象之外，靜坐還會減低氧氣的消耗量，增加皮膚的抵抗力，減少血液中乳酸鹽的成分（與降低焦慮有關），以及減少二氧化碳的產生，此外，還會促進週邊血液的循環（

例如：手、足的血液流通）。

心理效應

從影響效應來看，心理與生理是很難分開來談的，因爲生理層面的反應多少都會影響心理層面的反應。很多研究也指出，靜坐者的心理健康程度都優於非靜坐者。

靜坐除了可以減低焦慮之外，也會增加自己的內控程度，促進自我實現，改進睡眠狀況，而且在面對壓力時，有更多的正向感受。因此可以減少頭痛、抽烟、藥物的使用，以及害怕和恐懼的程度。所以靜坐者可以更有效地管理壓力，並帶來更多的正向經驗。

當你知道靜坐有那麼多生理上和心理上的好處時，你一定會心動，難怪有人願意花上昂貴的學費（約一百二十五元美金以上）來學習靜坐，也難怪超覺靜坐會如此地受歡迎了。

如何靜坐

首先，要找個舒適、安靜的地方（環境）。一旦你對靜坐熟練之後，（任何地方都可以進行靜坐）。例如飛機上、咖啡廳、大樹下甚至公共汽車上，任何地方你都可以靜坐。

對初學者而言，當找到安靜，舒適的地方之後，必須再找一張適合的椅子。因爲靜坐不同於睡覺，它們會產生不同的生理反應，但爲了防止睡著，最好找一張直背的椅子，它可以幫助你把腰挺直，並支撐住背部及頭部。

接著坐上椅子讓屁股頂著椅背，雙腳略爲前伸，超過膝蓋、雙手放在扶手或膝蓋上，儘量讓自己的肌肉放鬆。閉上雙眼，當吸氣時，在心中默唸著「1」（one），吐氣時則默唸著「2」（two），不要故意去控制或改變呼吸頻率，要很規律的吸氣、吐氣。如此持續二十分鐘。通常，在靜坐過程中不會有什麼問題產生，但若感到不舒服或頭昏眼花，或者有幻覺的干擾，只要睜開雙眼，停止靜坐就可以了。不過，這些情況是很少發生的。

除了上面的引導外，還有下列靜坐時要注意的事：

1. 每天最好靜坐二次，每次二十分鐘，最好是在起床後以及晚餐前各做一次。

2. 靜坐可以產生降低新陳代謝的作用。但咖啡因是一種刺激性物質，且存在於咖啡、茶、可樂，和其他飲料當中，故靜坐前避免飲用此類的食物。此外，抽菸或使用類似之刺激性藥物，亦應避免。

3. 靜坐時，頭不要垂下來，要輕鬆地挺在脖子上，或者靠在長背的椅背上。因為垂頭會使得頭部和肩膀的肌肉不舒服、繃緊，而不能達到肌肉放鬆的效果。

4. 如何知道二十分鐘是否到了呢？你可以看看手錶，若時間還沒到，則繼續；若時間到了，就停止。在整個靜坐過程中，看一、兩次不會影響到靜坐效果。以後靜坐次數多了，自然會產生二十分鐘的生物時鐘。

5. 千萬不要用鬧鐘。因為靜坐是讓你處於很低的新陳代謝狀態。鬧鐘聲音的刺激會太大。最好也把電話切掉，不要讓突然的電話聲驚嚇到你。

6. 有時你會想到很多雜事無法長久專心注意呼吸，這現象是正常的。當你知道自己分心時，不要認為自己做錯事，只要回復到：吸氣時默唸著「1」，呼氣時默唸著「2」的狀態就可以了。

7. 很多人都急著想要趕快結束這二十分鐘的靜坐或者還在靜坐中計劃或思考問題。因爲工作很忙，很多事情要解決，但是這些問題並不會跑掉，等你靜坐完畢再去解決。在靜坐時，請儘量放輕鬆，忘了它們吧！好好享受這片刻的輕鬆感覺，或許，在你靜坐完，再去面對這些問題時，會覺得壓力已減輕許多了。

8. 不要在飯後靜坐，因爲在吃完東西之後，會有很多血液流往胃部。而靜坐則是希望血液能在全身流動，遍佈手足四肢，因此飯後靜坐血液的循環差，難達到放鬆效果。

9. 最後，當你靜坐完畢時，要讓你的身體慢慢回復正常的狀況。先慢慢地打開你的眼睛，看房間中的某個定點，再慢慢地看其他地方。然後做幾個深呼吸，伸伸腰，站起來後再伸個腰。不要匆忙地站起來，否則可能會覺得疲倦，或有不放鬆的感覺。而且當你在血壓和心跳都很慢的情況下，突然站起來可能會產生昏眩的現象。因此，切記要慢慢地使身體恢復原狀。

安排時間靜坐

很多人在靜坐之後都得到許多生理、心理上的好處，這對壓力的有效管理很有幫助，但必需確實去做。許多人告訴我，他們知道靜坐的好處，但無法找到時間和地點去靜坐。或許你也會說自己很忙，沒有時間，或找不到安靜的場所，然而，每天連四十分鐘都抽不出來，或二十分鐘安靜的地方都找不到的人，就是愈需要靜坐了。若你認爲健康很重要，就一定找得到練習靜坐的時間和地點，若你還不重視你的健康，當然就很難囉。因此，做不做，完全要看你自己。

　　如果在開始靜坐前，你需要一個更結構化的方法或理論，你可閱讀史密斯（Jonathan Smith）寫的書——靜坐，那本書列出一個持續數週的方案，使讀者熟悉各種靜坐的練習。

放鬆技巧評估量表

　　當你依據指示，靜坐一個星期之後，請試著完成以下的評估量表。總分愈低，表示這個放鬆法愈適合你。

1＝非常正確
2＝有些正確
3＝無法確定
4＝有些不正確
5＝非常不正確

____1.感覺蠻好的。

____2.我可以很容易地把這個練習納入作息的一部分。

____3.它使我感到放鬆。

____4.我處理雜務處理得比以前好。

____5.它是很容易學習的技術。

____6.在練習這個技術時，我可以完全撇開身邊的一切事務。

____7.我做完放鬆技巧後，不會覺得累。

____8.做了放鬆訓練後，我的手、腳比以前溫暖。

____9.做了放鬆訓練後，我的一些壓力症狀（例如：頭痛、焦慮
　　　、肌肉緊張）都不見了。

＿＿＿10.每當我做完此放鬆訓練時，我的脈搏比做放鬆訓練之前慢。

摘要

1.靜坐是一種簡單的心靈活動，其目的是使你可以掌握你的注意力，因此，你可以選擇焦點放置的位置。

2.靜坐包括把焦點放置在重覆出現的字句，或固定不變的目標上。

3.靜坐有不同的類型，有些類型把焦點放在外在的目的物上，其他類型使用號稱Mandala的幾何圖形，另有一些類型則靜靜地使用重覆的字句或聲音。

4.靜坐已被用來處理肌肉緊張、焦慮、藥物濫用和高血壓。靜坐可降低血壓、心跳和呼吸速度，以及膚電反應，並增加流向手臂和腳的血液。

5.靜坐具有某些心理的效應。靜坐能減輕焦慮，增加內控程度，促進自我實現，改善睡眠，減少抽菸、頭痛，並達成正向心理健康的狀態。

6.學習靜坐，你需要一個安靜的地點。坐在直靠背的椅子上，閉起眼睛，當你吸氣時，心中重覆「１」（one）的字；吐氣時，心中重覆「２」（two）的字。如此持續廿分鐘。

7.為了使靜坐有效，你需規律地練習。建議你避免意識上改變呼吸，強迫自己放鬆，或想急速地從放鬆狀態中出來。此外，由於消化時抑制血液流向身體四周，因此，在早、晚餐前靜坐是最佳時刻。

8.靜坐的效果會受到刺激性食物的影響，因此刺激性物質如：香菸中的尼古丁、咖啡中的咖啡因、茶、飲料等，會干擾放鬆，故建議靜坐前避免飲用。

參考書目

1. For a more detailed description of types of meditation see C. Naranjo and R. E. Ornstein, *On the Psychology of Meditation*(New York: Viking, 1971).

2. Steven E. Locke and Douglas Colligan,"Tapping Your Inner Resources: A New Science Links Your Mind to Your Health ,"Shape(May 1988):112-14.

3. Therese Brosse,"A Psychophysiological Study of Yoga,"*Main Currents in Modern Thought* 4(1946):77-84.

4. B. K. Bagchi and M. A. Wengor,"Electrophysiological Correlates of Some Yogi Exercises,"in *Electroencephalography, Clinical Neurophysiology and Epilepsy*, vol. 31 of the First International Congress of Neurological Sciences, L. van Bagaert and J. Radermecker, eds.(London: Pergamon, 1959).

5. B.K. Anand, G.S. China, and B. Singh, "Some Aspects of Electroen-cephalographic Studies in Yogis," *Elect-roencephalography and Clinical Neurophysiology* 13(1961):452-56.

6. A. Kasamatsu and T. Hirai,"Studies of EEG's of Expert Zen Meditators,"*Folia Psychiatrica Neurologica Japonica* 28(1966): 315.

7. For a different point of view see David S. Holmes,"Meditation and Somatic Arousal Reduction: A Review of the Experimental Evidence,"*American Psychologist* 39(1984):1-10.

8. J. Allison,"Respiratory Changes during Transcendental

Meditation,"*Lancet,* no. 7651(1970):833-34.

9. B.D. Elson, P. Hauri, and D. Cunis,"Physiological Changes in Yogi Meditation,"*Psychophysiology* 14(1977):52-57.

10. J. Malec and C.N. Sipprelle,"Physiological and Subjective Effects of Zen Meditation and Demand Characteristics," *Journal of Consulting and Clinical Psychology* 45(1977):339-40.

11. L.D. Zaichkowsky and R. Kamen,"Biofeedback and Meditation: Effects on Muscle Tension and Locus of Control,"*Perceptual and Motor Skills* 46(1978):955-58.

12. Richard A. Fee and Daniel A. Girdano,"The Relative Effectiveness of Three Techniques to Induce the Trophotropic Response,"*Biofeedback and Self-Regulation* 3(1978):145-57.

13. N.R. Cauthen and C.A. Prymak,"Meditation versus Relaxation: An Examination of the Physiological Effects with Transcendental Meditation,"*Journal of Consulting and Clinical Psychology* 45(1977):496-97.

14. Daniel Goleman and Gary E. Schwartz,"Meditation as an Intervention in Stress Reactivity,"*Journal of Consulting and Clinical Psychology* 44(1976):456-66.

15. David W. Orme-Johnson,"Autonomic Stability and Transcendental Meditation,"*Psychosomatic Medicine* 35(1973):341-49.

16. Robert Keith Wallace,"Physiological Effects of Transcendental Meditation,"*Science* 167(1970):1751-54.

17. Robert Keith Wallace and Herbert Benson,"The Physiology

of Meditaiton,"*Scientific American* 226(1972):84-90.

18. L.A. Hjelle,"Transcendental Meditation and Psychological Health,"*Perceptual and Motor Skills* 39(1974):623-28.

19. W. Linden,"Practicing of Meditation by School Children and Their Levels of Field Independence-Dependence, Test Anxiety, and Reading Achievement,"*Journal of Consulting and Clinical Psychology* 41(1973):139-43.

20. P. Ferguson and J. Gowan,"TM—Some Preliminary Findings,"*Journal of Humanistic Psychology* 16(1977):51-60.

21. D. Thomas and K.A. Abbas,"Comparison of Transcendental Meditation and Progressive Relaxation in Reducing Anxiety ,"*British Medical Journal* no. 6154(1978):1749.

22. M.C. Dillbeck,"The Effect of the Transcendental Meditation Technique on Anxiety Levels,"*Journal of Clinical Psychology* 33(1977):1976-78.

23. D.H. Shapiro and D. Giber,"Meditation and Psychotherapeutic Effects,"*Archives of General Psychiatry* 35(1978):294 -302.

24. Jonathan C. Smith, *Meditation: A Senseless Guide to a Timeless Discipline*(Champaign, I11.: Research Press, 1986).

9

自我暗示訓練

　　也許你在魔術表演裏看過，一個妙齡女郎在自己還不知道發生什麼事情的時候，就已經被催眠著走上舞台，並且按著魔術師的指示，做出一些奇怪的動作，引得觀眾們哈哈大笑。就像這樣，催眠技術的恰當使用，是非常神奇的。催眠還可以用來幫助人戒煙、戒藥、或克服飛行恐懼。

　　或許你也曾經被催眠，你覺得身體變得好重，肌肉變得好鬆弛，而此時你也覺得自己好放鬆，真的非常放鬆。更有趣的是，我們還可以對自己催眠。本章所要討論的自我暗示訓練（autogenic training），就包含了自我催眠，自我催眠是自我暗示訓練的基礎。

什麼是自我暗示訓練

　　大約在西元一九〇〇年，有一個腦科生理學家，名叫瓦葛德（Oskar Vogt）。他發現有些病人可以讓自己處於催眠狀態中，瓦葛德稱這種現象為自我催眠（autohypnosis）。這些有自我催眠現象的病人，較其他病人不容易疲勞、緊張，身心症狀（如頭痛）也比較少。德國一位精神科醫師名叫舒滋（Johannes Schultz），是第一位把催眠術用在病人身上的醫師。他在一九三二年發展了一套以自我催眠為基礎的自我暗示訓練。舒滋發現受到催眠的人，他的四肢和身體都會感到溫暖以及沈重，因此他所發展出來的這一套自我暗示訓練，就是使人產生溫暖以及沈重的感覺。一個人進入自我催眠狀態，身體會感覺溫暖，是因為血管擴張，促進了血液循環的結果；而身體沈重，則是肌肉鬆弛的結果。這兩個現象，就是放鬆反應的基本要素，因此，自我暗示訓練可以被當做一種放鬆技術，而讓人有更大的能力來處理壓力。

　　本來舒滋只是用自我暗示訓練來治療精神官能症以及身心症的患者，後來，這種技術變得廣為流傳，只要是想調節自己心理、生理歷程的人，都可以使用這個技術，讓自己更健康。舒滋的學生路茜（Wolfagang Luthe），使此技術更廣為流傳。在自我暗示訓練的練習裏，一樣要保持被動的態度，你所要做的，只是儘可能地放鬆。只要按照既有的步驟做，其它的事情，就不必去管它了。

　　雖然靜坐和自我暗示訓練的目的都是使人放鬆，但是其過程卻完全不同。靜坐是由內而外，從心理影響生理；而自我暗示訓練則是由外而內，從身體的溫暖及沈重感開始，進而應用想像，使放鬆感進入心理的層面。當你實際去練習這兩種放鬆法之後，就會對其中的差異更了解。有些人比較喜歡靜坐，因為靜坐很容易學，很方便，幾乎到處都可以做。有些人則覺得靜坐太無聊，而自我暗示訓練比較不沈悶，可以將自己的注意力，不斷地轉移到身體各個不同的部位。在本章後面附有評估量表，你可以評估自己喜歡自我暗示訓練的程度如何。

自我暗示訓練的好處

自我暗示，意謂著自我激發（ self-generating ），其意義是自己對自己誘導全部過程。它同時也代表了自我治療的意義。自我暗示訓練已被證實能對生理和心理產生良好的效應，基於這個理由，在歐洲，自我暗示訓練被視爲放鬆技術的一種。

生理效應

在生理上，自我暗示訓練就像其它放鬆技巧一樣，會使得心跳速率、呼吸速率、肌肉緊張程度，以及血液中膽固醇的濃度降低，還會增加腦部的α波，並促進血液的流通。有一種叫做雷諾氏症的疾病（ Raynaud's disease ），這種病人的症狀是血液很難流到四肢上，可藉由自我暗示訓練，使病情有很大的改善。除此之外，對於偏頭痛、失眠症，或高血壓，自我暗示訓練也頗有效。

另外有少部分的研究指出，自我暗示訓練對氣喘、便秘、抽筋、消化不良、潰瘍、痔瘡、結核病、糖尿病，以及背痛，也都有不同程度的幫助。

心理效應

在一個自我暗示對心理效應的戲劇性表演當中，曾經有一個人在做自我暗示訓練之後，可以忍受用香煙在手背上燒出三度灼傷，達一分半鐘之久。這個例子並不是鼓勵你做此嘗試，而是要告訴你，自我暗示訓練可以增加對疼痛的忍受力。並且對於常因關節炎而疼痛的人，自我暗示訓練不失爲一個減輕疼痛的好方法。

　　此外，自我暗示訓練可以減低焦慮憂鬱和疲倦的程度，並且可幫助人們更有效地去應付生活壓力。例如：有過車禍經驗的婦女，經自我暗示訓練後減輕焦慮而能開車；產婦經自我暗示訓練而減少生產過程的疼痛和緊張；暈車的人經訓練減輕暈車反應；運動員經訓練減少比賽焦慮等。

想像練習

　　部份自我暗示訓練會應用去想像輕鬆愉快的景像，來使身體的放鬆進而達成心理的放鬆，你可以想像自己在晴朗的天空下，駕著帆船，在平靜的湖面上航行。你可以想像著鳥兒輕柔地飛過天空，海浪拍打著沿岸，想像著自己躺在一個有著柔軟地毯、熊熊烈火壁爐的溫暖房間裏。在本章的後面，需要運用你的想像力，來練習自我暗示訓練。但要找出可以讓你放鬆的景像，而不是去找看起來放鬆，但卻對你無效的畫面。以下的幾個問題可以幫助你找出放鬆的景像：

　　1.景像的氣溫如何？
　　2.有誰在此景像中？
　　3.是什麼顏色的景像？
　　4.有那些聲音呢？
　　5.發生什麼動作呢？
　　6.你有什麼感覺！

如何做自我暗示訓練

　　一般人學習自我暗示訓練是在醫院經由專業人員訓練而成。

一般人要達到熟練的程度，沒有兩個月以上的練習是不行的，有些人甚至要一年才會很熟練。若非本身有著嚴重的心理問題亟待處理，否則，這樣的練習代價實在是太大了。因此，本章除了教你自我暗示訓練完整的六個基本階段及自我暗示冥想階段外，另外還教你一個修正過的自我暗示法，這個修正後的方法，主要目的是在使你放鬆，而不是治療，因此，練習起來也比較輕鬆、容易。

先決條件

舒滋及路茜認爲自我暗示訓練要成功，得具備以下的條件：

1.動機要強，而且要有合作意願。

2.要有相當程度的自我引導（self-direction）及自我控制（self-control）的能力。

3.保持有助於訓練的身體姿勢。

4.將外界的刺激與干擾減至最低，並且將意念集中於內心。

5.從不同的感覺接受器，輸入一個單調的刺激。

6.經由對身體歷程的注意，導入向內心聚集的意識狀態。

7.在上述條件下，會產生壓倒性的、內在反射性的心理重組現象。

8.經過解離與自主性的心理歷程（disassociative and auto-nomuns mental processes），會導致自我功能的轉變，及自我界限（ego boundaries）的瓦解。

身體的姿勢

一般而言，做自我暗示訓練的基本姿勢有三種，一種是躺著的姿勢，另外兩種是坐在椅子上的姿勢：

1.躺姿（圖9－1）

　平躺，兩腳微開，腳板往前伸。用毛毯或枕頭墊在頭部、
　腿部，以增加舒適的程度，但身體不要過度彎曲。雙手微
　離身體，手肘微彎，手掌朝上。

2.坐姿㈠（圖9－2）

　坐姿有兩個優點，一爲使自己不容易睡著，一爲方便，隨
　處皆可坐。首先是高椅背的坐姿：將臀部貼靠住椅背，把
　頭部、背部靠在椅背上，使身體挺直，並支撐住頭的重量
　。手臂、手，以及手指儘量放輕鬆，雙手置於椅子的扶手
　上或放在膝蓋上。雙腳略爲前伸。

3.坐姿㈡（圖9－3）

　適合凳子或低椅背的坐姿。臀部坐在椅子前端，手臂放在
　大腿上，手及手指自然下垂，頭部也自然下垂，雙腳略爲
　前伸。

　　無論你採行那種姿勢，皆以輕鬆自然爲原則，身體肌肉愈放
鬆愈好。

六個基本階段

　　在想像階段之前，有六個基本的起始階段：

1.注意力放在手、腳沈重的感覺（從慣用手、慣用腳開始）。

2.注意力放在手、腳溫暖的感覺（從慣用手、慣用腳開始）。

3.注意力放在心臟部位的沈重與溫暖的感覺。

4.注意力放在呼吸上。

5.注意力放在腹部上溫暖的感覺。

6.注意力放在額頭上涼涼的感覺。

這六個階段都可以再細分，當你熟悉前面階段後，才可以進入下一個階段。

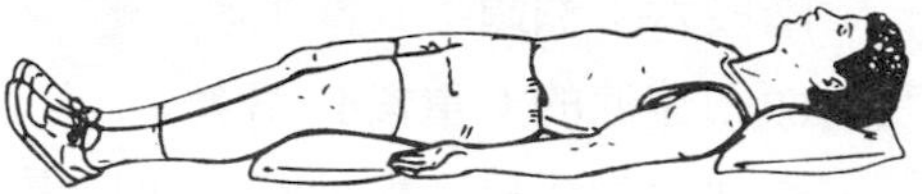

階段一：沈重感

我的右手臂很重。

我的左手臂很重。

圖9－1　躺姿

我的兩隻手臂都很沈重。

我的右腿很重。

我的左腿很重。

我的兩隻腿都很沈重。

我的手臂和腿都很沈重。

階段二：溫暖感

我的右手臂很溫暖。

我的左手臂很溫暖。

我的兩隻手臂都很溫暖。

我的右腿很溫暖。

圖9－2　坐姿㈠

我的左腿很溫暖。

我的兩隻腿都很溫暖。

我的手臂和腿都很溫暖。

階段三：心臟

我的心跳平穩而規則（重覆4－5次）。

階段四：呼吸

我的呼吸是平穩而放鬆的。

我的呼吸是順暢的。

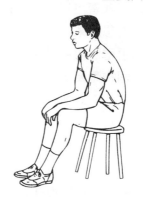

（重覆4－5次）

圖9－3　坐姿㈡

階段五：心窩（ solar plexus ）

我的心窩是溫暖的（ 重覆4－5次 ）。

　　階段六：額頭

我的額頭涼涼的（ 重覆4－5次 ）。

　　當你練習到一定程度時，你只需花幾分鐘的時間，就可以感覺到四肢的沈重與溫暖，並感覺到心臟與呼吸的放鬆與平靜，以及腹部的溫暖以及前額的清涼。為了達到這種程度，你必須每天練習，一天大概要練習一至六次，每次大約十至四十分鐘。每天只要持續練習，把心情放輕鬆，別急著要趕快奏效，也不要太過努力，以免干擾學習。最好依自己的進度，把每一個步驟熟練後，再進行下一個階段。

想像

　　想像又稱為自我暗示冥想（ autogenic meditation ）。首先，向下以及向上轉動你的眼球，假裝你想看到自己額頭的樣子。這個練習可以讓你的α腦波的活動增加（ 與放鬆有關 ）。其次，練習想像某一個顏色，充滿你的視野、顏色任你挑選。然後，想像用這個顏色構成圖案。最後，想像在黑暗背景中的一個物體，這個物體要是靜止、清楚可見的，而且必須是可以看上一段長的時間的（ 此部分需練習40－60分鐘 ）。

　　自我暗示冥想的第二個階段是要你去想像抽象的概念（ 例如：自由 ）。這個階段的練習可能需要二至六週的時間。經過這個階段的訓練之後，你可以感受到自己在各種不同情境下的感覺，例如：那種飄盪在雲層上的感覺。

　　第三個階段是想像看到其他人——從只是普通認識的人到重

要的人。藉由想像，可以洞察彼此間的關係，並試著在想像中增進你們的關係，尤其是那些與你有衝突的人。請記住，不論是在壓力的消除或放鬆反應上，想像的技術已被證實非常有效。因此，爲了你的利益，妥善使用它吧！

修正的自我暗示訓練

以上所介紹的是自我暗示訓練的六個基本起始階段及冥想階段，這可能得花你好長一段時間才練習得完。現在，進一步介紹一個修正過的自我暗示訓練法。這套方法把六個基本起始階段以及冥想階段濃縮在一起。如果你只爲了放鬆，這個訓練法可說是很有效的。

這個訓練每天至少要練習一次，最好是兩次，分別在起床後及晚餐前各做一次。你可以背下這些步驟，或請人在旁邊唸，或自己錄成錄音帶播放。記得要用很平靜的、輕柔的語調唸，並且在每個階段之間要有足夠的暫停時間，讓你可以體會指示中的感覺。

如果你已準備好了（你還沒吃東西，有個舒適、安靜的環境，而且有三十分鐘的時間，也選好了姿勢），就可以開始了：

我很平靜。

環境很安靜。

我很放鬆。

我的右手臂很重（重覆4－5次）。

我的右手臂很溫暖（重覆4－5次）。

我的右手臂有一點酥酥麻麻的。

我的右手臂沈重而溫暖

我的右手臂愈來愈沈重，愈來愈溫暖。

我的左手臂很重（重覆4－5次）。

我的左手臂很溫暖（重覆4－5次）。

我的左手臂有一點酥酥麻麻的。

我的左手臂沈重而溫暖

我的左手臂愈來愈沈重，愈來愈溫暖。

我的兩隻手臂都沈重而溫暖（重覆4－5次）。

（現在，將上面手臂練習的步驟，改成腿部的練習。由慣用
腳開始）

我的心臟跳動很平穩。

我的心臟很平穩而放鬆（重覆4－5次）。

我的呼吸很規律。

我的呼吸很平穩。

我的呼吸平穩而放鬆（重覆4－5次）。

我的呼吸很順暢（重覆4－5次）。

我的心窩暖暖的（重覆4－5次）。

我整個腹部好溫暖（重覆4－5次）。

我的額頭涼涼的（重覆4－5次）。

我很平靜。

我很放鬆。

我好寧靜。

現在，想像一個可以讓你放鬆的景像。

想像你正在那兒。

清楚地看到這景像。

去感受它。

把自己溶入這個景像中。

聽聽聲音。

看看顏色。

這個景像使你放鬆。

你很平靜。

你很寧靜。

你心境很平和。

你的心好寧靜。

你全身安靜而沈重，溫暖而放鬆。

你想著你安靜沈重而且溫暖的身體以及這個景像。

告訴你自己你感到安靜，你感到放鬆，你感到平靜。

現在準備離開你的景像。

從五開始倒數計數。

每倒數一次，你會覺得更清醒。

隨著每次倒數，慢慢睜開眼睛。

五……

你正離開你的景像。

你在跟景像道別。

四……

你回來現在的房間。

你是坐著（或躺著）的。

你知道你在那裏。

三……

準備睜開雙眼。

想想你睜開眼睛後會看到什麼。

二……

打開雙眼。

眼睛看著房間中的某一個東西。

做個深呼吸。

一……

看看房間中的所有東西。

做幾個深呼吸。

若你準備好，就伸伸你的手、腳。

現在，站起來，伸伸腰。

再做幾次深呼吸。

現在，你可以懷著清新而充滿活力的心情去面對你的生活了。

放鬆技巧評估量表

請照著指示，規律的做自我暗示訓練，一星期之後，完成這個評估量表：

1＝非常正確

2＝有些正確

3＝無法確定

4＝有些不正確

5＝非常不正確

1.感覺蠻好的。

2.我可以很容易地把這個練習納入作息的一部分。

3.它使我感到放鬆。

4. 我處理雜務處理得比以前好。

5. 它是很容易學習的技術。

6. 在練習這個技術時，我可以完全撇開身邊的一切事務。

7. 我做完這個訓練，不會覺得累。

8. 做完了放鬆訓練後，我的手、腳比以前溫暖。

9. 當做完了放鬆訓練後，我的一些壓力症狀（例如：頭痛、焦慮、肌肉緊張）都不見了。

10. 每當我做完放鬆訓練後，我的脈搏會變慢。

現在請把總分加在一起，請保留總分，並和你試過的不同放鬆技術之評量總分相比較。分數愈低代表該種放鬆技術愈適合你。

摘要

1.自我暗示訓練是一種放鬆技術，由一連串可以使身體感覺溫暖及四肢、軀幹感到沈重的練習活動所組成。此外，放鬆的想像可擴大到生理放鬆甚至心理放鬆。

2.自我暗示訓練可以產生催眠的反應。自我暗示意謂著自我的激發，及自我誘導的事實。

3.自我暗示訓練被用來處理雷諾氏症的疾病、偏頭痛、失眠、高血壓、氣喘、便秘、抽筋、消化不良、潰瘍、痔瘡、結核病、糖尿病，並減輕背痛。

4.自我暗示訓練的先決條件是，動機要強，相當程度的自我引導能力，保持規定的身體姿勢，將外界干擾減至最低，注意力集中內心，放棄自我界限。

5.自我放鬆訓練可以在躺著或坐著的姿勢中完成。為了讓你的身體放鬆，當你感到不舒服時，可以用枕頭墊在腰部，支撐身體。

6.自我暗示訓練有六個起始階段，包括：注意力放在手、腳沈重與溫暖的感覺，心臟部位沈重與溫暖的感覺，規律的呼吸，腹部溫暖的感覺，及前額涼涼的感覺。

7.想像被稱為自我暗示冥想。一般的放鬆想像，由向上、向下轉動眼球開始。其次，練習想像某一個顏色和各種顏色。最後，想像一個抽象的概念以及人物。

參考書目

1. Daniel A. Girdano and George S. Everly, Jr., *Controlling Stress and Tension: A Holistic Approach*(Englewood Cliffs, N.J.: Prentice-Hall, 1986), 175.

2. Johannes Schultz, *Das Autogene Training*(Stuttgart: Geerg-Thieme Verlag, 1953).

3. Wolfgang Luthe, ed., *Autogenic Therapy*, 6 vols.(New York: Grune and Stratton, 1969).

4. Wolfgang Luthe,"Method, Research and Application of Autogenic Training,"*American Journal of Clinical Hypnosis* 5 (1962):17-23.

5. Johannes Schultz and Wolfgang Luthe, *Autogenic Training: A Psychophysiologic Approach to Psychotherapy*(New York: Grune and Stratton, 1959).

6. Phillip L. Rice, *Stress and Health: Principles and Practice for Coping and Wellness*(Monterey, Calif.: Brooks／Cole, 1987), 281.

7. J.F. Keefe, R.S. Surwit, and R.N. Pilon,"Biofeedback, Autogenic Training, and Progressive Relaxation in the Treatment of Raynaud's Disease: A Comparative Study," *Journal of Applied Behavior Analysis* 13(1980):3-11.

8. Edward Taub, "Self-regulation of Human Tissue Temperature,"in *Biofeedback: Theory and Practice,* ed. Gary E. Schwartz and J. Beatty(New York: Academic Press, 1977).

9. B.V. Silver,"Temperature Biofeedback and Relaxation Training in the Treatment of Migraine Headaches," *Biofeedback and Self-Regulation* 4(1979):359-66.

10. T.J. Coates and C.E. Thoreson,"What to Use Instead of Sleeping Pills," *American Medical Association Journal* 240 (1978):2311-12.

11. Edward B. Blanchard and Leonard H. Epstein, *A Biofeedback Primer*(Reading, Mass.: Addison-Wesley, 1978), 69-72.

12. J. Kamiya, "Consious Control of Brain Waves,"*Psychology Today* 1(1978):57-60.

13. Kenneth Lamott, *Escape from Stress: How to Stop Killing Yourself*(New York: G.P. Putnam's Sons, 1974), 151.

14. C.O. Simonton and Stephanie Simonton,"Belief Systems and Management of the Emotional Aspects of Malignancy," *Journal of Transpersonal Psychology* 7(1975):29-48.

15. N.B. Anderson, P.S. Lawrence, and T.W. Olson,"Within-Subject Analysis to Autogenic Training and Cognitive Coping Training in the Treatment of Tension Headache Pain,"*Journal of Behavioral Therapy and Experimental Psychiatry* 12(1981):219-23.

16. B. Gorton,"Autogenic Training,"*American Journal of Clinical Hypnosis* 2(1959):31-41.

17. Shoshana Shapiro and Paul M. Lehrer,"Psychophysiological Effects of Autogenic Training and Progressive Relaxation," *Biofeedback and Self-Regulation* 5(1980):249-55.

18. Malcomb Carruthers,"Autogenic Training,"*Journal of Psychosomatic Research* 23(1979):437-40.

19. Martha Davis, Matthew McKay, and Elizabeth Robbins Eshelman, *The Relaxation and Stress Reduction Workbook* (Richmond, Calif.: New Harbinger Publications, 1980), 82.

20. Jack A. Gerschman et al., "Hypnosis in the Control of Gagging," *Australian Journal of Clinical and Experimental Hypnosis* 9(1981):53-59.

21. Jon D. Boller and Raymond P. Flom, "Behvioral Treatment of Persistent Post-traumatic Startle Response, "*Journal of Behavior Therapy and Experimental Psychiatry* 12(1981):321-24.

22. Tansella Zimmerman, "Preparation Courses for Childbirth in Primipara; A Comparison,"*Journal of Psychosomatic Research* 23(1979):227-33.

23. Patricia S. Cowing,"Reducing Motion Sickness: A Comparison of Autogenic-Feedback Training and an Alternative Cognitive Task,"*Aviation, Space, and Environmental Medicine* 53(1982):449-53.

24. Eric W. Krenz and Keith P. Henschen,"The effects of Modified Autogenic Training on Stress in Athletic Performance,"in James H. Humphrey(Ed.), *Human Stress: Current Selected Research, Vol. 1*(New York: AMS Press, 1986), 199-205.

25. Kenneth R. Pelletier, *Mind as Healer, Mind as Slayer*(New York: Dell Publishing Co., 1977), 241.

26. Ibid., 232.

27. Davis, McKay, and Eshelman, *Workbook*, 88.

28. Kamiya, *Psychology Today*.

29. Edward A. Charlesworth and Ronald G. Nathan, *Stress Management: A Comprehensive Guide to Wellness*(Houston, Tex.: Biobehavioral Publishers, 1982).

30. A.A. Sheikh, *Imagery: Current Theory, Research, and Application* (New York: Wiley, 1983).

31. A.A. Sheikh, *Imagination and Healing*(Farmingdale, N.Y.: Baywood Publishing Company, 1984).

漸進式放鬆法

　　日常生活中，有效率地做每一件事情是非常重要的，如果，我們在做事情時，肌肉常常是處於緊張的收縮狀態，將會導致頭痛、頸部僵硬，肩膀酸痛、背痛、腰痛，或者其他疾病。在第一章中曾介紹過檢查你的肌肉是否太過緊張的方法，你或許已發現肩膀提得太高，手握得太緊，腹部肌肉緊繃著。如果你有這些現象，表示此時你的肌肉太過緊張了。當肌肉太過緊張時，同樣做一件事情，你卻必須使出額外、不必要的力氣，並且，降低了做事的效率。例如：當你開車時，身體太過僵硬，手握方向盤太緊，就無法熟練的操控汽車的行進；邊聽演講，邊做筆記時，如果你握筆的力量太大、太緊，也是一種不必要的用力。看牙醫的時候，你是否也太過用力去抓椅子的扶手呢？

　　很多時候我們都會過度的緊張，這些肌肉過度的收縮既無效率，又可能危害到身體健康。因此，為了能更有效率，更適當地使用我們的肌肉，本章將介紹有效的放鬆方法，這個方法稱為漸進式放鬆法。

什麼是漸進式放鬆法

　　漸進式放鬆法的目的是放鬆我們的神經、肌肉。此一方法是由周克遜（Edmund Jacobson）所創。最初的目的是爲了治療醫院中有緊張症狀的病人。周克遜發現那些會緊張的病人，在皺眉或皺起額頭之後，肌肉不會迅速地恢復原狀。他爲了治療這種肌肉緊張的症狀，敎導病人一系列的練習活動，首先要病人先用力縮緊肌肉，然後再放鬆肌肉。從某一個部位的肌肉開始縮緊、放鬆，然後漸漸轉移到其他部位的肌肉，一步一步地做。緊縮肌肉的目的是爲了讓你體會到什麼叫肌肉緊張的狀態，此外，緊縮也是爲了放鬆。這樣，當你察覺自己肌肉緊張時，你才有辦法自動的放鬆它。

　　漸進式放鬆法又叫神經肌肉放鬆法（neuromuscular re-laxation），因爲神經控制肌肉的收縮，又稱爲周克遜氏放鬆法（因爲是由周克遜所創始）。這種放鬆法通常是先從身體的上半部份的肌肉開始，當某一個部位的肌肉放鬆後，再進行下一個部位的肌肉放鬆。一個個依序進行，漸漸地使全身的肌肉都放鬆下來。就如同自我暗示訓練的方法一樣，藉著放鬆身體，來達到心理的鬆弛狀態，但是，它與靜坐及自我暗示訓練不同的地方是，漸近式放鬆法並不會達到催眠的狀態。就如同其他放鬆法一樣，漸進式放鬆法仍然是需要有恆心的，持續的練習才可能收到宏效。

漸進式放鬆法的好處

　　每天練習一至二次，連續數週之後，你就可以體會到練習漸進式放鬆法的好處了。在這裏，我們分生理方面及心理方面來說明：

生理效應

　　周克遜的研究指出，從骨骼肌的放鬆可以類化到平滑肌的鬆弛，並使胃腸系統以及心臟血管系統的肌肉放鬆。其他的研究還指出，緊張性的頭痛、偏頭痛，或是背部酸痛，經由漸進式放鬆法的肌肉放鬆也會有蠻不錯的治療效果。若能夠經常性地練習，對於因為肌肉過度緊張所造成的問題，就算是不能完全消除，也至少可以得到舒解。

心理效應

　　漸進式放鬆法已被證實能產生廣泛的效果，其對心理上的好處正如同在行為上的改變一樣。例如：對自我概念（self-concept）的提昇，憂鬱以及焦慮的減低，減少失眠的痛苦等等……。再者，對於酒癮、藥癮也都有治療的效果，甚至可以讓意志消沈的人變得更積極。更有研究指出，棒球隊的運動員，練習過漸進式放鬆法後，打擊率會明顯的提高。這是因為壓力太大常導致表現失常，而漸進式放鬆法正是一種壓力處理的技巧，因此，可以提高打擊者的打擊率。

如何練習漸進式放鬆法

　　在練習漸進式放鬆法之前，你必須先做好以下這些準備動作。

確認緊張狀況

　　首先，你要知道自己處於緊張狀態。也許，你感受到肩膀、背部、頭或頸子會酸痛。也許，你覺得自己整個身體都很僵硬，坐在椅子上也不覺得舒服，或者，你的手有些顫抖。

　　當你練習漸進式放鬆法一段時日之後，你會更容易掌握自己緊張的情況，一有緊張，你很快就能發覺。而且可以準備用放鬆法來驅逐你的緊張，經常練習後，可以避免某一個部位的緊張，擴散到另一個部位上去。檢查緊張狀態，並練習放鬆訓練的最佳時間是在三餐進食之前。因為胃裏有食物，將導致血液在身體內的流量減少，而不容易達到放鬆的效果，因為放鬆反應會使得流向手臂、腿部血液流量的增加。

預先準備事項

　　你必須先找個夠安靜、不受干擾、不會分心的環境。你的電話鈴聲最好是關掉，或暫時拿起話筒，以避免突然受到電話的干擾。燈光不能太亮，有一點昏暗的燈光最好。而且要防止貓、狗、寵物、小孩，或室友的打擾。如果這些都準備好了，仍然有噪音干擾的話，那麼不妨戴個耳塞或用棉花塞住耳朵。學習的效果是慢慢產生的，不要急著在只練習幾次之後就會奏效。

　　在開始練習之前，你還得將身上的緊身衣服脫掉、皮帶解開，連珠寶、首飾也不要戴，室內的溫度必須是溫暖的，且不要太通風的，因為溫度太低會妨礙血液的運行，使血液不容易流到四肢。如果你還穿著鞋子的話，建議你還是脫了它吧。

　　如果你做練習時會感到不舒服、肌肉抽筋或疼痛，只要馬上停止練習，這些不舒服便可以立刻消除。練習時要慢慢的來，不可以太急。另外，如果你有那些部位的肌肉本來就拉傷、疼痛或抽筋，那麼這些部位就暫且不做練習，待復原後再做。

身體的姿勢

練習漸進式放鬆法的最佳姿勢是身體躺下的姿勢，詳見圖10－1。因爲躺下來可以讓你的身體重量由地板來支撐，而不需要肌肉費力地支撐著。你的肌肉要維持在最放鬆的情況。你的手可以放在腹部上，或者是自然平放在身體兩側，你的腳在放鬆的狀況下應該是略爲外開的。你也可以在頸子下面、腰下面或膝蓋下面墊個小枕頭，這樣，會使你覺得更舒服、肌肉會更加放鬆。在你開始練習之前，你必須調整自己的姿勢在一個最舒服的位置。在眞正熟練漸進式放鬆法之後，你可以用坐姿或站立的姿勢來放鬆某些部位的肌肉，例如：頸部、肩膀的肌肉，不過，在練習的階段，還是以躺臥的姿勢爲宜。

當你熟練之後，你可以跳過縮緊肌肉的階段，而完全把焦點放在放鬆的感覺上。不過，在這之前，你需要數週或數月的規律練習才能確實體會到肌肉縮緊與放鬆的感覺。在放鬆肌肉的階段是最令人舒服愉快的時候，而且對健康也確實有好處。要是你一個人做放鬆練習有困難，你可以找一個夥伴，一起進行。

圖10－1　練習漸進式放鬆法的姿勢

練習

漸進式放鬆法有很多種版本（方式），其原因是因傳授的人不同，而內容有所差異。以下的方法，是由史坦密滋（Jenny

Steinmetz）所發展出來的，內容雖然簡單易學，但是對於改善壓力或緊張，卻是相當有效的。每天練習個幾次，持續做一週看看，然後填寫本章後面的評估量表，你便可以知道自己是否適合做漸進式肌肉放鬆法。

以下的內容你可以請別人唸，或自己背起來，或者是自己錄製錄音帶（坊間已有現成錄音帶出售），到時候放出來聽，照著做就可以。做這個練習必須慢慢來，不能急，除非你那個地方受傷，否則最好不要省略任何一個部位或任何一個步驟。下面就是史坦密滋的放鬆法，請照著練習。

手臂的放鬆（約4－5分鐘）

選個最舒服的位置躺下來，儘可能的把身體放鬆，把心情放鬆。

現在，握緊你的右拳頭，手臂向上、向前舉起。

把右拳頭握得更緊一點，繼續用力並且感受那種肌肉繃緊的感覺。

繼續握緊右拳頭，感受你的右拳、右手、以及右手臂繃緊的感覺。

好，現在開始放鬆……。

慢慢鬆開你右手的手指關節，並且慢慢把手放下。

仔細體會一下緊張、輕鬆這兩種截然不同的感覺。

現在，讓自己放輕鬆，讓你全身都放輕鬆。

再來一次，握緊你的右拳頭，並且向上、向前舉起。

握緊，並且再一次感受那種緊張的感覺。

現在，鬆開右拳頭，放輕鬆，讓你的手指很自然地慢慢張開。

體會一下緊張與輕鬆的不同感受。

現在換左手，

握緊你的左拳頭，並且向上、向前舉起。

把你的左拳頭握的更緊，繼續用力，並且感受那種緊張的感覺。

好，現在放鬆……，享受這兩種不同的感覺。

再來一次，握緊你的左拳頭，用力地握緊。

現在，鬆開你的拳頭，並且感受這兩種不同的感覺……。

繼續放鬆下去……。

握緊你雙手的拳頭，並且向上、向前舉起，你的兩隻拳頭和兩隻手臂都好緊、好緊。

體會這種緊張的感覺……放鬆……。

慢慢張開你的手指，並且體會放鬆的感覺……。

繼續放鬆……繼續放鬆……。

現在，彎起你的手肘，讓你的肱二頭肌變得很緊。

用力，再用力，並且去感受繃緊的感覺。

好，伸直你的手臂。

放鬆你的手臂，並且再次感受繃緊與輕鬆的不同感覺。

繼續放鬆、繼續放鬆……。

再來一次用力，彎起手臂，讓你的肱二頭肌變得很緊。

繼續用力，感受繃緊的感覺。

好，伸直手臂，放鬆……。

繼續放鬆……。

每當你繃緊、或放鬆時，你都仔細的去體會那種感覺。

現在，用力伸直你的兩隻手臂，讓肱二頭肌變得很緊、很緊。

用力，感受這種繃緊的感覺。

好，開始放鬆……。

把手回復到原來很舒服的位置。

讓兩隻手很自然的放鬆下來。

放鬆的時候，你的兩隻手覺得很重，很舒服。

再把你的手往前伸直，讓肱二頭肌再僵硬起來。

感受繃緊……放鬆……。

現在體會一下，兩隻手輕鬆的感覺，沒有任何的繃緊……。

讓你的手很舒服的放鬆！放鬆！

再放鬆！

再放鬆一些……。

試著讓自己達到很深、很深的放鬆。

臉、脖子、肩膀、上背部的放鬆（4－5分鐘）。

讓你全身的肌肉都放鬆，感覺身體很沈重。

讓你的背部舒服而安靜地靠著。

現在，請抬眉皺起你的額頭，用力地皺緊。

好——停止！

開始放鬆，慢慢的放鬆你額頭的肌肉。

想像你的額頭，以及整個頭皮，慢慢的伸展開來，變得很平
順，而且愈來愈放鬆。

現在皺起你的眉毛，用力皺起眉毛。

感受一下皺起眉毛的緊張感覺。

好——放鬆你的眉毛。

讓額頭的肌肉再次的放鬆。

現在，閉上眼睛。

輕輕地閉上眼睛，慢慢的，舒服的享受現在放鬆的感覺。

現在，用力咬緊上下牙齒。

感受一下你整個下顎的緊張感覺，

好──現在，慢慢的放鬆開牙齒，放鬆你的下顎，

讓你的嘴唇微微地張開。

現在，享受一下這種放鬆的感覺。

把你的舌頭用力抵住上顎，用力抵住上顎。

注意一下這種緊張的感覺。

好的，慢慢放鬆你的舌頭，把舌頭放到最舒服的位置。

現在，用力緊閉起你的嘴唇，用力，再用力。

好──放鬆，放鬆你的嘴唇。

注意你用力和放鬆時不同的感覺。

體會一下你整個臉，整個額頭、眉頭、眼睛、下顎、嘴唇、

舌頭，以及你的喉嚨，都非常放鬆，非常舒服的感覺。

愈來愈放鬆了。

現在注意你脖子的肌肉。

把頭儘可能向右轉，感覺一下不同的緊張。

好──現在，再把頭向左轉。

把頭轉回來，並且伸直它。

現在，把頭向前壓，讓下巴靠近你的胸。

好──讓你的頭抬起來，回到最舒服的位置，感受這種舒服
的感覺……。

繼續放鬆下去，享受這種放鬆的感覺。

聳起你的肩膀來，儘量地聳高。

保持現在這種緊張的狀況。

好，放下你的肩膀，並且注意放鬆的感覺……。

感覺你的脖子、肩膀都放鬆了。

再聳起肩膀，並且轉一轉。

用力聳高，然後向前移動，再向後移動。

感覺你整個肩膀和上背部的緊張。

好，放下肩膀，並且放鬆下來……。

讓這種放鬆的感覺深深的進入你的肩膀，並且延伸到你背部的肌肉。

放鬆你的脖子，你的喉嚨，以及你的下顎，你的其他臉部的肌肉，使這種完全放鬆的感覺變得更深……更深……更深。

胸部、腹部，以及下背部的放鬆（4－5分鐘）

現在儘可能讓你整個身體都放鬆。

感覺到身體變得很沈重，並且很放鬆、很舒服。

輕鬆地吸氣……呼氣……。

請注意你呼氣時慢慢放鬆下來的感覺。

呼氣時，要感覺一下放鬆的感覺。

現在，深深的，慢慢的吸一大口氣，讓整個肺部都充滿著氣體。

屏住呼吸。

感受現在不舒服、緊張的感覺……。

好，呼氣，很自然的呼氣，現在你的胸部變得好舒暢了。

繼續放鬆，很輕鬆的呼氣、吸氣、慢慢的……。

感覺這種放鬆，好好享受這種放鬆。

儘可能讓你身體的其他地方保持放鬆。

再深深的吸一大口氣。

繼續吸氣，屏住，不要呼氣。

好——現在很自然的，跟平常一樣的呼氣，享受此刻放鬆舒服的感覺。

繼續放鬆你的胸部，讓這種放鬆從胸部擴散到你的背部、肩膀、脖子，以及你的手臂……。

再放鬆，享受這種放鬆的感覺。

現在讓我們來放鬆腹部的肌肉。

縮緊你的腹部，讓腹部變硬。

注意現在肌肉僵硬的感覺。

然後，放鬆腹部的肌肉，比較肌肉緊張與放鬆的不同感覺。

再來一次，腹部肌肉用力縮緊。

繼續縮緊，體會這種縮緊的感覺。

好——現在放鬆，好好享受腹部放鬆時的舒服感覺。

再縮緊腹部，儘量用力。

體會肌肉緊張的感覺。

好，放鬆……慢慢鬆開緊張的腹部肌肉。

維持你正常的呼吸，感受你的胸部、腹部非常的舒服。

再來一次，腹部用力縮緊。

再用力一下，體會一下現在的感覺。

好……，完全的放鬆……。

感覺一下原有的緊張漸漸地消失，而愈來愈放鬆了。

每次你呼氣時，注意一下胸部、腹部，很放鬆的舒服感覺。

現在試著讓你全身的肌肉也都放鬆下來。

接著放鬆你的下背部。

身體向後拱，儘量向後彎腰，注意你脊椎緊張的感覺。

好──立刻回正，很舒服的躺回原來的姿勢，放鬆你的下背部，再一次向後拱，並體會緊張的感覺。

儘可能地讓身體其他部位保持放鬆，把緊張侷限在你整個的下背部。

好，放鬆，再放鬆。

放鬆你的下背部，你的上背部，把這種感覺擴散到你的腹部、胸部、肩膀、手臂，以及你的整個臉部⋯⋯。

這些地方都會愈來愈放鬆，而且感覺愈來愈深、愈沈⋯⋯。

臀部、大腿，以及小腿的放鬆（4－5分鐘）

先放鬆你全身的肌肉。

然後收縮你的臀部以及大腿的肌肉。

收縮大腿的同時，儘可能地把你的腳後跟用力的往地面踩。

放鬆──體會這兩種不同的感覺。

伸直你的膝蓋，再一次縮緊你的大腿肌肉。

保持這種緊張狀態。

好，放鬆你的臀部、你的大腿、⋯⋯。

讓這種放鬆很自然地延伸下去⋯⋯。

把你的腳板和腳趾向前壓，

你會感覺到你的小腿肌肉繃得很緊。

用心去體會這種拉緊的感覺。

好，放鬆你的腳板和你的小腿。

現在，把你的腳板用力向頭部方向彎曲，你覺得你的脛骨肌肉變得很緊張。

腳趾也儘量往上蹺起來

再放鬆……讓這種放鬆維持一陣子。

現在讓你自己全身都放鬆。

放鬆你的腳，你的腳踝，你的小腿、脛骨、膝蓋、大腿、臀部。

當你愈放鬆時，你會覺得你的下半身愈來愈沈重。

現在讓這種放鬆的感覺擴散到你的腹部、腰，以及你的下背部。

再放鬆、更加的放鬆……。

讓你的喉嚨也放鬆下來。

脖子，下顎，整個臉也都放鬆下來。

保持現在這種全身放鬆的感覺，繼續放鬆下去……

現在，你只要慢慢的呼吸，你就會覺得自己又更加的放鬆了，把眼睛閉起來，避免受到你身旁東西的影響，你仍然非常的放鬆。

深深地深呼吸，你覺得自己的身體更沈重了。

再深深的吸氣、慢慢的吐氣……

感覺你變得非常的沈重，非常的放鬆。

你覺得你根本連動都不想動一下。

想想，如果要你舉一下右手，你要花多大的力氣啊！

當你想到這裏，你可能會覺得肩膀的肌肉又緊張起來了。

你現在決定不舉右手了，寧願讓放鬆的感覺繼續下去。

你又放鬆了，緊張的感覺也不見了。

就像現在這樣，放鬆，繼續放鬆……。

現在你整個人處在非常放鬆的狀態，所以，突然的動作會使肌肉受到傷害，所以，請你先輕輕動動你的手、腳，當你想要起來時，要從四倒數回來，四，三，二，一。

現在你覺得整個人的感覺都很好，心境非常的清新平和。

一些簡化的練習

有時你可能沒有很多空閒的時間，無法一次就把以上的那些練習全部做完，或者你突然感到某個地方的肌肉又緊張起來，這時，你可以練習以下所介紹的既簡單又快速的漸近式放鬆法。例如，你可能覺得你的肩膀肌肉緊張起來了，要放鬆肩膀的肌肉之前，你先要讓這些肌肉緊張－聳起你的肩膀，儘量聳得愈高愈好，然後放下，放鬆。注意去感受你放鬆的肩膀肌肉，你會有一種溫暖以及輕柔無力的感覺。

另一個很快速的漸近放鬆法，是有關你的腹部肌肉。首先你的腹部用力，把肌肉繃緊，你會發現你只能單靠著胸部呼吸，現在放鬆腹部的肌肉，並且用你的腹部來呼吸，你可以把手掌放在肚子上，當你吸氣時你的手會上升起來，呼氣時，手會下降。你要把注意力放在當你使用這種方式呼吸時的放鬆感覺。

任何一個地方的肌肉，你都可以用「繃緊──放鬆」的方法，快速的放鬆你這個地方的肌肉，當你用力時，你要去注意用力時所產生的繃緊感覺，當你放鬆時，你更要好好的體會放鬆時的舒服感覺。大約只要五分鐘，你就會覺得自己有改變。最好，你也把這種放鬆的感覺保持到這一天的其他時間。

放鬆技巧評估量表

當你很規律的按照建議做完一個星期以上的漸進式放鬆法後，你可以完成以下的評估量表，以確定自己是否適合做這種的練習。

1＝非常正確

2＝有些正確

3＝不確定

4＝有些不正確

5＝非常不正確

____1.我覺得蠻好的。

____2.這個放鬆法很容易排到我的日常作息中。

____3.這個放鬆法使我感到放鬆。

____4.我處理日常生活中的雜事要比以前更加得心應手。

____5.這是很容易學習的技術。

____6.我可以找到好的環境來練習這個放鬆法。

____7.我練習完這個放鬆法之後並不會覺得累。

____8.練習這個放鬆法之後，我的手指、腳趾比以前溫暖。

____9.每當我做完放鬆法之後，我的一些壓力症狀（頭痛、肌肉、緊張、焦慮）通通不見了。

____10.當我做完放鬆法之後，脈搏跳動總是比還沒做之前減低很多。

現在把你的得分全部加起來，把總分與其他放鬆法評估量表的總分相比（第八、九章），分數愈低，則表示這種放鬆法愈適合你來練習。

摘要

1.人們經常比實際需要使用過多的肌肉收縮，這將導致背痛、頭痛，或肩膀、脖子酸痛。

2.肌肉緊張使得身體預備好蓄勢待發，但卻從未有過行動，此一狀況稱之為支撐現象。整天舉高你的雙肩正是支撐現象的好例子。

3.漸進式放鬆法是一種引發神經——肌肉放鬆的技術。此一技術包括肌肉的收縮和放鬆，從某一部位的肌肉到其他部位的肌肉，循序漸進最後遍及全身肌肉。

4.漸進式放鬆法的繃——縮階段，是用以確認身體在何時、何種部分處在支撐的狀況中。放鬆階段是用以確認並產生何種放鬆狀態。

5.漸進式放鬆法早已被用來治療緊張性頭痛、偏頭痛、背痛，和其他病症。它同時也被用以處理心理的症狀，如：低自我概念、憂鬱、焦慮、失眠及其他。

6.學習漸進式放鬆法，你必需先找個安靜、不受干擾、不會分心的環境，並且躺臥下來。緩慢的、小心的進行練習，如果你感受到肌肉抽筋或疼痛，就立刻停止進行。

7.在你發展出「肌肉焦點感覺」之前，你需要花費數週或數月的時間，規律練習漸進式放鬆法。但在此之前，你早已感受到放鬆的好處了。

參考書目

1. W. Timothy Galway, *The Inner Game of Tennis*(New York: Random House, 1974).

2. Edmund Jacobson, *Progressive Relaxation*(Chicago: University of Chicago Press, 1938).

3. David Pargman, *Stress and Motor Performance:* Understanding and Coping(Ithaca, N.Y.: Mouvement Publications, 1986), 183.

4. D.A. Berstein and B. Given,"Progerssive Relaxation: Abbreviated Methods,"in *Principles and Practice of Stress Management,* ed. R. Woolfolk and P. Lehrer(New York: Guilford Press, 1984).

5. Edmund Jacobson, *You Must Relax*(New York: McGraw-Hill Book Co., 1970).

6. John D. Curtis and Richard A. Detert, *How To Relax: A Holistic Approach to Stress Management*(Palo Alto: Mayfield, 1981), 102.

7. Barbara B. Brown, *Stress and the Art of Biofeedback*(New York: Harper & Row, 1977), 45.

8. D.J. Cox, A. Freundlich, and R.G. Meyer,"Differential Effectiveness of Electromyographic Feedback, Verbal Relaxation Instructions, and Medication Placebo with Tension Headaches,"*Journal of Consulting and Clinical Psychology* 43(1975):892-98.

9. S.N. Haynes et al.,"Electromyographic Biofeedback and Relaxation Instructions in the Treatment of Muscle Contraction Headaches,"*Behavior Therapy* 6(1975):672-78.

10. Leon Otis et al.,"Voluntary Control of Tension Headaches" (Paper presented at the Biofeedback Research Society Meeting, Colorado Springs, Colo., 1974).

11. Edward B. Blanchard and Leonard H. Epstein, *A Biofeedback Primer*(Reading, Mass.: Addison-Wesley, 1978), 80-81.

12. K.R. Mitchell and D.M. Mitchell,"Migraine: An Exploratory Treatment Application of Programmed Behavior Therapy Techniques,"*Journal of Psychosomatic Research* 15(1971):137-57.

13. Cynthia D. Belar and Joel L. Cohen,"The Use of EMG Feedback and Progressive Relaxation in the Treatment of a Woman with Chronic Back Pain,"*Biofeedback and Self-Regulation* 4(1979):345-53.

14. Phillip L. Rice, *Stress and Health: Principles and Practice for Coping and Wellness*(Monterey, Calif.: Brooks／Cole, 1987), 240.

15. Daniel A. Girdano and George S. Everly, *Controlling Stress and Tension: A Holistic Approach*(Englewood Cliffs, N.J.: Prentice-Hall, 1986), 145.

16. Maureen Dion,"A Study of the Effects of Progressive Relaxation Training on Changes in Self-Concepts in Low Self-Concept College Students,"*Dissertation Abstracts*

International 37(1977):4860.

17. C. Kondo, A. Canter, and J. Knott,"Relaxation Training as a Method of Reducing Anxiety Associated with Depression" (Paper presented at the Biofeedback Research Society Meeting, Monterey, Calif., 1975).

18. M. Rasking, G. Johnson, and J. Rondestvedt,"Chronic Anxiety Treated by Feedback-Induced Muscle Relaxation," *Archives of General Psychiatry* 23(1973):263-67.

19. S. Breeden et al.,"EMG Levels as Indicators of Relaxation" (Paper presented at the Biofeedback Research Society Meeting, Monterey, Calif., 1975).

20. T.D. Berkovec and D.C. Fowles,"Controlled Investigation of the Effects of Progressive and Hypnotic Relaxation on Insomnia,"*Journal of Abnormal Psychology* 82(1973):153-58.

21. Brown, *Biofeedback*, 89.

22. Ibid.

23. Kenneth J. Kukla,"The Effects of Progressiev Relaxation Training upon Athletic Performance during Stress," *Dissertation Abstracts International* 37(1977):6392.

24. E. J. Heide and T.D. Borkovec, "Relaxation-Induced Anxiety: Mechanisms and Theoretical Implications," *Behaviour Research and Therapy* 22(1984):1-12.

25. P.M. Lehrer and R.L. Woolfolk,"Are Stress Reduction Techniques Interchangeable, or Do They Have Specific Effect？: A Review of the Comparative Empirical

Literature,"in *Principles and Practice of Stress Management*, ed. R.L. Woolfolk and P.M. Lehrer(New York: Guilford, 1984).

26. John D. Curtis et al., *Teaching Stress Management and Relaxation Skills: An Instructor's Guide*(La Crosse, Wis.: Coulee Press, 1985), 167.

27. Jeffrey W. Forman and Dave Myers, *The Personal Stress Reduction Program*(Englewook Cliffs, N.J.: Prentice-Hall, 1987), 72.

28. Jonathan C. Smith, *Relaxation Dynamics: Nine World Approaches to Self-Relaxation*(Champaign, Ill.: Research Press, 1985), 65.

生物回饋

11

什麼是生物回饋

「生物回饋」意指藉由某些儀器，來了解自己當時的身心歷程，這些身心歷程常是個體不自覺的，且是自發性的。換句話說，生物回饋是指在特定的時間裏，從身體接收身心變化的種種資料，並將資料分析，以進一步管理身體的狀況。所以生物回饋儀器是用來獲取身體某一部位測量結果的工具。例如溫度計、血壓計和體重計，都可以稱為是粗略的生物回饋儀器。它們可以測量出我們的體溫、血壓和體重，讓我們了解自己的身體狀況。

「生物回饋」也可以是一種歷程。在這個歷程裏，人們藉由對自己生理狀況的了解，進而改變自己的生理狀況。如同想要減肥的人，藉著每天量體重，了解減肥的效果，以訂定或修正進一步的減肥計劃。在生物回饋的歷程裏，人們學習有效地改變自己的兩種生理反應，一種是平常無法以意志力控制的反應（自發性反應）；另一種是平常可以控制的反應，但控制力會因外傷或疾病而破壞。

基本上，生物回饋包括三個步驟：

1.使用儀器測量身體的生理指標。例如：水銀溫度計、血壓計、體重計。

2.將儀器測量的結果轉換成可以理解的形式。例如：從水銀上升的高度，你可以知道自己的體溫，從血壓計聽診聲音出現的刻度，你可以清楚知道血壓的高低。

3.把這些訊息「回饋」給正在學習控制自己身體歷程的當事人。在發展「生物回饋」系統之前，要先能證明此項立論；原以為無法自主控制的身體歷程，事實上，是可以被意志力控制的。而早期在生物回饋的研究，都已指向這個事實。例如人可以改變心跳速率、皮膚的電傳導、血管的舒張、腦波的型態等等。雖然我們不確定可以控制自己的生理狀況到什麼程度，但「可以控制」，卻已是無庸置疑的事實。

生物回饋的好處

生物回饋有許多好處，已被證實的最大好處是，我們遠比過去所了解的，對自己能有更大的控制力量。如果能藉著測量方法證明，我們能控制血壓和腦波，我們豈不應該具有控制抽菸和運動行為的能力嗎？如果我們能增加或減少心跳速率及體內分泌的胃酸，我們有何困難去克服驚嚇或酒癮問題呢？生物回饋證實，我們的行為就像我們的生理反應（現象）一樣，大多數是我們可以自主的。那意謂著，我們必需為我們行為的選擇負起更多的責任。在此，特別提醒你前面章節所介紹的內控型人格以供參考。

在醫學以及心理學的臨床應用上，生物回饋也是廣受歡迎的。布朗（Brown）認為生物回饋之所以在醫學上、心理上，會受到醫生、病人的肯定，主要是因為生物回饋具有以下幾個特性

1. 在生物回饋的練習與學習的過程中，當事人可以很清楚的知道自己內在生理活動的情況。以往病人的身體情況是醫生知道的最多，由醫生決定你可以知道什麼，你不用知道什麼，而生理回饋直接地將資料告訴當事人，使他可以與治療師或醫生共同知道這些訊息。

2. 生物回饋所提供的訊息都是一般人很容易理解的資料，而不是傳統醫學或心理學上的複雜名詞；再者，其它醫學的檢查只能判斷正常或異常，生物回饋卻可以更具體的知道正常或異常的程度或範圍。在一般心理學以及心理治療的領域上，我們要想了解病人的心理狀態，通常是從觀察病人的行為以及由病人的言語中來了解。然而，利用生理回饋的方法，我們可以從儀器所顯示的生理活動來判斷其感覺、態度、甚至思想是否穩定。因此使用儀器的測定可以更直接、更正確的評估病人目前的心理狀態。

3. 生物回饋所提供的資料通常是連續性的，不像一般臨床上所得到的，只是一種片斷的樣本資料而已。

4. 病人經由不斷且方便的獲得自己內在活動的訊息，他更能真正經驗並調整這個內在狀態。

5. 生物回饋最具革命性的不同是，它讓病人經由對自己狀態的了解而能處理自己的問題，不必過度依賴醫生或藥物等外在條件，因此病人可以由外控轉而內控。

6. 由外控轉為內控，是治療取向上的一個革命性發展，這個新取向，是利用生理回饋，讓病人學習由生物回饋中去控制、調整自己的生理反應。

7.通常在第一次治療時，常會引發複雜的心理過程、進而改變生理活動，這時，就可藉著生物回饋控制這些不自主的反應，並產生新的心理觀點。

8.另一個重要的功能是溝通。因為不自主的生理活動可以反應出情緒，因此在生物回饋過程的生理改變，也有助於治療者與病人間情緒的解讀。

　　除了以上這些特性外，生物回饋在生理上，以及心理上還有很多的好處。茲分述如下：

生理上的好處

　　生物回饋可以促進健康，而更有趣的觀點是，葛因（Elmer Green）等人發現：生物回饋可以藉著改變主觀感受，注意力的焦點，以及思考的歷程，來控制腦波。另外，單只是運用肌電圖（EMG)的生物回饋儀器，就有利於下列多種疾病的治療處理：

1.氣喘
2.高血壓
3.磨牙
4.過度運動
5.痙攣
6.腦性麻痺
7.肌肉緊張度不足
8.語言障礙
9.潰瘍
10.肌肉抽筋
11.神經肌肉傷害（中風、麻痺）

12. 痙攣性斜頸

13. 耳鳴

14. 偏頭痛

15. 緊張性頭痛

16. 大腸炎

此外使用溫度的生物回饋也可以治療雷納氏症（Raynaud's disease）這種病會使得四肢的血液流量不足。

但是使用生物回饋的好處，卻有相互矛盾的研究發現。例如：李特（Litt）等人發現生物回饋有助於受試者偏頭痛的減輕；契曼（Chapman）發現對偏頭痛沒有影響；白蘭查德（Blanchard）和歌李（Collet）發現生物回饋有助於緊張性頭痛的處理；卡隆（Callon）和拉柯（Lacroix）則發現無效用；史澤克（Szekely）亦發現無效。

心理上的好處

生物回饋也常用來幫助人們改善心理健康，以及與心理健康有關的行為。例如恐懼症、焦慮、過動兒、講台懼怕症、失眠、藥癮、酒癮，以及憂鬱等等。另外，對於緊張性頭痛，性功能失常、疼痛、口吃的治療上也有很好的效果。

生物回饋的儀器種類很多，可以分別測量多種的生理狀況。

(1)為測量溫度的儀器。

(2)為肌電圖的儀器。

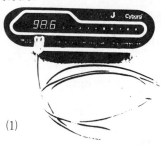

(1)

(3)為測膚電反應的儀器。

(2)　　　　　　　　　(3)

生物回饋的限制

　　沒有一種放鬆技術是十全十美的，同樣的，生物回饋無法廣泛被利用，花費上較昂貴，以及使用上還有一些困難是美中不足之處。以下將進一步討論生物回饋的一些限制。

可利用性

　　生物回饋所使用的很多儀器，不容易買得到。因為能購買這些儀器的人，必須是經過專業訓練的。例如醫師、物理治療師、心理學家、心理治療師、研究人員、醫院或是大學的人事部門等。為什麼要有限制呢？因為沒有經過專業訓練的人，很可能無法正確的使用這些儀器，因此，美國生物回饋組織（the Biofeedback Society of America）便對生物回饋訓練師制定檢定辦法，通過檢定者才是生物回饋師。就算你想要做生物回饋練習，也必須仰賴專業訓練人員，才可能做到。

　　這裏牽涉到一些專業倫理的問題。有些人認為，只要付得起費用，生物回饋儀器應可被任何人使用。這些人相信，儀器銷售對象的設限，是爲了保障受過專業訓練人員購買儀器設備的商業行爲。但從另一角度來看，有些人認爲生物回饋儀器的使用，若在無受過訓或合格的專業人員的督導下進行，可能是有害的。一個外行人如何能知道生物回饋儀器的類別、等級、操作、說明與解釋呢？因此，生物回饋儀器的可用性所延伸的問題，仍有待解決。

由於購買儀器有嚴格的限制，因此造成了生物回饋的另一個問題——花費昂貴。除了必須花很多錢請專業訓練師來幫助你作練習之外，在購買儀器的價錢上也是相當高的，爲什麼儀器的價錢會高呢？主要的原因是，好的儀器必須具備下列二個條件：

1.回饋必須是即時的，當你的生理上有一些變化，儀器必須能立刻反應出來當時的生理狀況。因爲你必須根據回饋的訊息，立刻採取適當的思想、想像或感覺等反應。

假如儀器給的回饋太慢，那麼你的反應將失去意義。例如：儀器正指出你現在肌肉緊張的程度太高，你可能馬上採取某種你已熟悉的肌肉放鬆法來減低肌肉緊張的程度。假如儀器反應太慢，那麼你所獲得的訊息將是「過去」的訊息，而不是此時此刻的訊息。這麼一來，你的肌肉放鬆將很難達到預定的效果。或許你覺得不可思議，但很多儀器確實會有這種毛病。

2.儀器所給的回饋必須是相當準確的。儀器的誤差必須非常的小，你才會對回饋有信心。

由於儀器必須反應快速而且準確，因此，你得花更多的錢，才能買到有品質保證的儀器。

生物回饋儀器的使用

　　生物回饋儀器並不是專爲一般日常生活而設計的，它是一種訓練的設備，目的是使人更能控制自己的生理狀況。你可能隨時隨地都會突然有壓力產生，但是你不可能隨時隨地都可以利用這些儀器來減少你的壓力，因爲，它們並不適合隨身攜帶。生物回饋的主要目的是，希望練習生物回饋的人可以體會放鬆的感覺和生理狀況之間的關係，例如：肌肉緊張程度減低時的放鬆感，心跳速率與放鬆感覺，血壓降低時的放鬆感……等等。經由此一覺察，可以在感受到壓力時，立刻控制住自己的生理反應，不會因爲壓力而造成身體的不舒服，導致表現失常。

　　因爲你不可能一輩子都依賴生物回饋的儀器來放鬆自己，因此，最好是學習一種放鬆法，把放鬆法與生物回饋連結起來，如此將可以更有效、更快速的學得處理壓力的技巧。這些放鬆法包括前面章節提過的自我暗示訓練法、靜坐法、以及漸進式放鬆法等等。經由放鬆法的幫助，你可以很快的體會到壓力減少，身體放鬆的美好感覺，而且生物回饋的訊息也會讓你清楚地知道自己肌肉的放鬆程度，而學到正確的放鬆技術，兩種合併練習，會有相輔相成的效果。

　　以下有個實例可以說明生物回饋對於學習放鬆法的幫助。有個學生試過各種放鬆法之後，最後覺得很挫折，因爲似乎無法學成功一種，後來他使用了肌電圖儀器測量額頭肌肉的緊張程度，（因爲額頭肌的放鬆是整個身體都放鬆的表徵），他終於體會到放鬆的感覺了。他說，每當他想像地下道牆上一塊一塊紫色的斑點時，肌電圖就顯示他的肌肉緊張程度非常低。他從來不曾看過這樣的地下道，也不知道這代表什麼意義。但是，每當他如此想像時，身體確實放鬆了。因此，生物回饋幫助了這個學生，以後只要他覺得緊張，就藉助想像來解除他的緊張。

怎樣才能做生物回饋練習

雖然，生物回饋的儀器在價格上相當昂貴，在使用上也受到很多限制，而且你也必須先學會某種放鬆法。但是有心的話，你還是有機會學會生物回饋的。你可以到大學的心理系，或與諮商、健康教育有關的科系去找。因為有很多生物回饋的研究可能會需要受試者，你就可以去參加，而接受生物回饋的練習了。

除了在大學有這類儀器外，醫院也可能會有這種儀器。如果你有保險，就可以省去不少的費用。有時候醫院也會需要對象來進行生物回饋的研究，你就可以參加。

最後，你還可以寫信到製造生物回饋儀器的工廠或廠商，問他們那裏有儀器可以使用或練習。或者寫信到美國生物回饋組織去問。地址為：應用心理學與生物回饋學會（AAPB）。10200 W. 44th Avenue, Suite 304, Wheat Ridge, Colorado 80033, 或電話（303）422－8436。

其他的放鬆技術

以下有幾種放鬆技術，不同於本書前面已介紹的技術；然而受到篇幅的限制，我們僅能簡要的介紹。為了協助你學習更多，相關的文獻資料附錄在後，期盼能點燃你興趣的火花。

橫隔膜呼吸法

　　一般人遭遇壓力時，呼吸變得急促、淺，而且氣由胸腔發出。當處在放鬆狀態時，呼吸變得緩慢、深沈、規則，而且氣由腹部發出的多過於胸腔。放鬆的呼吸，氣由橫隔膜擴張而來，故稱之為橫隔膜呼吸法；而遭遇壓力時的呼吸，氣由胸腔部位肌肉的收縮造成胸壁的擴張而來，故稱之為胸式呼吸法。練習橫隔膜呼吸法時，要先靠坐在椅子上，將手掌放置在胃下方。當你吸氣時，在擴張胸腔部位的同時，繼續讓你的胃膨脹，這就是胸式呼吸。熟悉這種呼吸法後，我們就可以清楚的認出此類呼吸法和橫隔膜呼吸法的異同了。其次，當你每一次呼吸時，胸腔部位保留原狀（略有擴張），腹部擴張，隨著吸氣而使腹部膨脹，隨著吐氣而使腹部縮小，這就是橫隔膜呼吸法。在每一天的各個時段，均可練習橫隔膜呼吸法。對任何一種放鬆法而言，橫隔膜呼吸法是最基本的步驟，因為用胸腔呼吸，是很難達到放鬆效果的。

　　此外，橫隔膜呼吸法對於偏頭痛、雷納氏病（Raynaud's disease）、高血壓、氣喘，和焦慮的治療處理，也是有幫助的。

身體掃瞄法

　　當你處在緊張狀態時，你身體的某些部位仍是放鬆的。身體掃瞄法是要你去尋找那些放鬆的部位，並確認它，然後將這種放鬆的感覺擴展至較緊張的身體部位去。例如，倘若你集中注意力到你身體的感覺上，你會發現小腿肌肉特別的放鬆。接著，把注意力集中到小腿肌肉上，覺察停留在那兒的感覺經驗。最後，把這種感覺經驗轉換到較緊張的部位去，如肩膀等。我們可以把這種放鬆的感覺想像成一個溫暖的球，它漫遊到身體的各個部位，溫暖並鬆弛這些部位。

瑜珈與身體伸展法

　　瑜珈從一個字的字根演變而來，但本身有多種意義：固結、接合、黏貼，和結合；引導並集中一個人的注意力；或與神的互通。由於瑜珈有多種類型如：Prana瑜珈、Brahma瑜珈、Kriya瑜珈、Kundalini瑜珈、Raja瑜珈、Tantra瑜珈，和在西方世界廣為所知的Hatha瑜珈（融入身體伸展練習），因此，瑜珈應該更精確的稱呼為「瑜珈與身體伸展法」。瑜珈具有多種不同的功能：讓身心清明、激勵神經系統、增進智能或性生活。融入瑜珈的身體伸展活動，能夠產生非常放鬆的效果，瑜珈既定的姿勢也能確保這種放鬆的益處。然而，一定要注意身體的伸展方式不能有不舒服的感覺，或容易受傷的可能；記住，你的目的是要放鬆。篇幅上雖然無法完整的介紹瑜珈伸展姿勢，但是你可以向許多單位進一步洽詢，來了解Hatha瑜珈。

重覆禱告法

　　班森（Benson）認為重覆的禱告和靜坐一樣，具有引發放鬆的效果。班森最初對禱告有興趣，起因於目睹許多人練習靜坐過程中，半途而廢，這使得班森感到挫折。於是他想到，倘若在祈禱中加入靜坐，可能促使人們更容易持續參加放鬆課程，而不致荒廢。班森的確發現重複不住的禱告，可以引發放鬆反應，例如：天主教徒默念聖母瑪莉亞充滿恩寵、猶太教徒默念救世主、基督徒默念我們在天上的父神等類似的禱告詞。班森稱這個發現為「信仰因素」。很有趣地，有一組由賽跑和競走選手組成的小團體加入班森的實驗。在賽跑或競走過程中，整齊劃一的重覆一些禱告詞，結果頗令人滿意。他們稱這種練習為「氧氣的禱告」。倘若禱告在你生活中佔有極為重要的份量的話，你不妨藉由熟悉的禱告詞，重覆默念而達到放鬆的效果。

安靜內省法

心理學家史卓伯（Charles Stroebel）發展出一套快速放鬆的技術。史卓伯指出，經過練習，安靜內省法（QR）可以在六秒內，讓你達到放鬆狀態。事實上，史卓伯的夫人伊莉沙白嘗試一套簡易的安靜內省技術，結果發現在年幼的小孩身上，仍然是有效的。安靜內省的練習步驟如下：

1. 想一想那些令你感到害怕或憂慮的事物。
2. 在內心微笑著。這將抒解憂慮的臉部緊張肌肉。
3. 告訴你自己「在警覺的心靈中，我可以保有寧靜的身體」。
4. 安靜的、輕省的吸氣、吐氣。
5. 吐氣時，鬆開上下顎，並讓上、下牙齒輕微分開。
6. 從頭到腳，想像沈重和溫暖的感覺貫穿全身上下。

在開始練習時，想像可能會有困難，但經過練習後，上述六步驟可以在六秒鐘內完成。

快速寧靜系列法

健康與安適方案的作者及發明者柯伯（Robert Cooper）教導一套放鬆技術，他宣稱在幾秒鐘內，這套放鬆技術即可引導出放鬆反應。快速寧靜系列法（I.C.S.）是奠基在柯伯的基本理念上，這個理念認爲最有效的壓力情境管理方法是，在壓力癥兆一出現即予以確認，並立即給予反應。

ICS 的五步驟包括：

步驟1：毫不受干擾地呼吸。在面對壓力因子（源）時，保持順暢、深沈、均勻的呼吸。

步驟2：積極面對。臉上閃過一絲微笑，儘快確認自己身陷壓力困境。

步驟3：平衡姿勢。挺胸、抬頭、伸長頸部、收下巴，想像頭頂上有個掛勾，自己被輕輕地抬起來。

步驟4：放鬆波。一陣陣輸送放鬆波至身體感到緊張的部位。

步驟5：心靈管制：覺知眞實的情境。柯伯建議說出「發生什麼事是眞實的，但現在我已找到錦囊妙計解決了」的敍述。

爲了有助於對生物同饋儀器的研究，研究者使用更精密敏感的設備，以在同一時間內獲取多種生理反應的資料。

摘要

1. 生物回饋是指在特定的時間裏,利用儀器從身體接收身心變化的種種資料,並將資料分析,使人們可以學習進一步管理身體的狀況。

2. 生物回饋包括三個步驟:使用儀器測量身體的生理指標、將儀器測量的結果轉換成可以理解的形式,把這些訊息回饋給正在學習控制自己身體歷程的當事人。

3. 生物回饋已被用來幫助人們控制心跳速率、皮膚的電傳導、血管的舒張,以及腦波等。

4. 肌電圖生物回饋用以治療(處理)氣喘、高血壓、肌肉痙攣、偏頭痛、緊張性頭痛、潰瘍,和大腸炎等生理症狀。

5. 溫度生物回饋可用來治療雷納氏症、偏頭痛和高血壓。

6. 生物回饋在使用上的限制包括:無法廣泛被利用、儀器昂貴、訓練費較高且花費大等。

7. 爲達到放鬆目的而使用生物回饋時,生物回饋經常是與其他放鬆技術相結合的工具。因此在生物回饋訓練中,常加入靜坐、自我暗示等放鬆技術。

8. 在生物回饋儀器設備的使用中,除了靜坐、自我暗示、漸進式放鬆法外,尚有多種不同的放鬆技術可供利用。其中包括:身體掃瞄法、橫隔膜呼吸法、瑜珈與身體伸展法、重覆的禱告法、安靜內省法、快速寧靜系列法等。

參考書目

1. George, D. Fuller, *Biofeedback: Methods and Procedures in Clinical Practice*(San Francisco: Biofeedback Press, 1977), 3.

2. Edward B. Blanchard and Leonard H. Epstein, *A Biofeedback Primer*(Reading, Mass.: Addison-Wesley, 1978), 2.

3. D.W. Shearn,"Operant Conditioning of Heart Rate,"*Science* 137(1962):530-31.

4. T.W. Frazier,"Avoidance Conditioning of Heart Rate in Humans,"*Psychophysiology* 3(1966):188-202.

5. Neal E. Miller,"Learning of Visceral and Glandular Response,"*Science* 163(1969):434-45.

6. H.D. Kimmerll and F.A. Hill,"Operant Conditioning of the GSR,"*Psychological Reports* 7(1960):555-62.

7. H.D. Kimmel,"Instrumental Conditioning of Autonomically Mediated Behavior,"*Psychological Bulletin* 67(1967):337-45.

8. W.A. Greene,"Operant Conditioning of the GSR Using Partial Reinforcement,"*Psychological Reports* 19(1976):571-78.

9. L.V. Dicara and Neal E. Miller,"Instrumental Learning of Vasomotor Responses by Rats: Learning to Respond Differentially in the Two Ears,"*Science* 159(1968):1485.

10. Joseph Kamiya,"Conscious Control of Brain Waves," *Psychology Today* 1(1968):57-60.

11. Barbara B. Brown,"Recognition Aspects of Consciousness Through Association with EEG Alpha Activity Represented

by a Light Signal,"*Psychophysiology* 6(1970):442-52.

12. Elmer E. Green, A.M. Green, and E.D. Walters,"Voluntary Control of Internal States: Psychological and Physiological," *Journal of Transpersonal Psychology* 2(1970):1-26.

13. David G. Danskin and Mark A. Crow, *Biofeedback: An Introduction and Guide*(Palo Alto, Calif.: Mayfield, 1981), 24-28.

14. Neal E. Miller,"RX: Biofeedback,"*Psychology Today*, February 1985, 54-59.

15. Mark D. Litt,"Mediating Factors in Non-Medical Treatment for Migraine Headache: Toward an Interactional Model,"*Journal of Psychosomatic Research* 30(1986):505-19.

16. David W. Fentress et al.,"Biofeedback and Relaxation-Response Training in the Treatment of Pediatric Migraine," *Developmental Medicine and Child Neurology* 28(1986):139-46.

17. Joseph Sargent et al.,"Results of a Controlled, Experimental, Outcome Sutdy of Nondrug Treatments for the Control of Migraine Headaches,"*Journal of Behavioral Medicine* 9(1986): 291-323.

18. Stanley L. Chapman,"A Review and Clinical Perspective on the Use of EMG and Thermal Biofeedback for Chronic Headaches,"*Pain* 27(1986):1-43.

19. Edward B. Blanchard et al.,"Two, Three, and Four Year Follow-Up on the Self-Regulatory Treatment of Chronic Headache,"*Journal of Consulting and Clinical Psychology* 55

(1987):257-59.

20. L. Collet,"MMPI and Headache: A Special Focus on Differential Diagnosis, Prediction of Treatment Outcome and Patient: Treatment Matching,"*Pain* 29(1987):267-68.

21. Eleanor W. Callon et al.,"The Effect of Muscle Contraction Headache Chronicity on Frontal EMG,"*Headache* 26(1986): 356-59.

22. J. Michael Lacroix et al.,"Physiological Changes after Biofeedback and Relaxation Training for Multiple-Pain Tension-Headache Patients,"*Perceptual and Motor Skills* 63 (1986):139-53.

23. Barbara Szekely,"Nonpharmacological Treatment of Menstrual Headache: Relaxation-Biofeedback Behavior Therapy and Person-Centered Insight Therapy,"*Headache* 26 (1986):86-92.

24. T.H. Budzynski, J.M. Stoyva, and C. Adler,"Feedback-Induced Muscle Relaxation: Application to Tension Headache,"*Journal of Behavior Therapy and Experimental Psychiatry* 1(1970):205-11.

25. G.A. Eversaul,"Psycho-Physiology Training and the Behavioral Treatment of Premature Ejaculation: Preliminary Findings,"*Proceedings of the Biofeedback Research Society*(Denver, Colo., 1975).

26. Kenneth R Pelletier, *Mind as Healer, Mind as Slayer*(New York: Dell Publishing Co., 1977), 289.

27. B. Guitar,"Reduction of Stuttering Frequency Using Analogue Electromyographic Feedback,"*Journal of Speech and Hearing Research* 18(1975): 672-85.

28. Edward B. Blanchard et al.,"Three Studies of the Psychologic Changes in Chronic Headache Patients Associated with Biofeedback and Relaxation Therapies," *Psycholomatic Medicine* 48(1986):73-83.

29. Phillip L. Rice, *Stress and Health: Principles and Practice for Coping and Wellness*(Monterey, Calif.: Brooks/Cole, 1987), 313.

30. D.C. Turk, Donald H. Meichenbaum, and W.H. Berman, "Application of Biofeedback for the Regulation of Pain: A Critical Review,"*Psychological Bulletin* 86(1979):1322-38.

31. Jeffrey w. Forman and Dave Myers, *The Personal Stress Reduction Program*(Englewood Cliffs, N.J.: Prentice-Hall, 1987), 31-36.

32. Roger Poppen. *Behavioral Relaxation Training and Assessment* (New York: Pergamon Press, 1988), 66.

33. John D. Curtis and Richard A. Detert, *How to Relax: A Holistic Approach to Stress Management*(Palo Alto, Calif.: Mayfield, 1981), 80-81.

34. G. Downing, *Massage Book*(Berkeley, Calif.: Book Works Publishing Co., 1972). Distributed by Random House, Inc.

35. See the *Massage Therapy Journal* available from the American Massage Therapy Association, P.O. Box 1270, Kingsport,

TN 37662.

36. Neshama Franklin,"Massage-A Happy Medium,"*Medical Selfcare*, September/October 1989, 71-73.

37. Maxine Tobias and Mary Stewart, *Stretch and Relax: A Day by Day Workout and Relaxation Program*(Tucson, Ariz.: The Body Press, 1975).

38. Jonathan C. Smith, *Relaxation Dynamics: Nine World Approaches to Self-Relaxation*(Champaign, Ill.: Research Press, 1985), 83.

39. B.K.S. Iyengar, *Light on Yoga*(New York: Schocken Books, 1965).

40. Kriyananda, *Yoga Postures for Self-Awareness*(San Francisco: Ananda Publications, 1967).

41. Stephen Kiesling and T. George Harris,"The Prayer War," *Psychology Today*, October, 1989, 65-66.

42. Sandy Rovner,"Learning Ways to Beat Stress,"*Washington Post Health*, September 22, 1987, 16.

43. Bobbie Hasslebring,"Health and Fitness According to Robert Cooper,"Medical Selfcare, *September*/October 1989, 52-56, 69-70.

第四篇 一般的應用：
生理覺醒行為
改變的因應處理

12

生理覺醒的因應一運動

我實在很羞於說這件事——那時，我和四歲的兒子在樓上的洗手間，我正在刮鬍子，而兒子卻把我當做是橡皮一樣，不斷地打我，幾次要他停止卻一直無效，我非常生氣，於是就踢了他。這是他第一次挨打，因為他的媽媽和我常強調打架是不能解決問題的，我這麼一踢，在他看起來就像是整個世界被踢翻了一樣。這並非是虐待兒童，即使法庭的判定也只是一種自我防衛而已，但不論如何，我兒子是非常失望的，他瞪大了眼睛看著我，問我說：「你為什麼這樣做？」，雖然踢出那一腳使我感覺很舒服。但我仍對他說「對不起」並吻了他。我們都認為自己的行為太自私了，並發誓要重新學習在類似的情境要如何處理。

你是否也有相同的經驗？有時會有想要打人或東西的衝動。我有一個朋友喜歡打牆壁發洩，打完後手要腫幾個星期，還要修理牆上的破洞。

通常在情緒被激起的時候，我們會尋找生理的發洩管道，那種「讓它出來」的感覺非常好。因此，我們會猛然關上門、摔盤子，或踢四歲的小孩。前面討論過壓力的反應，在壓力下，身體會準備做出某種動作（或戰或逃），現在，你應該知道利用身體做出這些動作的代價了吧！

　　事實上，有些更能讓社會接受的方法，可以來處理壓力下的產物。許多人在痛苦的情形下，會毆打他們的配偶或小孩，但也有許多人用其他方法來發洩心中的不滿。使用一個比較正向的方式，會讓自己感到舒服且不會傷害到其他人。

　　狄克（Dick）是我打網球的夥伴，但狄克從未贏過我。狄克和我的天份差異不大，但打球時狄克似乎每個球都打得太重，所以不能像我一樣有效地控球。有一天，我建議他打球輕鬆一點並且控球好一點，但狄克回答說他把球當做他的老闆、老婆或是當時他感到生氣的對象，因此很難要他打這些蠢蛋打得輕一點。看來，我關心的是球賽的勝負，而他關心的是他本身的健康，所以，他打得愈重就愈滿意。狄克利用運動來緩和他的壓力，並處理掉壓力的產物。

　　這就是本章所要討論的問題——如何利用運動來調適壓力。事實上，運動就是在處理壓力的產物——增加的心跳、脈搏、血脂肪、肌肉緊張等等。運動使這些產物對健康不會產生不良的影響。此外，運動還可以轉移你的注意力——從壓力源轉移到運動上。

運動與健康

　　運動不只對身體健康有好處，對你的心理健康也有好處，有關運動的好處，分別說明如下：

身體健康

　　當人們提到健康時，常是指身體的健康，而身體健康是指身體及其各部份的狀態良好。一個充滿活力的運動有助於健康，是因為它能：

　　1.增加心肺功能，促進養分和氧氣順利地運送至細胞中。

　　2.增加肺活量。

　　3.防止老化。

　　4.增加骨髓中紅血球細胞的產生，好更有能力運送足夠的
　　　氧氣到需要的身體部位。

　　5.幫助正常人維持正常的血壓，對高血壓患者則可以降低
　　　血壓。

　　6.劇烈的活動後能在短時間內快速地恢復。

　　7.增強心臟和身體各部份的肌肉。

　　8.降低脈搏。這表示心臟的運作非常有效率。

　　9.消耗卡洛里，可以幫助預防高血壓、心臟病、糖尿病，
　　　避免累積過多的脂肪。

　10.增加食物吸收的速度和效率。

　11.增強肌肉，創造更動人的體格。

　12.增加持久力。

　13.保持正確的姿勢。

　14.減低脂蛋白和血清膽固醇。

　15.提高高密度蛋白質。

　　大多數人都知道，規律的運動能增進身體的安適狀態，但許
多人並不了解安適狀態的真正意義。身體的安適狀態是指：有能
力從事自己的工作，且有活力參與休閒活動。身體的安適狀態包
括幾個要素：

　　1.肌肉強度：肌肉能產生最大的力量。

　　2.肌肉忍受力：有能力做些連續性肌肉活動。

3. 心臟呼吸忍受力：有能力透過血液循環系統供應肌肉所需的氧，並排除肌肉收縮的產物。

4. 彈性：有能力移動身體的接合處至最大量的運動。

5. 身體的組合：無脂肪的骨骼與肌肉對身體脂肪的百分比。

6. 敏捷度：有能力輕快、平衡的移位。

身體的安適狀態，不是每一種身體運動都可以達成的。事實上，有些運動會比其他運動來得更有效些。圖12－1說明許多運動的好處，表12－1說明不同的活動所需要的能量。倘若你有特定需要，可以依圖尋找你較適合的活動，例如你要減肥最好是慢跑；如果你想保持彈性，最好做柔軟體操或玩手球。

運動可以增加你對身體的敏感度，例如：你可以更快地感覺到肌肉的緊張。此外，運動可以更進一步增進你在身體上的自尊，減輕壓力，增加對其他事物的注意力，而不會將焦點放在日常生活的問題，並且減少血液中葡萄糖增高、心跳加速，及肌肉緊張等壓力的產物。

表12－1　150磅的人在不同活動中的能量消耗量

活動	每小時消耗的總能量
A. 休息和輕度的活動	50－200
躺下或睡覺	80
坐著	100
開車	120
站立	140
做家事	180
B. 中度的活動	200－300
騎腳踏車（5½英哩）	210
走路（2½英哩）	210

園藝工作	220
划獨木舟（2½英哩）	230
高爾夫球	250
割草（機器動力）	250
保齡球	270
割草（手動）	270
劍術	300
划艇（2½英哩）	300
游泳（¼英哩）	300
走路（3¾英哩）	300
羽毛球	350
小跑步	350
土風舞	350
排球	350
滑輪溜冰	350
C. 劇烈活動	350以上
桌球	360
挖水溝（用鏟子）	400
溜冰（10英哩）	400
鋸木材	400
網球	420
滑水	480
爬山（每小時100呎）	490
滑雪	600
手球	600
騎腳踏車（13英哩）	640
划船（比賽）	840
跑步（10英哩）	900

資料來源：President's Council on Physical Fitness and Sports, Exercise and Weight Control, Washington, D.C., 1976, 8.

21分代表最大的好處。這裏的得分是根據常規的（最少每個禮拜4次
），劇烈的（每一次持續30分鐘至1小時）從事每項運動的結果而來
。

	慢跑	騎腳踏車	游泳	溜冰（滑輪、冰刀）	手球	北歐滑冰	阿爾卑斯滑冰	棒球	網球	柔軟體操	走路	高爾夫球	壘球	保齡球
身體的安適狀況														
心臟呼吸忍受力（精力、活力）	21	19	21	18	19	19	16	19	16	10	13	8	6	5
肌肉忍受力	20	18	20	17	18	19	18	17	16	13	14	8	8	5
肌肉強度	17	16	14	15	15	15	15	15	14	16	11	9	7	5
彈性	9	9	15	13	16	14	14	13	14	19	7	8	9	7
平衡	17	18	12	20	17	16	21	16	16	15	8	8	7	6
維持正常功能														
體重控制	21	20	15	17	19	19	15	19	16	12	13	6	7	5
肌肉限定	14	15	14	14	11	12	14	13	13	18	11	6	5	5
消化	13	12	13	11	13	12	9	10	12	11	11	7	8	7
睡覺	16	15	16	15	12	15	12	12	11	12	14	6	7	6
總分	148	142	140	140	140	139	134	134	128	126	102	66	64	51

圖12-1　在所選擇的運動和活動中身體安適的分數

＊高爾夫球的評分是按照許多美國人利用高爾夫車或球僮的方
式來計算的。倘若你是獨力走完全程，這對身體的鍛練功能
當然會明顯高於這個分數。

心理健康

運動對於心理健康的幫助包括：

1. 因為感覺精神好、身體好，會有較高的自尊。
2. 使別人對你有正向的觀感，一個健康的外表會使別人認為你比較沈著、敏感、仁慈、誠懇，和有較多的社會、職業上的成就。
3. 感覺清醒而有能力。
4. 能成為一個好的工作者。因健康的人較少請假、較少生病、很少發生意外，而且態度比較好。
5. 減少憂鬱和焦慮的感覺。
6. 較能處理壓力，所以也就能減少相關壓力下所產生的不適當行為。

運動對心理有益的另一個理由是，運動時身體會釋放化學物質。這些物質中的一種是腦神經傳遞者，稱為腦啡。它是一種由腦中釋放出的化學物質，類似嗎啡。腦啡可以麻痺痛苦並產生一種安樂的感覺，在運動時可以大量的分泌出此種物質，這可能和長跑者在跑完後會覺得非常舒適、滿足感有關。事實上已有研究證實並支持此一觀點。然而腦啡並不是運動時分泌的唯一化學物質。多巴胺化合物（Dopamine）亦是其中的一種化學物質，此化合物被認為具有情緒興奮劑效果，可以引發性的感覺。運動對心理的好處有許多生理和化學的基礎，當你擁有這些知識時，對於其相關結論，就不會再感到訝異了。

健康的運動方法

你是否曾在炎熱的夏天中看過穿不透氣質料衣服的慢跑者？

不論何時，穿著過多的衣服運動將會危及你的健康，因爲汗水的揮發可以冷卻你的身體，假如沒有冷卻的過程，你的心臟會負荷過度，或是中暑，甚至可能會死亡。

這聽起來是不是很荒謬呢？你認爲是在做有益健康的事，相反的，它卻是在危害你的健康，人們不脫掉汗濕了的衣服，是因爲他們要看看自己能否勝過上帝？他們也許是想要多流一些汗以減輕體重。但是，他們不知道透過汗排出來的水分，經由尿液減少，或喝水就會立刻補充回來，對減輕體重沒有顯著的效果，但這樣的強迫排汗卻因知識不足而傷害到身體。

本單元將說明如何以健康的方式來運動，例如運動前該做什麼，什麼樣的運動是適當的，以及什麼程度的疲勞和競賽較合適？此外，我們還提供一個運動的參考計劃。這些設計的目的，是在引導你學習有效的壓力管理技術。

運動前：醫學檢驗

許多專業機構、醫生和運動專家都建議，在從事運動計劃之前要先做健康檢查，特別是超過四十歲的人，或是活動力較差的，要做劇烈運動前先經過醫生的評估較好。美國醫學會建議下列情況的運動者要事先做多樣的健康檢查：

1. 急性或慢性的傳染病。
2. 控制欠佳的糖尿病。
3. 明顯的肥胖者。
4. 精神病和嚴重的精神官能症。
5. 中樞神經系統的疾病。
6. 有關脊椎和下肢的肌肉骨骼疾病。

7.活動性肝臟疾病。

8.造成痰儲留的腎臟疾病。

9.嚴重貧血。

10.顯著的高血壓（舒張壓）。

11.狹心症或是其他心肌灌注不足的症狀。

12.心臟肥大。

13.心律不整：

　　(1)第二級的心房──心室阻斷。

　　(2)心室的心悸亢進。

　　(3)心房纖維顫動。

14.明顯的心瓣或是主要血管疾病。

15.無發紺徵兆的先天性心臟疾病。

16.靜脈栓塞或是血栓性靜脈炎。

17.現正在服用以下的藥物：

　　(1)蛇根鹼（降血壓治療劑）。

　　(2)鹽酸鹽。

　　(3)硫酸鹽。

　　(4)奎寧、硝酸甘油和其他血管擴張劑。

　　(5)鹽酸普魯卡因。

　　(6)毛地黃（強心劑）。

　　(7)兒茶酚胺素（例如腎上腺素）。

　　(8)神經節的阻斷劑。

　　(9)胰島素。

　　(10)精神性的藥物。

表12－2　　運動篩選問題

1. 潛伏性或明顯化的心臟疾病：

　　⑴是否有醫生說過你有心臟問題？

　　⑵你是否曾經患過風濕熱、風濕性心臟病、四肢不由自主顫抖或疼痛？

　　⑶你現在或以前是否出現過心雜音？

　　⑷你是否真正或疑似有冠狀動脈阻塞、心肌梗塞、冠狀動脈缺血、栓塞的現象？

　　⑸你是否曾有狹心症？

　　⑹你是否曾有不正常的心電圖呢？

　　⑺你是否曾經有過不正常的運動心電圖？

　　⑻你是否曾經在運動、走路或其他生理或性活動時感到胸部疼痛或胸悶？

　　⑼爬樓梯稍微急一點是否就覺得胸悶、胸痛？

　　⑽吹到冷風時是否會覺得胸部緊縮、疼痛？

　　⑾你是否有過心悸或心跳不規則？

　　⑿你是否曾服過與心臟有關的毛地黃、奎尼念等藥物？

　　⒀你是否曾經服用過硝化甘油（簡稱ntg或tng）或是任何減輕胸部疼痛的舌下含片？

2. 引發心臟病的其他因素：

　　⑴你是否有糖尿病或血糖過高？

　　⑵你是否曾得過或現在有高血壓？

　　⑶你是否曾用飲食或利用藥物來減低血中的膽固醇？

　　⑷你是否超過正常體重二十磅？

　　⑸在直系親屬中，是否有在六十歲前心臟病或冠狀動脈疾病發作的例子？

　　⑹目前你的抽煙量是否超過每天一包半？

3. 其他情況的限制：

(1)你有任何的慢性疾病嗎？

(2)你有氣喘、氣腫或其他的肺部疾病嗎？

(3)你是否在運動時有不尋常的呼吸短促現象？

(4)你是否在走一段路後會腳抽筋？

(5)你是否患有關節炎、痛風，或血液中的尿酸值偏高？

(6)你是否有需要限制肌肉、關節，或任何身體部位活動的毛病，而可能在
運動時更惡化呢？

資料來源：Lenore R. Zohman Beyond Diet:Exercise Your Way to
Fitness and Heart Health（Best Foods 1979）. pp.12－13.

假如你在任何一個問題上的回答是「是」，你就必須在運動
前先和你的醫生討論。

美國運動醫學會（ACSM）是運動及活動的領導權威機構
，該機構針對參與運動及活動計劃而需要醫學檢驗者，提供一個
指引說明。他們的建議是根據參與者的健康、現況及年齡而定。
ASCM把個人分成三大類：

1.明顯健康者：明顯健康且沒有主要冠狀動脈風險因素。

2.較高風險者：疑似冠狀動脈疾病症狀，和／或至少有一項
主要冠狀動脈風險因素。

3.罹患疾病者：如心臟病、肺病，或新陳代謝疾病。根據上
述的分類，ACSM的建議如下表：

表12－3　運動檢驗指引

	明顯健康		高風險		罹患疾病	
	45歲以下	45歲（含）以上	35歲以下（無症狀）	35歲以上（無症狀）	35歲以上（有狀症）	任何年紀
參與運動						
計劃前建議接受最大活動量測驗	×	✓	×	✓	✓	✓
醫生建議接受最大活動量測驗	×	✓	×	✓	✓	、
醫生建議接受次活動量測驗	×	×	×	✓	✓	✓

資料來源：American College of Sports Medicine, Guideline for Exercise Testing and Prescription（Philadelphia:Lea and Febiger, 1986）7.

運動的原則

爲了強化心臟功能，激烈運動時必須讓心跳速率達到最大限度的百分之六十至八十，決定心跳速率的最大限度，是用二百二十減去自己的年齡。所以，在激烈運動時，你的心跳速率應是（220－年齡）×60～80％，例如：你的年齡是三十歲，你的最大心跳速率是每分鐘跳一百九十下，因此，在運動時你必須保持心跳在190×60％到190×80％之間（每分鐘心跳114～152下），這稱爲你的目標心跳速率。在剛開始運動時，讓心跳保持在最大限度的60％處，而後漸漸增加至最大限度的80％。最好的測試方法是開始運動時，每五分鐘量一次脈搏，在運動中，則每十五分鐘量一次脈搏，由此可以檢視是否運動不足或太激烈。脈搏的測量必須測十秒鐘，而後再乘以六，得到一分鐘的脈搏數（詳看第一章的說明）

如果是爲了訓練效果，你必須每個禮拜運動三或四天，每天做二十到三十分鐘的運動。你可以像其他事一樣將運動排入作息表內，如此，你便能將它視爲一種承諾，而且較願意去做；如果你只是在有空時才運動，你會發現運動是很難持續下去的。

評估你的身體安適狀況

許多運動計劃的重點放在心臟呼吸的忍受力。原因是心臟性疾病已是全美國人的第一號殺手，因此運動責無旁貸地負起增進心臟、呼吸系統，和肺功能的責任。倘若經過各方面的考量，你只能選擇身體安適狀況的某一項，那麼心臟呼吸忍受力便是最好的選擇了。運動使得供應氧氣的系統過度使用，如此將增加心臟呼吸的持久性，並使得某些肌肉的強度亦明顯增加。

心臟呼吸的安適

評估心臟呼吸安適狀況最好的方法，是使用哈佛逐步測驗（Harvord Step Test）。根據此一測驗，你需要一個十九英吋高的長板橙或無靠背椅子，以及一只二手的手錶。其程序如下：

1. 單腳跳上椅子，站直之後再單腳跳下；隨後再用另一隻腳跳上、跳下。
2. 隨韻律原地跑步每分鐘卅次，女性持續四分鐘，男性五分鐘。
3. 當原地跑步完成（務必膝蓋打直）後，坐在原地。
4. 經過一分鐘坐在原地後，量卅秒的脈搏並記錄結果。
5. 再經過卅秒，重新量卅秒的脈搏並記錄結果。
6. 最後，再等卅秒，再重新量卅秒的脈搏並記錄結果。換句話說，量取脈搏的時間分別在原地跑步後的1至1.5分鐘、2至2.5分鐘，及3至3.5分鐘。
7. 利用量取的三次脈搏，依據下列公式加以計算：

$$指數 = \frac{運動時間（秒）\times 100}{2 \times 三次脈搏跳動總數}$$

你的心臟呼吸安適狀況可依下表加以判定：

55以下	不　佳
55－64	低於平均數
65－79	平均數
80－89	佳

90(含)以上　　優　良

肌肉強度

在實驗室內，肌肉強度或肌肉所產生的最大量力氣，能被精密而昂貴的儀器設備測量出來。例如握力計、有線壓力計，及力量轉換記錄器等已被廣泛使用。然而，一個更實用的測量肌肉強度的方法也被發展出來。使用此一方法面臨的問題是，你需要先得到體重訓練設備，因爲測驗肌肉強度會要求你舉起某些重量，以了解你的力量有多大。基於篇幅限制，本書無法針對評估肌肉強度作詳細的說明。倘若你想進一步了解測量的細節，你可以在另一本我的著作中找到詳細內容，書名爲「身體的安適：一個健康的路徑」(Physical Fitness:A Wellness Approach)。事實上，光是透過坐、站、蜷縮身體、半蹲等方式即可展示力量，並由此測量出身體各部位的肌肉強度。

肌肉忍受力

肌肉強度與忍受力，二者有極大的差異。肌肉強度是指肌肉能完成的最大量；忍受力則是指肌肉持續運動的能力。測量肌肉忍受力的三個方法是：仰臥起坐、引體向上，及曲臂懸垂。

仰臥起坐是測量腹部肌肉忍受力的方法，實施時需要一個夥伴固定你的腿部。首先，背平躺在地上，雙腳彎曲收縮置於屁股下，雙手緊握置於胸前，上身坐起垂直於地板。接著緩慢回到平躺的姿勢。你的夥伴負責數算兩分鐘內你坐起來的次數。

倘若你是男性，引體向上測驗可以用來測量手臂、肩，和上背肌肉的忍受力。首先將一根直徑1.5英吋的單桿懸置於雙手向上伸直的高度，手心向前握住單桿，手腳充分伸長（詳見圖12-2）。其次，舉起你的身體一直到下顎高於單桿，隨後放下身體，讓手臂再一次完全伸直。記錄你連續完成的最大量次數。

有些研究已發現，引體向上並不適用測量女性的肌肉忍受力。因此改以曲臂懸垂來測量女性手臂、肩，及上背肌肉的忍受力。其單桿的高度，及實施方式與引體向上一致，但當下顎高於單桿時，身體維持原來不動的姿勢。記分的多寡，取決於停留在單桿上時間的長短。

請利用表12-4來解釋你的肌肉忍受力分數。

彈性

一位博士班學生曾經送來一份滿是拼字錯誤的論文初稿，經過指正後她變得既懊惱又困窘，隨後大聲叫道「小小的心靈怎能拼出千篇一律的字母呢！」這個故事也許能延伸「彈性」的觀點，因為彈性是我們所需要的，更確定地說，彈性是身體安適狀況所必須具備的。事實上，彈性是移動身體做出各樣動作的能力，以及環繞在骨骼接合處的肌肉和組織的伸展力。一般測量彈性的三種方法是：肩後伸展、軀體前屈，及軀體後展。

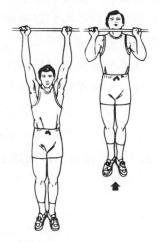

圖12－2　引體向上

圖12－3　曲臂懸垂

圖12－4　肩後伸展

　　爲了測量肩後伸展，可以面對直桿或突出的牆角站立，舉起右手臂儘可能達到背部下方。同時左手儘可能由背後往上舉，與右手掌重疊（詳見圖12－4）。請一位夥伴測量重疊部份的長度，或相差多少。倘若你是重疊，在長度前加上正號；倘若未重疊，則在差額前加上負號。倘若左右手指剛好碰觸到，則給0分。完成後左右手交換，同時記錄分數。

　　爲了測量軀幹彎曲、背部伸展與腿部肌肉伸展的能力，首先坐在地板上，雙腿打直，腳掌平靠在牆邊的盒子。盒子上放置一根尺，儘可能向前伸展（詳見圖12－5）。你的分數就是超過盒子邊緣的長度，或距離盒子邊緣不足的長度。若剛好接觸盒子邊緣，則給0分。伸展的姿勢，必需維持三秒鐘以上才算數。同時記錄你的分數。

表12－4　肌肉忍受力解釋

| | 仰臥起坐 | 引體向上 | 曲臂懸垂 |
	男性／女性		
平均數以上	69＋／58＋	9＋	27＋
平均數	44－68／40－57	3－8	15－26
平均數以下	0－44／0－40	0－2	0－14

圖12－5　軀體前屈

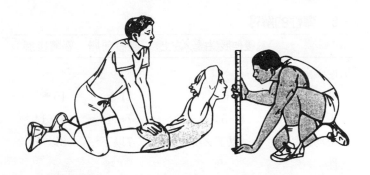

圖12－6　軀體後展

　　為了決定軀幹的伸展，俯臥在地板，由另一夥伴協助固定雙腳與屁股（詳見圖12－6）。雙手環抱頸部，舉起頭部與胸部離開地面，達到儘可能的高度，並停留三秒鐘。由另一位夥伴測量下顎與地板的高度，並加以記錄。

　　使用表12－5以解釋你的彈性分數。

表12-5　彈性的解釋

	肩後伸展(右上／左上)	軀體前屈	軀體後展
男性：			
平均數以上	6＋／3＋	11＋	15＋
平均數	4-5／0-2	7-10	8-14
平均數以下	4以下／0以下	7以下	8以下
女性：			
平均數以上	7＋／6＋	12＋	23＋
平均數	5-6／0-5	7-11	15-22
平均數以下	5以下／0以下	7以下	15以下

敏捷度

　　倘若要評估身體的安適狀況，敏捷度是必需包括在內的重要因素。首先，依圖12-7標示清楚的方向，將四張椅子或四個圓錐體每隔十英呎排成一行。開始時腹部著地俯臥在地板上，雙手置於地板，略低於雙肩的位置。跑步前進時，避免碰觸椅子或圓錐體。為了解釋敏捷的分數，可使用下列說明：

　　1.敏捷度在平均數以上——少於（含）十七秒。

　　2.敏捷度在平均數內——17.5至21.5秒。

　　3.敏捷度在平均數以下——多於（含）廿二秒。

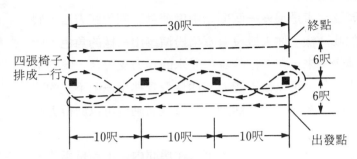

四張椅子
排成一行

30呎
終點
6呎
6呎
10呎
10呎
10呎
出發點

圖12－7　伊利諾敏捷度跑步

資料來源：T.K. Cureton, Physical Fitness Workbook, Urbana, Ⅲ : Stipes Publishing Co., 1944, p.24.

身體組合

　　身體組合的測量，需要針對你擁有的身體脂肪做評估。最好的身體組合測量，是使用水裏重量設計法或替代的皮膚襞測量法。但由於其過程非常複雜，故無法在此一一說明。有興趣的讀者，可以進一步參閱前文介紹的專書——身體的安適：健康入門。

開始一個運動計劃

　　假設你決定要運動了，你如何開始呢？如果你是一個習慣於坐著的人，最好以走路做爲開始，散步時環顧四周的環境將是一件非常愉快的事——綠葉、聲音、建築、人們、天空、顏色，假如你走得快一點，那也是一個很好的運動。經過幾年的嘗試後，我終於說服我的父親在下班時提早一站下車，走回家之後，他告訴我說他從未感到如此美好，他的身體變得柔軟，而感到有成就感，並且覺得比較沒有壓力。

　　游泳和騎腳踏車是另外一個開始中度運動計劃的好方法，假如你的身體像我一樣，你大概沒有資格扮演泰山一樣的角色，所以，放鬆心情慢慢來，在游泳時身體受水的浮力支撐著，騎腳踏車時有座位支持著，可以較不費力。你會發覺那是一個不錯的開始方式，而當你漸漸適應這些活動後，這些活動也可以做得更激烈些以增強體力。

　　騎腳踏車可以是在馬路上，也可以在房間內。不論是馬路上或固定在室內騎腳踏車，只要定期而且規律，均能有益於身體的安適狀況之改善。在馬路上騎腳踏車，你需要的是有齒輪的腳踏車，其價格相差很大。此外，你需要盔帽、手套，或特殊穿著。固定式腳踏車特別需要注意把手和坐位的位置。一般而言，坐位必需調整到當踏板在最低位置時，腳的膝蓋是略微彎曲的高度；同時，把手的位置應該放置在輕鬆且身體微向前傾的高度（詳見圖12－8及12－9）。

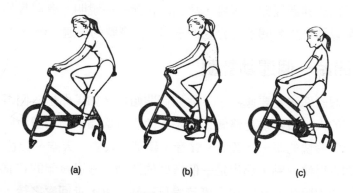

(a)　　　　　　　　(b)　　　　　　　　(c)

圖12－8　正確及不正確的坐位高度：(a)太高(b)正確(c)太矮

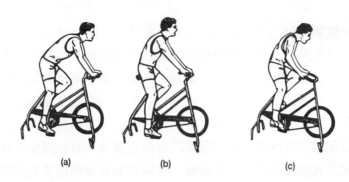

圖12－9　正確及不正確的把手位置：(a)太向前(b)正確(c)太向後

如何運動

　　在運動時，你首先要記住的是運動可以鍛練身體，過多的運動卻會傷害身體。我的一個朋友總是跑得很長的距離，而常常抱怨說膝蓋會痛、肌腱很緊，跑步對他來說，與其說是一個休閒或運動，倒不如說是一個奉行不渝的教條。你應該是爲了健康和愉快而運動，而不是要得到傷害吧！

暖身和緩和運動

　　研究者曾指出太突然的開始運動會引起心臟節律的問題，這些問題會潛在的引起心臟病的發作。在一個激烈的運動前，十至十五分鐘的熱身運動是必須的，熱身會幫助伸展你的肌肉和減少運動時肌肉傷害的機會。

　　在激烈的運動後，可能有過多的血液積存在靜脈裏，這可能會導致昏厥，雖然可能性不高，但你必須在激烈運動後，做五至十分鐘的緩和活動，走路和伸展運動都是一個很好的方式。

有氧和無氧運動

到目前爲止，本章所提到的運動都是時間較長、利用較多肌肉組織，而且所吸取較充分的氧氣的活動，這些稱爲有氧運動。而短期間的運動，且氧氣吸入較不足的活動稱之爲無氧運動。有氧運動包括慢跑、騎腳踏車、長距離的游泳、走路和跳繩；無氧運動包括短距離的賽跑和短距離的游泳比賽等。有氧運動是在建立心臟血管的持久力，不管如何，有氧和無氧運動兩者對於壓力處理和處理壓力產物都是有效的，二者都能強健你的身體，並將注意的焦點從壓力來源轉移至其他事物上。

競爭與享受

當我剛開始長距離跑步時，我的競爭心很強，每次我開跑，都想打破我過去最好的記錄，所以我的腕錶就如運動服和運動鞋同樣是重要的裝備之一。很快地，我不再享受跑步的樂趣了，跑步變成一件我必須做的功課，而當我快到不能再快的時候，跑步變得很沒有趣味。然後，我的腿開始痛，我的膝蓋也變得繃緊。

因此，我決定要改變現況。從那一天起，跑步時我再也不戴腕錶，慢慢地，舒舒服服的做跑步運動。假如有某人要超越我或我要超越別人時，我會簡短的寒喧一下「慢跑的好天氣，不是嗎？你要跑多遠？你喜歡這雙慢跑鞋嗎？」現在我將注意力放在路旁樹的顏色（多麼適合慢跑的秋天時光），聽著慢跑鞋壓碎雪花的聲音（多麼適合慢跑的冬天時光），注意新開苞的花朵（多麼適合慢跑的春天時光）和享受陽光照在身上的感覺（多麼適合慢跑的夏天時光）。你能了解這情景嗎？對我來說，慢跑變成一個享受和減低壓力的技巧，而不會有痛苦和壓力。

不管是和別人或是自己的競爭，都會改變活動本身的娛樂性，但競爭也可以是正向的。我們經常利用競爭性來激發我們的潛能，例如：你從不知你的網球打得如何好，除非你的對手打了一個好球，而你回擊得更漂亮。雖然，在太多的情況下，競爭表示我們可以和他人或是理想的自我比較，但當我們成為第二（或更糟時）時，我們常會不喜歡這個活動或降低對自我的評價。更進一步的，我們的滿足感會降低而無法樂在其中，這種現象都是在增加我們的壓力，而不是幫助我們處理壓力。

假如你能利用競爭去提升你的潛力而使得自己更健康，則繼續下去；但如果你像我朋友唐（Don）一樣，因為失誤一個反擊球而將網球拍用力甩開，我建議你最好採不同的運動心態。事實上，你並不是一個職業運動員，而且運動本身應該是有趣的，所以盡你所能的享受它，且利用運動來處理壓力，而不是去創造壓力。

選擇一個運動的計劃

在本節中，我們要介紹兩種形式的運動，一個是柔軟體操和走路——慢跑計劃，另外一種是慢跑。選擇這兩者是有特殊原因的，因為它們對初開始運動者與熟練的運動者都合適，老少咸宜，而且這些運動不需要技巧，只要少許的裝備，所投資的時間和金錢也少。就算最後你發現它們不適合你，你也不會有太多損失。

柔軟體操和走路——慢跑

開始這個計劃時，你必須做兩個測驗來決定從那一個水準開始。以下的標準是來自總統「在身體強健和運動的諮詢」的建議

走路測驗

這個測驗是要知道你能夠在平地快步走路走幾分鐘，而且沒有明顯的困難或不舒服。

如果你不能走完五分鐘，你必須從紅色走路計劃開始。

如果你能走路超過五分鐘，但少於十分鐘，你可以從紅色走路計劃的第三個星期進度開始。

如果你能走完十分鐘，但身體有一點疲憊且酸痛，則你可以從白色的走路——慢跑計劃開始。

如果你能輕快地走完這十分鐘的路程，則可以等待第二天做走路——慢跑測試。

走路－慢跑測驗

在這個測驗中，要求在十分鐘內先走五十步，再慢跑五十步。

走路的速率是每分鐘走一百二十步，慢跑的速率是每分鐘走一百四十四步。

如果你不能完成這個十分鐘的測驗，則從白色計劃的第三週進度開始。

如果你能完成這十分鐘的測驗，但結果是很疲倦、會喘氣，

則先從白色計劃的最末週進度開始。

　　如果你能毫無困難的完成這十分鐘，就開始實施藍色計劃。一個警告：假若在測驗期間你感到反胃、發抖、上氣不接下氣、頭痛或雙頰痛，請立刻停止這個測驗。假如這些症狀繼續持續一段時間，你最好去看醫生。

　　這些症狀是你已經達到運動最大限度的訊號，這些訊號發生的階段，就是你開始運動的起始水準。

計劃

　　計劃由三個部份組成：

(1)暖身。

(2)調節運動。

(3)循環的活動。

　　對於每個參與計劃者，暖身和調節運動都是相似的，然而循環式的活動依據強度可區分成三個水準：紅色、白色和藍色，紅色是最不激烈的活動，藍色則是最激烈的活動。

暖身運動

　　暖身運動是在開始運動前將身體狀況準備妥當。暖身運動能防止運動傷害，逐漸增加循環和呼吸系統的輸出量，並且伸展你的聯結組織，這些運動圖示於圖12－10至12－15。

開始位置：直立、兩腳與肩同寬，手臂伸直於頭上。

動作：儘可能的伸展手臂，腳後跟不可離地，並保持此一
　　　姿勢從0數至15～30

圖12－10　站立伸直和彎曲

開始位置：躺下、腳伸直、手放置在兩側。

動作：雙手抱膝到胸前，保持此一姿勢從0數至5，然後換
　　　另一隻膝蓋，重覆以上動作，每隻腿重覆7－10次。

圖12－11　交替抱住膝蓋

開始位置：直立、兩腳與肩同寬、兩手置於兩側。

動作：慢慢的向前彎曲、雙手觸地、膝蓋微彎，保持此一
　　　姿勢並從0數至15～30。假如剛開始無法觸摸到地，可以
　　　觸摸鞋尖，重覆2－3次。

圖12－12　曲腿伸背

開始位置：躺下、兩腳伸直、兩手置於兩側。

動作：抱雙膝到胸前，將臀部些微擡起，保持此一姿勢從0
　　　數至20－40，重覆7－10次。

圖12－13　抱雙膝

開始位置：躺下、膝蓋彎曲、腳放在地板，雙手環抱繞於
　　　　　頸後。

動作：

　數1.彎曲身體到垂直的位置，並用右手肘碰左膝蓋。

　數2.回到開始點。

　數3.重覆另一個方向的動作，扭身時吐氣，回位置時吸氣。
　　　重覆5～15次。

　　　為了安全著想，可以用東西壓住你的腳。

圖12－14　軀幹扭轉

開始位置：躺下、雙手環抱於胸、手握住對側的肩膀。

動作：

數1：將身體坐起。

數2：回到原來開始的位置。

建議重覆10－15次。

圖12－15　雙臂環抱坐起

調節運動

調節運動會增加肌肉的強度，促進良好的姿勢，並保持彈性、協調性及平衡性，將圖示於圖12－16～12－27。

一般在做暖身和調節運動時，每個運動在剛開始時重覆次數以標準的最低次數開始，然後再逐漸增加，當你在最大次數的重覆動作中，仍能做得很輕鬆，就進入下一個水準。

腹部

選擇一個適合你的動作。

開始位置：平躺、腳伸直、兩手放在兩側。

動作：

　　1.將頭和肩膀舉離開地板，保持這個姿勢，從0數至5。

　　2.回到開始的位置。建議重覆動作10－15次。

圖12－16　頭和肩膀蜷起（初學者）

開始位置：平躺、腿伸直、腳分開、雙手環繞於頸部後面。

動作：

　　數1－將身體坐起且用右手肘碰左膝蓋。

　　數2－扭轉回到坐姿。

　　數3－扭轉身體，用左手肘碰右膝蓋。

　　數4－身體躺回開始位置。

　　　　建議重覆15～25次。

圖12－17　坐起、雙手抱頭（進階者）

肩膀—臂

開始位置：直立、手臂平伸於兩側與肩膀同高、手掌向上。

動作：

用手和手臂向後旋轉，然後手掌向下且向前旋轉。建議重覆
15～20次。

圖12－18　平行旋轉手臂

臂膀和胸部

當你在做這個運動時，保持背部挺直是很重要的。開始時利用膝
蓋伏地挺身運動持續幾個星期來強化你胃部的肌肉，以讓你背部
保持挺直，然後再嘗試中級的動作。

開始位置：趴著、手在肩膀外側、手指向前、膝蓋彎曲。

動作：

　　數1－伸直手臂，保持背部挺直。

　　數2－回到開始位置。

　　　　建議重覆5－10次。

圖12－19　膝蓋伏地挺身（初學者）

開始位置：直立、兩腳與肩同寬
、兩手放置於兩側。

動作：

將手臂橫向上舉，交叉於頭上，
向身體前面畫一個弧，每一個方
向都做相同的次數。

建議重覆10次。

圖12－20　手臂大繞環

開始位置：趴著、手置於肩膀兩側、手指向前、腳貼在地上。

動作：

　　數1─伸直手臂、保持背部挺直。

　　數2─回到開始位置。

　　　　建議重覆10─20次。

圖12─21　伏地挺身（中級）

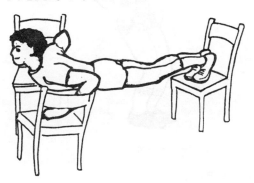

開始位置：將手放置於椅子邊緣來支持身體，手放在肩膀兩側，手指向前，身體必須打直，且腳放在另一個椅子上

面。

動作：

　　數1－儘可能的放低身體，手肘彎曲。

　　數2－將身體挺回原來位置。

　　　建議重覆5－10次。

圖12－22　在椅子上做伏地挺身（進階者）

　身體下半部

　　　接下來的運動是針對你的大腿、臀部的設計，在每一
次運動時每一個動作都要做。

開始位置：直立、手放在髖骨上
、腳保持在舒服的位置。

動作：

　　數1－彎曲膝蓋至45°，腳後跟

不離地。

　　數2－回到原來位置。

　　　　建議重覆15～20次。

圖12－23　膝蓋45°彎曲

開始位置：直直的坐著，手放在椅子上支持坐著時的平衡
，腿和地板成一角度的伸直。

動作：

　　數1－舉起左腿與腰同高。

　　數2－回到開始位置，右腿做同樣動作。

　　　　建議重覆10－15次。

圖12－24　坐著單腳上舉

　　開始位直：右側臥、腿伸直。

　　動作：

　　　數1－儘可能的高舉左腿。

　　　數2－放下腿至原來位置，另一側重覆相同動作。

　　　　　建議重覆10－15次。

圖12－25　側臥拾腿

　　開始位置：在椅子後直立、兩腿
　　　　　　　併攏、手放在椅子上
　　　　　　　支持身體。

動作：

　數1－單腿向後舉高至最遠位置。

　數2－回到開始位置直，另一腿
　　　　重覆相同的動作，且做同
　　　　樣次數。建議重覆20次。

圖12－26　腿向後擺動

開始位置：直立、手放在髖骨上、兩腿併攏。

動作：

　　數1－腳尖踮高，舉起身體。

　　數2－回到開始位置。

　　　　建議重覆20次。

圖12－27　舉後腳跟

循環活動

　　循環式活動可以增進心臟血管和呼吸系統的功能，經由這些活動的練習可以提昇運動限度，延緩產生疲勞的極限。循環式活動共包括三種水準：

紅色—走路計劃

周次　日常的活動

1. 快步走5分鐘（假如你累得不舒服的話，也可以少於5分鐘）然後，慢走或是休息3分鐘，再快步走5分鐘或者走到你感到疲勞為止。

2. 和第一週相同，但在沒有酸痛、疲勞的條件下，在快步走的5分鐘內，儘可能加快步伐。

3. 快步走8分鐘（假如你累得不舒服的話，也可以少於8分鐘），然後慢走或休息3分鐘，再繼續快步走8分鐘，或者直到你疲勞為止。

4. 和第3週相同，但在沒有酸痛、疲勞的條件下，在快步走的8分鐘內，儘可能加快步伐。

當你完成第四週的紅色計劃後，開始第一週的白色計劃。

白色—走路—慢跑計劃

週次　日常活動

1. 快步走10分鐘（假如你累得不舒服的話，也可以少於10分鐘）然後慢走或休息3分鐘，再快步走10分鐘或直到感到不舒服為止。

2. 快步走15分鐘（假如你很疲倦，也可以少於15分鐘）然後慢走或是休息3分鐘。

3. 慢跑20秒(50碼)，走1分鐘(100碼)，重覆12次。

4. 和第三週相同。

當你完成第四週的白色計劃後，開始第一週的藍色計劃。

藍色—慢跑計劃

週次　日常活動

1. 慢跑40秒(100碼)，走1分鐘(100碼)，重覆9次。
2. 慢跑1分鐘(150碼)，走1分鐘(100碼)，重覆8次。
3. 慢跑2分鐘(300碼)，走1分鐘(100碼)，重覆6次。
4. 慢跑4分鐘(600碼)，走1分鐘(100碼)，重覆4次。
5. 慢跑6分鐘(900碼)，走1分鐘(100碼)，重覆2次。
6. 慢跑8分鐘(1200碼)，走2分鐘(200碼)，重覆2次。
7. 慢跑10分鐘(1500碼)，走2分鐘(200碼)，重覆2次。
8. 慢跑12分鐘(1700碼)，走2分鐘(200碼)，重覆2次。

慢跑

　　慢跑是一個非常受歡迎的運動，調查顯示有超過一千七百萬的美國成人從事慢跑運動，而且有超過五萬的美國人至少完成一個馬拉松賽跑（ 26英哩，385碼 ）。慢跑是一個非常好的運動方式，因爲他只需要少許的裝備（ 唯一較昂貴的是一雙慢跑鞋 ），即可在任何地方、任何時間慢跑，且不須要特殊的技巧。

慢跑的穿著

　　慢跑服裝最重要的項目就是一雙堅固的、合腳的慢跑鞋，較重的、底板有墊子和有弧形支撐的訓練鞋，會比較容易損壞的運動鞋和平底競賽鞋來得好。

　　雖然氣候決定你其他的穿著，但因爲跑步時會感覺熱，所以在一般的情況下，要穿著比氣溫來得涼些的衣服。

　　淡色的衣服會反射太陽的光線，在夏天穿這樣的衣服會比較涼決，冬天時則穿較暗色的衣服保持溫暖，當天氣非常冷時，穿著較多件薄的衣服比穿一件或兩件厚衣服好，因為衣服間的夾層會積存熱量，而且在你覺得太熱時，可以很容易的一件件的脫。

　　當天氣非常寒冷時，戴羊毛或皮製的頭套可以保暖；而夏天時，許多形式的網球帽或水手帽都可以用來遮陽和吸汗水。

　　不要穿不透氣的衣服，這種衣服會阻礙汗水的蒸發，讓體溫升高產生危險的後果。

　　假如你穿著合宜，你幾乎可以在任何天氣情況下跑步，但是在太熱或太潮濕時，最好選擇早上或傍晚時跑步。

暖身和緩和運動

　　為了減低傷害和酸痛的機會，下列的運動（圖12－28～12－33）必須在跑步前後都做，假如你覺得這個運動很難做，在暖身時至少要做兩次以增加身體的彈性，而在做這些伸展動作要慢，不要突然或很快地完成它。

面對牆站在離牆約 3 呎處，向前靠，將手掌撐在牆上，保持背部筆直，腳後跟貼在地上，且慢慢將手肘朝牆彎曲，臀部擠向牆，保持這個姿勢30秒。重覆地做，並保持膝蓋輕微彎曲。

圖12－28　阿契里斯腱和小腿伸展

躺下、腳打直、手放置於兩側、手掌貼地，慢慢地舉起腿
、臀部和下背部，讓腳舉過頭後面碰觸到地板，腳要伸直
，保持這個姿勢30秒。

圖12-29　背部伸展

站在離牆一個手長的距離處（側站），將左手放在牆上支
持身體，用右手抓住右腳踝向後高舉，直到腳後跟碰到臀
部為止，當上舉時腰部前彎，保持這個姿勢30秒。

圖12-30　大腿伸展

坐在地板上，一隻腿向前伸直，另一隻腿與身體垂直，再
讓腳後跟靠近臀部，慢慢地將手滑往伸直的腿並拉住腳後
跟，保持這個姿勢30秒。保持腿在相同的位置，慢慢地向
後靠讓手肘碰到地板，保持這姿勢30秒。

換另一隻腿重覆完成一樣的動作。

圖12－31　跳欄式的伸展

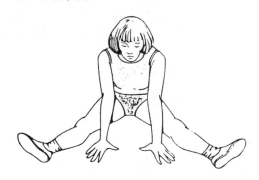

坐在地板上，將腿分開大約兩個肩膀寬，將手放在地板上
，慢慢地，儘可能地向前彎腰，保持這個姿勢30秒。回到
開始的位置，身體慢慢地向右腿方向彎，將兩手滑向右膝
蓋，試著保持膝蓋伸直，並讓下巴碰到右膝蓋，保持這姿
勢30秒。

回到開始的位置，重覆第二步的動作到左邊。

圖12－32　兩腿叉開伸展

跟前一動作相同的坐姿，將左手放在左大腿上，且右手抓
住右腳的內側，保持背部伸直，慢慢地將右腿直直地向上
舉到離地45°處，保持這個姿勢30秒。另一隻腳重覆完成這
個動作。

圖12－33　腿的伸展

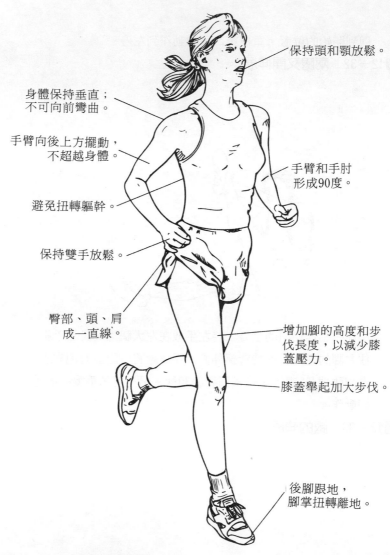

保持頭和顎放鬆。

身體保持垂直；
不可向前彎曲。

手臂向後上方擺動，
不超越身體。

手臂和手肘
形成90度。

避免扭轉軀幹。

保持雙手放鬆。

臀部、頭、肩
成一直線。

增加腳的高度和步
伐長度，以減少膝
蓋壓力。

膝蓋舉起加大步伐。

後腳跟地，
腳掌扭轉離地。

圖12－34　正確的跑步

跑步方式

在大部份的運動中強調跑得快和有力，若只是爲了健身，就大可不必如此，下面有許多建議可以幫助你發展出較舒服、省力的跑步方式。

1. 跑步時身體保持垂直，避免身體過分向前傾，背部筆直，讓你能舒服地保持頭向上，不要看你的腳。
2. 手臂輕鬆地擺動，手肘稍微彎曲，讓前手臂大略與地面平行，偶而搖晃和放鬆手臂以防止肩膀太過於緊繃。
3. 以腳後跟著地，向前時以腳尖提起，假如只利用你的腳尖，跑步會使你很快地疲勞，而且很快地讓你的腿感到疼痛。
4. 保持步伐小一點，不要勉強自己加大步伐。
5. 張開口深呼吸

初學者的時間表

美國腳病學協會（The American Podiatry Association）建議下面的跑步計劃：

1—6週

　以走路和伸展運動暖身。

　慢跑55碼，走55碼（4次）。

　慢跑110碼，走110碼（4次）。

　慢跑55碼，走55碼（4次）。

　速度：約45秒完成110碼。

6－12週

增加慢跑和減少走路。

速度：30－37秒完成110碼。

12－24週

用9分鐘慢跑1英哩。

30週以上

每一星期的第二次運動開始，變成持續慢跑，或是以跑步和走路交替逐漸延長距離到兩英哩。

重量訓練

最近幾年，重量訓練愈來愈盛行。人們開始了解到有氧運動，只是身體健康的一部份。事實上肌肉強角度及忍受力也很重要。重量訓練亦有益於管理壓力。因爲重量訓練不僅能消除壓力產物，也能因感受到身體的硬朗、迷人而增加自信與自尊，如此更能有效管理壓力的來源。倘若你對重量訓練有興趣，你可以在各大學、YMCA、社區休閒中心等地方報名。此外，閱讀相關的資料，也可以幫助你避免重量訓練帶來的傷害。

持續地保持運動

運動可以幫助你消除壓力產物——肌肉緊張、血淸膽固醇、增加的心臟、呼吸速率等等。這一章告訴你必須開始一個運動計劃，但很不幸地，開始運動的許多人都不能持續下去，他們都因爲某些原因停止運動，或是愈來愈減少運動頻率而至終止運動。所以下一章將呈現一些技巧來影響行爲，在開始運動計劃之前先讀那一章，可以了解那些技巧有助於運動的持續進行。

你一定可以做到！你可以定期地運動以增加生理和心理的健康。你可以在致病之前消除這些壓力的產物。你可以練習去控制自己的運動行為。

摘要

1.充滿活力的運動，可以增進心肺及循環系統的功能，延遲老化的現象，增加輸送氧氣至身體各部位的能力，強化心肌，消耗卡洛里，並減低脂蛋白和血清膽固醇。

2.身體的安適由六個要素組成：肌肉強度、肌肉忍受力、心臟呼吸的安適、彈性、身體的組合及敏捷度。

3.運動的心理好處包括：增進自尊、使別人對你有正向的觀感、感覺清醒而有能力、對工作有好的態度、減少憂鬱和焦慮，及較有能力管理壓力。

4.腦啡是運動時由腦釋放出來的化學物質。它能產生舒適、安樂與放鬆的狀態。

5.美國運動醫學會建議，從事運動計劃之前，要先做好檢查。他們建議四十五歲以下明顯健康者，及三十五歲以下具有某些風險因子，但無明顯疾病症狀者，可以不需預先接受檢查。然而四十五歲以上及任何年齡具有某些疾病症狀（心律不整、糖尿病、高血壓等）者，均應在開始運動計劃前，給予必要的檢查。

6.倘若把心臟呼吸的安適當做是目標的話，運動的強度、頻率及時間均是考慮的重要項目。

7.有氧運動是一種長時間、運用大量肌肉組織、建立心臟血管的安適，且不需額外大量氧氣的運動。無氧運動則是短時間、高強度，且需要大量額外氧氣的運動。

8.運動訓練可透過三種方式進行：間隔訓練、連續訓練，或循環訓練。

9.你可以利用哈佛逐步測驗來認定你的心臟呼吸的安適，

並藉此評估身體安適狀況的程度。此外，藉由各種肌肉組織舉起的重量，評估肌肉強度；藉由引體向上、仰臥起坐，及曲臂懸垂，評估肌肉忍受力；藉由肩後伸展、軀體前屈，及軀體後展，評估彈性；藉由一個敏捷課程的跑步，評估敏捷度；藉由水裏重量設計法或皮膚襞測量法，了解你的身體組合狀況。

　　10.當你在運動時，應有例行性的暖身及緩和活動，根據天氣穿著合適的衣服，喝大量的水，使用合適且調整過的設備，及當身體顯示出運動過度時，要能及時確認並調整。

　　11.一個運動計劃可以包括多種活動，例如：游泳、跳繩、騎腳踏車、走路、慢跑、有氧舞蹈、無氧舞蹈、伸展，或重量訓練等。

　　12.有許多機構、組織或書籍可以提供更多、更詳盡的資訊，你可以從中得到特殊的身體安適相關活動或運動消息。

參考書目

1. Richard A. Berger, *Applied Exercise Physiology* (Philadelphia: Lea and Febiger, 1982), 240.

2. George B. Dintiman et al., *Discovering Lifetime Fitness: Concepts of Exercise and Weight Control* (St. Paul: West, 1989).

3. Bud Getchel, *Physical Fitness: A Way of Life* (New York: John Wiley, 1983), 64.

4. Jane E. Brody, "Effects of Beauty Found to Run Surprisingly Deep," *New York Times*, 1 September 1981, C1-C3.

5. President's Council on Physical Fitness and Sports, *Building a Healthier Company* (Washington, D.C.: President's Council on Physical Fitness and Sports, n.d.).

6. Charles B. Corbin and Ruth Lindsey, *Concepts of Physical Fitness with Laboratories*, 6th ed. (Dubuque, Iowa: Wm. C. Brown, 1988), 13.

7. P. Mikevic, "Anxiety, Depression and Exercise," *Quest* 33 (1982): 140-53.

8. William J. Stone, *Adult Fitness Programs: Planning, Designing, Managing, and Improving Fitness Programs* (Glenview, Ill.: Scott, Foresman and Company, 1987), 34-35.

9. Kevin Cobb, "Managing Your Mileage — Are You Feeling Groovy or Burning Out?" *American Health*, October 1989, 78-84.

10. American College of Sports Medicine, *Guidelines for Exercise*

Testing and Prescription, 3d ed. (Philadelphia: Lea and Febiger, 1986), 2.

11. Kenneth H. Cooper, *The Aerobics Way: New Data on the World's Most Popular Exercise Program* (New York: M. Evans, 1977).

12. Jerrold S. Greenberg and David Pargman, *Physical Fitness: A Wellness Approach,* 2d ed. (Englewood Cliffs, N.J.: Prentice-Hall, 1989).

13. Lucien Brouha, "The Step Test: A Simple Method of Testing the Physical Fitness of Boys, "*Research Quarterly* 14 (1943): 23.

14. Linda S. Lamont and Mary T. Reynolds, "Developing an Individualized Program for Physcial Fitness, " *Occupational Health Nursing* 28 (1980): 16-19.

15. President's Council on Physical Fitness and Sports, *Aqua Dynamics* (Washington, D.C.: President's Council on Physical Fitness and Sports, 1981), 1.

16. Jane Katz, "The W.E.T. Workout: A Swimmer's Guide to Water Exercise Techniques," S*hape,* June 1986, 82-88+.

17. Mindy McCurdy, "Cool Water Workout," *Shape,* August 1990, 64-73.

18. Frank D. Rosato, *Fitness and Wellness: The Physical Connection* (St. Paul, Minn.: West, 1986), 253.

19. Stephen Kiesling, "Loosen Your Hips: Walkshaping," *American Health,* October 1986, 62-67.

20. Ibid., 62.

21. American Podiatry Association, *Jogging Advice from Your Podiatrist* (Washington, D.C.: American Podiatry Association, n.d.).

22. Jacki Sorenson, *Aerobic Dancing* (New York: Raswson, Wade, 1979).

23. Jean Rosenbaum, "Aerobics without Injury," *Medical Self-Care*, Fall 1984, 30-33.

24. Beth Schwinn, "Burned in Pursuit of the Burn," *Washington Post, Health*, 14 August 1986, 12.

25. Kathie Davis, "How to Choose an Aerobics Instructor," *Shape*, November 1990, 113-115.

26. Tim Green, "My Favorite Routine: Chair Aerobics," *Shape*, June 1986, 150-53.

27. Gail Weldon, "The ABC's of Aerobics Injuries," *Shape*, September 1986, 86-90.

28. Bikram Choudhury, *Bikram's Beginning Yoga Class* (Los Angeles: J.P. Tarcher, 1978).

29. Jerrold S. Greenberg and David Pargman, *Physical Fitness: A Wellness Approach* (Englewood Cliffs, NJ: Prentice-Hall, 1989).

13

減少造成壓力行爲的策略

　　爲什麼我無法戒煙？爲什麼上個禮拜六晚上我又喝得醉醺醺的？爲什麼我無法放鬆自己？我們常常希望自己去做或不做某些事，而這些行爲常導致我們的壓力。例如，我們告訴自己「到外面去交新朋友」，但說歸說，卻一直沒有行動；或者，我們告訴自己要開始節食了，但卻是一曝十寒。於是，我們爲無能力去改變這些行爲而感到憂心，而無能力感和缺乏控制感常會傷害自我的評價。總之，當我們想做但又無法做時，我們就會面臨應戰或逃避壓力的反應(fight-or-flight response)。本章的重點是討論一些導致壓力的行爲，這些行爲可能是我們想放棄又無法放棄的，或者是我們想做又無法去做的。另外，也提供一些方法以幫助我們在壓力中做改變的策略。當我們能好好的控制壓力行爲時，我們才能管理好我們的壓力。

生活型態和健康行爲

　　我們一般將行爲分爲兩類：(1)健康行爲；(2)生活型態行爲。健康行爲其實是生活型態行爲中的一部份，但在這裏爲了特別強調而將它們區分開來，我們對健康行爲的定義是：透過人們所從事的一些活動(activity)，可以預防疾病或提早偵測到疾病，以維持健康。在此一定義下，健康行爲包括：在飲食中限制糖和鹽的攝取、不抽菸、開車時繫安全帶、做運動、少喝含酒精成份的飲料、做放鬆技巧的練習等。而生活型態行爲相當於人們所從事的日常活動，包括做家事、工作、上學、享受空閒時光、以及一些不常做的行爲：例如，要求某人的幫助、寫信給朋友、聽演講、和認識新朋友……等。

幾年前我曾想要自己去實行一個健康飲食的計劃，於是我開始先讀一些有關營養方面的書、報紙和雜誌上的文章，也問過一些專家、學者的意見，但後來我卻沒有去做任何有關飲食計劃中的事。因爲我很忙，很難找到適當的時間去實行這個計劃。此外，計劃中的食物很難買到，或是非常的昂貴，而且使用起來不方便。這些困難中，絕大部份是心理的，一小部份是經濟的，使我停止實行計劃。但是最後我還是完成了飲食計劃。這些過程在本章後面再討論，而我想強調的是，很多困難常會阻止我們把最好的意圖變成行動！

我有一位朋友在孩童時就一直想學鋼琴，但他沒有鋼琴，也沒有上過琴課、練過琴。爲此，他深深地感到遺憾，他決定長大後，一定要找時間去學鋼琴，但他似乎沒有時間去做。這件事讓他很沮喪，當他看到別人彈鋼琴時，他認爲總有一天他也可以享受彈鋼琴的樂趣，但從我認識他以來，這一天總是那麼的遙遙無期。

爲什麼我們不能做想做的事呢？我們如何去克服這些障礙，而使我們能盡興的去彈鋼琴或是執行飲食計劃呢？爲了讓你了解無法改變的行爲和導致壓力這兩者間的關係，讓我們先來看看下面的兩種行爲量表。

健康行為評量

在開始改變與健康有關的行為之前，你必須先確認什麼樣的行為須要改變。健康行為問卷(health-behavior questionnaire)的目的在告訴你，在維護健康方面你做得如何？沒有一個人是完全的健康，所以改變一些與健康有關的行為，就可以提昇每一個人的健康水準。

這不是一個成敗測驗。此測驗的目的只是在檢查你健康維護做得如何？在測驗中所涵蓋的行為適用於大多數人。但有些是無法應用到一些慢性疾病或殘障者身上的，因此這些人需要向醫生或專家進一步請教適用於自己的辦法。

本測驗包括六個部份：抽煙、酒精和藥物、營養、運動和健康、壓力控制和安全。請先在每題中圈選出最適合你的答案（「經常如此」2分，「偶爾」1分，「從來沒有」0分）。圈選完之後，將所得的分數加起來，填在每一部份最後的總分欄中。每個部份的最高得分是10分。

抽菸行為

假如你不抽菸，此部份就得到10分，可直接跳至下一個「酒精與藥物量表」。

	經常如此	偶爾	從來沒有
1.我避免抽菸。	2	1	0
2.我僅抽低焦油或低尼古丁的香菸，或者只抽煙斗或雪茄。	2	1	0

抽菸分數：_____

酒精與藥物使用

	經常如此	偶爾	從來沒有
1.我避免喝含酒精的飲料，或每天喝酒量在1至2杯的範圍內。	4	1	0
2.當我處於壓力狀態或遇到生活問題時，我避免使用喝酒或服用藥物的方式來處理。	2	1	0
3.在服用某些特殊藥物（例如：安眠藥、止痛藥、感冒藥和抗過敏藥）時，我會很小心地不去喝酒。	2	1	0
4.無論有沒有處方，當我在服用藥品時，我會詳細地閱讀標籤上的說明，並遵從它的指示。	2	1	0

酒精和藥物的分數：_____

飲食習慣

	經常如此	偶爾	從來沒有
1.我每天都吃各種不同的食品，像水果和蔬菜，全麥麵包和穀類，瘦肉、乳製食品、豆類和堅果種子類。	4	1	0
2.我限制油脂、飽和性脂肪和膽固醇的攝取量（像肉類脂肪、蛋、奶油、冰淇淋和內臟等。）	2	1	0
3.烹煮時只用少許的食鹽，以限制食鹽的攝取，且不在餐桌上放置具有鹽類的調味料，並避免使用含鹽的點心。	2	1	0
4.我避免食用太多的糖（特別是像糖果或含糖飲料）。	2	1	0

飲食習慣分數：＿＿＿＿＿＿

運動和健康

	經常如此	偶爾	從來沒有
1.我維持適當的體重，避免過輕與過重。	3	1	0
2.我每個星期至少做三次15到30分鐘的激烈運動（像跑步、游泳、快步走）。	3	1	0
3.我每個星期至少做三次15到30分鐘增強肌肉強度的運動（像瑜珈和柔軟體操）。	2	1	0
4.我使用部份空閒的時間，參加個人、家庭或團隊的活動，以增加自己的健康程度（像園藝、打保齡球、高爾夫球和棒球）。	2	1	0

運動和健康分數：_____

壓力控制

	經常如此	偶爾	從來沒有
1.我有工作或固定從事一些我喜歡的活動。	2	1	0
2.我很容易放鬆或自由地表達我的感覺。	2	1	0
3.對於那些可能成為壓力的事件或情境，我能及早的確認並有所準備。	2	1	0
4.我有一些親近的朋友、親戚和其他能聽我訴說心事，並在我需要幫忙時，會鼎力相助的人。	2	1	0
5.我有喜歡的嗜好或參加團體活動（像社區組織）。	2	1	0

壓力控制分數：＿＿＿＿＿＿

安全

	經常如此	偶爾	從來沒有
1.開車時我會繫上安全帶。	2	1	0
2.在喝酒與服用藥物完後，我會避免開車。	2	1	0
3.開車時，我會遵守交通規則和時速的限制。	2	1	0
4.在使用具有傷害性的產品或器材時，我會很小心（像農藥、電器器材……等）。	2	1	0
5.我避免在床上抽菸。	2	1	0

安全分數：＿＿＿＿＿＿

你的健康行為分數

　　在你做完六個部份之後，請將你的分數圈在圖13－1的上面。記住，這個測驗是沒有總分的。它只有各別部份的分數。由這些分數中，你可以看出你的健康行為如何。若健康行為不佳，你可以試著去改善它，以減低患病的機會。分數的意義如下：

9和10分

　　非常好！你的答案顯示你能了解這部份行為對健康的重要性。而且，把你的健康知識付諸實現。只要你繼續維持下去，這部份將不會危害你的健康。而且為你的家人或朋友立下好的楷模，使他們能學習你的做法，而變得更健康。

抽菸行為	酒精與藥物	飲食習慣	運動和健康	壓力控制	安全
10	10	10	10	10	10
9	9	9	9	9	9
8	8	8	8	8	8
7	7	7	7	7	7
6	6	6	6	6	6
5	5	5	5	5	5
4	4	4	4	4	4
3	3	3	3	3	3
2	2	2	2	2	2
1	1	1	1	1	1
0	0	0	0	0	0

圖13－1　你的健康行為分數

6到8分

　　在某一部份得此分數，表示你的健康習慣還算良好，但有些地方還可以改善。你可以回過頭來看看你回答「偶爾」和「從來沒有」的題目。想想可以做什麼改變來增加你的分數，即使是一個小小的改變，那也可以使你變得更加健康。

3到5分

　　在某一部份得此分數，顯示你的健康出現了危機！你必須多了解這些危機和改變這些行爲對你健康的重要性。並且你需要專業上的幫助，來改變這些行爲。

0到2分

　　在某一部份得此分數，顯示你的健康可能已經發生嚴重和不必要的危機，你可能還沒發覺這些危機，或不曉得如何去應付它們。但現在你可以很容易的獲得進一步的訊息和幫助。

　　爲了幫助你在健康行爲上做一些改變，請你選出兩種想要改變的健康行爲，並請在檢視完你選擇的「生活型態行爲」之後，我們再回過頭來討論。

選擇的生活型態行爲

　　下面是一些經過挑選，可能會造成壓力的生活型態。這個問卷的目的，在幫助你去確認一些你想要的生活型態行爲。你也可以找出那些在列表之外，而你想要改變的生活型態行爲。確認這些行爲是相當重要的，因爲當我們想要改變卻無力改變時，這種無力感會是我們苦惱與痛苦的來源。

選擇的生活型態行為量表

	經常如此	偶爾	從來沒有
1.我常出門去接觸新朋友	2	1	0
2.必要時，我會請求他人的幫助。	2	1	0
3.我用心地聽別人說話。	2	1	0
4.我能與他人溝通。	2	1	0
5.我避免不必要的爭論。	2	1	0
6.我能說出「對不起」。	2	1	0
7.我會花一些時間與朋友在一起。	2	1	0
8.我能按時回信給朋友。	2	1	0
9.我會玩樂器。	2	1	0
10.我參與藝術活動。	2	1	0
11.我參與運動。	2	1	0
12.我到不同的地方去旅行。	2	1	0
13.我熱衷於我的嗜好。	2	1	0
14.為了值得去做的理由，我會去做一些志願性的工作。	2	1	0
15.我不會害怕去嚐試新的事物。	2	1	0
16.我喜歡在衆人之前講話。	2	1	0
17.我會準時出席或赴約會。	2	1	0
18.我如期做我的工作或研究。	2	1	0
19.我每天按時做家事。	2	1	0
20.我會存一些錢。	2	1	0

　　在做完問卷之後，檢查那些圈選零的問題。從這些問題中選出兩個可能導致你壓力，以及你想要改變的行爲。在本章的後面，我們將提供你一些技巧來改變這些行爲，以消除你生活中的壓力。但在我們看這些策略之前，還有一些因素是我們必須考慮的。首先要考慮的是行動的障礙。

行動的障礙

　　我們常有很多很好的構想，像是打算寫信、打算戒菸、減肥、存錢……等，但是我們卻從來沒有時間去完成。而且會習慣性地找一些理由來塘塞，例如：「今天太熱了，不適合跑步，明天再開始跑步」、「在家人面前我會不好意思講話，找個時間再講」、「我真的很想要培養一個嗜好，卻總是有那麼多的責任要完成，以致於沒有時間」。藉口！都是藉口！

　　我們平時表達這種「藉口」或障礙的機會很多，它們阻止我們去從事一些活動。對於節食者來說，配偶帶回高卡路里的食物，是一種缺乏家庭支持的障礙。持續的下雨是初學慢跑者的障礙。太繁重的工作或課程是無法投入有意義活動的障礙。缺少低鹽食物，是避免攝鹽份者的障礙。換句話說，爲了改變健康和生活型態行爲，就須先去確認這些造成障礙的行爲。

行動障礙問卷(Barriers-to-action questionnaire)

　　有時人們無法從事某些健康和生活型態行爲。下面列出可能阻礙你從事活動的因素。選擇一個你想改變的健康或生活型態行爲，然後依每一題；圈選出1到7來表示這個因素影響你做此行爲的程度。

代　價

缺乏適當的設備

家庭責任

其他人

疲　勞

```
├────┼────┼────┼────┼────┼────┤
7    6    5    4    3    2    1
```

總是　　　　有時　　　　從不
阻礙我　　　阻礙我　　　阻礙我

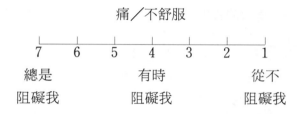

痛／不舒服

```
├────┼────┼────┼────┼────┼────┤
7    6    5    4    3    2    1
```

總是　　　　有時　　　　從不
阻礙我　　　阻礙我　　　阻礙我

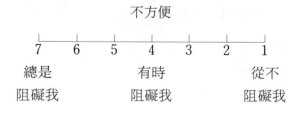

不方便

```
├────┼────┼────┼────┼────┼────┤
7    6    5    4    3    2    1
```

總是　　　　有時　　　　從不
阻礙我　　　阻礙我　　　阻礙我

時　　間

```
├────┼────┼────┼────┼────┼────┤
7    6    5    4    3    2    1
```

總是　　　　有時　　　　從不
阻礙我　　　阻礙我　　　阻礙我

缺乏家庭的支持

交　通

困　窘

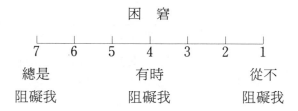

難以獲得

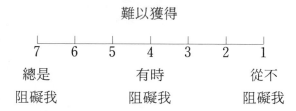

氣　候

```
 7    6    5    4    3    2    1
```

總是　　　　　有時　　　　　從不
阻礙我　　　　阻礙我　　　　阻礙我

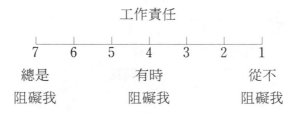

工作責任

```
 7    6    5    4    3    2    1
```

總是　　　　　有時　　　　　從不
阻礙我　　　　阻礙我　　　　阻礙我

　　現在你已經了解阻止你去從事健康和生活型態行爲的障礙了。其中，你所圈選7、6或5的題目，是你主要的障礙，在我們要改變讓你感到壓力的行爲時，會進一步使用這些資料。

內外控

下一個有關健康和生活型態行爲改變的重點在於個人的內外控。在第六章已經討論過內外控的概念。內外控是指你對於影響你的生活事件是否可以控制的知覺。對生活的不同部份可能會有不同的控制感。例如，你相信自己可以控制社交生活，但是對於健康，卻認爲須靠運氣：一切都是生來如此的，非後天之努力可及！

有些人認爲保持他們的健康是醫師的責任：「這就是爲什麼我們門診要付費的原因」。但越來越多的人認爲他們確實可以控制自己的健康和生活：「的確，我可以避免由壓力而產生的疾病」、「的確，我可以維持適當的體重」、「健康問題大部份操之在我」。

現在，我們回過頭來看看，你是否覺得可以控制你的健康。下面的問卷摘自多向度的健康內外控量表(Multidimensional Health Locus of Control Scale)。此問卷由三個分測驗所組成

1. 健康內控量表(Internal Health Locus of Control Scale) (I)

此分測驗是在測量你是否覺得你個人可以控制自己的健康。

2. 有影響力的他人之健康內外控量表(Powerful Others Health Locus of Control Scale) (P)

此分測驗是在測量你是否感到其他具有影響力的個體（像醫師）在控制著你的健康。

3. 機運內外控量表(Chance Health Locus of Control Scale) (C)

此分測驗在測量你是否覺得健康只是運氣，命運或機運而已。

多向度健康內外控量表

請由下面每個題目，圈選出一個你認為最適合你的答案：

5：非常同意

4：同意

3：無意見

2：不同意

1：非常不同意

健康內控

	非同 常意	同 意	無 意 見	不 同 意	非不 同 常意
1.假如我生病了，我會多快復原要看我自己的行為來決定。	5	4	3	2	1
2.我可以控制我的健康。	5	4	3	2	1
3.我應該為我的生病負責。	5	4	3	2	1
4.影響健康最重要的因素是自己。	5	4	3	2	1
5.假如我照顧好自己，就可以避免生病。	5	4	3	2	1
6.假如我做了該做的事，我就可以維持健康。	5	4	3	2	1

有影響力的他人之健康內外控

	非同常意	同意	無意見	不同意	非不同常意
1.定期接受醫生的檢查，是避免生病的最好方法。	5	4	3	2	1
2.不論在什麼時候，當我感到不舒服時，我應該馬上請教受過專業醫學訓練的專家。	5	4	3	2	1
3.我的家庭與我生病或健康有很大的關係。	5	4	3	2	1
4.健康的專業人員控制著我的健康。	5	4	3	2	1
5.我會從生病中復原，常是因為有他人（例如醫生、護士、家人、朋友）的細心照顧。	5	4	3	2	1
6.對於我自己的健康，我只能照醫生告訴我的方式去做。	5	4	3	2	1

機運健康的內外控

	非常同意	同意	無意見	不同意	非不常同意
1.不論我如何努力，假如我註定要生病，我就會生病。	5	4	3	2	1
2.很多影響我健康的事，都是意外發生的。	5	4	3	2	1
3.我生病後，復原的情況，有大半是取決於運氣。	5	4	3	2	1
4.我健康是因為我運氣好。	5	4	3	2	1
5.不論我如何做，我都可能生病。	5	4	3	2	1
6.假如天意要我健康，我就會一直健康。	5	4	3	2	1

內外控量表的記分

請先將各別分測驗中所圈選的分數加在一起。

1. 分測驗的分數如果達到23～30分，則表示你在此向度上有很強的傾向。例如，高「Ｃ」分數者表示你有很強的信念認為你的健康只是機運罷了。

2. 15～22分表示你在此向度上有中度的傾向。例如，一個中度的「Ｐ」分數，表示你有中等強度的信念，認為你的健康是由具影響力的他人所控制。

3. 6～14分表示此向度上的傾向很低。例如，低「Ｉ」分數意謂著你通常不相信你自己可以控制你的健康。

因此，假如你在「Ｉ」——健康內控量表上的分數很高，而且在「Ｐ」——有影響力的他人健康內外控和「Ｃ」——機運健康內外控量表的分數是低或中等的話，就表示你認為可以主控你的健康。假如健康內控量表的分數是中等，則你有時認為健康可以自己控制，有時則認為不是如此。對於中度的內控個體而言，他偏向他人控制或機運控制的程度，就要看他在另兩個量表上的分數而定。

假如你在健康內控量表的分數很低，則你認為你無法控制你自己的健康。而你在有影響力他人健康內外控量表和機運健康內外控量表上的分數，就決定了你的傾向。假如你在有影響他人健康內外控量表上的分數很高，而在其他兩個量表的分數是低或中等的話，則表示你認為自己的健康是受到他人的控制。但假如你在機運健康內外控量表的分數很高，而在其他兩個量表的分數是屬於中等或很低的話，則表示你認為自己的健康是取決於機運、命運或運氣。

　　完成這個問卷，你應該對於自己控制健康的知覺有些了解。就像前面第六章所討論的，我們對我們的生活並不是具有完全的控制力，但也不是完全沒有控制力。當我們愈學會去控制我們的環境時，我們就愈能改變具有壓力的行為。這些改變的技術，我們將在本章後面再做討論。

　　現在你已完成了四份問卷：

1.健康行為問卷。

2.生活型態行為問卷。

3.行動阻礙問卷。

4.多向度的健康內外控問卷。

這些問卷將幫助你去決定——

1.你需要改變什麼樣的健康行為，以減少生病的危險和傷害。

2.那些生活型態行為會導致壓力，而且是你想要改變的。

3.什麼樣的障礙，會阻止你去改變這些健康行為和生活型態活動。

4.你對健康的控制知覺。

　　現在我們要進一步討論改變你健康和生活型態行為的方法。

減少壓力行為的方法

　　有一天我決定要減輕體重，這次我真的開始做！我訂一個嚴謹的飲食計劃來減輕重量。我從星期一的早上開始，並立下一個契約，寫上一些我在節食期間必須遵守的規則。

　　我知道自己在讀書時，常會不知不覺地吃下很多點心，因此，我將這兩種活動分開，來控制我的飲食習慣。當我在做別的事情時，決不再吃任何東西。我與妻子討論這些計劃，並得到她的支持與鼓勵。

另外，我使用小盤子，並在小盤子中分割一些小小的區域，這樣我可以避免覺得好像在虧待我自己。然後我多吃一些低卡路里的食物，像是生菜沙拉和蔬菜等。並且儘量減少高卡路里的食物，像是肉和澱粉類。假如在這一天之中，我想吃一些點心的話，就選擇一些低卡路里的水果做點心。如果我成功地遵守契約上的規定，在每個週末就給自己一些獎賞，像是書、雜誌、唱片，或看電影等。

上面的飲食計劃，包括一些心理和行為的技術，使用這些技術可以改變和修正健康及生活型態行為。在此，我們將討論一些經常用來改變行為的方法。

這些方法包括：

1. 自我監控(self-monitoring)
2. 自訂契約(self-contracting)
3. 與重要他人訂契約(contracting with significant others)
4. 適當的安排(tailoring)
5. 社會性增強(social reinforcement)
6. 物質的增強(material reinforcement)
7. 逐步養成法(shaping)
8. 備忘錄(reminder)
9. 自助團體(self-help groups)
10. 專業的協助(professional help)

這些技術雖然有部份重覆，然而爲了強調技術的差異性，所以分別把它們列出來。

自我監控

這些方法的共同處之一是對行爲的監控。自我監控是觀察和記錄自己行爲的過程(process)。例如，假定你是時常遲到，雖然想要準時，但總是做不到。因爲或許你不知道自己遲到的次數，及究竟遲到多久。而自我監控就是增加你了解自己行爲的方法。每次有約會或會議時，便記下自己是否準時赴約。如果你遲到了，就記下遲到多少時間。這樣會讓你自己知道問題的嚴重性，而改變你遲到的行爲。另外，自我監控也提供一個基準點，使你能比較原先的行爲和改變後的行爲的差異。如此一來，進步的本身便是一種增強了。

自訂契約

當行爲的基準點找到了（像我遲到的比率是2／3次），接著你就立下一些規則來改變這個行爲，並做一些承諾，以堅持這些規則，這就是訂定契約。契約的形式是「假如……，則……。」例如，假如我能準時出席會議，則我今晚就可以看電視。「準時出席會議」是我們要的行爲，而「今晚看電視」則是個酬賞（對此人而言，看電視是很大的享受）或是行爲的結果。另外，假如我（今天）沒有準時出席會議，則我今晚將不能看電視。我沒有做到所要做的行爲，因此我無法得到酬賞。自訂契約的意義在自己管理自己的獎賞。在這個過程中，你必須先列出你認爲是酬賞的東西。不同的人所要的酬賞也不同。如果你與他人共同訂下契約，成功的可能性會更大。

與重要他人訂契約

瑪賀尼(Mahoney)和索瑞仙(Thoresen)認為在訂契約時有五項法則：

1. 契約應該公平。
2. 契約中的措詞要很清楚。
3. 契約應該是切實可行的。
4. 程序應該有系統性和一致性。
5. 至少要有一人以上來參與。

契約的價值在於讓立約人能投入他們生活型態的改變計劃。當你寫下什麼樣的行為會得到什麼樣的酬賞或結果，你就不會忘記這些行為。而且，如果你與其他重要的人訂立契約的話，這表示你做了公開的承諾。這個重要的人可能是你的配偶、室友、朋友或親屬。這個人不一定要與你住在一起，但對你來說他必須夠重要，而且你可以信賴他，並對他負責任。

例如，你決定進行運動計劃，你計劃每次慢跑二十分鐘，每星期三次：星期一、星期三、星期五。假如你能成功地實行它，則在星期六可以為自己買一卷錄音帶。你將這些活動（二十分鐘的慢跑）、時間（每個星期三次，星期一、星期三、星期五）和所得到的酬賞（錄音帶）寫成契約。之後找一個你認為對你是重要的人，將自訂契約給他看，並與他討論，之後請他簽下名，表示你同意這個契約。一般來說，訂契約在改變各種健康和生活型態行為上，是個很有用的技巧。

適當安排

　　計劃能配合個體的情境能力、生活型態、習慣等，就稱為「適合」(tailored)這個個體。例如你發現自己處於很大的壓力之下，難以放鬆自己。因此你決定做一個放鬆計劃。有人建議你提早半小時起床，並做一些放鬆運動。於是在星期一的早上，你提早半小時起床，並做放鬆運動。不過，你卻在星期一的晚上感到相當的疲倦，但你依然持續在星期二到星期四的早上做了放鬆運動。而這些天的晚上卻同樣的讓你感到疲倦，於是星期五你睡過頭了。這樣的結果讓你感到相當的沮喪。但也表示這個計劃不適合你，你需要做「適當地安排」

　　如果你不是個「早起的人」，放鬆運動改在下課或工作之後才做，可能對你比較有意義。所以計劃必須依據你個別的時間表，適合自己獨特的特質和環境，才能達到它的效果。例如，星期天的晚上，是你每個禮拜中最感到安靜的時間，那麼，它也是你寫信和回信的最佳時刻。

　　在你設計一個行為改變計劃之前，要先檢查自己的時間表和生活型態。什麼時候做家事最好？什麼時候出門才能準時赴約？什麼時候該做運動？什麼時候才適合你做放鬆訓練？

　　假如你固定每天刷兩次牙（像早上和晚上各一次），那麼放鬆運動技術就可以配合在這個時候來做。換句話說，你可以將放鬆技術與刷牙行為做配對。但如果你並不是固定每天刷牙兩次，則你必須把放鬆技術安插在時間表上的其他地方（像工作之後或晚餐之後）。由此可知，適當地安排，會提供行為改變計劃最大的成功機會。

社會性增強

與重要的人訂契約，好處之一是這個人也涉入你的行爲改變計劃。他不但成爲激勵你的來源，且能幫助你克服很多障礙，另外他也是一個社會增強的來源。換句話說，他能告訴你做得很好，並且給你一些讚賞。而禮物、稱讚、拍拍肩，甚至是小小的微笑，都屬於社會性增強，根據研究，社會性增強的確能增加某一行爲的出現機會。

想像你現在正在戒煙，有一整天你都沒有抽菸，你的室友對你說「你眞行！」從他口中說出這句話，就是一個社會性增強的例子。或者你在工作中接到一個新的任務，後來你將這個任務做得很好，交差的時候，你的老闆拍了拍你的肩膀，這個動作讓你感覺好極了，於是你又接受了另一項新的任務。在我們與他人的接觸中，我們有時也會對別人說：「你做得很好」。使用這些社會性增強以鼓勵他們繼續正在做的事，是相當有用的。

不過，我們要注意的是，你所做的一切，都是爲了你自己。你不可能在每次做好一件事後，都期望有人來拍拍你的肩。最重要的還是自己的滿足感，以支持你繼續做下去。例如，你正在做規律的放鬆技術練習，從練習中所獲得的感覺與知識，應是鼓舞你持續下去的動力。

物質的增強

增強的方式也可以是物質的。前面的例子中曾提過，假如能遵守飲食計劃，就可以在週末得到一卷錄音帶。這個錄音帶就是物質的增強。你可以自我酬賞，但也可以由他人來酬賞。物質增強與社會增強兩者都是在增加行為重覆表現的機率。但有一點必須注意：某樣東西可以增強傑克(Jack)的某些行為，並不意謂它都可以增強其他人。假如某人不喜歡音樂會，則給音樂會的票，並不是一項好的增強物。所以增強物必須是對於被增強者具有價值的東西。錢是一項相當有力的增強物，因為它能換取無數有價值的東西。

逐漸養成法

　　要馬上改掉某種行為是很不容易的。因此，逐漸養成的計劃可以幫助你去塑造所要的行為。逐漸養成法是一種歷程，將計劃分成幾個部份，讓個體能按順序去學習和執行。計劃的各個階段是按各人的難度，由簡單到困難，漸次排列而成。例如，你想每天減少一千卡路里的攝取，你可能在開始時，先在晚餐中減少二百五十卡路里。一旦你成功地完成了訂劃的這個部份，你可以接著也在午餐中減少二百五十卡路里。假如你想做一個運動計劃，在開始時，你可以一個禮拜做一次二十分鐘的運動，等你做到之後，再增加到每個禮拜做二次三十分鐘的運動，然後是每個禮拜做三次三十分鐘的運動……等等，漸次的持續下去，直到達成你的目標為止。

備忘錄

　　假如你計劃在這個月的發薪日去存一些錢，但是你卻忘了，那麼何不在月曆上做個備忘錄，來提醒自己在這一天去存錢呢？在月曆上做個備忘錄，目的在提醒你某一天該做什麼事，而且在做完後，如能再貼個貼紙表示，這樣會更好。這目的是建立提醒的系統。如果在月曆上可以看到每天該做的事，實在是很好的備忘資料，你可以知道星期五要寫信給喬(Joe)，星期一下午4：30要做運動，星期六要打電話回家……等。除了月曆之外，你也可以請某個人來提醒你，只要不會導致爭吵或造成負面作用就可以了。

自助團體

很多有酒癮問題的人，在自助團體如Alcoholics Anony-mons（匿名戒酒會）中，能成功地解決他們的酒癮問題。其他的自助團體包括Gamblers Anonymous（匿名戒賭會）、Weight Watchers（體重監視會）、Overeaters Anonymous（匿名肥胖會）、Self-help drug programs（自助戒毒計劃）……等等。自助運動使不同人集合起來組織各種團體一同協助每個成員解決他們共同的問題。你也可以加入某個自助團體，來處理你本身特定的問題。

專業的協助

假如沒有辦法加入自助團體，那麼你還可以請專業的人員來協助你，像醫生、護士、精神科醫師、心理師、社會工作員、諮商員和健康教育工作者等。幾乎所有的社區都有這些專家，他們能幫助你改變健康和生活型態行為。

行為改變技術的應用

為了更完整的說明上面所提供的各種改變壓力行為的技術，我們舉兩個例子做說明。

例一：運動

運動是一種健康行爲，也是一種生活型態行爲，但在這裏我們當它是個健康行爲，因爲它對於心臟血管和體重控制來說是相當重要的。

首先，如果你已經完成了健康行爲量表，而運動／健康上，剛好是你想要做，卻總無法規律去做的行爲之一，你也下決心要去改變這個情況。但你在行爲阻礙量表上發現最大的障礙是時間、不方便和疲勞。現在，你要利用改變行爲的技術，以減少壓力行爲。第一件事是，你必須先知道你做運動的頻率如何？假如你從不做運動，答案就很明顯了。但如果你是偶爾做運動，那麼你就必須「自我監控」運動行爲。觀察並紀錄你做什麼運動？做多久？次數如何？劇烈程度如何？

接著下一個步驟是訂定契約，例如，你可以訂下「我要在星期一、二和五的早上六點至六點二十分，做二十分鐘的慢跑」。契約可以「自訂」也可以「與他人一起訂」。當然與他人訂的契約，效果比較好，因爲你必須對他們負責。現在假定你將契約與你的配偶、室友或親密的朋友討論過。

爲了克服時間、不方便和疲勞等三種障礙，你必須依自己的獨特狀況，將克服的計劃插在你「適合」的時間表中。以一天二十分鐘的時間來計算，一個禮拜也才一個小時，那麼考慮一下你的時間，是否能在一個星期中空出一個小時？工作前或工作後，你能排出一些時間來進行一個禮拜三次的運動嗎？

爲了增加成功的可能性，社會性或物質的增強是必須的。你的配偶、室友或親近的朋友可以告訴你到底做得多好，在週末時，如果你成功的達到計劃要求，可以酬賞自己一下，像買個錄音帶、書……等給自己，或是去看場電影等等。

　　假如你認爲一個禮拜三次的運動，對你來說，馬上實行會感到相當困難的話，那麼試試看「逐漸養成法」。在剛開始時，一個禮拜一次，一旦成功後，可增加到一個禮拜兩次，最後才變成一個禮拜三次。

　　爲了讓計劃能順利進行，要使用「備忘錄」。在你的床頭、餐桌，或甚至在你浴室的鏡子上，貼上你運動的日程表，而且你也可以請他人來提醒你。假如這些全都失敗了，那麼你可以求助於「自助團體」和「專家們」。

　　這個例子包括了所有改變健康和生活型態行爲的方法：自我監控、自訂契約、與重要的人訂契約、適當地安排、社會性增強、物質的增強、逐步養成法、備忘錄、自助團體和專家等。

例二：準時赴約並出席會議

　　在填完生活型態行爲量表之後，你發現常在約會或會議時遲到，這是讓你感到壓力的行爲之一，因此你決定改變這個行爲。接著在行動阻礙量表裏發現時間因素、家庭責任及工作責任是造成遲到的最大原因。基於此，你有了時間管理的問題。

　　首先你必須知道遲到的頻率如何？是100%或50%的遲到機率？是遲到五分鐘或四十五分鐘？你需要監控一下自己赴約和出席會議的行爲。你可以將一個禮拜內的約會或會議列出一張時間表，然後將你到達的時間寫下來，這樣可以給你一個基準，來了解遲到的情況。

　　接著訂下契約，如果能與他人訂契約會更有效。例如，你可以訂下「50％的約會或會議我將準時到達,其他我無法準時到達的50％,我遲到的時間要少於五分鐘。」但如果你雄心勃勃,你可以訂下100％準時的契約。

　　爲了克服時間、家庭和工作責任的障礙,你需要在做承諾時,同時做適合你自己時間的安排,你可能肩負了超過你所能管理的責任。你必須考慮一下每件事情所要花費的時間有多少,然後將它們的優先順序列出來,何者是最重要的?次要的……等等,這樣就可以更有效地管理你的時間。

　　爲了增加你在管理時間上成功的可能性,可將社會性和物質的增強法搭配在你的計劃上。例如,一個對你特別重要的人,如果稱讚你準時,將是你最大的社會性增強;或者你也可以自我增強一下,買些自己喜歡的東西給自己;或做些自己認爲是獎勵的活動。

　　假如在執行計劃時覺得很困難的話,或許你可以採用逐步養成法,在開始時,先要求自己達到25％的成功率,接著50％、75％等。

　　爲了能順利實行計劃,必須使用備忘錄。將每天會議或約會做成時間表,將準時到達所需的時間算好,並多留一些額外的時間,以便不時之需。

　　假如以上的方法都失敗了,你還可以求助於自助團體和專家。假如社區中沒有爲此特別問題所設立自助團體時,你可以從本身開始,召集一個這樣的團體,你會很驚訝地發現,居然有這樣多的人和你一樣遭遇同樣的問題,並且也深感壓力。

　　本章所提供的資訊,是協助你改變原來無法改變的行爲。試著使用本章所提供的方法並修改,以繼續追求最佳的健康水平和最滿意的生活型態。

減少壓力行為：一套指南

　　為了協助你改變壓力行為，請使用本指南。而本指南的理論基礎是奠基在本章的主要觀點上。

　　1.我想要改變的行為是：＿＿＿＿＿＿＿＿＿＿＿＿

　　2.阻止我做這些改變的障礙是：＿＿＿＿＿＿＿＿＿

　　3.改變壓力行為的技術：

　　　a.自我監控：我多常做這個行為？

　　　b.訂定契約：假如我做到的話：＿＿＿＿＿＿＿＿

　　　　　　　　　我可以得到的酬賞是＿＿＿＿＿＿＿＿

　　　c.重要他人：誰可以督促這個契約？＿＿＿＿＿＿

　　　d.適當安排：什麼時候是做這個行為的最佳時機？

　　　＿＿＿＿＿＿＿＿＿＿＿＿＿＿＿＿＿＿＿＿＿＿＿＿

　　　　　　　　　什麼地方是最佳的場所？

　　　＿＿＿＿＿＿＿＿＿＿＿＿＿＿＿＿＿＿＿＿＿＿＿＿

　　　e.社會性增強：誰可以獎勵你？＿＿＿＿＿＿＿＿

　　　　　　　　　　他如何獎勵你？（像稱讚、給小禮物）

　　　＿＿＿＿＿＿＿＿＿＿＿＿＿＿＿＿＿＿＿＿＿＿＿＿

　　　f.物質的增強：物質酬賞的形式（錢、有價值的東西）

　　　＿＿＿＿＿＿＿＿＿＿＿＿＿＿＿＿＿＿＿＿＿＿＿＿

　　　g.逐步養成法：我將依下列步驟來改變我的行為，步驟如下：

　　　　(1)

　　　　(2)

(3)

(4)

---

h.備忘錄：我可以用什麼樣的辦法，來提醒我去做這個
　　　　行為？（像是用月曆）

---

i.自助團體：是否有自助團體，可幫助我解決問題？

---

j.專業的協助：我需要專業的協助，來幫助我解決問題嗎
　　　　　　？如果需要，那裏可以找到呢？

摘要

1.由於減少壓力行為並增加健康行為，使你在生活中可以更有效地管理你的壓力。

2.為了減少壓力行為，確認阻止改變這些行為的障礙是很有用的。當障礙被確認了，消除或減少這些行為的策略就能夠被發展出來。

3.你對健康的控制知覺，影響你是否參與健康行為的意願。倘若你知覺到你已控制了健康，遠比那些相信健康操之於運氣、機遇、命運或具有影響力的他人者，更容易參與有益健康的行為。

4.自我監控是觀察並紀錄你的行為。自我監控健康和生活型態行為，能增加你對自己行為的了解，這是減少壓力行為的第一步。

5.適當安排一個健康行為計劃，由於計劃適合個人的獨特環境，因此是確保最大成功的好方法。

6.物質與社會性增強或酬賞的使用，會增加健康行為重覆出現的喜歡程度。

7.自訂契約及與重要他人訂契約的方式，正式形成參與一個獨特行為處理的承諾。在減少壓力行為上，訂定契約已被證實為一個有效的方法。

8.逐漸養成法是逐漸導入一個計劃中的各個要素之方法。當一個人在執行整個計劃感到困難時，這個技術特別有效。此外，運用備忘錄系統也是有助益的。

9.自助團體被組織起來，用以提供情緒性支持，及個體相類

似的健康和生活型態之資訊。爲了協助人們減少壓力行爲，專業
性協助是極有意義的。

參考書目

1. Stanislav V. Kasl and Sidney Cobb, "Health Behavior, Illness Behavior, and Sick-Role Behavior," *Archives of Environmental Health* 12 (1966):246-66.

2. Melody P. Noland and Robert H. L. Feldman, "An Empirical Investigation of Exercise Behavior in Adult Women," *Health Education* 16 (1985):29-33.

3. Marc Belisle, Ethel Roskies, and Jean-Michel Levesque, 'Improving Adherence to Physical Activity,' *Health Psychology* 6 (1987):159-72.

4. Jerrold S. Greenberg and David Pargman, *Physical Fitness: A Wellness Approach*, 2d ed. (Englewood Cliffs, N. J.: Prentice-Hall, 1989).

5. Melbourne F. Hovell, Beverly Calhoun, and John P. Elder, "Modification of Students" Snacking: Comparison of Behavioral Teaching Methods,' *Health Education* 19 (1988):26-37.

6. Robert H. L. Feldman, "The Assessment and Enhancement of Health Compliance in the Workplace," in *Occupational Health Promotion: Health Behavior in the Workplace*, by George S. Everly and Robert H. L. Feldman (New York: John Wiley & Sone, 1985), 33-46.

7. Charles K. Prokop et al., *Health Psychology: Clinical Methods and Research* (New York: Macmillan, 1991).

8. A. E. Kazdin, *Behavioral Modification in Applied Settings*, 3rd ed
   . (Homeword, IL: Dorsey Press, 1984).

9. Marshall H. Becker and Lawrence W. Green, "A Family
   Approach to Compliance with Medical Treatment——A
   Selective Review of the Literature," *International Journal of
   Health Education* 18 (1975):1-11.

10. Mark J. Kittleson and Becky Hageman-Rigney, "Wellness
    and Behavior Contracting," *Health Education* 19 (1988):8-11.

11. M. J. Mahoney and C. E. Thoresen, *Self-Control: Power to the
    Person* (Monterey, Calif.: Brooks-Cole, 1974).

12. Anne V. Neale, Steven P. Singleton, Mary H. Dupuis, and
    Joseph W. Hess, "The Use of Behavioral Contracting to
    Increase Exercise Activity," *American Journal of Health Pro-
    motion*, 4 (1990):441-447.

13. N. Oldridge and N. Jones, "Contracting as a Strategy to
    Reduce Drop-out in Exercise Rehabilitation," *Medicine and
    Science in Sports and Exercise* 13 (1981):125-126.

14. Jess Feist and Linda Brannon, *Health Psychology:* An Intro-
    duction to Behavior and Health (Belmont, Calif.: Wadswo-
    rth, 1988)

第五篇 特殊的應用

14

職業的壓力

　　海鮮餐廳的牆上掛著捕魚的網子和蝦籠，桌上擺著吃完的海鮮空殼，這真是一頓美味的海鮮晚餐。剝製的馬林魚從牆上望著我們，也望著岳父憂愁的眼神。他悲嘆一生所選擇的職業——教授。他多麼羨慕那些當醫生的朋友；每年有三十萬美金的收入，而且一個禮拜只要工作三天，還有很多休息時間可以去打高爾夫球。對於岳父講的話，我感到相當的驚訝！因為他一直是我努力學習的偶像，他的法律專業訓練，使他在商業上成為第二代優秀的律師，更值得驕傲的是，他的兒子已成為第三代的律師了。「假如我能從頭來過，我一定要做醫生」。從他講話向上翻的徬徨眼神，可以想像他內心是多麼憧憬那樣的生活。當他的眼神緩緩地向下移動並停留在我臉上時，我知道無可避免的問題，又會由他的雙唇蹦出來，「如果你能重新來過，那麼你會做什麼？」這已是十年前的事了，現在我岳父雖已退休，但仍在羨慕做醫生的美好生活。而對我而言，儘管經過了十年，我的答案卻是始終不變的，「如果我可以從頭來過，我還是會做我現在做的事。」而且從一些研究裏發現，很多的大學教授們，也和我有同樣的答案。「教授」一直被認為是一個挺讓人滿意的職業。一般人認為教授似乎是低壓力特性的職業。本章將討論這些特性和一般在職業上的壓力。

話說回來，如果你能從新來過，那麼你想做什麼呢？

職業壓力量表

為了有效、清楚的了解職業壓力，請先回答下列問題。假如你目前正在工作，則依你目前的工作情況來回答問題；假如你現在沒有工作，但你以前曾工作過，則依你最後一個工作的情形來填寫問題；如果你不曾有過工作經歷，請想一位最熟識而且目前正在工作的人，然後依他的情況來回答這些問題。

當我在團體中說明職業壓力時，必然地有些婦女會舉手發言，說他們從來沒有工作過，因此無法回答這些問題。事實上，她們一直都很認真地工作，她們勤儉持家，照顧小孩，盡妻子的責任，洗衣服，清理家務等等，但是她們從來沒有得到正式的薪水。假如你也是個在家工作的專職婦女，那麼就依你在家的情況來回答這些問題。

好，現在開始做問卷吧！請針對每個問題，將你認為最適合的答案寫在題目前面的空格中，這些題目是由威曼（Weiman）所發展出來的。

1＝從來沒有

2＝很少

3＝有時候

4＝常常

5＝幾乎都如此

_____ 1.你是否常感覺到因為權威太少而無法完成你的職責？

_____　2.你是否時常覺得工作範圍和職責不清楚？

_____　3.你是否時常不知道自己有什麼晉昇的機會？

_____　4.你是否時常感到工作負荷太重，在一般工作天不能完成？

_____　5.你是否時常對周圍的人所給予的衝突要求感到無力應付？

_____　6.對於你的工作，你是否時常感到無法完全勝任？

_____　7.你是否時常不知道上司對你的評價如何？

_____　8.對完成工作所必要的訊息，你是否常感到不足？

_____　9.你是否常擔心你的決定會影響到他人的生活？

_____10.你是否常覺得你的同事可能不喜歡或不接受你？

_____11.你是否時常覺得無法改變直屬上司所做對你有影響的決定和行動？

_____12.你是否時常不了解工作夥伴對你的期望？

_____13.你是否時常認為工作量可能妨礙到工作的品質？

_____14.你是否覺得在工作上時常要做與自己判斷相左的事情？

_____15.你是否感到工作會干擾你的家庭生活？

壓力分數	人數	％人數	病人／危險邊緣的人數				
			0.2	0.4	0.6	0.8	1.0
1.0－1.3	70	4.5					
1.4－1.6	148	9.6					
1.7－1.9	314	20.4					
2.0－2.2	308	20.0					
2.3－2.5	328	21.3					
2.6－2.8	222	14.4					
2.9－3.1	115	7.5					
3.2－3.4	24	1.6					
3.5－3.7	9	0.6					
3.9－4.0	2	0.1					
	1540	100.0					

圖14－1　壓力分數的百分比分配

　　做完量表後，請將各題所得的分數相加在一起，然後再除以十五，分數愈高，表示你的職業壓力愈大。

　　圖14－1表示一千五百四十名工作者在量表上的分數與發生疾病之間的關係。壓力分數愈高，疾病發生率愈大，然而由表中也發現小的壓力分數也有大的疾病發生率。換言之，具有某種程度壓力的人最健康，而不是壓力愈小愈好（即壓力不要太多，也不要太少）。關於這個現象，有幾種不同的解釋。而我認爲最有

可能的假設是：在此問卷上很低的分數意謂著回答者認爲沒有用或不被需要。他們覺得責任很少，而且認爲工作不是很重要，所以他們可以隨時被取代。依此推理，其實他們面臨著很大的壓力，而不是沒有壓力，但在這個問卷上無法顯示出來。關於這一點，本章的後面會有進一步的討論和解釋。

什麼是職業壓力

　　職業壓力很難定義，顧名思義，它是一種工作上的壓力，而且是發生在人的身上。任何一個工作者在他工作上，都有可能承擔某種程度的壓力。圖14－2說明了職業壓力的複雜性。

　　由圖14－2可以詳細看到工作壓力的來源，這壓力源有些是工作本身的性質，有些是工作者在組織中的角色；有些是生涯發展上的問題，有些則涉及工作中的人際關係，以及組織的結構和氣氛。

　　與這些工作壓力源互相影響的是個體的特質，是由工作者帶到工作場合的，與工作本身無關，但卻是職業壓力的主要成份。它包括工作者的焦慮程度，神經質程度，不明確情境的忍受力，和A型性格行爲。

　　另外有一些壓力源是來自工作場所以外，也超乎工作者本身之外的。這些壓力來源有家庭問題，生活危機，財務困難，和環境因素。上述諸多的壓力因素，會產生職業上不健康的症狀，進而發展成疾病。

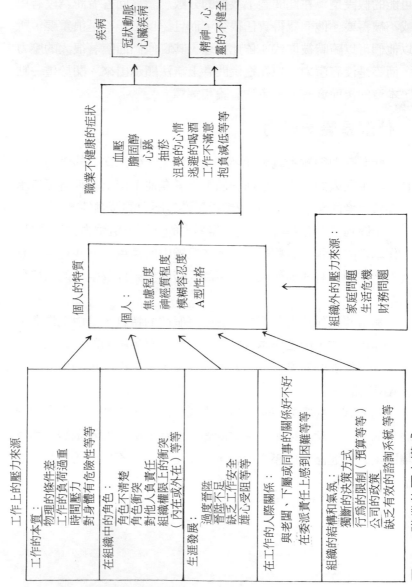

圖14－2職業的壓力模式

　　在這個模式裏，將職業壓力簡化成工作上的壓力，個人的特質，和組織外的壓力來源三部分。除此之外可能還有許多其他因素也會產生職業壓力。而這三個因素間的交互作用，應該被視爲同等重要。事實上，不同的工作特性有不同程度的壓力和生涯發展上的困境；而不同的工作者也有不同的焦慮程度和耐心，而且每個工作者所經歷的家庭和財務上的問題也不相同。因此，要把所有的問題全部量化，實在是不可能的事！

　　另一個檢視職業壓力的方法，是利用職業壓力評估表。由表14－1顯示：認定的職業壓力源出現在不同的網絡—社會文化的、團體組織的、就業安置的、人際關係的、心理的、生物學的以及物理環境的。在壓力源的每一個層次中，本表判定一些正式或非正式的介入處理方法。就圖14－2所呈現的職業壓力模式而言，它遠比工作中的種種壓力源更爲複雜。

爲何關心職業壓力

　　關心職業壓力的其中一個理由是，經營者開始關心員工的福利。因爲從事實來看，工作壓力可能會耗費掉上億元的代價。曾有人評估過，光是行政人員在工作上的壓力，每年就必須花費一百到一百九十億元的成本。這些成本包括病假的薪資，醫院和門診的照顧支出，以及這些行政人員的死亡等。此外，其他與壓力有關的因素也逐漸引起領導者的關切，因此在過去的二十五年裏，員工的健康福利給付已增加了八百個百分點。

　　通常公司須花費很大的代價長時期的訓練員工，但員工卻可能因工作壓力而崩潰，做出錯誤的決策，請假、濫用酒精和藥物，甚至死亡而必須再訓練新人接替。這些都是一個公司的成本支出。

　　據大都會人壽保險公司估計，任何一個工作天因為壓力失調導致曠職的，平均有一百萬人。美國家庭醫生學會的一個研究指出，工作壓力被認為是健康習慣不佳的主因。職業壓力影響效應，已導致各工業國莫不把壓力管理方案列為第一優先辦理的項目。由於壓力消除方案的實施，PA醫藥公司已發現曠職率已減少14％。此外，凱克（Kenecott Copper）因實施壓力管理方案，而節省75％的醫藥及意外費用。因此進一步評估有關壓力管理方案的效果時，可以得到「壓力管理方案對減少生理與心理的壓力症狀是有效的」結論。

　　根據統計，日本是所有國家中最關切員工的國家，其結果造成員工生產量和利潤的增加，於是美國也開始注意到雇主與員工間的關係；在政府政策的關切下，工商業開始做一些增進員工健康的事。而且為了吸引更多雇員，有些業者以加強福利政策，減少職業壓力和促進身體健康做為誘因；由此可見，對職業壓力的反應不再只是個道德上的問題，而是一種商業上的需要了。

職業壓力和疾病

　　職業壓力和疾病之間的關係是很難驗證的，因為二者間的關係包含了工作者的特質和來自工作場所以外的壓力源，這使得兩者間的關係變得錯綜複雜。但有些證據確實支持職業壓力與疾病之間的關係，這些證據包括兩大類：職業壓力造成生理效應及職業壓力與疾病之間的關係。

表14-1 職業壓力評估表

層次	壓力源	因應處理	
		正式	非正式
社會文化的	種族歧視、性別歧視、社會生態變遷、經濟衰落、政治改變、軍事危機	選舉、遊說議員/政治措施、公眾教育、貿易協定	草根組織、請願、示威運動、移民、配偶就業
團體組織的	雇用政策、工廠關閉、裁員、重新安置、自動化、市場變遷、再訓練、組織優先論	公司決策、重新組合、新的管理模式、管理諮詢(在職訓練/再訓練)	社交活動、競爭/激勵動機、管理者涉入並與工作人員連結、兼差、延續教育
就業安置的	任務(時間、速度、自動化、創新)、督導、核心工作人員、參與決策	督導會議、健康、安全會議、工會伸冤、受雇人員涉入、品管圈、工作再設計、在職訓練	減速/加速、重新定義工作任務、其他工作人員的支持、破壞、偷竊行為、停職,轉換工作
人際關係的	離分、分居、婚姻不和諧、家人或朋友的衝突、家人死亡或生病、代溝衝突、法律/財務困難、早年父母的身份、地位	法律/財務服務、離職、諮商輔導或心理治療、保險計畫、家族治療、信用貸款、白天照顧	尋找社會性支持/忠告、尋找法律/財務協助、自助團體、假日/生病、小孩照顧
心理的	精神官能症、心理疾病、情感、認知或行為障礙、無效的因應技巧、自我形像不佳、溝通不良、耽溺行為	受雇者的協助、諮商輔導或心理治療、藥物治療、督導訓練、壓力管理、工作坊	尋找朋友、家人或教會的支持、自助團體、自己藥物控制、休閒、娛樂安排、性生活、心理健康日活動
生物學的	疾病、殘障、睡眠、食慾障礙(不佳)、藥物依賴、生化不平衡、懷孕	安置就業前的篩選、諮商輔導、藥物治療、健康教育、受雇者的協助、懷孕離職	改變睡覺/清醒的習性、攜帶中餐、自己藥物控制、化粧、低熱量飲食、運動、醫生諮詢
物理/環境的	空氣污染、環境不利、曝光於噪音下、曝光於有毒物質下、照明不良、曝光於輻射線下、設備不佳、不良建築物	保護性衣著/設備環境控制、健康/安全委員會、內部裝修、工會伸冤	得到應得的設備和裝修、隨身邊、收音機、私人醫生諮詢、抱怨信

資料來源：M.J. Smith et al., "A Review of NIOSH Psyehological Stress Research-1977", NIOSH Proceedings of Occupational Stress Conference, pp.27-28.

生理效應

　　有幾個研究已經顯示職業壓力會伴隨生理覺醒的出現，例如：一般飛行員的心跳速率比人高，而軍機的飛行員在起飛和降落時血壓有升高的現象，又當他們在航空母艦上降落時，他們血液中的皮質素（cortisol）也隨著增加。

　　當然，駕駛飛機的壓力的確比一般工作大。然而，有些研究指出，就連只是配合機器速度運作的工作者（類似生產線的工作）也會產生生理反應的覺醒。快速運作而又無法主控速度的快慢時，都會導致工作者心跳和血壓的增高。而且日夜顛倒的工作者更容易造成腎上腺素、尿酸、血膽固醇、葡萄糖及血脂質的增加。

疾病的狀況

　　很多的研究已證實職業壓力和疾病發展之間有密切的關聯。諾琴克（Russek）和諾琴克（Russek）發現根據職業壓力，很容易從健康的受試者中找出心臟病患者。這種區別的能力甚至比其他心臟疾病的危險因素（高血壓、膽固醇、抽菸、肥胖等）更明顯（Russek & Russek,1976）。職業壓力與心臟血管疾病間的關聯，已經獲得一致的結果（Theroell & Floderus-Myrhead, 1977; Heynes & Feinleib, 1980）

　　除了心臟血管疾病外，也發現職業壓力與高血壓，糖尿病和胃潰瘍有關（Cobb & Rose, 1973）。事實上，職業壓力可能導致任何與壓力有關的疾病，這些疾病已在第三章討論過。有了這些疾病後，常會造成能力不足，以致提早退休（Chase, 1980）

。也有研究發現工作壓力會隨時間而變化，更有一個研究發現心臟的跳動速率在星期一時最高，因爲這天必須回到工作的情境去，而在星期五時降到最低（TGIF）（Rabkin & Matthewson, 1980）。你想爲什麼會有這種現象呢？

心理效應

　　職業壓力也會影響你的心理健康。例如研究已發現，某些職業壓力源會導致缺乏自信、增加工作緊張，和較少的工作滿足感。有九十六篇職業壓力的心理效應研究也發現：曠職率和低工作績效與工作帶來的壓力有顯著關係。

來自職業的壓力源

　　以下諸多情況會讓工作者感受到較大的壓力；面對不清楚的工作目標時，周圍的人對他們的要求有矛盾時，工作量太多或太少時，無法參與影響他們的決策時，及對其他工作者的專業發展必須負責任時（Cory, 1979），這些狀況都會讓工作者感到較大的壓力。

　　一般藍領階級（blue-collar）的職業壓力可以分成四類：

1. 報酬：由於通貨膨脹而降低了購買能力，而且可能因救濟政策而導致失業。
2. 健康和安全威脅：不適當的測試成分和處理過程，會在工作中產生危險。這些危險藉由媒體的大肆渲染，再加上業者刻意規避政策的規定，而成爲工作者的壓力。
3. 工作的場所：工作場所可能通風不良，吵雜或氣味難聞等。通常在同一組織中，白領階級與藍領階級的工作場所迥然不同，而造成藍領階級的妒忌和缺乏自尊感。

4.工作喪失：擔心失業的日子，會導致較高的焦慮和不安感
（ Shostak, 1980 ）。

高壓力工作

卡拉賽克（ Robert Karasek ）和他的夥伴研究工作
壓力發現：最有壓力的工作是較少決策權，卻有
較高心理需求的工作人員。高心理需求是指要求
工作快速，且工作量大的工作。最有壓力和最少
壓力的工作分別為：

最多壓力	最少壓力
電子裝配員	建築師
鐵匠	牙醫師
出納員	林務人員
電子工人	治療師
廚師	工具製造者

你正受訓的職業是否對你需索極多，卻在工作職務
的運作上未能充分授權？如果你的答案是沒錯！
就是這樣。你可能需要再考慮是否要經驗過多的
壓力，並費盡心力去保有那份工作。

資料來源：American Journal of Public Health 78
　　　　　(1988):910-918.

社會的變遷

我們只要看瑪林（McLean）所提出的，影響工作態度的社會改變因素，就可了解定義職業壓力源的困難。瑪林認爲職業壓力會受到下列改變的影響：

1. 當時的經濟問題：緩慢的經濟成長、高失業率，能源危機、產量衰退、輸出品減少，和救助失業者的社會成本等等，都是當前的經濟問題。

2. 權利高漲的時代：很多人抱持著生活水準會不斷提昇的希望，消費者的慾求愈來愈多，而且大部份的人都認爲社會福利政策應該保護家庭對抗經濟困境、疾病或老化。

3. 教育機會的增加：愈來愈多的人口接受更多教育，然而現有的經濟制度卻使得他們所學的技術無用武之地。

4. 挑戰權威：有70％的年輕工作者認爲只要他們不同意上級的意見，便不遵行命令，也不再盲目地遵行工作的要求了。

5. 對制度信心的衰微（Dedline of confidence in institution）：職業、政府、勞工、教堂，和軍隊已失去公衆的信任。缺乏這些信任將導致不安全感和懷疑。

6. 抗拒改變：「改變」會產生不安全感，在職業上的改變被視爲爲了增加產量和減少成本，而不是因爲工作者的需求。並且技術上的改變，則意謂著裁員將至，因此造成了抗拒改變的心態。

7. 改變對工作的態度：在一九六七年有超過50％的美國學生認爲努力工作會得到報酬，但到了一九七五年只有25％的學生相信。

8. 家庭的改變：很多離婚和雙生涯（dual career）家庭會產生一些新的問題。有時因為配偶的工作而必須搬家，但自己的工作又不容許，因此面對這種決定，令人感到相當困擾。如何兼顧工作和家庭的需要，常是個大問題。

9. 社會變遷的速度快過工作場所的改變：組織裏勢力強大的官僚制度阻礙了改變，即使有改變，也是少許的。他們通常是在員工或政府規章的強制下，才做微調（McLean, 1979）

工作狂

你在工廠工作

早上七點三十分是你一天的開始，你準時到達工廠，並愉快地與同事打招呼。在聽到簡短的汽笛聲後，開始二十分鐘的體操運動。八點時，你已精神抖擻的面對配裝線。

早上十點左右，在短暫的休息之後，你參加品管團會議，談論有關線上的產品和可能的改進方案，以及一些好的新政策，以做為未來管理上的參考，然後再回到工作上去！

中午時，你吃了一個舒服，營養的午餐，然後到外面的運動場上，做些網球、排球或壘球運動。休息了九十分鐘之後，你再度回到工作線上。

這是在日本每天工作生活的寫照，而每個國家都還一樣。在日本每年的生產量增加10%，而在美國每年的生產量卻逐年下降。

日本業者的管理方式，認為員工的健康是最重要的，而美國的業者也受到這個觀念的影響（當然最重要的是來自生產量的影響），也開始重視員工的健康。不論是什麼產業，好的健康才有好的事業。資料來源：Charles Jennings和Mark J. Tager的"Good Health is Good Business", Medical Self-care, Summer, 1981, P17）。

缺乏參與

在造成壓力的因素中，與工作場所和組織的運作有關的是工作者參與的程度。工作者認為他們參與決策的程度有多少？在影響組織的重大事件上，是否被諮詢？與組織協商，談工作中的行為規則…等等。這些參與，已經有研究證實與工作的滿意度、威脅感，和自尊有很大的關聯（French & Caplan, 1970）。另外也有其他的研究發現：沒有參與感與整體的身體健康、逃避性飲酒、沮喪、低的生活滿意度、低的工作動機、離開工作的意圖和怠工等有很大的關聯（Margolis, Kroes & Quinn, 1974）。圖14－3表示高參與在工作上的效應，而低參與的效果則恰恰相反。

角色問題

在組織中，如果能釐清自己的角色並確定如何扮演，將可使自己的壓力減到最低程度。如果角色不清楚，會引發各種不同的角色問題，分別敍述如下：

1. 角色負荷過重

當工作的要求太多時，工作者會感覺沒有能力去處理問題，如此一來就變成壓力。你可以想像在有限時間內，必須做完很多事情時的急迫感覺。

2. 角色功能不足

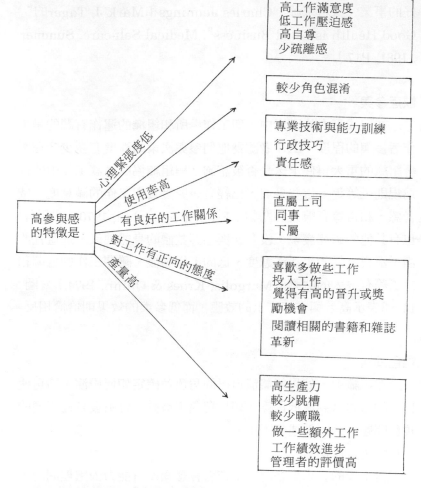

圖14-3 與工作有關的效標評量之參與效應

　　當所受的訓練、教育、技術或經驗無法與完成工作所需的條件配合時，將會讓工作者感到壓力。當工作者的才能和組織的期待無法適當配合時，會產生不一致和不滿意的情況。（Osipow & Spokone, 1980）

　　3.角色模糊

　　當對工作和工作場所的情況不清楚時，也會產生挫敗和壓力。工作者應該知道工作晉陞的標準，在組織中的優先順序，和組織的期待等。

　　4.角色衝突

　　當兩個主管間的期待不相同時，工作者就面臨互相矛盾的要求（圖14－4）。完成一方的期待，將得罪另一方，這是做與不做的兩難。像這種不知所措的情境，便是職業壓力的因素之一。

工作不滿足

　　此一因素一般被認為是對薪資的工作場所的不滿意。即使工作者有很好的薪資，且在衛生安全的場所工作，他們也可能感到不滿意。這一類與工作有關的因素，我們稱之為動機因素（motioational factors），它影響工作的滿意度。這個因素包括激勵因素涉入的程度。激勵因素包括：工作做得好，可以得到認可的量，與工作同事的關係，和承受責任時，被鼓勵的機會（看圖14－5）等。不幸的是，很多工會在協商契約時都忽略這些因素。雖然有些動機因素很難定位，但是，卻很重要，而且值得去嘗試的。

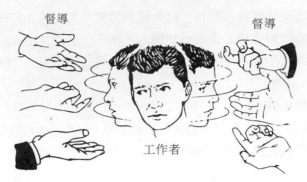

圖 14－4 角色衝突：要配合那一個要求？

工作環境

有些工作場所存有危險因子而讓工作者產生壓力。例如：具危險性的工作或場所、化學毒素、高噪音、灰塵、過冷的環境、刺激的氣味，和其他具有壓力的因素，這些都可能導致疾病。倘若有興趣，有一本書書名為「辦公室的工作可能有害於你的健康」，可做為你的參考資源，畢竟開卷有益，不是嗎?!

工作狂

太多的工作量，即使是你喜歡做的也是一個職業壓力源。有些人十分喜歡工作，覺得沒有工作的生活太乏味了，因此，他們將整個人沈浸於工作中。事實上，工作一直在消耗我們。你是個「工作第一」的人嗎？下面的問卷，可以幫你了解自己的狀況。

自我實現的需求	與工作有關的滿足感
達到自己潛能的發揮	投入工作計劃
獨立	成長與發展的機會
	能自由地對工作做決策
自我表現	有創意

自尊需求	其工作有關的滿足感
責任感	身份的象徵
自尊心	功績的酬賞
認可	工作具有挑戰性
成就感	晉升的機會
	參與決策

社會需求	與工作有關的滿足感
友誼	有機會與他人交往
接納	團隊精神
愛和感情	友善的工作夥伴
團體中的關係	

安全的需求	與工作有關的滿足感
自我和財務的安全	安全的工作環境
避免危險	老資格
	福利
避免傷害	適當的管理
避免痛苦	公告公司的政策、計劃和常規

生理需求	與工作有關的滿足感
食	愉快的工作環境
衣	足夠的工資或薪水
住	休息時間
自我保護	省力的設備
生活舒適	有效的工作方法

圖14-5 人類的需求與工作有關的滿足感

你是個工作狂嗎？

　　假如你曾懷疑自己是否是個工作狂——或者假如你認為自己可以獨自工作或生活——請試著完成這份問卷，並了解它代表的意義。

	是	否
1.不論你多晚睡，你都會早起？	—	—
2.當你一個人吃午餐的時候，是否會邊吃午餐邊閱讀或工作呢？	—	—
3.你會將一天中要做的事，列出一張表嗎？	—	—
4.你是否覺得「無所事事」是很困難的事？	—	—
5.你是否精力充沛並富有競爭性？	—	—
6.週末和假日時，你是否也在工作？	—	—
7.你在任何時間和任何地點都能工作嗎？	—	—
8.你覺得渡假是一件困難的事嗎？	—	—
9.你會害怕退休嗎？	—	—
10.你真的喜歡工作嗎？	—	—

　　假如你回答「是」的題目超過八題，表示你就是一個工作狂。

資料來源：Marilyn Machlowitz (1980), Workaholics:Living with them, working with them, PP17-20. Mass:Addison-Wesley.

在研究「工作狂」中，瑪奇諾維滋（Marlyn Machlowitz
）發現下列幾個特質：

1.有企圖心和精力充沛的傾向。

2.比一般人睡得少。

3.度假是困難的事。

4.把他們大部份醒著的時間用在工作上。

5.常常邊吃邊工作。

6.寧願工作，而不願玩樂。

7.絕大部分時間都在努力工作。

8.工作和遊戲的界限不清楚。

9.能在任何時間，任何地點工作。（Machlowitz M.,1980）

為了改善工作狂的習慣，她建議下列的作法：

1.把注意力放在你喜歡的工作上，對於不喜歡的部份，則試
　著把它停掉、委派他人或酌量減少。

2.問問自己：「什麼工作我可以輕鬆自在的做？」然後試著
　把工作轉換，以相同的心情去完成它。

3.控制你的時間：不要讓時間來控制你。決定你要花多少時
　間在工作上，然後依此來限制你工作的時間。例如，你可
　以將停止工作的時間安排在下午五點三十分，並且與朋友
　約定在下午五點四十五分去跑步。這些安排可以讓工作狂
　感到更有精神和更有生產力。

4.在工作中建立友誼，安排相當的時間來與同事接觸。

5.在工作中預留空白時間，例如，你現在所預定的工作時間
　是每三十分鐘一個單位，那麼試著改成四十五分鐘一個單
　位。

6. 要學習對新的要求說「不」。假如你覺得馬上說「不」很困難，那麼你可以先說：你需要一些時間考慮。然後等一陣子，再說「不」。

7. 佈置你的工作場所，創造一個愉快的氣氛。

8. 試著去感受工作帶給你的正面感覺：工作的喜悅將使你感到有成就，除此之外。還有自由、有機會爲別人服務，或其他工作中值得酬賞的狀況。

9. 你有權利說「過度投入工作」是你的工作方式，但你能怎樣改變或重組工作，使它變得更有成就感呢？（Ferguson. M.1981）。

除此之外，工作狂很喜歡工作；所以要注意到因太注重工作所帶來的傷害。例如與家人相聚的時間，常常被拿去工作。而且也由於工作狂的工作型態，使家庭的責任都落在其他家人身上。爲了調和工作狂和家庭健康之間的消長關係，應該策劃一些時間，從事家庭聚會，使工作狂遠離電話和工作的派令。而徒步旅行和遠足是很有用的方法。

枯竭

太多的工作或工作上的挫折，會導致一些生理症狀和情緒的不穩定，這種症狀被稱爲枯竭。枯竭是有害的工作壓力，它具有心理、心理生理和行爲的成份。此外，枯竭也會造成工作士氣降低，高缺席率，高跳槽率，身體的疾病和痛苦，藉酒消愁或藉藥物逃避現實，也會增加婚姻和家庭的衝突，甚而產生各種不同的心理問題（Jones, J. W., 1980）。

枯竭的症狀包括：

1.幽默感減少：工作時沒有辦法開懷地笑，精神是緊繃著。

2.忽略休息和飲食時間：一直沒有時間喝杯咖啡或吃午餐，以恢復精力。

3.加班且沒有假期：對組織來說是不可缺少的人物；在休息的日子也不拒絕工作。

4.身體的抱怨增加：疲勞、易怒、胃不舒服、肌肉緊張，且容易生病。

5.社會退縮：遠離同事、同伴、和家人。

6.工作績效降低：缺勤增加、拖延工作，請病假，效率減少，生產力也減少。

7.自行服藥：增加使用酒精、鎮定劑，和其他可以改變心情的藥物。

8.內在的變化：情緒耗盡、喪失自尊、沮喪、挫折，和愈陷愈深的感覺（Patrick, P.K.S., 1981）。

此外，枯竭的現象也可能具有：消極、妄想、嚴厲、冷漠、寂寞與罪惡感，及難以作決定等特質。

婦女的枯竭問題是最近的熱門話題。在佛洛顚伯格（Frendenberger）與諾斯（North）合寫的書中，一個爭議的觀點是，女企業家經歷較高的枯竭現象。由於女企業家相當在乎是否被視為弱者，因此她們比男企業家更不容易接受枯竭的存在。即使是婦女有氧運動教練，也會因運動傷害而導致枯竭。

從不同的觀點來看枯竭的形成，是漸進式五階段理論。這五階段分別為：

階段一（蜜月期）：在此階段中，工作者經常對自己的工作和努力感到滿意，對工作有熱忱。然而，若繼續下去，工作變得毫無樂趣可言，工作者亦失去工作的能量。

　　階段二（燃料耗盡期）：在此階段中，精疲力竭是普遍現象，而藥物濫用、難以入睡亦是主要症狀。

　　階段三（慢性症狀期）：在此階段中，過度工作導致生理效應，包括：持續耗損與容易生病；心理效應包括：容易激怒與憂鬱感。

　　階段四（危機期）：在此階段中，實際生病導致無法工作。家人關係同時受到消極、自我懷疑，或揮之不去的工作問題等感覺的影響。

　　階段五（受創期）：在此階段中，生理與心理的問題變得嚴重而致病，甚至可能危害到生命。工作者在工作上將遭遇許多問題，這些問題可能威脅到整個生涯的發展。

枯竭量表

　　你是否因消耗殆盡而枯竭了，或正走向這條路呢？請完成下列量表，了解你枯竭的程度。下面的每個句子，如果你認為對，就在前面寫上「○」，如果認為錯，則寫上「×」。

_____ 1.你的工作效率衰退了嗎？

_____ 2.在工作上，你的進取心降低了嗎？

_____ 3.你已對工作失去興趣？

_____ 4.工作壓力比以前大？

_____ 5.你感到疲憊或虛弱嗎？

_____ 6.你頭痛嗎？

_____ 7.你有胃痛嗎？

_____ 8.你最近體重減輕了？

_____9.你睡眠有問題嗎？

_____10.你會感到呼吸短促嗎？

_____11.你的心情常改變或沮喪嗎？

_____12.你很容易就生氣嗎？

_____13.你常有挫折感？

_____14.你比以前更會疑神疑鬼？

_____15.你比以前更覺得無助？

_____16.你使用太多藥物（像鎮定劑或酒精）來改變你的情緒嗎？

_____17.你變得愈來愈沒有彈性嗎？

_____18.你變得更加挑剔自己和別人的能力？

_____19.你做得很多，但真正做完的很少？

_____20.你覺得自己的幽默感減少了？

　　假如你有一半以上的題目回答「○」的話，你已經瀕臨警戒線了（Freudenberger, H.J. & Richelson, G., 1979）。假如你的答案超過十五題以上是答「○」的話，那表示你已經快燃燒殆盡了。不過你可以運用壓力管理的方法來改善它。

　　接著，我們能對枯竭做些什麼呢？在此領域的專家建議：

1.「你為什麼而工作？」不論是物質或抽象的，只要是你從工作中可能得到的，均請列出。這樣做可以了解自己的動機，以及工作的意義和價值。

2.「我真的很想做那些事？」列出所有你喜歡的活動，並依照各別的重要性，排出優先順序，然後標上你最後一次從事這些活動的時間。

3.成立一個支持性團體，固定與朋友或同事見面。

4.開始做一個身體的自我照顧計劃，包括運動、飲食和消除有害健康的習慣（像抽煙）。

5.開始做心理的自我照顧計劃，包括放鬆技巧，協商技巧，時間管理和自我肯定訓練。

6.每天做些天眞的事，像溜冰、吹泡泡，或做做鬼臉…等，讓自己放鬆、開懷，避免使自己太過嚴肅（Petrick, 1981）。

你是否已對學校或工作感到瀕臨枯竭？如果是的話，你就必須改變它？你是可以控制自己和自己的感覺的。你可以做這些控制訓練，並選擇不願受枯竭的毒害，它就不會發生在你身上。

職業壓力的受害者

任何一個工作者都可能承受職業壓力，但有些工作的性質原本就比較具有壓力的。例如：警察、護士、飛航管制員、客運駕駛、會計師和自動裝配員等。表14－2是一個研究的結果，在二萬二千個工作者及一百三十個職業裏，我們可以看到有些職業是比較具壓力的。不過，任何人都可能遭遇職業壓力，所以要注意不讓它影響我們的健康。

管理職業壓力

職業壓力是很困難去定義和測量的，因爲它的來源包括工作特性和不同的個人人格特質，但當我們受到它們的影響時，就會知道它們的存在。好在我們能使用第四章所提供的壓力模式來處理職業壓力，使職業壓力不會造成疾病或危害健康。我們能改變工作（生活情境的處置，life-situation intervention），視壓

表14－2 職業與高、低壓力相關的疾病

低壓力的職業	高壓力的職業	
裁縫師	勞動階級	健康助理
審查員	秘書	社會工作員
證券交易員	稅務稽查員	有照護士
工匠	臨床研究技術員	接線生
女佣人	經理	美髮師
農場工人	工頭	倉管員
重機械操作員	行政經理	銷售經理
運送管理員	侍者	牧師
兒童照顧工作者	技工	銷售接待員
包裝員	農場老闆	警察
大學教授	礦工	鐵路搬閘手
公關人員	油漆工	肉類切割員
拍賣員	健康技術員	電機師
	臨床護士	消防員
	助理護士	水電工
	音樂家	結構金屬工藝匠
	牙科助理	監獄看守員
	助教	機械師
	程式設計師	機械工人
	銀行出納員	公共關係師

來源：M.J. Smith et. al., "a Review of NIOSH Psychological Strss Research-1977".

力為一種挑戰，而不是難以承受的苦惱（知覺上的處置—perception intervention），練習放鬆技巧（情緒覺醒的處置—emotional arousal intervention），或是利用運動來消除累積的壓力產物（生理覺醒的處置—physiological arousal intervention）。然而是否要做這些改變，還要靠我們自己的選擇。一味地逆來順受是沒有用的，因為我們仍會繼續抱怨我們的工作或老闆。然而事情是可以改善的，而你讀了這本書就是一個好的開始。

摘要

1.太少的職業壓力與太多的職業壓力，同樣都會危害健康的。但適量程度的職業壓力卻是有助益且被接受的。

2.職業壓力由工作場所的壓力來源、個人特質，和組織外的壓力來源三因素交互作用而形成。這些壓力來源會導致職業性不健康的症狀，或實際上的疾病。

3.由於職業壓力被忽視，導致於要花費龐大預算來處理受雇者的健康、決策不當或曠職，因此企業界變得愈來愈關心職業壓力。此外，壓力管理方案已被用來吸引公司內的新進從業人員。

4.當工作目標不清楚、衝突需求加諸身上、太少或太多工作量、影響他們的決策卻少有參與，及為其他工作者負起責任時，工作者會感受到較大的職業壓力。

5.導致職業壓力的角色問題包括：角色負荷過重、角色功能不足、角色模糊，及角色衝突。

6.工作狂花費許多時間在工作上，經常是邊吃邊工作，寧願工作而捨棄玩樂，並且在任何時間、任何地點均能工作。他們的行程緊湊，精力充沛，但卻難以入睡，且不容易有假期。

7.枯竭是情緒和生理耗損後的症狀；枯竭是利用心理、生理心理，和行為要素以表達工作壓力的反向反應。其症狀包括：幽默感減少、忽略休息和飲食時間、加班但沒有假期、身體的抱怨增加、社會退縮、工作績效降低、自行服藥，及憂鬱或愈陷愈深的感覺等內在變化。

參考書目

1. Clinton G. Weiman, "A Study of the Occpational Stressor and the Incidence of Disease Risk," *NIOSH Proceeding: Reducing Occupational Stress* (Cincinnati, Ohio:National Institute for Occupational Safety and Health, April 1978), 55.

2. Jefferson A. Singer, Michael S. Neale, and Gary E. Schwartz, "The Nuts and Bolts of Assessing Occupational Stress:A Collaborative Effort with Labor,"in *Stress Management in Work Settings*, Lawrence R. Murphy and Theodore F. Schoenborn(Eds.)(Washington, D.C.: National Institute for Occupational Safety and Health, 1987),3-29.

3. Roberta J. Donatelle and M.J. Hawkins, "Employee Stress Claims:Increasing Implications for Health Promotion Programming," *American Journal of Health Promotion 3*(1989): 19-25.

4. Charles Jennings and Mark J. Tager, "Good Health Is Good Business," *Medical Self-Care*, Summer 1981,14.

5. J.S.J. Manuso, "Stress Management in the Workplace," in *Health Promotion in the Workplace*, M.P. O'Donnell and T. Ainsworth(Eds.)(New York:John Wiley & Sons, 1984),362-90.

6. Paul J. Rosch and Kenneth R. Pelletier, "Designing

Worksite Stress Management Programs," in *Stress Management in Work Settings*, Lawrence R. Murphy and Theodore F. Schoenborn(Eds.)(Washington, D.C.: National Institute for Occupational Safety and Health, 1987),69.

7. American Academy of Family Physicians, *A Report on Lifestyles/Personal Health Care in Different Occupations*(Kansas City:American Academy of Family Physicians, 1979).

8. Kenneth R. Pelletier, *Healthy People in Unhealthy Places:Stress and Fitness at Work*(New York:Delacorte Press / Seymour Lawrence, 1984).

9. George S. Everly and Daniel A. Girdano, *The Stress Mess Solution:The Causes of Stress on the Job*(Bowie, Md.:Robert J. Brady, 1980),4.

10. R. Egdahl and D. Walsh, *Mental Wellness Programs for Employees*(New York:Springer-Verlag, 1980).

11. K.R. McLerroy et al., "Assessing the Health Effects of Health Promotion in Worksites:A Review of the Stress Program Evaluations," *Health Education Quarterly 11*(1984): 379-401.

12. Wm. Ouchi, *Theory Z*(Reading, Mass.:Addison-Wesley, 1981).

13. Daniel b. Moskowitz, "Workers' Compensation A wards for Job Stress on the Rise," *Washington Post, Business,* 14 October 1985,39.

14. Robert Byrd, "Job-Stress Illness Up, Report Says; More Injury Claims Cite Mental Anxiety," *Washington Post, 3 October 1986,F2.

15. John M. Ivancevich, Michael T. Matteson, and Edward P. Richards III, "Who's Liable for Stress on the Job,"*Harvard Business Review*, March-April 1985,66.

16. D.B. Baker, "The Study of Stress at Work," *Annual Review of Public Health* 6(1985):367-81.

17. J.J. Hurrell and M.J. Colligan, "Psychological Job Stress," in *Environmental and Occupational Medicine*, W.N. Rom(Ed.)(Boston:Little, Brown, 1982),425-30.

18. H.P.R. Smith, "Heart Rate of Pilots Flying Aircraft on Scheduled Airline Routes," *Aerospace Medicine* 38(1967):1117-19.

19. J.A. Roman, "Cardiorespiratory Functioning in Flight," *Aerospace Medicine* 34(1963):322-37.

20. R.T. Rubin, "Biochemical and Endocrine Responses to Severe Psychological Stress," in *Life Stress And Illness*, ed. E.K.E. Gunderson and Richard H. Rahe(Springfield, Ill.: Charles C. Thomas, 1974).

21. M. Frankenhauser and B. Gardell, "Underload and Overload in Working Life:Outline of a Multidisciplinary Approach," *Journal of Human Stress* 2(1976):35-46.

22. J. Chadwick et al., "Psychological Job Stress and Coronary Heart Disease," NIOSH report under contract no. CDC-99

-74-42(National Institute for Occupational Safety and Health, 1979).

23. David C. Glass, "Stress Behavior, Patterns, and Coronary Disease," *American Scientist* 65(1977):177-87.

24. T. Theorell and T. Akerstedt, "Day and Night Work: Changes in Cholesterol, Uric Acid, Glucose, and Potassium in Serum and in Circadian Patterns of Urinary Catecholamine Excretion—A Longitudinal Cross-Over Study of Railroad Repairmen," *Acta Medicine Scandinavia* 200 (1976):47-53.

25. R.A. Karasek, J. Schwartz, and T. Theorell, *Job Characteristics, Occupation, and Coronary Heart Disease,* final report on contract no. R-01-oH00906(Cincinnati, Ohio: National Institute for Occupational Safety and Health, 1982).

26. Robert A. Karasek et al., "Job Characteristics in Relation to the Prevalence of Myocardial Infarction in the US Health Examination Survey(HES) and the Health and Nutrition Examination Survey(HANES)," *American Journal of Public Health* 78(1988):910-918.

27. Henry I. Russek and Linda G. Russek, "Is Emotional Stress and Etiological Factor in Coronary Heart Disease?" *Psychosomatics* 17(1976):63.

28. T. Theorell and B. Floderus-Myrhed, "Workload and Myocardial Infarction—A Prospective Psychosocial

Analysis," *International Journal of Epidemiology* 6(1977):17-21.

29. S.G. Haynes and M. Feinleib, "Women at Work and Coronary Heart Disease:Prospective Findings from the Framingham Heart Study," *American Journal of Public Health* 70(1980):133-41.

30. S. Cobb and R.M. Rose, "Hypertension, Peptic Ulcer, and Diabetes in Air Traffic Controllers," *Journal of the American Medical Association* 224(1973):489-92.

31. Anne Chase, "Police Psychologist:Post Remains Vacant for 9 Months Despite Growing Stress in Department," *Prince George's Journal*, 14 March 1980,A4.

32. S. Rabkin and F. Matthewson, "Chronobiology of Cardiac Sudden Death in Men," *Journal of the American Medical Association* 244(1980):1357-58.

33. Joseph Hurrell, "An Overview of Organizational Stress and Health," in Stress *Management in Work Settings*, ed. Lawrence R. Murphy and Theodore F. Schoenborn(Washington, D. C.:National Institute for Occupational Safety and Health, 1987),34.

34. S. Jackson and R. Schuler, "A Meta-Analysis and Conceptual Critique of Research on Role Ambiguity and Role Conflict in Work Settings," *Organizational Behavior and Human Decision* 36(1985):16-28.

35. Christopher T. Cory, "The Stress-Ridden Inspection Suite and Other Jittery Jobs," *Psychology Today*, January 1979, 13-

14．

36． Arthur b‧ Shostak, *Blue-Collar Stress*(Reading, Mass:Addison
-Wesley, 1980),33-34‧

37． Alan A‧ McLean, *Work Stress*(Reading, Mass‧:Addison-
Wesley, 1979)‧49-53‧

38． J‧R‧P‧ French and R‧D‧ Caplan, "Psychosocial Factors in
Coronary Heart Disease," *Industrial Medicine* 39(1970):383-97
‧

39． V‧A‧ Beehr and J‧E‧ Newman, "Job Stress, Employee
Health, and Organizational Effectiveness:A Facet Analysis,
Model, and Literature Review," *Personnel Psychology* 31
(1978):665-99‧

40． B‧L‧ Margolis, W‧H‧ Kroes, and R‧P‧ Quinn,"Job Stress:
An Unlisted Occupational Hazard," *Journal of Occupational
Medicine* 16(1974):654-61‧

41． Samuel H‧ Osipow and Arnold R‧ Spokane, "Occupational
Environment Scales"(Unpublished scales, University of
Maryland, 1980)‧

42． Jeanne Stellman and Mary Sue Henifen, *Office Work Can Be
Dangerous to Your Health*(New York:Pantheon, 1983)‧

43． Marilyn Machlowitz, *Workaholics:Living with Them, Working
with Them*(Reading, Mass‧:Addison-Wesley, 1980)‧

44． John W‧ Jones, "A Measure of Staff Burnout among Health
professionals"(Paper presented at the annual meeting of the
American Psychological Association, Montreal, September

1980).

45. Deanna S. Forney, Fran Wallace-Schutzman, and T. Thorn Wigger, "Burnout among Career Development Professionals:Preliminary Findings and Implications," *Personnel and Guidance Journal* 60(1982):435-39.

46. William Eldridge, Stanley Blostein, and Virginia Richardson, "A Multi-Dimensional Model for Assessing Factors Associated with Burnout in Human Service Organizations," *Public Personnel Management* 12(1983):315

47. David F. Gillespie, "Correlates for Active and Passive Types of Burnout," *Journal of Social Service Research* 4(Winter 1980-81):1-16.

48. B.A. Potter, *Preventing Job Burnout*(Palo Alto, CA: Consulting Psychologists Press,1987).

49. Herbert J. Freudenberger and Gail North, *Women's Burnout* (New York:Doubleday & Co., 1985).

50. "Aerobic Instructor Burnout," *Reebok Instructor News*(1988): / ,4-5.

51. Pamela K.S. Patrick, *Health Care Worker Burnout:What it is, What to Do about It*(Chicago:Blue Cross Association, Inquiry Books, 1981),87-111.

52. Richard S. Lazarus and Susan Folkman, *Stress, Appraisal, and Coping*(New York:Springer, 1984)

15

壓力與大學生

　　傑克(Jack)最好的一個朋友，舉槍自殺了！除了深深的失落感之外，傑克也很生氣和沮喪，「我是他最好的朋友，為什麼有事不找我談談呢？為什麼他一定要自殺呢？」幾天來，這樣的問題一直盤旋在傑克的腦子裏，同時也影響了他在學校和學校以外的表現。

　　金(Kim)是一個從台灣來的學生，她的家裏花了大筆的錢將她送到美國來上大學。在學校裏她遇到很多困難。她必須學習第二種語言，成功的壓力逼著她，再加上她的經濟狀況，在勉強維持的邊緣。她很勉強的通過了幾個學分，但其他的卻沒通過。對學校功課的憂慮和挫折，影響了她的生活。她發現自己很容易生氣，常與朋友爭吵，又因太專注功課，而疏於和朋友來往。孤獨、寂寞和功課不佳，使得金面臨著極大的壓力。

　　比爾(Bill)是一位郵差，為了將來退休之後生活的打算，比爾上了大學的夜間部。他在婚姻、工作和學校的課業上都出了問題，因為他的時間永遠不夠兼顧。太太和女兒抱怨他把大部份的時間花在工作和上課上，很少在家，即使在家，也都在做功課。而郵局的上司則抱怨比爾總是看起來很累，且常板著一副苦瓜臉，當然這也影響到他工作的表現。同時學校的教授也告訴比爾，因他沒有如期交作業，不夠資格通過他的學分。最後比爾離開家（他的家庭問題變得愈來愈嚴重），他整天籠罩在憂傷的情緒中，更無法去關心其他的生活問題。

有些學生上了一學期我開的壓力管理課程，他們和我一起討論問題，希望得到一些方法來處理問題。對於大學生的生活，我們大都存著那種「萬歲、萬歲」式的感覺，如兄弟會、足球賽等，是一段無憂無慮、和充滿快樂的日子。僅管如此，還是有很多的學生必須去適應大學生活所帶來的改變。若是新生，就必須經歷成長，和成長所帶來的痛苦；若是高年級的學生，就必須面臨很多的責任，而不能盡情的享受其中。所以大學生活對很多學生而言，是非常具有壓力的。

年輕的大學生

從高中進入大學的新鮮人面臨了許多的壓力，例如：戲劇性地從高中到大學生活型態的改變、成績、課程負荷太重、交朋友的問題、愛和性的壓力、害羞、妒忌和分手等。

生活型態的改變

第五章已提過生活改變的概念，以及它與壓力的關係。我們說過當你生活改變愈多，你會愈有壓力，且愈可能產生疾病。想想看，第一次進入大學時，是否所有的生活改變都發生了！

高中時，可能住在家裏，由父母照料，不用打工賺錢。放學後，有時間交朋友、做功課、聽音樂或打球來放鬆自己。衣服有人洗，飯有人煮，車子有人會替你加油。吃的東西在冰箱和櫥櫃裏，就連天花板和傢俱上的灰塵也會定期自動消失。

　　雖然很多高中生也必須做一些家事或打工，但高中還是過得相當舒適的。然而當大學生之後，生活就起了戲劇性的變化了。你必須分配時間來購物、煮飯、打掃、洗衣和很多其他的雜物。這是很多學生以前沒有承擔過的責任。而且，也沒有人會再管你是否做完功課，一切都必須靠自己記住，並安排在所有的其他活動裏。

　　而大學生活的改變還包括，必須去找公寓或宿舍居住，且重新建立同性和異性朋友的網絡。除此之外，學校功課太重，似乎不夠時間來完成它，因此退學的恐懼氣氛彌漫了整個校園。

　　上述這些問題仍不足以說明年輕的大學生在生活上的改變，而且有些重要的成長任務是他們生活裏所必須面對的：

1. 能力的發展
2. 情緒的管理
3. 人際關係的自由
4. 目標的發展
5. 統整性的發展
6. 認同的發展
7. 自律的發展(Hong, N. T. & Long, J., 1970)

　　由此看來壓力在免疫系統上所造成的效應，使得流行性感冒和單核白血球增多症時常在大學校園中流行。另外，居住太過密集也會惡化這種情境。因此，自殺成為大學校園裏導致死亡的第二大因素（第一大因素是意外事件）。

成績

　　有一個老掉牙的故事，內容是一位大學教授把學生的學期報告，沿樓梯丟下去，如果落在前面三個階梯的，就給A，其次三個階梯的就給B，等等依此類推，這個故事說明了成績的可質疑性。成績是學生必須得到而教授必須給的。但不幸的是，雙方都被成績卡得死死的。學生把目標放在獲得好的成績，而不在於自己究竟能學到多少，而教授也誤以為準確地區別「A」學生和「B」學生是他的目標，而忘了盡力教學才是他的初衷！對於這樣的歸納，雖有很多的異議，但是多數人都同意大學裏太過於強調成績。

學生可能會將成績與自我的價值混在一起，例如，他們可能會說「哇！我真笨，我的英文被當了！」而不會往比較好的方面想：「我想，我可能不夠用功，沒有完全準備好，下次考試我一定記得好好的用功。」

事實上，成績還是非常重要的，學生有了它才能畢業，而且好的成績在畢業之後，能得到雇主的優先雇用。另外成績對學校來說也是很重要的，他們希望教出來的學生是具有能力，而且是有良好教育的，因此，學校也用成績來剔除不符合標準的學生。這麼一來，我們就可以預見到學生因十分地在意他們的成績，而漸漸損傷了身體健康。他們放棄運動，不能好好進食有營養的食物，又常熬夜。另外我也看到學生由於太在意成績，而忽略了社交生活，因為他們把所有的時間都給了書本！

課程負荷過重

與成績有關的爭論是課業太重了。當我們在前一章討論角色負荷過重時，它的定義是太多要做的事，但時間太少。同樣的，我們也可以把課程負荷太重定義成：有太多的課程或其難度太高無法在一學期中學好。在今日這種目標取向忙碌的社會裏,你在最少的時間內完成的愈多,就表示你愈能幹。這種結果,導致人們從他們的生活中匆忙的經過,但卻缺乏真實的體驗。完成了很多目標,但卻無法去享受完成目標的過程中具有的快樂和收穫。

課程負荷過重也有類似的結果。假如我們讓快畢業的學生說出他們的願望時,他們會告訴我們「我希望能多選些我喜歡的科目」,或「我希望能多一點時間讀書」,或「我希望能花多一點時間讀書」,或「我希望每學期能少選一點課,而能將這些課程充分學好」,這樣的話,我會比目前的我學得更多、更豐富。因為希望在最短時間內畢業,所以有太多學生負荷過重,而遭遇到生理、心理、社會和教育等問題。他們可能會生病,情緒可能隨時會爆發出來,他們沒有時間交朋友,他們選了更多的課但卻學得更少!

友誼

放棄或改變與老朋友交往且必須與陌生人發展新友誼,這對大學生而言,是非常具有壓力的。他們喜歡我嗎?我可以找到某人與我有類似的興趣嗎?男朋友和女朋友呢?有人想要約我嗎?這些都是生活中關切的問題。老朋友代表一套老規矩,你知道能告訴他們多少,到什麼程度。友誼就是彼此樂於自我坦露的程度,對新的朋友要花一段時間來測試,究竟坦露多少才是最恰當的。為了說明這一點,你可以完成下面友誼與相識量表。

友誼與相識量表

在做題目之前,先想一個你最近偶然認識的人和一位你最親密的朋友，首先就下列句子圈出你會與你的朋友在私底下討論的題目；接著，再圈出你會與你偶然認識的朋友，彼此討論的題目。

1. 除了我所屬的教堂之外，我是否去過其他教堂（2.85）

2. 結婚之後我想生幾個孩子（5.91）

3. 我想要的性生活之頻率（10.02）

4. 結婚之後我想住公寓或是住獨門住宅（8.54）

5. 結婚後我會用什麼樣的方法來控制生育（9.31）

6. 我會什麼方式來吸引我所喜歡的異性（8.54）

7. 我約會的頻率如何（5.28）

8. 我對我的男（女）朋友說謊的次數（8.54）

9. 和我的朋友討論性時，我的感覺如何（9.50）

10. 假如我看到父親在打母親時，我感覺如何（9.50）

11. 在家裏生活時，我的獨立與自由的程度（5.39）

12. 我的家人多久聚在一起（2.89）

13. 誰是我最喜愛的親戚？爲什麼？（5.83）

14. 我對逐漸衰老的感受（6.36）

15. 身體的那一部份是我最羞於給人看的（8.88）

16. 我對借錢給人的感覺（4.75）

17. 我目前最需要錢做什麼（像還債）（6.88）

18. 我花費多少錢在我的衣著打扮上（7.17）

19. 我期望能實際執行的法律是那些？（3.08）

20. 我成年時，是否曾經因爲傷心而痛哭（8.94）

21. 有人催我時，我會很生氣。（5.33）

22. 會使我感到緊張的動物是什麼（3.44）

23.會深深地傷害我的感受的是什麼（9.37）

24.我最害怕的是什麼（8.25）

25.我對於一起工作的人或我為他工作的人的真實感覺是什麼（7.29）

26.我不希望別人看到我在做什麼事？（8.85）

　資料來源：D.A.Taylor and I. Altman, Intimacy-Scaled Stimnli for use in Research on Interpersonal Exchange (Naval Medical Research Institute Technical Report No.9, MF 022, 01.03-1002, May 1966).

記分：對每個人而言，你所圈選的題數，表示坦露的數量。坦露的親近程度則是將圈選題目後面括弧內的數字相加，然後再除以圈選的題數。例如：你對於一個偶然相識的朋友，圈選31、4、12、19和22題。則表示你坦露5個敍述，而你坦露的程度是3.07(2.85＋3.09＋2.89＋3.08＋3.44＝15.35÷5)，並不是很高。

　　在友誼之中，自我坦露是相當重要的元素，如果沒有達到某個程度，你們之間的關係只能停留在相識的層次上。僅管相識也可以幫助我們減輕些許的寂寞，但卻無法提供朋友的社會支持，而社會支持是遭受壓力時最佳的緩衝器。

愛

　　當老朋友和家人都離開之後，很多學生會找愛情來填補心裏的空虛。然而這關係本身可能會產生新的壓力。因為任何新的關係都需要一些新的規則和標準，如我們要多常見面呢？我們要多常打電話給對方呢？我們去那裏約會呢？誰付帳呢？

　　此外，在愛的關係裏，雙方是兩個不同類型的愛人。為了更了解這點，我們來看下面所提供的量表——愛的風格(Lee, J.A.,

1973)。假如你現在剛好擁有一份愛的關係，你也可以邀請他來完成這個問卷。

　　要了解你是屬於那種類型的愛人，請依你和你現今的男（女）朋友，愛人或配偶的情況來回答下列問題。

A：總是如此

U：常常

R：很少

N：從來沒有（或幾乎從來沒有）

　　1.你對所期待的伴侶，已經有清楚的影像。

　　2.在第一次相遇時，你對他（她）有強烈的情緒反應。

　　3.你的腦子裏一直盤旋著他（她）的影子。

　　4.你每天都很急切地想看到他（她）。

　　5.你們討論未來的計劃和廣泛的興趣與經歷。

　　6.觸覺和感觀的接觸，對你們的關係來說是很重要的。

　　7.在你們的關係中，很早就有性的親密接觸。

　　8.你認為在愛的方面成功比其他成功，都還來得重要。

　　9.你想要戀愛或擁有一份可靠的愛情。

　　10.你會試著強力要求他（她）投入較多的感情和允諾。

　　11.你會先表達你的愛意。

　　12.你願意去容忍他（她）的輕忽或辱罵。

　　13.你謹慎地去限制你和他（她）接觸的次數。

　　14.你對他（她）討論及表達感情，是有一定限度的。

　　15.假如必須分手，你覺得先離棄對方比被離棄好。

　　16.你所在的地方，有幾個人可能在愛你，而你總是採取守勢。

17.你對歡樂要比情緒上的依附更感興趣。

18.你覺得自己有想去愛一個熟悉的人的需求。

19.你相信真正的愛情是經得起時間考驗。

20.真正的愛情不會突然地或戲劇性地發生。

假如你在1－8題回答A或U，你是屬於性愛型的情人；假如你在3－4和8－12題回答A或U，你是傾向於瘋狂型（manic）；假如你在13－17題回答A或U，在其他題都回答R或N，你是荒唐型的情人。最後，如果你在17－20題回答A或U，且其他題是回答R或N的話，那表示你是傾向儲藏型。

有此研究者已定義了四種愛的基本型式：性愛型的愛、荒唐型的愛、儲藏型的愛和瘋狂型的愛。性愛型的愛是一種激情的，全部涵蓋的愛。當這類情人相遇時，常會心跳加快，胃腸急速翻動，而且有呼吸短促的現象。荒唐型的愛是一種遊戲的、輕浮的愛，它沒有長時間的允諾，只是娛樂性質而已。儲藏型的愛是一種平穩、友誼的愛，它是相當深情，在彼此關係中通常有結婚和生小孩的打算。瘋狂型的愛是結合性愛型的愛和荒唐型的愛；此類型的情人對愛情的需求是貪得無厭的，且他（她）常被高度不理性的歡樂，低度的焦慮和沮喪，以及極度的妒忌所折磨，但是很少發展成持久的愛情的。

我們可以想像一下，如果一個荒唐型的情人和一個儲藏型的情人在一起。一個好像在玩遊戲，從來沒有要持續關係的意念，但另一個卻整天想要要結婚和生孩子。在大學中就是因為這樣不了解自己愛的型式，而使得年輕人在戀愛的關係中充滿了壓力。

性

在我的壓力管理課程裏，有一個作業是要學生將他們日常的壓力源紀錄下來。通常會有幾個女學生描述他們從事性行為所帶來的壓力。雖然沒有男學生曾描述過，但我認為性行為對於男學生而言，至少會具有與女學生一樣大的壓力。因為有些男生會誇大他們的性經驗，而比較不容易承認自己有性行為方面的壓力罷了。

這個壓力源也相當的複雜，老一輩的人認為大學生是一群性關係混亂，爆炸式且不負責任的傢伙，但因為他們還小，很快會學好，所以才容忍他們所做的事。事實上，就十九歲來說，幾乎有一半的女生從來沒有性交的經驗。然而，大學生們卻多傾向於誇大他們個人的性經驗。

當我在研究大學生的性行為時，我發現表15-1的結果。雖然表15-1呈現的資料可能已過時了，但這裏所呈現的結果，卻和其他研究者的結果很顯著地趨於一致。例如：社會學家德拉瑪特(John Delamater)和瑪柯奎德(Patricia Mac Corquodale)調查威斯康辛大學的一千一百四十一位大學生，結果發現，75%的男生和60%的女生有性交經驗；阿拉法特(Arafat)和庫銅(Cotton)發現，大約89%男生和61%女生有手淫經驗。

這些結果嚇著你嗎？或有關性迷思的資訊嚇著你嗎？如果答案為「是」，你也不用太擔心。你可能處在一個善良的團體中，和一群同樣相信大學生性行為迷思的同班好友在一起。你已經被灌輸了「如果你是正常的，你的性活動應該如何如何……」的錯誤觀念，且亟欲加入性活動的壓力是密集不斷的。類似的壓力同時來自一個人的外在，與內在，例如：「假如我是正常的話，我……」。還好你的同班好友們對性行為的務實觀點（知覺），可以幫助你用「平常心」來看待你自己，同時，不管你是否已有性經驗，你可以更有效的處理你來自性方面的壓力。

表15－1　大學生的性行為

獨變項 性別	人數	手淫（％）	手淫次數 （日）	性交（％）
男	52	84.62	6.73	76.93
女	75	52.00	1.82	69.33
婚姻狀況				
已婚	21	61.90	2.81	100.00
未婚	106	66.04	4.04	72.45
年級				
新生				
男		80.00		
女		33.33		
合計	27	51.85	4.07	51.85
二年級				
男		100.00		
女		50.00		
合計	29	55.17	1.62	72.41
三年級				
男		90.48		
女		57.14		
合計	42	73.81	3.86	76.19

四年級
男		75.00		
女		76.92		
合計	29	75.86	5.79	86.21

種族
黑人	7	33.33	0.57	55.56
白人	111	76.24	4.17	80.21
其他	9	42.86	2.22	85.71

資 料 來 源：Jerrold S. Greenberg, "The Masturbatory Behavior of College Students, "Psychology in the Schools 9 (1972):427-32.

　　爲了確認你在性方面眞正了解多少，以及你的同儕團體的性行爲，並且弄淸楚那些錯誤觀念影響你，導致使你經驗到某種程度的性壓力。請用對或錯回答下列問題：

__1.大學生畢業前，所有的畢業生都有手淫的經驗。

__2.幾乎所有的畢業生最少都有一次以上的性交經驗。

__3.手淫是年輕人的習慣行爲，一旦進入成年，就把它戒除了。

__4.只要成年人雙方同意在非公開場合完成任何性行爲均合法。

__5.只要做好「安全的性」，懷孕及性病的傳染均可避免。

__6.手淫能導致生理疾病或心理傷害。

__7.性幻想是期望自己有性行爲。

__8.口交的性行爲是不正常的、邪惡的。

　　上面的敍述都是錯的。爲了使你更詳細的了解，進一步分析如下：

1. 大多數的研究者發現：大約90％的男人和60％的女人，在某一個時刻裏有手淫的行為。換言之，大約10％的男人和40％的女人沒有手淫的經驗。

2. 超過50％以上的十九歲女人和約70％的十九歲男人，有過性交經驗。很明顯地，隨著年齡增加，到畢業時，上述的人口一定會增加。然而，當我研究大學生的性行為時，發現14％的大四學生沒有性交的經驗。

3. 對某些人而言，手淫的行為可能一輩子都會發生。或者由於性伴侶無法提供、懷孕，或重病，或只是為了好玩，手淫在成人的任何年齡都存在著。

4. 有些州訂定雞姦法(Sodomy Low)，特別禁止某些性行為，即使是雙方同意，且在非公開場合進行，均在禁止之列。口交、肛交、同性戀活動經常是被禁止的。在許多州裏，即使是未婚者的性交行為也是違反規定的。

5. 在下一部份接著要討論透過性行為傳染的疾病，特別是AIDS。到目前為止，你應該知道沒有所謂的「安全的性」。任何時間內，一旦性行為發生，就會導致懷孕，以及感染某一類性病的可能性。不過，有些方法可以確保「較安全」的性行為：意即減少懷孕的機會與罹患性病的可能——例如使用保險套。

6. 專家們同意，手淫的唯一危險性是因心理上與罪惡感、羞恥感或困窘等聯結，而帶來的傷害。倘若人們了解到手淫是多麼的普遍，它如何不影響正常的關係或性功能，以及它可能持續一輩子的話，人們就不會將手淫和罪惡感及負向感受聯結在一起，如此也就不會造成心理的傷害了。

7. 對於你所幻想的事物，你不一定喜歡實際去經歷。例如：當你對某一位教授很不滿時，你可能會夢到你戳破他的輪胎。但大多數人即使知道不會被抓，也不會去做這件事。同樣地，有關性的想法或幻想，是我們不一定樂意去經驗到的事件。總之，我們應該爲自己的性行爲負責的。

8. 大約60％的大學生有過一次以上的口交行爲。你是否視口交爲邪惡的，端賴你的價值觀而定。但是即使次數繁，口交仍不能被當做不正常。

愛滋病

不論在大學校園內或外，愈來愈多的關切集中在日益漫延的性傳染疾病——特別是先天免疫不足併發症(AIDS)。以下將介紹AIDS的罹病原因、處置及預防之道。我們談論這些，是帶著一份期許——正確的知識有助於疏解性行爲引發的不當壓力，同時幫助你對愛滋病採取防患之道。

先天免疫不足併發症是由人類免疫性不足病原體(HIV)所引起。AIDS導致免疫性系統失去功能，因此，受害者（患者）會引發導致死亡的機會性感染。根據疾病管制中心一九九〇年的報告，十三萬六千位美國人死於AIDS。

雖然有些藥物能減緩愛滋病的發展，並且延長患者的生命，但有效治療的藥物或方法仍然不清楚。在已有的藥物中最有效的是AZT(azidothymidine)。

人類免疫性不足病原體會透過血液及精液等人體內的液體傳染。高危險群的團體是，同性戀、靜脈注射藥物使用者，及婦女血液帶病原體所生的嬰兒。然而，公共健康的官員們寧願把注意力放在高危險行為，而不注意高危險團體，因為他們認為成員所屬的團體是不重要的——就是你作了什麼可能會得到愛滋病，而不是你屬於那一類團體會罹患愛滋病的問題。倘若你和別人共用針頭，不戴保險套進行口交或性交，或戴了保險套進行肛交，你一定比未有上述高危險行為的人更容易罹患愛滋病。不管一些廣為流傳的錯誤觀念，愛滋病不是偶然感染的；不會因觸摸愛滋病患者而感染，共用餐具，或同一泳池游泳，或同一教室，或同一蚊子叮咬，或接吻。你也不容易因輸血而感染愛滋病；因此自從一九八五年以來，血液供應均經過篩檢，因此透過血液感染的可能性已微乎其微。愛滋病已被歸類為性感染的疾病，即使它有可能透過非性交的管道傳染，例如醫護人員意外地接觸HIV感染的血液。

　　以下有些方法可以確保不致罹患愛滋病。最好的預防方法是限制口交、肛交及性交。要是上述方式你無法接受的話，次好的方法是維持一夫一妻制的性關係（當然你要先確定性伴侶不是帶原者）。在這裏呈現的一個問題是，到底誰是誰不是HIV帶原者。AIDS的檢驗事實上是檢驗你目前的抗體(antibodies)之存在率。倘若你在一年前曝光於愛滋病高危險群中，且在一年內與帶原者有過性關係，即使你今天有陰性愛滋病反應，愛滋病檢驗仍無法認定抗體的存在率。專家們的說法是正確的：當你和一個人上牀作愛，你是同時和那個人過去的性伴侶，以及那個性伴侶的無數個性伴侶一起作愛。在任何情況下，請使用乳膠製的保險套以確保自己的安全罷！

　　但是，愛滋病不過是許多經由性傳染的疾病(STD)之一。而梅毒、淋病、生殖器腫瘤、疱疹、骨盤發炎等疾病亦是值注意的。所以要有效的防患愛滋病，須預防性傳染的疾病。

這些淺顯易懂的知識，可以幫助你在預防愛滋病或性傳染疾病上，收到應有的效果。因爲內控而救你一命，這是一個例子，使用這些資訊，愛滋病將不再是心中揮之不去的陰霾（壓力源）。

約會強暴

倘若性傳染的疾病，例如愛滋病，不會讓你感受強大壓力的話，可以想像一下當性被一方拒絕，卻因另一方的脅迫而強加在身上的那種感覺。這是眞眞實實地發生在大學校園內的一幕，最常見的是，約會中男生把性強加在女生身上。你知道，「當她說不時，其實眞正的意思是要；只要稍加強迫，即可得到」，這就是強暴了。任何時間裏，性被強加在任何人身上，就是法律所認定的強暴。大學生最常見的是熟人強暴——強迫的性行爲發生在彼此熟悉的人身上；此一現象以大一新生最多。四位女大學生中會有一位曾是強暴的受害者；而受害者中的84％，其性侵犯者爲約會對象或熟人。四位男大學生中會有一位承認對異性有過性侵犯。約會強暴的女性受害者，會感到羞恥、罪惡感、被出賣，和驚嚇過度。心理上的效應，會蹂躪並持續一段很長的日子。這些受害女性與其他男性的交往態度，也會受影響，因此約會強暴是一項嚴重的事，須要防患於未然。

美國大學健康學會建議防止熟人強暴的秘訣，在女性方面爲

知道妳的性慾望和極限。相信妳的權利，設定極限。如果妳

不太確定，「停」下來並討論它。

清楚表達妳的極限。如果某人開始侵犯妳，堅定並及早告訴他。禮貌委婉的方式可能被誤解或忽視；當妳的意思是「不」，妳就說不。

要自我肯定。男性經常把消極、被動解釋成默許。當一個人用性施壓於妳時，直接且堅定的面對他。

清楚覺察口語行為傳遞的訊息。如果妳穿著性感且煽情，部份男士會認定妳需要性。這並不意謂妳的穿著或行為有差錯，但是很重要的是，要透過語言弄清楚當中的誤會所在。

留心周遭發生的事。注意非語言線索與暗示。不要讓自己陷入易受傷害的情境中。

信任妳的直覺。如果妳感覺到自己正陷入性傷害的情境中，妳可能真的是這樣。

避免過量用藥或酗酒。酒和藥會干擾妳清楚的思路，及有效的溝通。

在男性方面的建議為：

知道你的性慾望和極限。清楚的溝通，並覺察來自社會（同儕）的壓力。那是好不好的問題，而不是「計分」或「計次」的問題。

當你要求性而被拒絕時，並非對你人格上的否認。當女性對性說不時，並非拒絕這個人；她們是在表達不願為性而性的意願。你的慾望可能超越自己所能掌握的，但你的行為卻在自己能掌握的能力範圍內。

接受女性的決定。「不要」就是「不要」，不要有其他的解釋。當對方說不要後，應適可而止。

不要因女性僅僅穿著性感或煽情，就認定她需要性的滿足。

不要因過去曾允許性行為，而認定目前的情境一體適用。

避免過量用藥或酗酒。酒和藥會干擾你清楚的思路，及有效的溝通。

害羞

進入大學是一個新的經驗，人與環境都是新鮮的，因此很多大學生感到害羞或表現出害羞的樣子。害羞對某些大學生而言，可能是一個明顯的壓力源，但它是可以改變的。

害羞就是害怕人，尤其是那些會使人產生情緒上威脅的人：例如奇特或不確定的陌生人；有超人力量的權威者；有可能成為親密朋友的異性等等。

害羞也會成為心理的障礙，就像很嚴重的身體殘障一樣，最後會導致相當不利的後果：

害羞使人們難以結交新朋友，或者享受可能的愉快經驗。

害羞也使你不敢力爭你的權利，發表意見及價值觀。

害羞也讓他人在評價你時，比較不會針對你的優點做正向的評價。

害羞使自我意識過份注意自己的反應。而且不能清楚地思考和有效地溝通。

因此很多負面的感受，例如沮喪、焦慮，和寂寞，常伴隨著害羞發生。

大學生可能因羞於與教授、團體的領導者或想邀約的對象接觸，而產生壓力。這樣的害羞是不舒服的，而且可能造成上面所提到的嚴重後果。

嫉妒

　　大學生需要結交新朋友，不論是同性或異性。交新朋友是一種自我威脅（假如他們不和我做朋友呢？），因此需要冒險，花費時間和精力。但也因此，友情才能得到滋長，我們也才會知道，可以找誰一起出去，能向誰吐露秘密，能接受誰的愛。最後我們才會了解，我們應該珍視這些友情，而當它受到威脅時，我們會防衛和保護自己。有時威脅不是來自眞正的人，而只是一種知覺，就足以導致嫉妒了。

　　嫉妒是害怕失去我們所擁有的東西，例如：情人、朋友、身份或權力等都是。嫉妒有兩個基本的成份：(1)自尊受傷害的感覺，和(2)自己的權力被侵犯的感覺。我們藉著保護自我來充當對嫉妒的反應。例如，和朋友爭論，試著報復，試著去改善二者間的關係。而設法改善彼此的關係，是一種比較好的方式。

　　嫉妒是某些大學生所經歷的壓力源，不論是嫉妒自己、朋友、情人，都令我們感到壓力。

分手

　　嫉妒有時因壓力太大，而導致彼此之間關係的破裂。有個研究指出，在大學生中，已有穩定交往的伴侶者，約有一半最後會分手，有時關係破滅是由於兩個人差異太大（一個喜歡運動，另一個喜歡戲劇），或是對彼此關係有不同的期待（雙方是不同類型的情人）。既然這些年輕的大學生是在嘗試各種不同關係的生活階段，因此必定會有些關係無法持久。通常他們會在大學生活中，經歷幾次分手，感受到相當大的壓力。

年紀較大的大學生

　　有很多大學生並不是二十歲左右的年輕小伙子，而且有愈來愈多的比例是屬於年紀較大的學生。他們可能因為家庭、工作或個人的因素，而暫緩大學的教育。當他們妥善的安排這些問題後，才進入大學接受教育。這些學生也同樣經歷了類似年輕大學生的問題：成績、課業過重、嫉妒和分手。此外還經歷一些獨特的壓力源，我們來依序討論：事業與功課的兼顧、家庭和學校責任的掌握，及懷疑他們處理大學生活的能力。

生涯與學校

　　一九六四年，當我在紐約市的一所高中教書。對於某些來自黑人住宅區學生，一些生活上的問題相當陌生。我很關心地去處理他們的需求，並儘可能的改善他們的生活品質，我非常投入我的工作。此外每天學校下班後，我須匆忙地趕坐三十分鐘的地下鐵到紐約大學，修十二學分的課程，晚上九點半下課後，還須趕坐一個小時的車子回布克萊(Brooklyn)的公寓。

　　這個情況在我現在任教的大學中，有很多學生也經歷過。例如有個學生，她是個空服人員，她的公司要她在星期四到星期日飛到歐洲去，然而她在大學裏從星期一到星期二都要上課。有很多學生都面臨工作與課業雙重的問題，我們想把工作做好，可能會令我們感到壓力；同樣的，我們想把功課做好，也會造成壓力。儘管這些壓力源可以被單獨處理，但當它們同時存在時，可能就會造成負荷過度，最後導致疾病或威脅健康。

家庭和學校

這些年紀大的學生不但有工作，有的還有家庭的責任。有些學生與我討論到他們在工作之後要做些什麼？是應該做作業呢？或者是陪他們的小孩玩？或者花時間與配偶相處。

對於有家庭和工作責任的人而言，他們需要一個很能體諒而且予以心理支持的配偶。例如：當他們無法陪小孩玩時，配偶可以多陪小孩子玩。或是配偶可以伸出手臂讓這些老學生有所倚靠，並且聆聽他們的委屈，這可使得年紀大的學生避免由壓力而產生疾病。

另外一點必須討論的是，進入大學所需要的財務投資。這些必須維持家庭的「老學生」，須要考慮這樣的投資是否值得。因為進入大學之後，他和他的家人須共同負擔必要的財務支出，若全家都認為這樣的犧牲是值得的，也認為應該放棄短暫的快樂，以換取更長遠的收獲的話，那麼就容易忍受財務上的犧牲。反之，若這些學生要持續地為上大學的花費辯解，或者家庭的付出令他感到罪惡感的話，就有很大的壓力產生了。

自我懷疑

有些多年之後才又回到大學的學生，在開始時，常對自己能否完成大學學業的能力感到懷疑。因為我們的社會常認為學習是屬於年輕人的事，我們如何與年輕人競爭呢？在繁忙的工作中如何把功課做好呢？在照顧家庭之餘，如何能通過課程呢？又如何能夠像住在學校的學生一樣，花很多的時間在圖書館呢？我沒有那些像生活在學校的學生一樣，有可以共同學習的夥伴，或是有教授可以詢問，甚至忘了如何讀書等，這些都是年紀大的學生所在意的壓力。

因應之道

適當的因應處理可以消除年輕和年老學生的壓力，因應處理的層面可以是生活情境、知覺、情緒，或生理的覺醒。

生活情境的因應處理

當學生進大學後，馬上要受到很多生活改變的衝擊，此時應該將某些生活情境儘量常規化以減少不必要的適應，因爲愈多的生活改變意謂著愈多的壓力。所以進入大學之後，是沒有時間去承受過多的工作責任、生育小孩，或者是舊關係的破裂的。我長久以來發現，很多中途退學的學生並不是由於成績的關係，而是壓力所引起。當我們想到這些入學的學生，他們離開家，離別老朋友，並且必須結交新朋友，接受新的責任，住在新的地區等等，我們就不難想這些生活的變化所造成的壓力。要了解並控制這些壓力情境，有兩點切實可行的建議：(1)在高中時教導壓力管理的課程；(2)大學在對新生做生活輔導時提供壓力管理的工作坊。壓力管理雖已愈來愈被關注，但還是不夠的。因爲高中生畢業後，不只是進入大學，有些進了軍校，有些就業，有些建立家庭，不管他們在畢業之後做什麼，生活改變是必然的，他們需要一些幫助來適應這些改變，進而管理這些壓力。

另外針對交朋友的需要，也要做些處理。當你遇到愈多人時，你愈可能交到新朋友，所以參加俱樂部，校內的社團、派對舞會，或與他人一起工作，都可以改善校園生活，這些都是交朋友的好方法。然而請切記，所參與的活動都是在增進你的健康——心理或生理的，所以不要去參加不健全的或有害健唐的活動。有幾位學生曾告訴我，他們有過度飲酒的問題，因爲他們「所有」的朋友，都把時間花在校外一個喝酒的場所裏。當我更仔細去了解時，我發現並不是「所有的」朋友都在喝酒，而是因爲他們的友情是建立在那些愛喝酒的人身上。除非學生了解到，喝酒的責任是在自己身上而不是那些朋友時，他們才能控制喝酒的行爲。

使你更有自信的十五個步驟

爲了應付害羞和自我懷疑所帶來的壓力，試試下面所討論的「使你更自信的十五個步驟」，這些建議是來自害羞研究權威的史丹佛大學害羞臨床中心(Stanford University Shyness Clinic)主任。

1. 找出你的優點與弱點，並依據它們訂定你的目標。

2. 決定你所重視的是什麼，你相信什麼，和你希望你的生活像什麼。將這些你所描述的，列出一張清單，並不斷更新，配合你目前所處的心靈空間，從中找到自己努力的方向。

3. 認清你的本質是什麼，循著從過去到現在的這條連續線，了解是什麼使你成爲現在的樣子。試著了解和寬恕那些傷害你和能幫助你卻沒有幫助你的人。原諒自己的錯誤、罪惡、失敗，和過去的窘困。在細查對你建構價值的記憶之後，將所有負面的記憶，永久地埋藏起來。在你記憶中不好的過去，只當它是個房客，準備隨時驅逐它們，並將你過去的成功，無論大小，都注入這些空的房間內。

4. 罪惡感和羞愧限制了個人的價值，使行爲無法朝正向的目標前進，千萬不要使自己迷失在裏面。

5. 在物理、社會、經濟和政治的情境中，尋找你行爲的原因，而不要認爲是你人格缺陷所引起。

6. 提醒你自己，對每件事要有不同的看法，「眞實」是來自多數人的共同認定，而不是每個人獨特的觀點。這使你能夠較容忍別人的意圖，且能心胸開闊地去忘掉拒絕，或令你難堪的行爲及話語。

7. 不要去說自己的壞事情；特別是，不要歸因成自己不能改變的負面特質，像「笨」、「醜陋」、「失敗者」、「頑固」等等。

8. 不要讓別人批評你如何做人；但要接受對你有幫助的忠言。

9. 記住！有時失敗和失望是可喜的事，它告訴你目標也許不適合你，不值得這樣努力，而且可以避免後來更大的失敗。

10. 不要容忍那些使你感到無能的人、工作和情境，假如你無法去改變他們或自己，以使自己感到更有價值，就丟棄，或放過他們。生命是如此的短暫，所以我們不該把時間浪費在這些令人沮喪的事物上。

11. 給自己時間放鬆、默想、傾聽自己、享受嗜好和你自己一個人做的活動。透過這些使你更能與自己接觸。

12. 練習使自己成爲社會性的動物，去感受由他人任何所傳送而來的能源，他們獨特的特質和兄弟姊妹間不同的差異。想像他們可能的恐懼和不安全感，想想如何去幫助他們。然後決定你對他們的需求是什麼，和你能給他們什麼。讓他們知道你已經準備好，隨時可以開放地與他們分享。

13.不要太過度保護你的自我；它比你所想像的還要堅強和有彈性。它會受傷但不會崩潰，偶然地從情感的投入中受傷，總比把情感絕緣起來而變得麻木不仁好。

14.在生活上發展長期目標，和一些重要的短期目標，並用切實的方法來達到這些次目標。定期評估自己的計劃並適時獎勵自己。就算沒有人願意聽你自誇的話，你也不用擔心自己太過謙虛。

15.你不是一個靶子，好像所有的壞事都會發生在你身上一樣。有這種被動虛無的想法，會像花園裏的蝸牛永遠無法進步。你是生物界中經過幾百萬年進化之後，最頂尖的生物。你是自己生活劇本中的主角，你能使事件發生。你可以改變你整體生活的方向。在你的自信下，障礙會受到挑戰，而挑戰會變為成就。害羞將退縮，因為你變成總是在準備和計劃如何在你的生命中過生活，當你全神貫注在生活時，你幾乎忘了你自己。

　　與嫉妒有關的壓力，華斯特(Walster)和華斯特(Walster)提出三個因應的步驟。第一個步驟是正確地去了解你嫉妒什麼。關鍵問題是去問：「在開始嫉妒之前，發生了什麼事？」和「你害怕什麼？」，如前所提，你可能害怕失去某些東西，例如：愛、自尊、財產、身份或權力。第二個步驟是將你的嫉妒用嚴謹的觀點表示出來。你的朋友對別人感興趣是真的那麼令你感到害怕嗎？難道你對別人不感興趣嗎？你的嫉妒是沒有理性的嗎？必須讓這個人愛你和期望這個人愛你，這兩者之間有什麼差別？你真的無法忍受失去這個人的愛嗎？或只是你不希望如此而已？

　　最後，你可以和對方協商一個契約。這個契約將幫助你減少嫉妒感，但不可過份限制對方。例如：限制你的朋友只能和你共進午餐是很不公平的，但可以希望你的朋友在星期二和星期四與你共赴午餐。換句話說，在其他的時間裏，你應該讓彼此有自由與他人約會。

　　其他生活情境的因應處置包括：

1. 限制選修課程的數量，使自己不會負荷過重。
2. 改善與你的情人之間的溝通，使你們倆對彼此的關係有相同的期待與了解。
3. 處理分手的最佳方式，是再尋找其他新的關係。與其他人交往，而且不要只限於浪漫的情愛關係。
4. 統整家庭和學校的責任，將兩者都排在你的時間表中，排一些時間做學校的功課，也排一些時間給家人，這樣既可把學校的功課做好，也不會讓家人覺得被忽略。

知覺的因應處理

　　本書前面的章節已說明外在的事件與壓力有很大的關係，因此你對事件的知覺就很重要了。下列的方式可幫助你減少大學生活的壓力，這些方式是：

1. 使用第六章的自我對話(self-talk)，減少害羞和嫉妒的威脅性。有些問話，例如：我真正害怕的是什麼？我害怕的事情，發生的可能性是多少？假如它發生了，那麼最壞的情況又如何？這些問題將會把害羞和嫉妒看得更真實些。
2. 使用選擇性的注意，將焦點放在學校的正向事情上。例如：學習新事物的機會，可以交到新的朋友，為你的未來做

打算和有機會了解你是如何地有能力運用你的思考；而不
把焦點放在負向事情，例如：浪費時間，功課有多困難，
上大學使你離開家庭和工作多少時間等。

3. 享受這段學習過程。不論春、夏、秋、冬，我喜歡書和這
個學校的氣氛。校園內的大樹、灌木、建築和花草，都充
滿著愉快的氣息。有時走在小路上，聆聽腳下細碎的雪聲
。或走到蘋果樹下，聞著迷人的芳香，它會令人心曠神怡
。也許你的校園不是這麼的美好，或者可能比這個更完美
，只要你細心去品味，一定會有一些事件值得你慢慢去享
受品嚐的。

4. 當你只注意所有的責任時，會感到負荷量過重。然而，如
果你完成定下實施的時間表，就會發現你還是有足夠的時
間去完成的。

情緒的因應處理

如同處理其他的壓力源一樣，大學生也可以用第八、九和十
章所提供的放鬆技術，來管理情緒層次上的壓力。當我向這些自
覺沒有時間的人提到放鬆技術時，他們常會告訴我，在一天裏不
可能找到四十分鐘來做放鬆技術。而我會告訴他們，如果是這樣
的話，那麼，特別需要規律的放鬆練習。因為沒有時間的人比有
時間的人更需要這些練習。其實，我們都有時間，只是用這些時
間去做別的事情而已，你可以重新安排你的時間，規律地去做放
鬆技術，做與不做全都在於你！

生理覺醒的因應處理

規律的運動將有助於消除壓力。我們的身體常處於一種反應的預備狀態，而運動正提供一個健康的方式來使用這些預備。本書第十二章有詳細的解說，教你如何開始執行一個規律的運動計劃。

在生理覺醒的處置方面，大學生可能比其他人要幸運多了，因為他們通常較有機會去接近運動的設備和器材。他們可以加入校內的團體，參加娛樂運動的時間（這些通常是在中午、下午或晚上的時間），或者獨自做運動，像是在校園中慢跑，或打籃球。

好好管理自己的壓力源，會讓大學生活更快樂些。因為壓力源是否成為你大學生活的壓力，那真的一切都操之在你了。

摘要

1.由於大學生活需要對戲劇性的生活改變做調適，因此大學生活可能很有壓力。大學生活包括：爲自己的生活承擔較多責任，認識新朋友，大量的學習課程，及認識新環境。

2.大學生經歷到的特殊壓力源包括：努力爭取好成績，克服大量的課業要求，認識朋友，管理性活動的壓力，防止約會強暴，害羞，嫉妒，及其伴侶分手。

3.今天典型的大學生要比過去的年紀大一些，大多數年齡均超過廿二歲。

4.年紀較大的大學生在生活情境中，會經歷到獨特的壓力源。他們必須巧妙地處理事業、學校和家庭的多重責任。

5.年紀較大的大學生經常會懷疑自己回到學校後的能力表現，如達成學業要求，或與年輕同班同學互動的能力。

6.大學與高中爲了協助學生從高中畢業進入大學的轉變，應該提供壓力管理的教育課程。

7.爲了管理嫉妒有關的壓力，確定是什麼原因造成你的嫉妒，將嫉妒的感受放置在合適的觀點思考，並且／或和其他人協商一個合約不失爲好方法。

參考書目

1. "On the Pulse," *Washington Post*, 6 February 1985, 5.

2. Jim Pond,"Survey Shows Studying Freshmen's Top Worry," *The Diamondback*, 15 April 1985, 1, 3.

3. Jerrold S. Greenberg, "A Study of the Effects of Stress on the Health of College Students: Implications for School Health Education," *Health Education* 15 (1984):11-15.

4. Jerrold S. Greenberg, "A Study of Stressors in the College Student Population," *Health Education* 12(1981):8-12.

5. Mental Health Service, "Freshman: Aiding the Transition," *Mental Health Update* 8 (1990):1-2.

6. F. O'Brien and K. Sothers, "The UW-SP Stress Management Program," *Health Values* 8 (1984):35-40.

7. Nicholas J. Long and Jody Long, *Conflict and Comfort in College* (Belmont, CA: Wadsworth, 1970), 6.

8. A. Levine, *When Dreams and Heroes Died* (San Francisco: Jossey-Bass, 1983).

9. Jerrold S. Greenberg, "The Masturbatory Behavior of College Students," *Psychology in the Schools* 9 (1972):427-32.

10. John DeLamater and Patricia MacCorquodale, *Premarital Sexuality: Attitudes, Relationships, Behavior* (Madison: University of Wisconsin Press, 1979).

11. I. Arafat and W. L. Cotton, "Masturbation Practices of Males and Females," *Journal of Sex Research* 10 (1974):293-

307.

12. C. Everett Koop, *Understanding AIDS: A Message from the Surgeon General* (Washington, DC: Department of Health and Human Services, 1988).

13. Jerrold S. Greenberg et al., *Sexuality: Insights and Issues*, 2d ed. (Dubuque, Iowa: Wm. C. Brown, 1989).

14. American College Health Association, *Acquaintance Rape: Is Dating Dangerous?* (Rockville, MD: American College Health Association, 1987).

15. Philip G. Zimbardo, *Shyness: What It Is and What to Do about It* (Reading, MA: Addison-Wesley, 1990), pp. 12, 158-160.

16. Elaine Walster and G. William Walster, *A New Look at Love* (Reading, MA: Addison-Wesley, 1978), 87.

17. C. Hill, Z. Rubin, and L. Peplau, "Breakups before Marriage: The End of 103 Affairs," in *Divorce and Separation*, G. Levinger and O. Moles (Eds.) (New York: Basic Books, 1979).

18. Keith B. Richburg, "College Students" Average Age Rises,' *Washington Post*, 14 August 1985, A4.

19. Zimbardo, Shyness: *What It Is and What to Do about It*, 158-160.

20. Walster and Walster, *A New Look at Love*, 91-93.

壓力與性別角色

16

　　一位父親和他的兒子發生了一場車禍，結果父親死了，兒子
受到重傷。父親在意外中當場死亡，屍體被送到當地停屍間，而
兒子則由救護車送到醫院，並立即動手術。一位外科醫師被緊急
喚來，當看到這個孩子時，這位外科醫師突然大叫「我的天啊！
是我的兒子」。你能解釋這件事嗎？（請注意！發生意外而死亡
的父親並不是這個孩子的繼父，同樣的，這個醫師也不是這個孩
子的繼父）。欲知答案，請看本頁最下面的解釋。

　　銀行就是個典型的例子：皮製外裝的椅子，可自動開閉的木
製大門，紅色地毯，坐在裡面的出納員和牆上掛著廉價的複製品
等，還有攝影機掛在角落顯眼的地方，以便錄下所有可疑的舉動
。我和太太到銀行洽商抵押貸款，銀行的經理幹練的開始審查我
們的資格，於是一連串令人窘困的問題開始了——「你去年的所
得是多少？」「你能提出證明嗎？」「你欠誰錢？」「你的車款
付了沒？」

　　接著，輪到我太太來回答相同的問題。銀行經理劈頭第一個
問的問題是：「你有工作嗎？」多麼簡單的一個問題，然而，當
我靠向椅背的同時，我已經預期到會發生什麼事了。

＊外科醫師是孩子的母親。

「我確實有。」這是我太太的回答。
「那你賺了多少錢？」
「我沒有賺到半毛錢，我在家工作。」
「喔！原來你只是個家庭主婦。」
「不，我不是『只是』個家庭主婦。」
「對不起，我沒有任何冒犯妳的意思。」

　　道歉與否已不重要，因為傷害已經造成了。我覺得有點麻煩，因為我確定，太太已處於一種生理病癥的狀態——血壓升高、心跳加速、急促且微弱的呼吸聲，以及緊張的肌肉。由這些情況，你可以知道她已經處在壓力的反應中了。

　　女性經歷上面的壓力情境，是基於性別角色的刻板印象。事實上，女性們在家裡的工作是無法評價的，因她們所賺的錢遠少於在外面工作的人，或者她們被期待成為「超級女性」——也就是最佳的情人、太太、母親和勞工。不過男性也有性別角色刻板印象所導致的壓力。此外，在看悲傷電影時，你是否能輕易地哭出來呢？通常男性被認為是個強者的角色，然而哭却是弱者的象徵。另外，你不認為成為一個負擔生計的人，這樣的責任對你也充滿壓力嗎？你對「負擔生計的人」的感覺又是如何呢？

　　不論男性或女性，都會遭受性別刻板印象的壓力，底下框框中所列的即是刻板印象的描述，看看裏面的描述內容，是否像你或你所認識的人。

性別角色的刻板印象

他扮演男性，她扮演女性。她扮演女性是因為他扮演男性；他扮演男性是因為她扮演女性。

他之所以扮演此類型的男性，是因為他認為她這一類型的女性應該會愛慕這樣的男性；而她扮演此類型的女性，是因為她認為他那類型的男性，應該會想望此類型的女性。

假如他沒有扮演男性，那麼他可能比她更女性化；反之，若她沒有扮演女性，那麼她可能比他更男性化。

所以若他扮演強者，她就扮演一個弱者。

他想要確定她不會比他更男性化，她也想要確定他不會比她更女性化。因此他極力消除自己女性特質的部份；而她也極力消除自己的男性特質。

在對方身上，她所愛慕的男性特質，也正是她害怕自己擁有的部份；而他所愛慕的女性特質，也就是他害怕存在自己身上的部份。

他所要求她的女性特質，其實是他自己的女性特質；但他從來不會這樣承認；她所愛慕的男性特質，其實也是她自己的男性特質，但她也從來不會承認。因為他只是喜歡對方帶著自己喜愛的女性特質，所以，他會嫉妒她的女性化；既然她也僅是喜歡在他身上帶著自己喜愛的男性特質，她也會嫉妒他的男性化，而這些嫉妒將損害他們的關係。

他貪求她所無法達到的女性特質，而決定處罰她；她也貪求他所無法達到的男性特質，也決定處罰他。他破壞她女性特質的名譽——這些女性特質是他想要且嫉妒的——而他自己却變成更具有攻擊性的男性特質。她對他的男性特質也假裝厭惡，但那些特質是她愛慕而嫉妒的。在她表示厭惡時，她也變成一個苛求的女性。他愈來愈與他想要成為的樣子不相稱；同樣地，她也愈來愈與她所要成為的樣子不符合。但是他現在却比以前更有男子氣概，而她也比以前更像個女人的樣子。

她的女性特質愈來愈依賴而不長進；而他的男性特質也漸漸地跋扈起來，讓人無法忍受。最後，她憎惡在她助長下，他所變成的樣子；而他也非常討厭他助長她所形成的面貌。

到目前為止，看起來是均衡的，但我們却忽略了一件事：這個世界是屬於男性特質的世界。

在他的男性特質形成之後，所得的報酬是權力，而她的女性特質形成之後，所得到的報酬却只有安全，這樣的安全可以藉由他的權力而得到。假如他擁有她的女性特質，那麼他會有卑賤的無能感。假如她得到他的男性特質，那麼她會給人一種無法忍受的壓迫感。

她窒息於平凡的女性特質之下，而在男性特質所支配的世界中受苦。

他是扮演男性，她是扮演女性。

我們如何終止這場遊戲？

摘 自 B. Roszak & T. Roszak(1969).〝Foreword〞，in Masalinel femimine: Readings in sexual mythology and the ciberation of women, Harper & Row. pp Vii-Viii.

上面所描述的，便是常常由他人束縛著我們的性別角色刻板印象。他們的概念中認為我們應該是什麼樣子，事實上，並不是我們「自然」發展出來的，這個「自然」的涵義非常重要，假如我們沒有發展成我們自然的樣子，那麼我們會變得不符合我們原來的本質。

本章將探討性別角色所聯結的壓力源，與如何處理它的方法，以及性別角色是如何習得的。例如：在家中或在外工作會對性別角色產生什麼效應？或性別角色的壓力對幸福的影響。

性別角色的習得

我八歲的兒子，從學校帶回一份作業，其中包含下面的填充題（括號內是正確的答案）：

The boy (climbed) the tree to look in the nest.

那個男孩（爬上）樹去看鳥巢。

John was (pushed) in the mud when children were playing.

一群孩子在玩時，約翰被（推到）泥堆裏去了。

Mary (washed) the dishes for mothers.

瑪莉幫媽媽（洗）碗盤。

Something girls wear apron.

女孩子穿的圍裙。

這樣的內容教我兒子說：男孩是比較活潑的，可以爬樹，可以推擠；而女孩是洗碗盤和穿圍裙的。事實上，很多男性也洗碟子或穿圍裙，例如：廚師和屠夫，而且也有很多女性是很活潑的。

我的牙醫正在檢查我女兒的咬合情況，我們問他，我女兒是否需要齒列矯正，他回答「這很難說。假如她是男孩子就不一定需要，因爲牙齒正不正對男孩比較沒有影響；但就她來說，當她對異性開始感興趣時，她可能會很在意牙齒是否整齊，因此我希望她矯正。」

幾年來，我的親戚都告訴我，不用擔心我女兒的身高，因爲矮對女孩子是比較好的。他們還說我們很幸運，因爲兒子長得很高。至於我女兒的牙齒，他們的看法則與牙醫一致。

你可能也遭遇到類似的問題。事實上性別角色的刻板印象在我們很小的時候有意無意間被教導而學會，而學習的根源則在學校。有一個學校中性別角色刻板印象的研究，是調查學校所閱讀的文章、教材等。表16－1即是此研究的結果。

從上面的一百三十四本書中的二千七百六十篇故事，可以進一步分析：

1.30%的故事以男孩子爲主角，12%以女孩子爲主角。

2.4%的故事以成年男性爲主角，而只有1%以成年女性爲主角。

3.雄性動物爲主的故事，明顯多於以雌性動物爲主角的故事，（126對55）。

4.男性民俗幻想內容多於女性幻想內容（210對57）。

5.女性傳記與男性傳記的比率是1：6。

6.在每家出版社的書籍裏，平均有二十四個男性在家庭以外工作，而只有平均五個女性如此。

綜合這些書籍內容的結論似乎是：男性比女性有趣得多，而且對社會有較多的貢獻。男性的特徵是靈巧、聰明、勤奮、善於解決問題、強壯、英勇，勇於冒險，而且比女性更富想像力；而

表16－1

出版社名稱 分析的變項	Allyn & Bacon	American Book Co.	Bank Street	Ginn	Harper and Row	D.C. Heath	Houghton-Mifflin	Laidlaw	Lyons & Carnahan	MacMillan	Open Court	Science Research Associates	Scott Foresman	New S.F. Reading System	Signer/Random House	Sullivan	Totals
數目字的書	3	6	7	10	6	7	9	5	9	9	2	10	13	12	5	21	134
故事總數	85	175	116	361	130	176	151	81	100	165	81	221	321	110	94	393	2,760
以男孩爲主角	31	42	43	107	40	49	63	10	34	48	4	62	116	28	30	116	823
以女孩爲主角	7	25	17	31	13	12	24	1	6	13	3	17	42	11	0	99	319
以成年男性爲主角	1	10	7	7	8	3	21	4	3	12	7	24	0	2	8	2	119
以成年女性爲主角	0	2	2	7	4	2	9	0	0	1	2	5	1	2	0	0	37
男孩和女孩	8	16	18	79	6	20	5	3	10	15	4	13	76	9	3	105	390
雄性動物	2	6	1	12	1	20	3	21	4	8	24	2	1	6	14	1	126
雌性動物	3	0	2	14	2	7	1	2	1	5	7	5	1	1	3	1	55
男性民俗幻想	7	17	2	34	16	21	9	22	6	16	14	15	6	7	12	6	210
女性民俗幻想	1	4	1	6	2	4	3	6	3	0	15	4	1	0	4	3	57
男性傳記	16	11	1	9	18	12	6	7	13	17	0	15	22	16	6	0	169
女性傳記	3	3	0	3	4	0	0	0	0	5	0	2	5	1	1	0	27
其他(科學、中性動物、社會)	6	39	22	52	16	26	7	5	20	25	1	57	50	27	13	60	426
男性職業	22	25	24	24	26	30	29	14	13	33	·	21	33	35	13	25	
女性職業	7	7	5	2	2	3	9	3	2	5	·	5	5	11	2	7	

資料來源：Women On Words & Images, Dick and Jane As Victims (Princeton, J. J., 1975), P.56.

表16－2　不同性別在能力、生理及心理特質的差異

	男性比較高	沒有差異或證據不足	女性比較高
能力	體格尺寸、強度 速度 不含計算的數學能力 視覺、空間的技巧 大肌肉的動作	智力 創造力 機械學習能力 分析能力（男性在空間 關係上的分析能力強過 女性）	語文能力 對疾病的抗拒力 觸覺敏感性 精細肌肉的動作（ 手部動作）
心理特質	攻擊 活動性（男性在激烈 的遊戲上較主動，女 性的活動則較安靜）	支配性 自我肯定力、 情緒性、 被動性、 競爭性、 服從性、 膽怯、 自尊、 成就取向、 暗示性、 情慾的、 敏感度、	善於照顧他人 （很多專家認爲女 性在這一方面具有 基因的遺傳傾向， 使她們容易發展出 這樣的潛能） 社會性 同理心

女性則是被動、依賴、熱誠，不具競爭性，容易被異性犧牲的。
你會喜歡那一種特質呢？無怪乎女性要爲他們的社會角色感到壓
力了。

　　但是，兩性之間的確有一些差異。表16－2說明這些內容。
僅管這樣的歸納仍然缺乏有力證據，但某些能力或特質在某一性
別上較爲顯著的觀念似乎已被接受。不過，這樣的結果會讓你感
到驚訝嗎？

　　我們很容易看出，我們從學校學習很多期待中的性別角色和
刻板印象。另外，從雙親也會習得一些性別角色。在一般家庭中
，爸爸常煮飯、打掃或洗衣服嗎？媽媽呢？爸爸常保養汽車、簽
支票或者和小孩玩棒球嗎？媽媽呢？而媒體對男性和女性的敍述
方式也影響到我們對性別角色的知覺。尤其是我們常收看的「媒
體家庭」節目，也常以刻板印象來闡述男性和女性。

　　以上所提及的都會直接或間接形成角色行爲的障礙，讓我們
覺得在這裏可以做這些事，但在那裏便不可以做同樣的事。這種
缺乏自由的感覺可能具有相當的壓力。當我們不理會這些障礙時
，又會感到相當的困窘，這也會導致壓力。我永遠也不會忘記十
幾歲時，當我那些男性朋友知道我和堂姊及她的女性朋友一起打
麻將的事之後，那種投注在我身上的眼神。還好，這些都已經改
變了，但是就像我們先前所說的，改變也可能造成壓力。

壓力與男性角色

　　爲了避免男性讀者因性別角色刻板印象衍生出來的壓力而感
到屈辱，請繼續讀完本章。心理學家周瑞拉（Sidney Jourard）
在其著作「男性角色的一些致命觀點」中，清楚描述了男性化效

應對健康的影響。周瑞拉發現男性化會和下列現象相聯結在一起
：

1. 較少自我坦露。男性通常比女性較少表達自己。可能的解
   釋是，男性比女性有較多的秘密。爲了擔心秘密可能曝光
   ，使得男性感到緊張，要不斷地保持警戒，而不得休息。
   這說明了要繼續維護男性化，是一項不易的工作，並強加
   壓力，耗費能量。因此，男性化似乎背負著慢性壓力的沉
   重擔子，及能量的支出。也許這就是男性生命歲月較女性
   短少的原因吧！

2. 缺乏頓悟與同情心。由於男性不習慣坦露自己，因此缺乏
   自我頓悟的了解及對他人同情心的表達。再者，男人被敎
   導要忽視自己的感受，作抉擇時要絕對客觀。忽視自己的
   感受，導致男性對不利自己健康的癥兆較不敏感。許多研
   究發現，女性較易從醫生得到諮詢。相反的，男性無法接
   受「不夠強壯」的弱者角色之壓力，並且不願停止工作，
   或躺在牀上休養，一直到病情惡化，或毀滅性的完全崩潰
   爲止。

3. 無能力去愛。男性向別人自我的坦露比女性少；而女性從
   別人接收到的自我坦露比男性多。這造成男性對別人的了
   解並不熟練，加上自我坦露的經驗不足，使得男性在與別
   人的關係上老是出差錯。再者，對所愛的人並未坦露自己
   ——不一定專指男人——導致被愛的女人無法了解她的男
   人。而不被了解意謂著無法被愛。換言之，對女性或另一
   位男性而言，了解此時此地男人的狀況是非常困難的，這
   使得男性的需求無法被滿足或完成。有些男性是如此善於

掩飾，或裝模作樣，以至於當他寂寞、渴望情愛之時，他們的妻子竟渾然未知。由於自尊攔阻，男性未敢坦露他們的絕望或需求；倘若愛的本質在提昇生活層次的話，這種殘缺的愛是另一個致命的男性角色觀點。

4. 沮喪氣餒的。男性以他們在工作的表現，評定生命的意義與價值。當男性不再工作或退休時，他們的生命即失去意義——他們變得沮喪、氣餒——對男性而言這是頗不尋常的，他們變得多病且很快過世。「只有在男性們投入收入頗豐的工作、具有潛力，或令人羨嫉的社會地位，他們才會認為自己有男性氣概，而過著有價值的生活。由此看來，男性存在空間的基礎奠基於這些繁瑣的事上，在男性感到一無是處後，女性卻仍能持續去發覺生活的意義。」

由上述你已經了解到，性別角色刻板化對男性而言仍是不健康的。而男性也了解「扮演男性化角色」的傷害效應。事實上，傳統的男性角色具有孤立、為事業打拼的理想性格，因此裝載滿滿的壓力、焦慮，與正反兩面的情感，這些均威脅到男性的健康。身體是嚴厲的監工者和教師，會告訴男人們去找尋好方法來面對問題，因為那是攸關生死的大事呢！

男性該如何改變調適呢？他們要表現得愈來愈敏感了。最近的一個調查發現，45%的大學畢業生認為男性更感性了一些，這是件好事。另一項調查發現，男女雙方均認定理想的男人是：關心人的／愛人的，聰明的，品德好的／誠實的，敏感的和重視家庭的。同一個研究亦發現，男女雙方均認定不理想的男人是：自我中心的，不道德的，貪心的和無感覺的。也許男士們仍然是有自我調適的希望！

女性與外出工作

在我們進一步討論性別角色所造成的壓力之前，我們先來看你到底對女性的經濟角色了解多少。請針對以下問題回答「對」或「錯」。

女性的經濟角色

下列的句子，何者爲眞，何者爲僞：

____1.我們國家的財富主要是掌握在女性手上。

____2.女性時常會請病假和缺席。

____3.女性是不值得雇用的，因爲對她們所投入的訓練和投資都將隨著結婚、懷孕或離職而消失。

____4.女性因缺乏強健的身體，所以無法從事很多高度技巧和高薪的操作性工作，特別是在工藝方面。

____5.就工作機會和薪資而言，現在的女性比以前幸福多了。

假如你的答案皆是「對」的話，那麼在 Burbank Friends of Truth 裏的 Women Museum 你會成爲一個榮譽會員。如果你的答案都是錯的話，那麼你是對 Christmas 或 Chanukan 的盲目愛國者。其實，這些都是迷思（myths），在下面我們會進一步討論。

賽克唐（Saxton）描述五種有關女性經濟角色的迷思。

在我們的社會中，對女性經濟角色的認定有很多迷思。除非這些迷思被澄清，否則即便是對兩性關係力求公平的觀察家，無論是正確或錯誤的觀點，都會受其影響。

1.迷思一：我們國家的財富主要是掌握在女性的手中：這是

錯的，擁有財富的人口中，只有三分之一是女性，而且這些女性通常比男性年齡較大時才能獲得這些財富，且多半是由於寡婦的身份才擁有的，甚至很多年輕女性擁有財產只因男性爲了節稅目的，而做的安排。事實上，父親或丈夫還是保有眞正的控制權。

2.迷思二：女性時常會請病假和缺席：事實上，男性更常由於慢性疾病而請假。平均女性在一年中只有5.3天是病假，而男性卻有5.4天。

3.迷思三：女性是不值得雇用的，因爲對她們所投入的訓練和投資，都將隨著結婚、懷孕或離職而消失。女性的離職率確實比男性高，也常常是基於與家庭有關的理由。然而，女性較願意從事佣人、重覆的、不花心思的工作，或一些與她們資格不相稱的工作，像一個受過大學教育的女性，願意做打字員的工作，而這些工作間的轉業率很高。其中，配線、無聊的、重覆的工作，是所有工作中轉業率最高的，即使對男性來說也是一樣。當職業的層次和報酬固定時，男性和女性在轉業率上，並沒有顯著的差異。

4.迷思四：女性因缺乏強健的身體，所以無法從事很多高度技巧和技術性的工作。就現代的機構而言，很多工作不太需要付出體力的，況且某些男性的體力是不及女性的，有些女性甚至比男性更強健。

儘管女性在外工作的人數已遠超過以往（詳見圖16－1），但她們依然從事沒有權勢的、傳統女性的工作。就像圖16－2顯示的工作，包括：護士、牙齒保健、出納員、祕書、女侍、保姆，及成衣加工。這些工作仍然佔就業婦女中的百分之八十以上。

有些人相信這樣的情況可能正在改變中。他們引用圖16－3的資料作爲結論的證據，其中可發現，授與女性理、工博士學位的數目明顯增加。然而相反的證據也同時存在著。百分之卅以上的女性大學畢業生主修教育，而男性僅有百分之九；百分之廿七的男性畢業生主修商學或經濟學，而女性僅有百分之十七。大約兩倍的男性畢業生，約百分之六主修法律、醫科、或牙科醫學，而女性約百分之三。百分之九女性畢業生主修護理、藥學，和健康科學，而男性僅有百分之一。

　　正如同壓力的存在是個事實一樣，女性幾乎在所有的工作種類中（詳見圖16－4）的收入均低於男性，表16－3顯示在同樣的工作中，女性薪水佔男性薪水的百分比。即使工作經驗相同（詳見表16－4），表16－3顯示，從一九七九年以來，這種工作所得的差異，並未有戲劇性的改變（詳見表16－4）。

　　再者，即使女性和男性具有同等的教育，女性收入仍比男性少。女性工作者接受四年或更多大學教育，其平均所得僅略高於接受一至三年高中教育的男性；在一九八三年，其所得分別爲美金14,679元及12,117元。高中畢業女性全職工作者全年平均所得，低於不足八年基礎教育的男性全職工作者；其所得分別爲美金13,787元和14,093元。性別與種族所得的比率請參閱圖16－5。

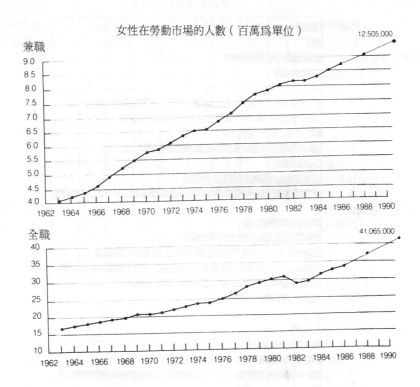

圖16－1 全職或兼職

女性的職業（百分比）

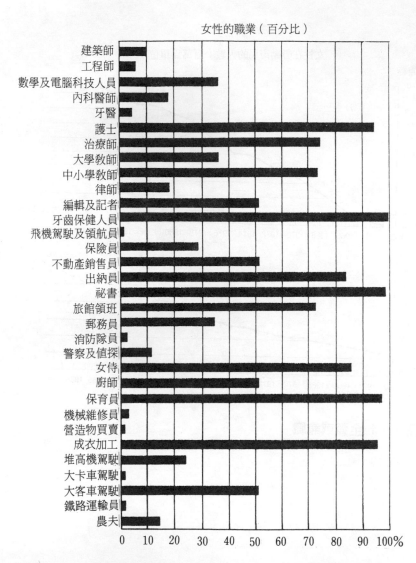

圖16-2 女性的職業

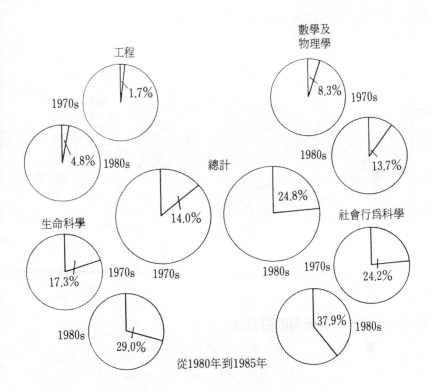

工程

數學及
物理學

1970s

1980s

總計

1970s

1980s

1.7%

8.3%　1970s

4.8%　1980s

13.7%

14.0%

24.8%

生命科學

社會行為科學

17.3%　1970s

24.2%

1970s

1980s

1980s

29.0%

37.9%　1980s

從1980年到1985年

圖16-3　十年內授與理、工學院博士學位的百分比

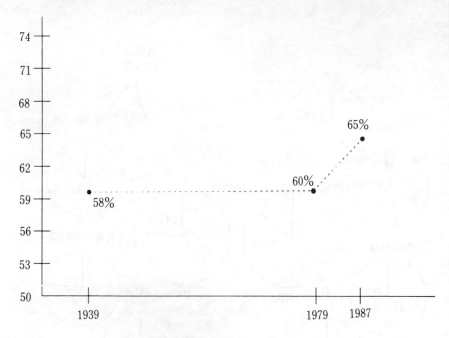

圖16－4 男性平均所得的百分比

表16－3 在1979年及1986年的職業特質：全職工作者的女性百分比及其所得

職業	所有全職工作者的女性百分比		女性全職工作者對男性的收入比	
	1979	1986	1979	1986
祕書	98.8	99.2	.58	(B)2
護士	94.6	92.7	.82	(B)
記帳員、會計及查帳員	88.1	93.0	.66	.74
護士助理、值班員及管理員	85.1	88.3	.72	.81
出納員	77.7	79.8	.71	.75
電腦操作員	56.6	63.8	.69	.73
裝配員	47.2	42.1	.71	.75
會計師及查帳員	34.0	44.7	.60	.72
電腦程式設計師	28.0	39.7	.80	.81
督導及經營者、銷售員	22.4	26.6	.57	.55
經理及行政主管	22.1	28.9	.51	.61
電腦分析師	20.4	29.7	.79	.83
清潔工	15.3	21.0	.74	.69
律師	10.4	15.2	.55	.63
銷售代理	10.1	13.4	.62	.72
電子工程師	4.4	9.4	.75	(B)
大卡車駕駛	1.5	1.5	.71	(B)
木匠	1.1	0.5	.71	(B)
機械	0.9	0.6	.86	(B)

資料來源：U.S. Bureau of the Census, Current Population Reports, Series P-70, No. 10, Male-Female Differences in Work Experience, Occupations, and Earnings:1984(Washington, D.C.:U.S. Government Printing Office. 1987),5.

Note:Data for 1979 are from the 1980 census of population. Data for 1986 are from the March 1987 Current Population Survey.

1Not eisewhere classified.

2(B) too few cases to analyze.

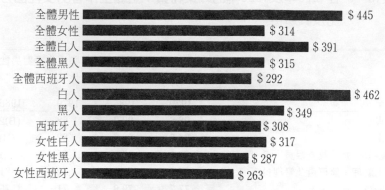

圖16－5　1988年性別及種族不同的全職工作者之週薪

「 到底我們倆個當中哪一個才是異性呢？ 」

資料來源：Office of Information and Public Affairs. Women and
Work. Washington, D.C.: Department of Labor, August, 1988.

表16-4 目前工作任期內每小時工資所得

性質	所有的工作者			全職工作者		
	男性	女性	女性對男性的比率	男性	女性	女性對男性的比率
工作21年至64年者	$ 10.53	$ 7.13	.68	$ 10.82	$ 7.52	.70
目前工作任期						
少於2年者	8.22	5.73	.70	8.46	6.03	.71
2至4年者	9.32	6.73	.72	9.38	6.78	.72
5至9年者	10.62	7.70	.73	10.42	7.56	.73
10年（含）以上者	12.66	8.66	.68	12.38	7.91	.64
工作經驗						
經驗少於5年	6.83	5.48	.80	7.19	5.88	.82
目前工作少於2年	6.64	5.23	.79	7.07	5.72	.81
目前工作2年（含）以上	7.07	5.85	.83	7.33	6.07	.83
經驗5至9年	8.15	6.62	.81	8.35	6.95	.83
目前工作少於2	7.49	5.95	.79	7.74	6.36	.82
目前工作2至4年	8.33	6.67	.80	8.45	6.91	.82
目前工作5年(含)以上	8.70	7.20	.83	8.89	7.45	.84
經驗10至19年	10.77	7.78	.72	10.95	8.07	.74
目前工作少於2年	9.17	6.17	.67	9.50	6.56	.69
目前工作2至4年	10.22	7.36	.72	10.39	7.69	.74
目前工作5至9年	11.07	8.43	.76	11.15	8.71	.78
目前工作10年(含)以上	11.94	8.49	.71	12.01	8.53	.71
經驗20年（含）以上	12.22	7.80	.64	12.41	8.15	.66
目前工作少於2年	9.73	5.65	.58	10.20	6.12	.60
目前工作2至4年	11.02	6.79	.62	11.27	6.92	.61
目前工作5至9年	11.82	7.16	.61	11.96	7.42	.62
目前工作10年(含)以上	12.95	8.81	.68	13.02	9.10	.70

資料來源：U.S. Bureau of the Census, Current Population Reports, Series P-70, No. 10, Male-Female Differences in Work Exprience, Occupations, and Earnings:1984(Washington, D.C.:U.S. Government Printing Office, 1987),4.

城市	上班工作的女性 百分比	所有上班工作者的 女性百分比
Washington	62.7%	47.6%
Dallas-Fort Worth	62.7%	44.0%
San Francisco	60.7%	45.6%
Boston	57.0%	44.6%
Houston	54.8%	38.0%
Chicago	54.4%	43.3%
Las Angeles	54.3%	43.0%
Philadplphia	51.1%	44.1%
Detroit	51.1%	42.2%
New York	45.4%	43.3%

資料來源：U.S. Bureau of Labor Statistics.

圖16－6 美國十大城市工作女性

大城市	上班工作的女性 人數	專業女性工作者 百分比
Washington	970,000	37.3%
Boston	730,000	33.9%
San Francisco	861,000	33.7%
New York City	1,655,000	32.7%
Houston	666,000	29.9%
Dallas/Ft. Worth	888,000	27.7%
Los Angeles	1,784,000	27.7%
Chicago	1,312,000	27.5%
Philadelphia	1,077,000	25.9%
Detroit	878,000	23.8%

資料來源：1988 figures from U.S. Bureau of Labor Statistics.

圖16－7 美國十大城市專業女性工作者

　　當女性在外工作時，她們還必須做家事。如果又有小孩在身邊時，工作上的壓力將更加明顯。事實上，愈來愈多的婦女，雖有年幼的小孩，卻仍然投入勞動力的行列（參圖16－5）。

　　不論她們在外面工作的理由是爲了賺更多錢，獲得自我的價值，或只是爲了避免在家中工作卻沒有價值感的壓力…等等，已經有愈來愈多的女性投入外面的工作中（詳見圖16－6及圖16－7）。因此，也有愈來愈多的女性遭遇病痛，例如：冠狀心臟疾病。

　　反觀在一九八〇年代，當經濟萎縮，企業降低薪資，而失業率攀升時，男性也開始抱怨女性佔用了他們的工作機會，這是一種很不正常的性別關係。再者，那些太太在外工作的男性，還必須常做家事。他們可能要煮飯、打掃、洗衣服，接送小孩和其他的事情。這些家事對於正開始交往或剛結婚的年輕男性來說是比較容易適應的。但是，改變仍是有壓力的，無論是對年輕男性，或者是結婚十年之後，太太才開始到外面工作的男性，利用時間做家事，都一樣會感受到壓力。

　　在女性工作者身上，挫折感與日俱增。由社會研究機構完成的研究發現，在外工作的職業婦女雖比家庭主婦做較少的家事，但他們仍然負擔了大部份的家事，而丈夫亦開始抱怨加在他們身上的家事。女性們則開始爲其配偶的虐待和不平等待遇爭論不休。

　　女性如何因應工作上的壓力呢？表16－5顯示一些經常使用的因應處理機轉。

表16-5 對因應處理機轉的全面反應

因應處理	從未有(%)	有時（％）	經常（％）
運動	20.2	43.9	35.9
參與嗜好	26.2	46.65	27.2
酗酒	42.5	42.9	14.6
用藥	70.33	21.55	8.14
若無其事	20.8	49.3	29.95
維持現狀	19.55	45.55	34.9
即使自己對仍然抱歉	38.6	48.0	13.4
遷怒或責怪他人	41.25	50.64	8.13
抱怨	13.44	53.9	32.7
告訴朋友	6.09	37.4	56.5
採取行動	4.43	45.1	50.5
抽菸	70.6	6.8	22.6
飲用過量咖啡、飲料或過量的吃	17.7	40.2	42.15
逃離工作情境	17.3	61.9	20.8

資料來源：9-to-5 National Survey to Women and Stress(Cleveland, Ohio:9-to-5, National Association of Working Women, 1983).

表16－6　女性在不利的工作情境中經常經驗到的健康效應

	未解決的 經常壓力(%)	從未為自己 作決定(%)	從未發現工作 的挑戰(%)	所有的反應者 (%)
眼睛疲勞	31.7	34.0	27.8	20.2
頭痛	38.4	33.3	35.3	24.0
反胃	11.96	12.4	12.94	6.2
失眠	29.2	25.5	24.25	17.6
肌肉痛	55.5	54.9	48.25	38.7
疲倦	58.52	54.25	51.75	40.0
消化問題	32.0	29.6	28.9	18.9
胸悶痛	11.7	11.85	7.84	6.0
焦慮	53.2	48.03	43.8	27.5
憤怒	46.7	43.4	46.9	27.5
憂鬱	36.0	34.23	41.2	20.0

資料來源：9-to-5 National Survey to Women and Stress(Cleveland, Ohio:9-to-5, National Association of Working Women, 1983).

工作上的性騷擾

　　工作上的性騷擾是指，有權威或權力的人以開除、無法晉陞，或其他制裁為脅迫手段，要求性的進一步活動。在工作場合中，如果只是很禮貌地獻慇懃，而沒有任何處罰的威脅，就不算是性騷擾。性騷擾可能來自位於高位的上司，也可能來自職位比你低的下屬，無論來自那一方面，就算沒有明顯的脅迫手段，也總是讓人感到難以拒絕的壓力。

　　男性和女性兩者都是性騷擾的被害者。然而，女性經歷這種困擾的機會比男性多得多，特別是年輕，沒有經驗的女性；她們通常是低薪資的書記或助理。而很多的性騷擾是來自於男性的老闆。從一本紳士錄（ Redbook ）調查發現有75％的職業婦女遭遇過性騷擾，在其中，她們感到尷尬，自貶身價、具有脅迫性（ Safran, C., 1976)。

　　性騷擾會產生各種不同的影響，例如她們可能遭到開除或暫緩晉陞的命運；或覺得罪惡感，並懷疑自己是不是在舉止上不恰當，而引起性騷擾；也有很多會覺得無助，在一個女性性騷擾的研究中，有78％的人認為他們的情緒和生理上，受到明顯的影響（ Kinnon, C.M., 1979 ）。

　　處理性騷擾也有許多對策，在很多企業或學院裏，建立了多種投訴的管道，來處理這類的問題。相關的教育活動也在工作和學校場所展開，女性團體也開始針對性騷擾進行法律諮商，圖16－8是女性遭受性騷擾時可以求助的地方。在妳的校園裏，妳可知處理性騷擾的程序是怎樣的嗎？

Sexually Harassed
on the job?
YOU'RE NOT ALONE！
in surverys conducted in various parts of the
U.S. 70%-88% of women workers report that
they experience some form of sexual harass-
ment at work.
YOU DON'T HAVE TO TAKE IT！
Courts are beginning to handle the issue
and women are beginning to speak up.

Contact AASC (the Alliance Against Sexual
Coercion)for.
・legal options & referrals
・unemployment compensation information &
referrals
・emotional support
・vocational counseling referrals
・educational program referrals
617-547-1176
P.O.Box 1 Cambridge,MA 02139

圖16－8　一個組織的求助卡，其他的團體也組成協助處理性騷擾

家庭的工程（家政）

　　女性所經歷的壓力源之一是他們的家庭角色不被看重。我太太對家庭角色精闢的詮釋是「家庭工程」。全天候的家政是無聊、煩人、艱難的，而且需要很多時間、技術、努力、創造性和承諾的。儘管沒有什麼理由可以說明女性比男性更適合這個角色，但「傳統」早已將家政工作完全託付在女性身上。但近幾年，很多人開始將注意力放在這個角色上的男性，並稱他們爲「家庭主夫」，這如同貶低女性身份的「家庭主婦」一樣。全職的家庭主夫或主婦，他們不是和家裏的房子結婚的，他們的重點也不是放在家裏。但是，爲了讓自己和家人有更舒適的生活，他們開始承擔這樣的角色。

　　有些男人及女人，不重視家政的重要和價值，這是很不好的，的確，這個角色並不是每個人都會選擇的，但它是很多女性和某些男性選擇去持有，並做得非常好的一種角色。而這個角色是「非常重要的」，可以分配給家庭中的每個成員，或由一個人去完成。

　　與「家庭工程」聯結的壓力，類似職業所引起的壓力：例如有太多事要做，但時間太少（角色過度負荷）；很多工作沒有受過特別的訓練（角色功能不足），但又必需滿足不同家人的要求（角色衝突），以及對於他們的期待不清楚（角色模糊）。當角色不被重視，再加上這些壓力時，就會負荷過重而無法忍受，疾病也可能隨之發生。

　　女性在小孩長大之後，將面對另一個壓力—空巢期（empty-nest）症候群。當最後留在身邊的孩子離家之後，照顧者的角色消失時,有些婦女會感到他們的價值不復存在,因爲他們覺得自己比以前更不被需要了。即使某些婦女可能認爲這是一個好機會去做以前沒有做過的事,但他們也會面臨阻礙。有些雇主認爲她們缺乏經驗,但這眞是無稽之談。目前生涯諮商者,可以幫助婦女學會如何推銷自己,她們可以告訴雇主自己的家庭生涯,已使她們有良好的訓練,在組織的技能中有豐富的經歷,善於時間的管理、人際關係、問題解決和採購。你想,有多少雇主會不想雇用那些已證明自己有能力去處理無聊、困難家事的應徵者呢?

議題:性別角色的刻板印象會比開放式的性別角色具有較少的壓力嗎?

有些人相信定義清楚的、傳統的性別角色會提供一些指引。在我們成長和學習這些角色時,它讓我們知道我們是為了什麼而學習。藉著它,我們能很清楚的知道我們未來要掌握什麼,因此,在早年我們將焦點集中在一些事物上,以便為將來做準備,如此,混淆和壓力,將會因這些清楚的焦點而減少。

但上面的説法也引起另一方面的爭論,因為限制我們的選擇,會讓自身就有壓力存在。傳統的角色授與男性權力,並告訴女性要卑屈,如此怎麼會沒有壓力呢?男性因具有權力,所以必須負擔可怕的責任,而女性因卑屈而減少了自我的價值感,這兩者都亟具壓力。

你認為如何呢?

```
·    ·    ·

·    ·    ·

·    ·    ·
```

圖16-9 連接以下的點，但筆不能離開紙面，或折回任何線。

壓力與性

在圖16-9有九個點，在你開始閱讀下面文章之前，先試著連接這九個點，你只能使用四條直線，而且你的筆不能離開紙面或折回任何線。現在就試看看。

答案在圖16-10，你可以看到每條線都必須超出點之外，也就是說，當你把水平線畫到底時，還必須超過最後一點，而且當你畫下一條線時，也必須超過上面的點。

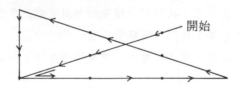

開始

圖16-10 解決的答案

今日的性就像上圖，似乎已超過那些點，或者已超出所有的界限了。也因為不再受限制，使得我們不知道怎樣去做很多與性有關的事。我們拿婚外性關係來做例子，幾乎有二分之一的已婚男性有過至少一次的婚外性行為，而且幾乎有20％-26％的已婚女性也有過。但後來，再問他們有關婚外性行為的態度時，有80％～98％的男女表示他們反對他們的配偶與他人從事性行為。所以我們可以推論：有很多人欺騙他們的配偶，因為知道他們的配偶是不允許的，因此，對出軌的一方，疑心的配偶和第三者來說，都會產生很多壓力。

　　即使對於尚未結婚的人而言，行為標準和性別角色的改變，也是具有壓力的。一些男學生告訴我，他們不知道是否該幫女性點煙或開車門，假如他們不做，會覺得自己很粗魯，但如果做了又遭拒絕的話，那麼他們又會覺得很無助。另一方面。我的女學生也告訴我她們不知道是否要坐在車上一直等到男孩子下車，為她們開車門之後，她們才能下車？或者是自己開車門下車。儘管這些看起來只是平常的事，但是缺乏共識確是具有壓力的。進一步說，女孩子可以主動邀男孩子約會嗎？性活動的主導者是誰？誰該避孕？口交的方式可以嗎？…

　　有人可能主張社會是一直在改變的，男性或女性都可以主動去邀約和主導性行為。事實上，因為改變是具壓力的，所以在社會中性本質的改變也會導致壓力，於是很多的困惑產生，例如：「我應該？」─「我可以…？」─「那麼他（她）呢？」等問題。

因應之道

　　就像其他壓力一樣，及時處理可以防止性別角色壓力所導致的疾病和不健全的身心。這些因應處理方式包括生活情境、知覺、情緒或生理的覺醒階段。

生活情境的因應處理

　　為了在生活情境的層面上，減少與性別有關的壓力來源，我們可以應用第五章的技巧。首先，在你的生活中找出性方面讓你感到壓力的事情，然後消除其中不必要的壓力。例如：與其每次在車內都必須決定是否要等他人來開車門，倒不如現在就做個決定。如此一來，每次同樣的情境發生時，你就不會再有壓力，因為你已經決定好如何去做了。假如你在工作上遇到定期的性騷擾，那麼就擬定一個計劃來應付這個困擾。這個計劃可以由語言的反應（verbal response）開始──「我對你所進行的這種行為不感興趣，而且我希望你不要再提到這種事情，假如你還是依然如故的話，我會把它當做是性騷擾，而且我會提請訴願委員會處理。假如你不再做這件事，那麼我願意忘掉它。」使用第五章所討論的那些自我肯定的話，將有助於發展你的語言反應。當你的語言反應無法停止對方的性騷擾時，我們還有第二步的計劃。也許你決定將這件事公佈，或者你將嘗試更具警告性的語言反應。不論如何，你都會處在一個隨時準備的狀態，而且每次遇到性騷擾時，你都肯定自己有能力去處理它，結果，性騷擾所帶來的壓力將會減少。

　　另一個非常重要的方式是，改善你與施壓者之間的溝通。假如你覺得缺乏可供依循的標準和規則，不妨試著和對方討論出屬於你們的規則。誰要避孕？什麼樣的行為是可以接受？什麼是不能接受的？雙方各自承擔那一部份的家事？有了較有效的溝通，你可以防止壓力產生。下面的重點可以幫助你改善「性」方面的溝通：

　　1.確定你有充份的時間來討論，不要因為你需要去那裏而縮短討論時間。

2.不要讓任何人，或電話中斷你的話題，而干擾你們的討論。

3.接受所有的感覺，並將這些感覺正確地表達出來。例如：「我感到生氣，當…」。

4.冒個險且將你的想法和需求眞實地表達出來，除非你自己說出來，否則你不能期待你的夥伴可以猜出你要什麼。

5.以相互了解的方式進行討論，目的在改善你們的關係，而不是看誰能壓倒誰。

6.不要整夜期待奇蹟出現，性的溝通需要持續的對話，也許你需要去尋求其他家庭成員、朋友、牧師或其他人的幫助，這些人可以協助你有能力去做溝通，另外，有關性方面的諮商員也能幫助你。

　　所有能促進溝通的工作都是值得的，藉著它，你們可以發展出較深的信任感，較親密的和冒險的感受。簡單的說，你們的性生活將獲得很大的改善，而且你們的關係也會有正向的改變。

知覺的因應處理

　　第六章提出的幾種知覺的因應處理方式，對性的壓力也相當有用。其中之一，便是選擇性的注意。假如你是一個全天候的家庭主婦，你可以選擇去注意這個角色的負面部份—例如，它是無聊的，沒有很重要的地位——或者你也可以注意它正向的部份—例如，它對你的家庭是很重要的，它使得你有更多的時間待在家裏。至於缺乏社會一致的性標準，你可以把它看成是讓人興奮的自由，而不是混亂和困惑。假如因爲你的性別而面臨偏見，你可以不必因為對方的偏見而感到壓力。對於每個情境，你都可以選擇性的注意正向或負向的部份。

　　其他較有用的知覺處置方式是使用焦慮管理技術。假如：性的情境使你感到焦慮，那麼你可以試著自我對話（ self-talk ），再標籤，環境計劃，思考中止，或系統減敏感法。這些在第六章已有詳細的說明。

情緒的因應處理

　　規律地使用放鬆技術，將有助於性壓力的管理。請詳見第八章和第九章。

生理覺醒的因應處理

　　就像放鬆技術一樣，運動是很有效、且有益健康的，但它需要規律地實行。假如你已經有壓力的感受，你必須更有耐心地做運動，你也知道健康是很有治療價值的。有些時候當我工作過度或聽到不好的消息時，我會出去打打網球或慢跑，之後我會覺得好過一些。在第十二章已討論過：如何合適地做運動，才會對你有助益，且可免於傷害。

摘要

1.由於性別角色刻板印象的影響，男女兩性在行為上和選擇上均受到限制，因此兩性都會遭受性別刻板印象的壓力。

2.學校在兒童很小時便有意無意地教導性別角色刻板印象。學校透過讀物、考題、儲蓄優先順位和教師行為，來教導這些。

3.某些特質是和性別有關聯的。男性傾向於較高大、強壯、視覺——空間技巧、大肌肉動作，和攻擊性；女性則傾向於語言表達、觸覺敏感性、精細肌肉的動作、善於照顧別人、社會性及同理心。

4.某些特質是和性別沒有關聯的。其中包括：智力、創造力、分析能力、支配性、自我肯定力、競爭性、自尊、暗示性，和情慾反應性。

5.儘管女性在工作的情況已比過去改善很多，但她們依然處在一個相當沒有權勢的地位，且從事傳統女性的工作，例如：護士、出納員、祕書、女侍、保育、牙齒保健，及成衣加工等。這些職業約佔80％以上職業婦女的人口。比起過去，雖然愈來愈多的女性獲得理、工博士學位，然而大多數女性仍然主修教育、護理、藥學，和健康科學，且比男性多，而男性主修商學、法學、醫學和牙科醫學的，明顯比女性多。

6.不論工作性質，女性收入大多比男性少，甚至當她們已有較多的工作經驗和教育時，仍是如此。而且自從一九七六年以來，兩性工作所得的差距，僅有輕微的縮小。

7.女性在家庭以外的地方工作上班，回家仍需工作。因此為了維持家庭與職業工作的責任，女性感受到極大的壓力，最後導致罹患過去男性獨佔的冠狀心臟疾病。

8.一般由女性工作者所報導的因應工作壓力的方法為：裝作若無其事、維持現狀、抱怨、採取行動，和逃離工作情境等。然而，部份女性工作者採用無功能的因應方式，如酗酒、服藥，或飲用咖啡以試圖處理與工作有關的壓力。

9.工作中的性騷擾是指，有權威或權力的人以開除、無法晉陞，或其他制裁為脅迫手段，要求性的進一步活動。此外，由於重覆說些黃色笑話，或任何方式，以創造一個不舒適或無生產績效的工作環境，也可被合法定義為性騷擾。男女雙方均可能成為性騷擾的受害者，但一般來說，女性更容易成為受害者。

10.與家庭工程聯結的壓力，類似職業引起的壓力，例如：有太多事要做的角色過度負荷，角色衝突，角色功能不足，和角色模糊。這些壓力的聯結，可能在家庭以外的工作上發生，也可能在家庭內情境中發生。

11.生活情境、知覺，和情緒及生理覺醒的因應處理，能有效的管理性別角色壓力。

參考書目

1. Women on Words & Images, *Dick and Jane as Victims* (Princeton, NJ:Women on Words & Images, 1975).

2. Myra Sadker and David Sadker, "Sexism in the Schools of the '80s," *Psychology Today,* March 1985, 54-57.

3. Stephen G. Brush, "Neither Reasonable Nor Fair:SAT Discriminates Against Women, Rewards Coaching," *The Faculty Voice* 4(May-June 1990):4.

4. Sidney Jourard, *The Transparent Self*(New York:Van Nostrand Reinhold, 1971), 328-329.

5. Michael Segell, "The American Man in Transition," *American Health, January/February,* 1989, pp.59-61.

6. Ibid.

7. Sam Keen and Ofer Zur, "Who Is the New Ideal Man?" *Psychology Today* 23(November 1989):54-60.

8. Lloyd Saxton, *The Individual, Marriage, and the Family,* 4th edition, © 1980 by Wadsworth, Inc. Reprinted by permission of Wadsworth Publishing Company, Belmont, California 94002. Pages 47, 87-88.

9. U.S. Bureau of the Census, *Current Population Reports, Series P-70, No. 10, Male-Female Differences in Work Experience, Occupations, and Earnings:1984*(Washington, DC:U.S. Government Printing Office, 1987).

10. Women's Bureau, *Facts on Women Workers*(Washington, DC:

U.S. Department of Labor, 1984),3.

11. Ann Crittendon, "We 'Liberated' Mothers Aren't," *Washington Post*, 5 February 1984, D4.

12. Eleanor Grant, "The Housework Gap," *Psychology Today* 22 (January 1988):8.

13. "Sleeping with the Boss,"*Forum*, December 1979, 7.

14. Claire Safran, "What Men Do to Women on the Job:A Shocking Look at Sexual Harassment," *Redbook*, November 1976, 149, 217-24.

15. Merit System Protection Board report on sexual harassment in the workplace(given before the Subcommittee on Investigations, Committee on the Post Office and Civil Service, U.S. House of Representatives, September 1980).

16. Sharon Warren Walsh, "Confronting Sexual Harassment at Work," *Washington Post, Business,* 21 July 1986, 16-17.

17. Catherine Mac Kinnon, *Sexual Harassment of Working Women* (New Haven, CT:Yale University Press, 1979).

18. P. Somers and J. Clementson-Mohr, "Sexual Extortion in the Workplace," *The Personnel Administrator*, April 1979, 23-28.

19. Patricia Riddle and Geralldine A. Johnson, "Sexual Harassment:What Role Should Educators Play?" *Health Education* 14(1983):20-23.

20. Morton Hunt, *Sexual Behavior in the 1970s*(Chicago:Playboy Press, 1974),258,261.

21. Carin Rubenstein and Carol Tavris, "Special Survey Results: 26,000 Women Reveal the Secrets of Intimacy," *Redbook*, September, 1987, pp.147-149,214-215.

22. J. Peterson et al., "The Playboy Reader's Sex Survey, Part 2," *Playboy*, March, 1983, pp.90-92,178-184.

23. Jerrold S. Greenberg, Clint E. Bruess, and Doris Sands, *Sexuality:Insights and Issues*(Dubuque, IA:Wm. C. Brown, 1989).

$$\boxed{17}$$

家庭壓力

記得一九六八年六月，在紐約的聖派特瑞克教堂，甘乃迪(Edward Kennedy)爲他死去的兄弟甘乃迪致頌禱文時，那悲傷的聲音令我永難忘懷。在參加喪禮的當時，我也不由自主的想起我那兩個兄弟，史蒂芬(Stephen)和馬克(Mark)。史蒂芬是個企業家，一心一意要賺一百萬元，而馬克呢？是個音樂家，也是個藝術家。兄弟們在個性上雖然很不一樣，但我們都是一家人，在同一個屋簷下一起生活了廿幾年，我們常常打架，也常常分享彼此的快樂和悲傷。

本章的主要內容即在討論家庭的聯結，以及家庭生活的改變如何造成壓力。此外，我們將提出一些因應處理的方法，來防止家庭壓力造成疾病和不健全的身心。

家庭

家庭是一個獨特的、親密關係的組合，這些關係可能是合法的（像婚姻）或不受法律支配的（像一些公共的家庭團體）。我們所說的「朋友家庭」，是指像兄弟會裏的兄弟，姊妹會裏的姊妹，和堂兄弟姊妹們……等），而用「家庭」這個名詞，是爲了說明這些關係的親密程度。但是，我們這裏所討論的家庭將限於由雙親和子女所組成的核心家庭，及其他人的延伸家庭。

藉由家庭得到滿足的需求

　　家庭的功能之一，是提供「生產和教養孩子的社會控制」。雖然有些夫婦沒有小孩，但對有小孩的夫婦而言，社會的期待是希望這些小孩能被撫養在某種家庭結構中。家庭可以有很多形式，但單身婦女卻不適合養育孩子，因此社會還是期待孩子由已婚的夫婦來生育、教養。

　　家庭的另一個功能是提供經濟的支持。家庭的成員可以提供食、衣、住等，並在不同的工作和功能上，互相幫助。例如，某個家庭成員負責做菜，而另一個成員負責去賺錢來購買生活所需，或者兩個夫婦都外出賺錢，且都在外用餐。而在孩子的成長過程中，那些能自給的成員（父母、較大的兄弟，或其他的親戚），也必須扶持他們的成長。並且，提供生理、安全需求的滿足。

　　最後，家庭還可提供很多情感需求的滿足。它提供愛，減少疏離感，培養歸屬感並且讓你知道有很多人關心和照顧你。在家庭中，你能真正地做自己的主人，因為就算你表現不佳，家庭也仍然讓你覺得你是屬於這個團體的。家人可能會不喜歡你的行為或決定，但仍歡迎你共進感恩節的晚餐。家庭也可以在你面臨危機的時刻，助你順利渡過難關。就像我們早先所提的，家人也能與你一起討論你的問題，幫助你，使你不被這些煩人的問題所困，而造成身心的不健康。

　　上面所描述的家庭功能（有些家庭比其他家庭更能滿足家人的需求；有些則是無效的），是以學術、知性的方式來說明家庭的角色。而對於家庭生活及其功能，我們都經驗過，也有深刻的感受！因此在家裏我們可以得到保護和安全，可以感受到愛，並得到許多幫助。記得報紙上曾報導過，有一個家庭發生車禍，爸、媽和兩個大小孩全都死亡，只救活一個兩歲大的女兒。當我看到這消息時，我對這個孩子的遭遇深感同情與失落感。我並不是擔心誰來照顧她吃和住，而是因她失去與她血緣相連的家人，這是無法補償，也是一種「無可替代」的失落感。在家庭的聯結關係中，血緣相連的事實，使得這個家庭成為獨特的、無可取代的單位。

有效的家庭

　　上面討論的，都是屬於有效的家庭，但的確有另一些家庭無法滿足上述的需求。例如，一些虐待兒童或性侵犯的家庭，就無法使小孩得到被保護和安全感。也有些家庭，因父母親的惡意拋棄小孩，使孩子得不到歸屬感的滿足。而另一些家庭的父母，即使曾努力滿足小孩的需求，但卻無法完全成功。原因可能是家庭成員不知道怎麼做才會更好，或者他們太忙了，只能提供某部份的需求，例如：只有經濟支持而無法提供愛。在家庭方面很有權威的霍瓦德(Jane Howard)，發現有效家庭的一些特徵：

　　1.有個領袖。其他成員會以某人為中心聚集在一起。

　　2.他們有個「總機的接線生」。有個人隨時能與其他人接觸、聯繫。

　　3.家庭的成員可以貢獻很多，但不是一切。也就是說，鼓勵家庭成員投入家庭外的社交生活，而且，有些需求可藉由家庭以外的人來滿足。

　　4.他們待客慇懃。他們了解主人需要客人就像客人需要主人

一樣，並且保持一個令家庭成員都引以爲榮的環境，而這
些客人也變成這些家庭成員的支持系統。

5. 他們坦率地面對悲慘的事。當家庭生活中突然發生麻煩時
，會很快而且公開地處理，不會讓它威脅到家庭成員之間
的聯結。

6. 他們重視儀式。在假日相聚一起，在葬禮中一同悲傷，或
其他的方式讓大家形成一種相互依賴和關聯的感覺。

7. 他們彼此是手足情深的。家庭成員會彼此緊緊擁抱、親吻
，和用力地握手，他們很快的表明愛並且互相照顧。

8. 他們有「地方意識」。也就是，他們會覺得自己與某一個
房子或城市或一些地方緊緊相連，在這樣一個連結的地方
，他們可以即刻找到自己。

9. 他們與子孫後代有連結關係。雖然有些事在家庭成員出生
之前就發生了，但某些與自己相關的事在自己死後還是會
繼續影響下一代。

10. 他們以他們的長者爲榮。他們的祖父母和其他年長的親
人受到尊敬和照顧。這些長者本身，以及他們的經驗和
智慧，都是很有價值的。

看完上述十點後，我們會想去看看自己的家庭和有效家庭的
特徵之間的差別，並互相指責缺失所在。然而，我們卻建議你在
分析你的家庭時，最好是儘可能的客觀，並找出可以改善的地方
和方法。歸咎過失是沒有用的，而且會阻礙改善家庭的有效性。

你的家庭能改善那些地方呢？

這些改善能怎麼做呢？

了解家庭

　　你想要進一步了解你的家庭嗎？也許有些事情你從來不知道，如果你願意的話，請完成下面的活動：畫一張家庭圖，在圖中畫出你的家庭正在從事的某項活動。現在就將這幅畫，畫在單獨的一張紙上。

　　下次當你和團體（也許是班上）的人在一起時，可以試著請他們看看這張圖，並且在圖後面寫上一句猜想他們看完的觀感的話，這個觀感可以是一般對家庭的看法，也可以是對某個特別成員的看法。你會驚訝的發現這些了解你和你家人的夥伴，居然能正確地描述出你的家庭。接下來我要舉幾個例子說明，但為了避免這些例子可能會影響你，所以在未畫出你的家庭圖之前，不要看這些例子。

　　在某個團體中，我請成員做這項工作，有個女士畫了一個圖，在圖中，自己站在熨衣板旁，丈夫則躺在地毯上，用寬大的手臂抱著孩子。幾個評語認為圖中所顯示的是，當她忙著家事時，丈夫卻輕鬆地跟孩子玩。她說「正是如此，我正想跟先生說，可不可以多幫我一些忙」。

　　另外一個團體，有位男士畫他自己、他的太太，和他的兒子一起做一些活動，但他的女兒卻在別的地方做其他的事。幾個評語認為女兒似乎遠離了家庭的活動。那位男士想了一下便同意這項說法，並決定要努力讓女兒多參加家庭的活動。

　　當有其他朋友評論你的圖畫時，切記在你還沒有思考以前，不要拒絕任何的評語。因此在意識裏，也許你並不知道一些家庭動力的現象，然而在下意識裏，你卻想要填補這些現象，所以你

會將它們納入你的圖畫中。雖然，這些對你圖書的評語不是心理
分析專家所說的，但經驗告訴我，這些評語是頗具洞察力的，甚
至可以幫助你促進家庭的有效性，並減少家庭生活的壓力。

改變中的家庭

　　在美國最常見的家庭型態是父親主外，母親主內，以及住在
一起的孩子們。但是否真是如此呢？事實上，只有27%的美國家
庭符合這樣的家庭型態（詳見圖17-1）。在一九八八年，美國
有27.3%十八歲以下的孩子，與單親住在一起。圖17-2說明一
九七〇年至一九八八年，孩子與單一父母親住在一起的原因其改
變的情形。由表中發現，離婚和未婚父母與小孩住在一起的數量
，顯著的增加。在一九八八年，小孩與單一父母親住在一起，佔
最大比率的，是離婚父母（佔38.3%）。然後佔較高比率的分別
是，分居（24.9%）或未婚（30.5%）的單一父母親。

資料來源：U.S.
Bureau of Census,
Current Population
Reports, Series P-
23, No. 159,
Population Profile
of the United
States: 1988,
Washington, DC:
U.S. Government
Printing Office,
1989, p. 25.

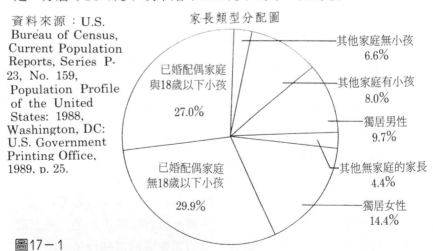

家長類型分配圖

其他家庭無小孩
6.6%

其他家庭有小孩
8.0%

獨居男性
9.7%

其他無家庭的家長
4.4%

獨居女性
14.4%

已婚配偶家庭
與18歲以下小孩
27.0%

已婚配偶家庭
無18歲以下小孩
29.9%

圖17-1

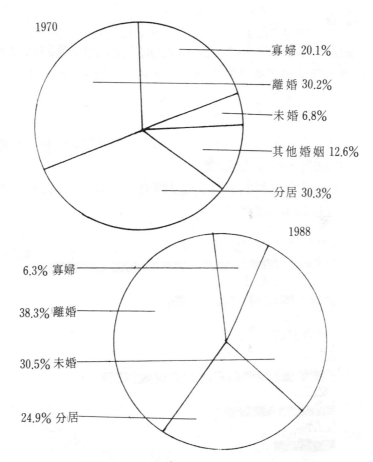

圖17－2　由父母婚姻狀況看與單一父母親住在一起的小孩
　　　　之分配圖

資料來源：U.S. Bureau of the Census, Current Population Reports,
Series P-23, No. 163, Changes in American Family Life, Washington,
DC: U.S. Government Printing Office, 1899, p.15

婚姻

　　結婚的年齡愈來愈晚。愈來愈多的人上大學並爲將來的生涯作打算，就延遲了結婚的年齡。如表17－3所顯示的，在一九八五年新婚（以前未結過婚者）的新娘平均年齡是二十三歲，而新郎是二四歲。後來，有愈來愈多人選擇延遲更久才結婚，或者決定不結婚。在一九八八年，第一次結婚者年齡提高一些，新娘平均年齡23.6歲，新郎是25.9歲。

　　你已經作好結婚的準備了嗎？請完成「你是否作好結婚的準備」，以幫助你作選擇。

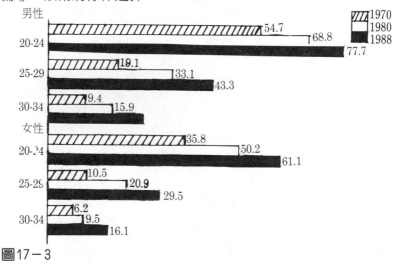

圖17－3

1970、1980、1988年未婚人口的年齡、性別之百分比

資料來源：U.S. Bueau of the Census. Current Population Reports. Series P.23, No. 159, *Population Profile of the United States: 1989.* Washington, DC: U.S. Government Printing Office, 1989, p.27.

你是否作好結婚的準備？

　　下列問題是設計來澄清你是否為結婚作了最好的準備。並無絕對的對或錯，然而這些問題的確可以幫助你確認本章的幾個議題。請詳閱後在是或否的下面打「✓」作答。

是　　否

＿＿ ＿＿ 1.即使你接受別人的勸告，你會為自己作重要的決定嗎？

＿＿ ＿＿ 2.你對人類性生理的知識有足夠了解嗎，此外，你了解性生活適應當中情緒和人際關係的影響因素嗎？

＿＿ ＿＿ 3.在對你自己或至少另外一個人的財務支持上，你曾有資助或分擔的經驗嗎？

＿＿ ＿＿ 4.你有過和親密關係的人，從彼此的差異中找到兩人均可接受的相同點之經驗嗎？

＿＿ ＿＿ 5.你經常能免於嫉妒嗎？

＿＿ ＿＿ 6.你曾否細心思考過在你的婚姻生活中努力奮鬥的目標？

＿＿ ＿＿ 7.你發現自己有足夠的能力，能大方地放棄渴求的東西嗎？

＿＿ ＿＿ 8.你能否以稍後再享有為由，延誤某些需求？

＿＿ ＿＿ 9.情感的施與受，你經常會感到困窘或不安嗎？

＿＿ ＿＿ 10.你很容易因受批評而受傷嗎？

＿＿ ＿＿ 11.爭論中，你的脾氣很容易失去控制嗎？

＿＿ ＿＿ 12.對於家庭或工作的責任，你會常常產生反感嗎？

＿＿ ＿＿ 13.你對別人經常是尖酸刻薄的嗎？

＿＿ ＿＿ 14.你會強烈地強調婚姻迷人的觀點嗎？

＿＿ ＿＿ 15.當你遠離家門時，是否經常會有鄉愁？

分數與解釋

　　第1題至第8題回答是的題數愈多，表示你為婚姻的準備愈好；第9題至第15題回答否的題數愈多，也表示你為婚姻的準備也愈好。每一個題目均能幫助你在結婚前，先認清楚自己該注意的地方。

　　第1、3、4、6、7、8題在探討影響婚姻成功的行為。

　　第2題在探討影響婚姻成功的知識。有關人類性生活的知識，是婚姻生活中預先必備的重要知識。

　　第5、9、10、11、12、13、14、15題在探討你為婚姻所作的情緒準備狀態。第5題在探討嫉妒，嫉妒是一種對婚姻具有破壞力的情緒。倘若你是一個容易嫉妒的人，在你思考婚姻之前，可能需先尋求專業心理輔導的協助，以幫助你處理信任與自尊心等問題。

　　資料來源：Questions Adapted from L.A. Kirkendall and W.J. Adams, The Students' Guide to Marriage and Family Life Literature, 8th ed. P157.

同居

　　愈來愈多的人選擇與某個異性同居，而不結婚。僅僅在一九七〇年到一九八〇年之間，同居的比率就增加了三倍之多，約有一百六十幾萬的人，以這種方式生活在一起。而在一九八八年，有兩百萬的人同居。在大學校園裏，同居相當盛行，而且不僅是年輕人所獨有，許多較成長的人，在守寡之後，通常會選擇同居的生活。可能的原因有基於財政上的利益——他們兩個分開的社會保險支出會小於再婚後只有一個社會保險的費用，或者正式的婚姻關係對他們來說是多餘的。另外，分居或離婚的人，選擇同居在一起的情況也比過去多得多。

離婚

　　表17-1顯示從一九五〇年到一九八七年的離婚比率。從一
九五八年到一九八七年，離婚率持續地升高，隨後有降低趨勢。
而在一九八七年，有超過一百萬的人離過婚，相對的有超過一百
萬的小孩也受到連帶的影響（詳見表17-2）。有個奇特的現象
是離婚率，會因地理位置的不同而有不同：在一九八七年，美國
的東北部在一千個人中有3.6個人離婚，在美中有4.4個人，美南
有5.4個人，而在美西有5.5個人。以州來看，離婚率在麻州為2.9
，賓州3.3，亞利桑納州7.0，奧克拉荷馬州7.3，內華達州13.8。
表17-3表示與離婚有關的人口統計學因素。

表17-1　離婚和宣告婚姻無效的比率：美國，1950-1987

離婚年度	每千人比率 及 宣告婚姻無效	總人口	結婚15年（含）以上之女性
1987	1,166,000	4.8	20.8
1986	1,178,000	4.9	21.2
1985	1,190,000	5.0	21.7
1984	1,169,000	5.0	21.5
1983	1,158,000	4.9	21.3
1982	1,170,000	5.0	21.7
1981	1,213,000	5.3	22.6
1980	1,189,000	5.2	22.6
1979	1,181,000	5.3	22.8
1978	1,130,000	5.1	21.9
1977	1,091,000	5.0	21.1
1976	1,083,000	5.0	21.1
1975	1,036,000	4.8	20.3
1974	977,000	4.6	19.3
1973	915,000	4.3	18.2
1972	845,000	4.0	17.0
1971	773,000	3.7	15.8
1970	708,000	3.5	14.9
1969	639,000	3.2	13.4
1968	584,000	2.9	12.5
1967	523,000	2.6	11.2
1966	499,000	2.5	10.9
1965	479,000	2.5	10.6
1964	450,000	2.4	10.0
1963	428,000	2.3	9.6
1962	413,000	2.2	9.4
1961	414,000	2.3	9.6
1960	393,000	2.2	9.2
1959	395,000	2.2	9.3
1958	368,000	2.1	8.9
1957	381,000	2.2	9.2
1956	382,000	2.3	9.4
1955	377,000	2.3	9.3
1954	379,000	2.4	9.5
1953	390,000	2.5	9.9
1952	392,000	2.5	10.1
1951	381,000	2.5	8.9
1950	385,000	2.6	10.3

資料來源：National Center for Health Statistics, 〝Advance Report of Final Divorce Statistics, 1987.〞 *Monthly Vital Statistics Report* 38 (May 15, 1990), 7.

Note: Data for Alaska included beginning 1959 and for Hawaii, 1960.

表17－2　涉入離婚或宣告婚姻無效的小孩數量；每一離婚案件
　　　　平均涉入的小孩數量；及涉入的小孩中每千人在18歲
　　　　以下的比率：美國1954到1987

年度	小孩涉入的數量	每一離婚案件 平均涉入的小孩數量	涉入的小孩中 每千人在18歲以下的比率
1987	1,038,000	0.89	16.3
1986	1,064,000	0.90	16.8
1985	1,091,000	0.92	17.3
1984	1,081,000	0.92	17.2
1983	1,091,000	0.94	17.4
1982	1,108,000	0.94	17.6
1981	1,180,000	0.97	18.7
1980	1,174,000	0.98	17.3
1979	1,181,000	1.00	18.4
1978	1,147,000	1.01	17.7
1977	1,095,000	1.00	16.7
1976	1,117,000	1.03	16.9
1975	1,123,000	1.08	16.7
1974	1,099,000	1.12	16.2
1973	1.079,000	1.17	15.7
1972	1,021,000	1.20	14.7
1971	946,000	1.22	13.6
1970	870,000	1.22	12.5
1969	840,000	1.31	11.9
1968	784,000	1.34	11.1
1967	701.000	1.34	9.9
1966	669,000	1.34	9.5
1965	630,000	1.32	8.9
1964	613,000	1.36	8.7
1963	562,000	1.31	8.2
1962	532,000	1.29	7.9
1961	516,000	1.25	7.8
1960	463,000	1.18	7.2
1659	468,000	1.18	7.5
1958	398,000	1.08	6.5
1957	379,000	0.99	6.4
1956	361,000	0.95	6.3
1955	347,000	0.22	6.3
1954	341,000	0.90	6.4

資料來源：National Center for Health Statistics, "Advance Report of Final Divorce Statistics, 1987." *Monthly Vital Statistics Report* 38 (May 15, 1990), 9.

表17－3　有關離婚人口的統計學因素

因素	說明
種族	在所有收入、教育和職業的層次上，黑人都比白人有較高的離婚率。
收入	對於此兩種族而言，收入愈高，離婚率愈低；而當收入增加時，黑人離婚率下降的速度慢於白人。
教育程度	對白人而言，教育程度愈低，其離婚率愈高；而黑人的離婚率並沒有明顯的反應在教育程度上。
職業階級	對白人而言，低階級的職業有較高的離婚率，而職業的階級並沒有影響到黑人的離婚率。
結婚的年齡	對於黑人和白人兩者而言，在10幾歲結婚的人，其離婚率高於20幾歲（或更晚）結婚的人。
家庭背景	對於黑人和白人兩者而言，在小時候經歷雙親離婚或遭到遺棄的人，其離婚率會明顯的高於雙親一直維持穩定婚姻的個體。
地理位置	對白人和黑人兩者而言，離婚率因各州不同而有不同，增加的情況是由東到西，由北到南。

資料來源：Lloyd Saxton (1980). The idividual, marriage, and the family (4th Ed.), P.390.

議題：家庭生活是否會比以前還要糟？

　　最近蓋洛普民意調查公司(Gallup Poll)在為白宮準備有關「家庭」的會議資料時，發現45％的美國人認為在一九六五年到一九八〇年之間，家庭生活已變得更糟。在一千五百九十二名成年人的民意調查裏，有18％的人說他們親眼看過兒童被虐待，並且有18％的人聽過丈夫或太太受虐待的例子。還有25％的人說，酒精濫用的問題已影響到他們的家庭生活。

　　在過去的十年中，家庭的確改變了，但有些人還是相信它並不會變得更糟。因此他們認為，很多家庭在性別角色上趨於平等，家庭成員可以共同分擔家事，女性有較多的機會在外面工作，有良好的照顧中心，來提高小孩子的素質，而且對於成天吵架的夫妻而言，離婚其實對孩子有其正面的影響。甚至有些人真的認為家庭已漸漸的變成一個更有效益的單位了。

　　你是認為家庭愈變愈糟，或者認為它更能反應家庭成員的需求呢？你這樣回答的理由是什麼呢？

　　資料來源：Greenberg, J.S., Bruess, C.E., & Sands, D.. Human Sexuality CA: Wadsworth.

再婚

　　隨著離婚人口的增加，我們預期再婚的人數也應當會增加，結果資料顯示支持這個預期。在所有的婚姻狀況（離婚的女性和男性、首次結婚的男性和女性、鰥夫和寡婦）中，以離婚的男性，其再婚率最高。離婚男性再婚的比率是一般女性再婚比率的三倍，也比離婚女性多三分之二倍。除了離婚之外，鰥夫和寡婦也有較高的再婚率。

單親家庭

美國人口統計處報導，從一九七〇年到一九八〇年之間，單親家庭的數量已增加有80%之多。在一九八八年，就有27.3%的家庭是屬於單親家庭。圖17－4說明以女性為首的單親家庭之趨勢，由圖中可看出此一趨勢在一九八七年達到高峰。單親家庭的增加，大多是由於分居、離婚，和在婚姻生活結束之後才懷孕，而不是由於配偶死亡的關係。在一九八八年，有59%的黑人家庭是屬於單親家庭。

家庭的壓力源

就像社會學家所說的，雖然家庭尚未滅亡，但它的確在改變。家庭生活的任何改變，都需要去適應，因此就會有壓力產生，本節就在討論這些壓力源。

雙生涯的家庭

目前有更多的婦女在結婚、有了孩子之後，還要在外面工作。這些情況我們已在第十六章有詳細的描述，但在這裡我們還必須再進一步說明。職業婦女會因諸多的責任而感到壓力，同時也會煩惱她所失去的。例如一個為經濟在外面奮鬥的母親，她說「

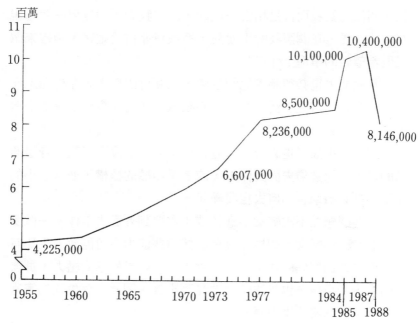

圖17－4　以女性爲首的單親家庭數

資料來源：U.S. Bureau of the Census, Current Population Reports. Series P.23, No. 162, Studies in Marriage and the Family. Washington, DC: U.S. Government Printing Ofice, 1989, P.13.

找一個保姆對我而言是相當難過的，因為我看到的是另一個母親在抱、在愛、在關照我的小嬰兒，而我只能付給她錢，請她來做我很希望做的事情！」

其次丈夫也必須調適他的生活，來應付因為太太在外面工作所帶來的新的家庭生活形式。他必須做更多的家事和承擔更多教養小孩子的責任，這些改變，對他而言，已足以造成壓力了。

最後，小孩子也必須去調適自己，去適應沒有母親在身邊照顧的日子。他必須去面對保姆，或者是照顧的機構，並且小小的年紀，就必須學會如何去自我滿足。

這些問題並不說婦女不應該或不需要到外面去工作。一個受過職業訓練的婦女，如果她沒有發揮這些能力，可能會產生比有工作而又兼顧家庭的婦女更大的壓力。而如果她感到壓力，那麼她的丈夫和小孩子也無法倖免地受到影響。因此，雙生涯的家庭是存著不可忽略的壓力源的。

財務上的憂慮

當高通貨膨脹伴隨著高失業率時，物價上漲，而人們卻沒有足夠的錢來支付所需時，物價上漲和收入減少的挫折，可能對家庭造成很大的壓力。例如，飲食習慣必須改變，度假必須延期……等等。這些問題和其他的調適必須一件件地面對，而在所預期發生的壓力源中，又增加很多變項。

反之，如果家庭經濟財務突然變得非常富裕，例如某個遠方親戚留下一大筆遺產給你的父、母，或者突然因為某種原因（像土地買賣）而成為暴發戶……等等，這些新的財富也會使你產生一些新的壓力。因此現在你要擔心如何去減少課稅、如何運用你的金錢投資、如何進行不動產交易…等等。害怕失去新的財富，使得你必須花更多的注意力、時間和精力。而且你可能會去買新車、流行的服飾、住大一點的房子，或安排假期。雖然這些生活方式令你感到舒適、興奮，但生活方式的改變也會帶來壓力，因為改變本身就會產生壓力。

小孩

　　有個朋友曾警告我，小孩子是個幾何的壓力源，而不是算術的壓力源。他的意思是說，當一對夫婦有了一個小孩子之後，所增加的壓力相當於兩個額外的大人；如果再添第二個小孩時，所增加的壓力不只是一、二倍而已，以此類推，孩子愈多，便愈無法計算增加多少壓力了。固然有小孩是件很好的事，但他們的確會帶來一些壓力。我們知道要適應改變是具有壓力的，雖然我們也有一些改變，但小孩的改變是更快速、反覆的，和戲劇化的。小孩子的身體會變化、心靈會成長、社會技巧和生活空間會擴充，這些改變都是具壓力的。

　　當小孩改變時，家庭也會隨著產生變化。例如他們漸漸能承擔一些責任，做更多的工作，變得較自我滿足，且較固執己見，而這些改變也影響到家庭裏的其他成員。甚至當小孩長大到可以自己開車時，雙親雖不用擔心洗車的事，卻可能又有其他的壓力源產生，如「我們的小孩和他的車子，今晚是否都平安的回來？」

　　父母親看著孩子漸漸的成長，變成十幾歲的少男、少女，令人頭痛的問題便產生了。因為年輕人可能有藥物、性、暴力、行竊、車禍，或曠課等等的問題。他們可能會變得難以規勸、溝通，或時常不見人影；也可能與老師、朋友和老闆之間發生一些問題。但是他們也可能是個朋友、幫助者，或可以談話的對象；他們可能很有才氣，堅持主張，並且願意堅持達到目的；他們的表現也可能使我們與有榮焉。此外，對十幾歲的孩子來說，這個年齡也充滿著壓力，我們從其自殺比率的增加，就可看到一個明顯的證據。

在孩子的成長歲月裏，也可能會對父母親和孩子造成壓力。孩子與雙親的關係，可以分成三個階段：結合、分離和重聚。在結合期，小孩子從家庭中學習愛、認同，和接納。在分離期，小孩子學會獨立和比較少依賴家庭。重聚期，則發生在小孩能獨立且能保護自己之後，再回來與家人結合在一起。結合是二十歲以前的階段，分離是二十歲左右的階段，而重聚則是二十歲以後的階段，每個階段都有它的壓力和快樂。

家庭計劃

在討論孩子和壓力時，必須討論生幾個小孩的家庭計劃。而這些包含：避孕、墮胎，及它們與家庭壓力之間的關係。

當一對夫婦決定控制生育，以限制孩子數目時，就必須決定用何種方法來避孕，但目前尚無完美的避孕法。每種方法都有它的優缺點，在使用之前，須先好好的研究一下。然而，夫婦之間可能會因不同的意見而導致壓力。誰應該避孕呢？是男的，還是女的？是否能忍受在性生活方面的不便呢？是否違背我們的信仰？對於健康以及未來想再懷孕時是否有影響？

決定避孕的方式後，還是有可能懷孕，因為沒有一種方法能保證100％的避孕成功。假如不小心懷孕的話該怎麼辦？生下來，或墮胎？這個決定也是一項很大的壓力。為了讓你了解墮胎的壓力和複雜的情況，請先完成下面的問題。

墮胎的決定

是　　否

____ ____　1.墮胎應是被允許的？

　　　　　2.如果你回答是的話，那是在什麼條件下呢？

____ ____　　a.假如懷孕是由於強暴引起的。

____ ____　　b.假如懷孕將造成經濟困境。

____ ____　　c.假如懷孕對女性的身體健康有害。

____ ____　　d.假如是預期之外懷孕的話。

____ ____　　e.假如懷孕會危害到這位婦女的健康的話。

　　　　　　f.假如懷孕是由於沒有避孕的結果。

____ ____　　g.假如懷孕是由於避孕失敗所造成的。

　　　　　　h.假如是未婚懷孕的話。

____ ____　　i.假如這個女孩才十幾歲的話。

　　　　　　j.假如這個女士已超過四十幾歲的話。

____ ____　3.是否應該使用政府的基金來幫助那些無法負擔墮胎費用的婦女？

____ ____　4.在墮胎前是否必須徵得孩子父親的同意並簽名？

____ ____　5.是否孩子的父親應當負擔部分墮胎的費用？

資料來源：Dintimen, G.B. & Greenberg, J.S. (1980). Health through discovery, pp.377. Addison-Wesley.

遷徙

在以前，我們整個大家庭都住在同一個城市裡，且時常來往串門子。我們會有一個「家族環」，在每個月的某個假日裏，相聚在一塊兒。所有的姑媽、姨丈、表兄弟姊妹、祖母和祖父……等，都會聚在一起聊天、打牌、玩球……等。彼此都感到很親近，且能互溶於對方的生活中。

但現在時代改變了！我的孩子在水牛城出生，卻住在華盛頓，在這兒我們沒有任何的親戚。我們只好重新訂定一種家庭的連結方式，在每年的逾越節相聚，以取代每個月的某個禮拜天。孩子們很少和他們的堂兄弟姊妹玩，也不清楚他們的生活情況。而他們的祖母因爲住在三百哩遠以外的地方，也不能每個週末晚上過來吃飯。如果他們請了保姆，這個保姆也不是隔壁的堂親，而是從保姆申請中心雇用的非親非故的外人。

甚至，今日的家庭時常遷移，親近的朋友也相隔很遠，必須不斷的建立無法長久的新友誼。而且遷移也會產生一些壓力，當你搬家時，要去找新的醫院、新的加油站、新的購物中心、新的圖書館等等，並且很多習慣和環境都隨之改變，這些改變都具壓力的。

其他的壓力源

事實上，還有很多其他的壓力源，簡單的描述有：怎樣管敎小孩子？如果父母雙方意見不合，很可能會導致壓力。要將年老的父母親安置在療養中心或接來住在一起？另外有一些家庭在性生活方面有壓力，例如，性活動的頻率如何？誰主動？用那一種種方式呢？還有些家庭則有配偶虐待或虐待小孩子的問題；另有些父母親在中年時離婚，而必須單獨一人養育小孩等。我想在這部份還有很多壓力源無法盡述，既然家庭生活是動力性的，它經常在改變，就會引起壓力。

家庭壓力模式

　　為了因應處理家庭壓力，就要對家庭情境清楚的了解。圖17－5是我發展出來的家庭壓力模式。許多人在使用這個模式圖之後，發現對家庭壓力要素的評估，以及熟悉了解是十分有幫助的。

　　此一模式和十四章的職業壓力模式相類似。本模式說明家庭內的壓力源，這些壓力源是經過個人不同的特質所篩選的。此外，家庭脈絡以外的壓力源亦會影響家庭成員。在家庭的兩大壓力源交互影響下，不同的家庭成員會產生壓力的症狀，或甚至出現家庭疾病。一旦這個家庭壓力的複雜關係被了解後，以下要探討的因應處理方式，更因經過修剪後，適合每個家庭的需要了。

因應之道

　　家庭的壓力，也可以藉由生活情境的因應處理，知覺的因應處理，情緒的因應處理，和生理覺醒的因應處理等方式，來防止它造成疾病或不健全的身心狀態。

生活情境的因應處理

　　雙生涯的家庭，最主要的問題在於時間不夠用。沒有足夠的時間，你便無法完成某些家事，而且在可利用的微少時間裏，要儘可能的把事情做完，這樣的匆忙常造成壓力，並減少自己和家

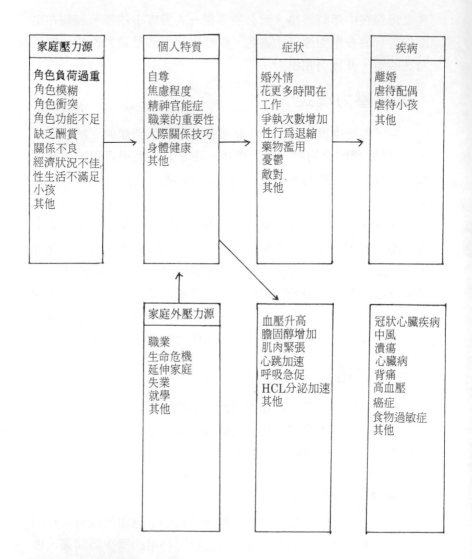

圖17-5　家庭壓力模式

人相處的時間。要處理這樣的壓力，可以尋求其他家人或朋友的幫助。例如，麻煩他們幫你去買東西或從學校裏接孩子回家，另外你也可以雇用人來做一些比較不重要的家事，像打掃、洗衣等等，而讓你比較有時間去做更重要的事，或增加與家人相處的時間。不論是男或女，在工作之餘，最重要的事情應該是與你的家人在一起。爲達到這個目標，你可以計劃假期，使你遠離朋友和家事，而有更多的時間與家人在一起，並且互相關心。另外，安排釣魚和遠足也是與家人聊天的大好機會。

事實上，對現代人而言，維持婚姻是件辛苦的工作；維持家人關係也是一樣。菲奈(David Fenell)多年的研究發現，成功的婚姻伴侶彼此共同分擔婚姻的承諾，其中包括：

1. 對配偶忠誠。

2. 對配偶尊重。

3. 將配偶視同好朋友。

4. 願意饒恕對方並接受對方饒恕。

5. 願意取悅並支持對方。

也許我們都需要花費時間和精神，爲我們的家庭培養相同的感受。爲達一目的，我們需要一個承諾，藉此規劃我們的生活，使全家人能在一起共享有意義的活動，並發展出正向的家庭生活經驗來。

在本章所描述的壓力源中，有很多可藉由改善彼此間的溝通而獲得解決。在第五章所提到的衝突解決就對此有幫助。

在溝通上有個很重要，但時常被遺忘的是你必須特地找時間溝通。家庭中的成員常專注於很多不是與家人一起做的活動，如此一來，也幾乎沒有時間跟家人坐在一起聊天，或討論彼此的心事。有時候雙親因忙於工作、運動，或自己的朋友，而疏忽了其他的家人。爲了找到與家人相處的時間，有些家庭會在彼此的時間表中，找出一段彼此都有空的時間，來談談彼此的感覺，分享彼此的快樂、痛苦，和憂傷。

　　至於離婚的壓力，最好的建議是投入其他的人際關係，而且不限於浪漫的情感方式，另外就是必須維持自己的自我價值感（請看第六章）。有一位作者對離婚而沒有小孩監護權的父母親，提出下列的建議。

避免	瞄準
不論他怎麼說，你都直接地與他爭論。	去聽聽你的小孩是怎麼說的，並保持一種友善的興趣。
嘗試去貶低他在小孩心目中的評價。	用融洽的溝通方式來回答問題，以及，不要忽略法律的原則。
嘗試去說明你的孩子，使他感覺到你對每樣事情的觀點都是對的。	注意任何你可以幫助的問題。
對任何來自孩子或配偶的建議都採取防衛式的反應。	以可以倚靠、信任的基礎來接近他們。
鼓吹任何你所知道與家裏看法相反的信仰、道德或社會信條。	表示你有自己的標準，儘管這些標準可以與家裡的標準不同，但至少是一致的。
嘗試經由孩子來解決你的問題。	享受在一起的時間，而不是將它看成是一個說服或留下印象的機會。

　　這些建議能幫助你和你的孩子及前任配偶之間形成較正向的關係，也因此可以減少由離婚所導致的壓力。

　　接著，我們再來看由家庭計劃所產生的壓力。你可能想要找位諮商員談談，以便了解自己的想法。哈契爾(Robert Hatcher)在一九八○至一九八一年寫了避孕工學(Contraceptive Technology)一書，提供了有關家庭計劃、避孕方法、效應，和利弊等最完整的訊息。本書由Irvington出版社所出版(551 Fifth Avenue, New York, N.Y., 10017)。如果你在生育控制上有道德、信仰上的問題的話，建議你與牧師討論後再做決定。但最重要的是必須與你的另一半商量，只有透過彼此的討論與支持，才能減少壓力的產生。

　　最後是家人居住相隔太遠所造成的壓力，你可以安排假期去看他們，而少到別的地方玩。另外，你也可以常常打電話給他們，雖然電話只能作短時間的表達，或談些粗淺的話題，但最重要的是表達彼此的關心。如果認為打電話太貴，也可以用寫信的方式，注意我指的是信，而不是卡片。生日卡或賀卡是無法達到相同的目的的。因為信會讓親人了解你很用心地要與他們溝通，並且體會互相保持消息的重要性。

知覺的因應處理

　　在第六章所提的很多知覺處置的方法，都可以應用到家庭壓力上。例如，你可以將家庭的改變，運用選擇性的注意，將它看成是你家庭生活中有趣、刺激而具有挑戰性的部份，並提醒自己，遲早都必須經歷這些改變的。而用這些方式來看家庭的改變，可能帶給你較少的壓力。

　　另外，你也可以儘量地享受在家庭生活中的時光。有時候我在看書時，女兒會爬到我的腿上來，我的第一個反應是想一些方法，使她在不感到被拒絕的情況下離開，以便我能繼續工作。但是，後來我常常是放下工作，在腿上與我的女兒玩耍，因為她能爬到我腿上的時間並不長，而且很快地，這一幕情景就會成為過去式，如果我現在不把握，最後我失去的會比她更多。有趣的是，這種「即時行樂」的態度，會減少對某個稍縱即逝的階段的失落感。而且當一個階段消失時，其實也是另一個階段的開始，而這個新的階段，也會帶來其他新的驚奇！

　　在前面我們也提過A型性格（行為類型）的人，這些概念也可以用來管理家庭的壓力。當一個人有A型的特徵時，會比較關心數量，他嘗試去做很多的事，而不論品質如何。他不像另一種人，很少做事卻將它做好。將這些特徵類化到家庭的壓力上，就是花在每個家庭成員身上的時間太少，而且也不能在有限的時間中把事情做得很好。所以與家人在一起，最好是互相交談而不是一起看電視，一起出去吃飯或看電影。如果是有老年成員的家庭，讓他們談過去的事，即使是重覆的、老掉牙的故事，他們仍希望新的一代不要錯過。而且你也會發現他們有很多有趣的歷史，和不同於我們的經驗，是值得他們驕傲的。如果在這樣的情況下與他們一起生活，不但可以減輕他們的壓力，使他們感到某方面他們還有價值，也可以使我們和過去相連接，帶給我們「有根」的感覺。甚至讓我們看到，生活不只是一個短暫的片刻，而是一條連接人類生命的鎖鏈。

最後，就是你對事件的控制知覺，早先我們提過內、外控的觀念，這會影響到你對家庭壓力如何做反應。假如你去發展內控感，你會相信去做一些事，便能減少家庭生活的壓力。發展內控感最佳的方法是，試著去控制某些事件並分析演變過程。它是否成功？如果成功了，爲什麼？如果沒有，那麼又爲什麼？在你有控制生活的經驗後，這樣的經驗將會增強你認爲控制是可能的。現在就試試上面的建議，你將會發現自己能更有效地管理家庭壓力。

情緒的因應處理

假如你能規律地做一些放鬆技巧的話，會減少家庭壓力危害你健康的程度。在第八、九、十和十一章裏，我們都提供了好些放鬆技巧，你可以都試試看，也邀家人一起做練習。也許訂個「放鬆時間」，邀請家裏的每個人一起來靜坐，或一起做做瑜珈的課程。規律的放鬆練習將有助於你去處理家庭的變動，和不尋常或不被接受的家庭壓力源。

生理覺醒的因應處理

就像其他的壓力源一樣，家庭壓力也會增加血液中的膽固醇，心跳的速率，血壓，和改變其他身體上的機能（請看第二章）。運動可以用掉這些壓力產物而維持健康的狀態，使壓力免於變成疾病。此外，可以回到第十二章了解如何開始一個運動計劃。「爲什麼全家人不能一起運動呢？」你們可以一起騎單車、一起游泳、一起打網球，或全家人一起來慢跑。

摘要

1. 家庭是一個獨特的親密關係的組合。

2. 核心家庭由結婚的伴侶，和他們的小孩組成；延伸家庭則由配偶和小孩以外的親戚組成。

3. 家庭滿足某些需求。其中包括：生產和教養小孩的社會控制、經濟的支持、安全感和安全的需求、愛的情緒性需求，以及歸屬感。

4. 有效家庭的特徵是，有一位領袖及堅守崗位的成員。有效的家庭鼓勵成員融入家庭以外的人群，待客慇勤的，坦誠的對待悲慘的事件，重視儀式，深情的，有地方意識的，與後代有連結關係的，並且以長者為榮的。

5. 近年來，家庭已經放變了。人們變得晚婚，且愈來愈多人選擇單身。愈來愈多人寧願同居而不願結婚。每年有大量的離婚案件，同時有上百萬的小孩涉入離婚事件中。

6. 家庭壓力源包括：經濟因素，雙生涯婚姻，變動的增加，小孩教養，懷孕的決定，從延伸家庭獨立而出，以及配偶與小孩的虐待。

7. 家庭壓力是一個家庭壓力源、家庭成員特質，及家庭以外的壓力源的複雜組合。這些能導致家庭壓力的症狀，或壓力有關的疾病。

8. 有效的溝通和衝突解決技巧，能有助於家庭壓力的管理。

參考書目

1. A. Cherlin, "Remarriage as an Incomplete Institution," *American Journal of Sociology* 84 (1978):634.

2. Jane Howard, *Families* (New York: Simon & Schuster, 1978), 350.

3. U.S. Bureau of the Census, *Current Population Reports, Series P-23, No. 159, Population Profile of the United States: 1989* (Washington, DC: U.S. Government Printing Office, 1989).

4. U.S. Bureau of the Census, *Current Population Reports, Series P-23, No. 163, Changes in American Family Life* (Washington, DC: U.S. Government Printing Office, 1989), p.13.

5. National Center for Health Statistics, "Advance Report of Final Marriage Statistics, 1978," *Monthly Vital Statistics Report* 38 (April 3, 1990):3-4.

6. U.S. Bureau of the Centsus, *Current Population Reports, Series P-23, No. 162, Studies in Marriage and the Family* (Washington, DC: U.S. Government Printing Office, 1989), p.1

7. National Center for Health Statistics, "Advance Report of Final Divorce Statistics, 1987," *Monthly Vital Statistics Report* 38 (May 15, 1990):1.

8. Ibid.

9.Janet DiVittorio Morgan, "I Work Because I Have To," in *The Mothers' Book: Shared Experiences,* ed. Ronnie Friedland and Carol Kort (Boston: Houghton Mifflin, 1981), 96.

10.Jean Rosenbaum and Veryl Rosenbaum, *Living with Teenagers* (New York: Stein & Day, 1980).

11.Ibid., 5.

12.Personal communication from David L. Fenell, University of Colorado at Colorado Springs, 3 November 1987.

13.Peter Rowlands, *Saturday Parent* (New York: Continuum, 1980), 24.

14.Eleanor Grant, "The Housework Gap," *Psychology Today* 22 (1988):8.

15.Holly Hall, "A Woman's Place..." *Psychology Today* 22 (1988):28-29.

18

壓力和老年

　　像大多數人一樣，我一直都認為父母之所以是我的父母是理所當然的。在這個世界上，他們經常都在固定的地方出現，並且相當悠閒自在而無壓力。在我長大的過程中，父母似乎是所向無敵，毫無難處的；他們永遠是對的，有能力撫養並支持一個家庭，並清楚知道誰會是位好總統。然而，實際上，我是錯的多麼離譜呀！因為當我接近成人時，小孩就會尊敬我，正如同我小時尊敬父母一樣。我終於了解到，我的父母只是盡其所能的扮演好他的角色，而非所向無敵的。

　　當此一觀點觸及到我的家庭時，我想起父親最近過世的事。當我們在醫院病房內擁抱並哭在一起時，父親脆弱易受傷的本質便流露無遺。畢竟，他也是人；有人的恐懼，不安全感，和弱點。而我的母親仍存活著，並在最糟的情境中作了最好的努力。她為自己安排一個新的生活，生活中充滿新鮮的活動和一大羣好朋友。我們知道這類型的改變，是充滿壓力及壓力影響後的結果。

　　回顧過去，我能看到父母往日忍受的壓力因子，及母親目前忍受的壓力因子。然而，對我的家庭而言，這些都不是獨特的。老年，是一個充滿變動的歲月。其中有退休、健康不佳、朋友與親人過世，及經濟上的不安全感，這些都要一一的適應，因此可能充滿壓力，對我們的健康和幸福造成威脅。

換言之，老年一直都被形容爲一種「心境」。當你感到老時，你就是老了！這種狀況可能在卅歲發生，也可能在六十五歲發生，當然也可能一輩子都不會發生，只要心中保有年輕。這如同我們討論過的「選擇性覺察」。你可以專注在老年帶來的壓力部份，也可以專注在令人歡欣的部份。你可以哀傷過去熱衷而現在無法去玩的網球；但你也可以因還能配雙打玩網球而雀躍不已。你可以因強迫退休而感到憂傷；你也可以因有時間陪伴孫子而感到欣慰。你如何看同一件事，是看你把焦點放在那裏而定，因爲這是你的選擇。

因此，我的母親把焦點擺在感謝與我父親共度過的一段歲月，我們經常有談不完的、環繞在父親身上的趣事。當然，在歡笑之餘，我們仍會悲從中來，相擁而泣。我知道如果我們要過得健康、快樂，這樣的生活得繼續下去。

本章將探討如何確認並管理與老年有關的壓力。我們將同時探討可預期及不可預期的壓力源，同時減低壓力帶來的後果或傷害。最後，倘若我們能運用本書，特別是本章所提供的壓力管理技巧時，我們早年的歲月必會爲晚年歲月帶來一個令人難以忘懷的酬賞作用。

老年

在一九〇〇年美國六十五歲以上的人超過三百多萬，佔人口的3.9%，而一九八五年時就已超過二千九百萬人，佔人口的12%。美國人口調查局估計在二〇〇〇年時，六十五歲以上的人數將會佔人口數的13％，到了二〇三〇年時，則增加到21％。換句話說，在二〇三〇年時，約有六千五百萬是屬於六十五歲以上的人口。

人口改變產生了一些可能的效應，包括(1)增加對老年的關切，特別是在健康和收入方面；(2)沒有工作的人口大增，這些人將成為依賴者；(3)老年人將會增加各種不同的需求，像資源、社會保險、健康服務、教育、諮商，和娛樂服務等；(4)老年人口大量的增加，會形成一股不可忽略的政治力量。

有關老年知識的測驗

有關於老年的知識，你知道多少？請試著看看下面的每個題目，然後回答你認為是對的或錯的。

1. 有超過20％的美國人，他們的年齡在八十歲以上，而且住在養護機構內。
2. 大部份的老年人有嚴重的健康問題。
3. 對老年人而言，沒有足夠的錢是他們的大問題。
4. 對老年人而言，不健全的安養制度是個大問題。
5. 醫療的照顧不足，是老年人的問題之一。
6. 對老年人而言，孤獨寂寞也是個問題。
7. 老年人對性是沒有多大興趣的。
8. 老年人的注意力都放在過去，是不健康的。
9. 一般而言，老年人在工作上是沒有效率的，應該要退休。
10. 年老的工作者，一般比年輕的工作者，更易請假缺席。

上述這些句子都是一種誤解，假如你認為這些是對的，那麼，我有位八十五歲的老祖母，她可能會把你打的眼冒金星（而且她可能一直都能夠這樣做）。

　　與一般觀念相反的，在六十五歲（含）以上只有5%是住在養護機構中。很多老年人有健康的身體，在社區中也相當活躍。此外，有62%的美國人認為「老年人沒有足夠錢過活」，但只有15%的老年人認為自己有這個問題。有40%以上的美國人相信安養的制度不夠，且醫療的照顧情況也不夠；但事實上僅僅只有4%的老年人認為安養制度不好，也只有10%的老年人認為為醫療照顧不週的問題。老年人的心理健康問題，僅佔老人人口的20至25%而已。儘管有人認為孤獨寂寞一直是老年人存在的問題，但有53%以上超過六十五歲的美國人，是結婚而與配偶住一起，而其他14%則是和親戚住在一起的。至於在性方面，大部份的人認為老年人不再有性方面的活動，但後來的研究發現，老年人性方面的活動仍然活躍，只是陰道的潤滑與陰莖勃起「來得慢去得快」罷了！

　　最後的兩個誤解是，有人認為老年人常常會追憶過去的事，而這樣做是不健康的。事實上，在晚年的需求之一是把自己看成人類史上的一部份，從連接過去而延伸出未來，而追憶正可以幫助我們做這件工作。另一個誤解是，認為年老的工作者會常請假缺席所以應該退休。但事實上，年老的工作者很少有無法工作的嚴重傷害，而且隨著年齡的增加，發生意外的次數會跟著相對減少。據估計，有20%的年老工作者，他們的缺席記錄比年輕的工作者還要低。

　　當老年人被要求去回顧過去時，80%的老年人均會感到滿意的；而75%的老年人則認為現在活著和過去是一樣有趣的。

晚年的適應

　　有幾個成人發展的理論，試圖去解釋老年時的壓力，我們選擇幾個來做進一步的討論。

艾瑞克遜（Erik Erikson）──生命危機論

　　艾瑞克遜提出人的一生包含八個階段，每個階段都有其必須面對的危機。在晚年的危機任務是免於絕望，並獲得統整的感覺。艾瑞克遜認為生命在這個階段時，如果一個人能感到成功，並且清楚地了解自己是誰，能知道什麼是成功和失敗，並且願意肯定自己一生的生活型態的話，那麼死亡對他或她而言，並不意味著生命的結束。但如果一個人感到自己沒有成功，那麼他或她必將為絕望所擄獲，感覺到死亡是如此快速的逼近，而沒有時間走向統整的道路。他將會表現出「厭惡」以隱藏「絕望」，於是在生活上會感到痛苦、沮喪，和偏執。這種對生命不滿意的人，隨著活在世間的時間愈來愈短，會愈感到焦慮不安。

哈賓哥爾（Robert Havighurst）──發展任務論

　　哈賓哥爾將生命看成是一系列的發展任務，當我們要進入下一個階段之前，必須先成功的達成上個階段。哈賓哥爾所指的發展任務是「個體在某個特定的時期所要進行的事情，如果這個時期的工作能成功的達成，個體會感到幸福，並且能成功地從事後來的工作。但如果失敗了，個體會感到不幸福，不被社會贊同，而且在從事後來的工作時，會感到很困難。」成年人晚期是哈賓哥爾所指的最後一個階段，始於五十五歲。這個階段跟前面各個階段一樣，有很多新的經驗和必須處理的新情境。哈賓哥爾認為老年也是一個繼續不斷發展的過程，他提出老年時的六個發展任務：

　　1.適應身體和健康的衰退。

　　2.適應退休和收入減少的生活。

　　3.適應配偶死亡的日子。

　　4.與同年齡的團體建立有意義的關係。

　　5.迎接社會和公民的責任。

　　6.建立滿意的居家安排。

　　既然適應改變是個主要的壓力源，所以從哈賓哥爾的理論中，我們就能很快的找到老年人的壓力。

正向的改變

　　為了怕我們忘記伴隨老年而來的好處，在這裏我們要從好的一面來看看「老年」。對很多老年人而言，他們的孫子是個快樂的來源。祖父母和孫子之間的關係是相當奇特的，對於祖父母而言，他們沒有訓誡小孩子的責任，他們可以只陪小孩玩，幫助他們學習並得到快樂。

　　在很多社會裏，老年人也受到許多禮遇。老年人通常被看成是個學問廣博的人，可以徵詢他們的意見，並且以他們的智慧為榮。雖然，在美國的社會裏，這是一種少數的例外。然而，有些公司和政府機構的確非常重視老年人的經驗和知識，而且也常會去詢問一些退休者的意見。

　　老年人可以有很多的時間去做以前想做而一直未做的事。我們也常聽說有人退休之後，會搬到他們以前一直想住的地方去住，而且做一些他們一直想做的事。

　　由這裏你應該了解到，在老年時，免不了要面對諸多的壓力，但有些壓力會帶來很好的結果！

退休

　　退休是生活中一項重大的事件，退休後適應的程度，影響往後對生活的滿意度和生命的激勵。當我們了解退休有它深遠的涵意時，就能知道它的重要性。當這些退休者對工作不再有生產力時，他們的自我價值如何呢？不再有一群天天相處的同事，他們會怎樣呢？他們會再學習一些新的技能嗎？退休之後，沒有被需要的感覺又會如何呢？

　　退休不僅影響到退休者本身，也同時影響到他的家人。例如退休金是否太少，以致於配偶要隨你的退休而犧牲呢？那些相距甚遠的家人，是否要常回來探望你呢？現在有愈來愈多的人不想退休，而政府也漸漸的鼓勵年老的人晚一點退休，因爲社會福利體系必須負擔愈來愈多的財力給年老的人口。當我們聽到有關富勒(Buckminster Fuller)、杜伯斯（ René Dubos)或其他年老的人，他們仍有優異的智慧和能力時，我們支持延遲退休的辦法。在一九七八年，美國國會把退休年齡從六十五歲延到七十歲，並且解除了聯邦雇用員工的年齡限制。雷根（ Reagan)在七十歲時還是位總統，可見年紀對心靈或生理狀況而言，並非是最重要的。很多人會選擇在他們的工作中終其一生，也有些會選擇從他們的工作中完全地退休或轉到另一個工作上。這樣的選擇性，讓老年人覺得對他們的生活有更大的控制力。

對退休的兩種看法

它是無聊的。

「他們給我一個金錶，足足抵得上六個月的薪水，還有一部新車子，和一份優厚的年俸」。拜德（Baird）解釋說「我花三個月的時間去旅行，打高爾夫球、釣魚並過著無所事事的生活。在剛開始時，我覺得很棒，因為多年來，我一直在尋求自由，希望有更多的空閒時間，而且沒有任何的爭吵。但是，讓我告訴你，朋友，這樣的日子漸地變得陳腐、無趣。在六個月之後，我開始對這種凝結的日子感到厭煩。我的太太也漸漸地感到厭惡，因為她有她的朋友和活動，不需要我去礙手礙腳。之後，我找到目前這個工作，真是太棒了，我愛死它了！重新有新的一群夥伴！從人群當中，我又找到一絲微笑。朋友，不要再說退休了，假如你有工作，堅持它！退休是鳥兒的事，除非你是隻懶怠的鳥兒。

它棒極了。

「我不覺得有很大的失落，我教數學和科學卅一年了，如果不是需要教養我兩個女兒的話，我會教滿四十年。我喜愛在工作中的每分每秒，但是現在應該是退休的時候了。你不也認為我已經做夠了。我為什麼還要繼續教下去呢？我有我的退休生活，我的保險金，和我的健康，現在我只想好好的去享受它。」

資料來源：Van Hoose, W.H. & Worth, M.R.(1982). Adulthood in the Life cycle:Perspectives on roles and issuse. Dubuque, Lowa:Wm. C. Brown.

退休的適應

退休，不論是把它看成是正向經驗或負向經驗，都是需要調適的，尤其是當它與自我價值牽連在一起時。退休以後，我們會因此而缺少一些方法來肯定自我的價值和身份。也因此，可能會將自己看成不再是被需要或有用的個體。

而且退休必須去適應空閒的生活型態。因為你不再需要早起，不需要在特定的時間裏工作，不必限制吃午餐的時間長短，不必在晚上和週末保留休閒活動時間。退休的人將經歷一個全新的生活型態，而他們也必須去適應個新生活。對於很多不常有空閒的人而言（例如工作狂），這個適應是很重要的。他們可能缺乏休閒的技巧，不知道如何與他人談天，不懂得各種運動技能，也不曉得怎樣從非生產性的活動中得到快樂。

另外，很多退休者還須適應退休之後財力漸減的事實。因為有太多的空閒時間，但卻沒有足夠的錢可以花費在填補空閒的娛樂上，而這一點常使得很多退休者感到挫折。

而且退休者有時候必須忍受來自他人的負面態度，他們可能認為退休者便是個出局者。例如，有個研究發現：健康專家對老年人有明顯地負面的態度。「老年人」就像性別和種族一樣，是一種負面的社會現實，老年人不得不面對它！

混雜在這些退休時必須調適的事實裏，還有孤單的問題，這裏指的不是寂寞，而是配偶死亡後獨居和健康問題。有些退化性的疾病，像糖尿病、關節炎，或動脈硬化，將隨著年齡的老邁而愈變愈糟。並且在退休之後，會有很多的限制，使得他們無法從事各種活動。

　　現在，你知道在前面所提過的老年知識測驗，只是少數老年人所必須經歷的問題而已。雖然只是少數人，但也有相當多的人。在他們適應退休時經歷很多壓力，當然這其中有些人會比其他人適應得較好些。國家心理健康中心（National Institude of Mental Health, NIMH）發現有四種退休調適的類型：

　　1.保持現狀：此類型的人在退休之後，試著用退休以前的方法來滿足與退休以前相類似的需求。他們會繼續以別的方式來工作；例如，找部份時間的兼職工作。

　　2.隱退：此類型的人認為，退休剛好是個放鬆的時間，他們放棄很多過去的活動，而開始從事一些新的活動，例如，他們開始打高爾夫球。

　　3.改變活動：此類型的人，試著使用不同的方式來滿足與退休前相同的需求，例如，他們做一些義務性的工作。

　　4.改變需求：此類型的人，試著想去滿足退休以前所沒有的各種不同的需求。他們將退休看成是個放鬆的時間，但可能繼續很多先前的活動，而且，加入少數新的活動。

　　整體來說，NIMH發現有半數以上的退休者，對他們的退休有正向的感覺，但仍有相當數量的退休者，還是會有負面的感受。

生活照顧

　　儘管很多老年人有能力照顧自己，但仍有為數不少的老年人需要別人照料。表18-1顯示，年紀愈大，需要的照顧也愈多。就整體而言，10%未住在養護機構的六十五歲（含）以上老年人，其身體功能是受限的，因此在其生活照顧上，有一項以上需要別人的協助。而老人生活照顧者，經常會感受到強烈的壓力，這股壓力是來自於老人照顧的需要，而使照顧者感到被束縛住。以及為了照顧老人家庭生活被迫改變。哪些人成為老人生活的照顧者呢？請詳見圖18-1。

　　老年人的照顧，常會使那些有專職工作又要照顧老人生活者，失去給薪的工作。當老年的親人亟需照料時，有專職的工作者和其用人機構同樣的要付出代價，因為照顧者會有倦怠、曠職，與缺乏注意力的反應。在體認這些代價後，某些企業體開始為其員工提供支持的措施。例如：南方電話公司（Southern Bell）為其員工出版一本手冊，詳列社區裏相關的服務措施，使員工能為其老年親人找到合適的協助；S.R.C.公司在已有的小孩照顧中心加上成人照顧的項目；波特瑪電力公司（Potomac E.P. Company）提供停薪的措施，讓員工照顧家中的老少。我們可以很快預見到，除了這些被確認的需求已有社會性調適外，教育方案也已配合發展出一套套更有效因應處理壓力的方法。

表18-1 由性別、年齡看生活作息有困難的六十五歲（含）以上老人個人生活照顧的百分比

性別與年齡	個 人 生 活 照 顧						
	洗澡	穿衣	吃	上下床	走路	戶外活動	上廁所
兩　　性							
65歲(含)以上	9.8	6.2	1.8	8.0	18.7	9.6	4.3
65-74歲	6.4.	4.3	1.2	6.1	14.2	5.6	2.6

65－69歲	5.2	3.9	1.2	5.3	12.2	4.9	2.2
70－74歲	7.9	4.8	1.1	7.1	16.6	6.6	3.0
75－84歲	12.3	7.6	2.5	9.2	22.9	12.3	5.4
75－79歲	9.8	6.4	2.1	7.5	19.5	9.9	4.1
80－84歲	16.8	9.7	3.2	12.4	29.0	16.8	7.9
85歲(含)以上	29.7	16.6	4.4	19.3	39.9	31.3	14.1
女　　性							
65歲(含)以上	7.6	5.8	2.0	5.6	15.5	6.3	3.1
65－74歲	5.7	4.4	1.5	4.8	12.9	4.5	2.4
65－69歲	5.3	4.1	1.7	4.7	11.5	4.3	2.3
70－74歲	6.1	4.9	1.4	5.0	14.9	4.7	2.4
75－84歲	9.2	7.3	2.5	6.0	18.3	7.5	3.6
75－79歲	7.8	6.7	2.3	4.7	15.6	6.3	2.7
80－84歲	12.3	8.5	3.0	8.7	2.42	10.2	5.6
85歲(含)以上	23.1	14.1	4.3	12.7	32.2	21.9	10.0
男　　性							
65歲(含)以上	11.2	6.5	1.7	9.7	20.9	11.8	5.1
65－74歲	6.9	4.2	0.9	7.0	15.1	6.5	2.7
65－69歲	5.1	3.7	0.9	5.7	12.9	5.3	2.2
70－74歲	9.1	4.8	1.0	8.6	17.8	8.0	3.4
75－84歲	14.2	7.7	2.4	11.2	25.7	15.3	6.5
75－79歲	11.1	6.2	3.3	9.3	22.2	12.3	5.0
80－84歲	19.2	10.2	3.4	14.3	31.4	20.2	9.0
85歲(含)以上	30.1	17.7	4.4	22.2	43.3	35.4	15.9

資料來源：National Health Interview Survey, National Center for Health Statistics, 1984.

提供無薪照顧老人者，70%以上是女性，這些女性中許多人亦屬老人。

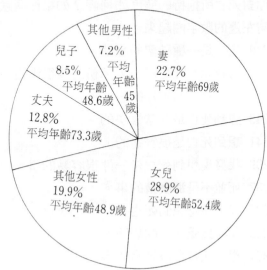

其他男性
7.2%
平均年齡45歲

妻
22.7%
平均年齡69歲

兒子
8.5%
平均年齡48.6歲

丈夫
12.8%
平均年齡73.3歲

其他女性
19.9%
平均年齡48.9歲

女兒
28.9%
平均年齡52.4歲

圖18－1 誰是生活照顧者？

資料來源：Older Women's League:data from Expioring the Myths: Caregiving in America, the Subcommittee on Human Services, Select Committee on Aging, U.S. House of Representatives.

死亡和垂死

　　在開始介紹之前，請先完成下面「死亡的態度量表」：

死亡的態度量表

你對死亡所抱持的態度如何呢？如果你同意下列的敍述，請把該句左邊的數字圈起來：

249 死亡是一種神聖的想法。

247 當我想到死亡時，大部份時候很滿足。

245 死亡是一個美好的想法。

243 想到死亡是非常愉快的。

241 想到死亡是很舒適的。

239 我發現想到死亡是一件很容易的事。

237 死並不是那麼糟的事。

235 我不在意想到死亡。

233 我能接受死亡的想法。

231 想到死亡是很尋常的事。

229 對於死亡，我不害怕也不喜歡。

227 很多人過份重視死亡。

225 對我而言，想到死亡並不是重要的。

223 我發現思考死亡的問題，對我而言很困難。

221 我悲嘆死亡的想法。

219 死亡是一種很可怕的想法。

217 想到死亡是很令人討厭的。

215 想到死亡是一種創傷。

213 我討厭聽到「死亡」這個字眼。

211 想到死亡是很嚇人的。

計分方式是先去掉三個數字的最前面一個數字，接著在後面

兩個數字間加上一個小數點，最後平均你所圈選的題目。如此，
所得的平均可能正好落在某一個題目，或落在兩個題目之間，這
個題目就表示了你對死亡的態度。例如，你圈改選241、235，和
215則計算如下：

4.1＋3.5＋1.5＝9.1

9.1÷3＝3.0（最接近第10題）

因此你的態度就是落在231和229題目之間。

如果你和別人討論做個練習之後的結果，你會發現每一個人
的態度很不一樣，沒有什麼是對的，也沒有什麼是錯的，有不同
的態度是很自然的事情。

資料來源：Harot, D.V.(1975). Development of a miestigatory instru-
ment to measure attitudes toward death. The Journal of School
Health, 45, 96-99.

死亡

對於我們每一個人，特別是對老年人而言，死亡是個重大壓
力。我們可以藉由不抽菸、運動、注意飲食和體重，及管理我們
的壓力等等辦法來延長生命的期限，但是，死亡仍是必然發生的
事。影響死亡的年齡的原因中，遺傳是個主要的因素。如果雙親
活得很久，那麼我們的生命也可能會比較長。有一個報導是訪問
一個一百零叁歲的老人，「假如你能再重新生活一次的話，你會
做什麼不同的事呢？」「這個嗎？」老人想了一下，然後說「假
如我知道我可以活到一百零叁歲，我會更好好照顧我自己。」

　　爲了更了解死亡對你的意義和它如何影響你的生活，請試著
完成下面對死亡的分析。

死亡分析

　　A.爲了更了解你對死亡的看法和感覺，請完成下列的句子
：

1.死亡是＿＿＿＿＿＿＿＿＿＿＿＿＿＿＿＿＿＿＿。
2.我希望死在＿＿＿＿＿＿＿＿＿＿＿＿＿＿＿＿。
3.我不想活過＿＿＿＿＿＿＿＿＿＿＿＿＿＿＿＿。
4.當我死的時候，我希望我的床邊有

＿＿＿＿＿＿＿＿＿＿＿＿＿＿＿＿＿＿＿＿＿。
5.當我死的時候，我將爲我生前的……感到光榮

＿＿＿＿＿＿＿＿＿＿＿＿＿＿＿＿＿＿＿＿＿。
6.對於死亡，我最害怕是＿＿＿＿＿＿＿＿＿＿＿。
7.當我死時，我會很高興生前沒有＿＿＿＿＿＿＿。
8.假如今天我就要死了，那麼我最大的遺憾是

＿＿＿＿＿＿＿＿＿＿＿＿＿＿＿＿＿＿＿＿＿。
9.當我死時，我會很高興我遠離了＿＿＿＿＿＿＿。
10.當我死時，我希望人們對我說＿＿＿＿＿＿＿＿。

　　B.在另外一張紙上，列出10樣你所最珍愛的物品。
　　當你死時，你希望對這些東西做什麼處理？
　　你如何能保證這些物品在你死時，能像你所希望的被處理？
　　你是否會在生前把這些財產分送給人，而享受當他們收到時
的快樂，或者你認爲最好還是等到你死了再說？

C.想像你若是個地方報紙的記者，當你要爲自己寫一份訃聞時，你會怎麼寫：

_____

_____

_____

D.列出四個在你生命中最愛的人，你曾告訴過他們你愛他們嗎？列出四個對你生命有極大正面影響的人，你曾告訴過他們嗎？列出十項你最喜愛做的事，你最後一次做它們是在什麼時候？

E.在另外一張紙上，寫上你從這個分析裏學到了什麼？

資料來源：Greenberg, J.S., 1978. Student centered instruction:A humanistic approach. PP236-38. Addison-Wesley.

垂死

對老年人而言，想到死亡是一種壓力，有些人可能對死亡並不害怕，然而卻害怕垂死的過程，例如，病痛和屈辱。垂死成爲一個壓力源是可以理解的，因爲「美國死亡人口的65%是有慢性的退化性疾病，這些人通常經歷了長期的垂死過程。」再者，有70%的人是死在療養院裏，那裏的照顧常是昂貴且缺乏人性化的。當人們被問到他們最喜歡在那裏死去時，有63%的人希望死在家裏，75%的人不希望死在醫院中，且有82%的人不希望死在療養院內。

表18－2 悲傷的階段

時間表	行為表現
階段1： 　　在死亡之後，持續一到三天。	震驚 不能相信、否認、麻木沒有感覺、哭泣、哭號、激動
階段2： 　　死亡之後，2到4週是悲傷的最高點。三個月後開始慢慢平靜下來，持續大約一年。	痛苦的思念 心神不定 想念死者的音容 對已故者的重要感覺不斷浮現 悲傷 流淚 失眠 食慾減退 興致減少 易怒 不安
階段3： 　　應發生在死亡之後的一年內。	事情解決的感覺 減少傷心的次數 有能力快樂地回憶過去 恢復以前慣例的活動

資料來源 ：Wihito, R.B. Gathman, L.T.,(1973). The symdrome of ordinary grief. American Family Physician, 8, 98.

悲傷

　　一個年老的人，有一部份的生命是用來承擔最愛的人死去的事實。死去的人可能是配偶、小孩、兄弟、姊妹、或朋友。這些人的死亡讓活著的人，因爲失去他們而感到悲傷。悲傷的過程可以分成三個階段（詳見表18－2），第一個階段是感到震驚，和不敢相信這個事實，且伴隨著哭泣和極大的痛苦。第二階段的特徵是痛苦的思念揮之不去，而且沒有食慾，想痛哭並難以入眠。最後一個階段是悲傷漸漸減少，而且能漸漸地回復以前的活動。

因應之道

就像在其他範疇一樣，在面對我們晚年生活中的壓力源時，也可以免於導致疾病或不健全的身心。因應處置的方式包含生活情境的層次、知覺層次、情緒層次，或生理覺醒的層次。

生活情境的因應處理

今日有很多人選擇一直工作，直到他們死亡，他們不願自動退休，就算他們被迫退休了，他們也會再去找另外全天候或部分時間的工作。他們這樣做的目的在於持續那種被需要和有生產力的感覺，這使得他們仍有自我價值感。另外一種是雖然退休，卻不因退休而失掉自己價值的人，他們會運用他們的退休生活，去從事一些早期無法完成的事。例如去幫助別人，用他們的經歷來規勸他人，或者更直接地爲他們的家庭效勞。

假如寂寞和孤單是個問題的話，老年人可以安排時間，與他們「同一國的人」在一起。他們可以搬到有較多老人的城市，或搬到有招待老人設備的地方。他們也可以住在家裏，而時常去一些老人聚集的場所。

既然老年是他們生命的最後階段，所以找到並肯定這一生的意義是很重要的。花一點時間和小孩子或孫子相處，將有助於發

展他們的生命延續感，這樣的連結一直持續到他們死亡之後，這
樣的連結可能是和人之間的關係，也可能是和某個組織的關係。
譬如，某個大學的校長，他曾是這個學校茁壯過程最重要的人，
而他的治學也獲得一致好評，當他退休或死了，這個學校還是會
懷念他，並以某種方式紀念他的努力和成就，甚至死後也一直存
在下去。例如學校爲他立碑、立銅像，或在某個建築標上他的名
字以茲紀念。

　　在我們老了的時候，我們都可以採用生活情境的因應處理方
式來讓我們過得比較好些。假如你已接近老年，試試下面的作業
：

　　在你生命的每個十年中，列出一個最主要的目標

十年　　　　　目標

0－10

11－20

21－30

31－40

41－50

51－60

61－70

71－80

80＋

　　現在將這些目標以重要順序排列，接著註銷你已達到的目標
。假如從現在起，你只能活十年的話，那個目標是你還沒有完成
的呢？這些沒有完成的目標中，最重要的前四個是什麼？

　　你能否重新排列你的目標，使你在早期的生命中及早完成最

宣告者爲了簽署生存意願書，希望加入特別聲明。可能附加的條款建議如下

1. (1)我指定＿＿＿＿＿義務性決定我的醫療處理。

(2)我已經和下列人士討論過繼續維持生命的方法，因此他們了解我的想法和期望。他們是＿＿＿＿＿＿＿＿＿＿＿＿＿＿＿＿＿＿＿＿＿＿＿

＿＿＿＿＿＿＿＿＿＿＿＿＿＿＿＿＿＿＿＿＿＿＿。

2. 在面對迫在眉睫的死亡時，我無法接受的人工緊急救生術是：

(1)當心跳停止時，對心臟實施電擊或機器復甦術。

(2)當我麻痺及無法吞嚥時，用鼻胃管餵食。

(3)當我的大腦無法自行運作呼吸時，用機械呼吸代替。

(4)＿＿＿＿＿＿＿＿＿＿＿＿＿＿＿＿＿＿＿＿＿＿

3. 倘若不危害到有意義、有知覺生命的復元機會，或增加家庭額外負擔的話，我寧願在家中度過生命的最後幾天，而不願在醫院度過。

4. 倘若我身上的器官健康，值得移植去幫助其他人的話，我願意無條件的捐贈。

圖18-2　生存意願書

充分的利用你的生存意願書

1. 在兩位見證人面前簽署姓名和日期。

2. 倘若你有家庭醫師，給他一份影本當做病歷資料，同時和他討論，並徵得同意。

影印分發給那些關心「當大限來臨，而你不再能參與事關自己未來的決定」的人。把他們的姓名填在表下橫線上。保存原文，並放置在你的身旁容易取閱的地方。

3. 現在，請和你最親近的人討論上述條款，並說明你的意圖。

4. 每年一次取出並閱讀你的生存意願書，將是一個好主意。此外，重新簽署日期，但仍保有你最初的心願。

給我的家人、醫生、律師，及所有關心我的人

　　死亡就如同出生、成長、成熟，和年老那麼的真實
—這是生命中一件確定的事。當大限來臨時，我不再能
參與到事關自己未來的決定，就讓這個聲明當做是我心
聲的表達吧。

　　當再也沒有理由期望我從危急的狀況中復元時，我
決定讓自己的生命結束，不要用藥物或人工機器來維持
我的生命。然而，為了減輕痛苦，我請求對我進行醫療
處理，儘管如此行可能會縮短我的生命，我也在所不惜
。

　　本聲明是在我細心思考後擬成的，因此頗能符合我
個人強烈的意志和信念。法律許可的範圍內，希望這些
期望和心聲能切實的完成。雖然它沒有法律的強制力，
但我希望本意願書所提及的人名，能因這些條款，而把
他們自己當做是道義的結合，來共同完成我的心聲。

簽名＿＿＿＿＿＿＿＿＿＿

日　期＿＿＿＿＿＿＿＿＿＿

見證人＿＿＿＿＿＿＿＿＿＿

見證人＿＿＿＿＿＿＿＿＿＿

請影印分送下列人士　＿＿＿＿＿＿　＿＿＿＿＿＿

UNIFORM DONOR CARD

OF_____

Print or type name of donor

In the hope that I may help others, I hereby make this anatomical gift,
if medically acceptable, to take effect upon my death. The words and
marks below indicate my desires.

I give:　(a) _____ any needed organs or parts

　　　　　(b) _____ only the following organs or parts

_____

Specify the organ(s) or part(s)

for the purposes of transplantation, therapy, medical research
or education;

　　　　　(c) _____ my body for anatomical study if needed.

Limitations or
special wishes, if any :_____

- -

Signed by the donor and the following two witnesses in
the presence of each other:

_____　　_____
Signature of Donor　　　　　　　　Date of Birth of Donor

_____　　_____
Date Signed　　　　　　　　　　　City & State

_____　　_____
Witness　　　　　　　　　　　　　Witness

This is a legal document under the Uniform Anatomical
Gift Act or similar laws.

For further information consult your physician or

KF Kidney Foundation of Iowa
3615 Douglas Avenue
Des Moines, Iowa 50310

圖18-3　捐贈卡範例

　　當我們體認到我們不是不朽壞時，死亡的事實將能使我們的生活因設
定優先順序而更充實。

重要的目標？如果可以的話，你會消除一些因目標無法完成而帶來的壓力，而且不會感到浪費生命。我們都了解，不論年齡多大，死亡是隨時隨地都可能發生的，如果我們至少完成了自己最重要的目標，壓力將隨之減輕。

　　你也能安排身邊事物，以致於感到生命的三長兩短是在有組織的狀況下，如此將可避免壓力：

　　1.你應該有一份意願書，以確定那些個人物品或不動產，是
　　　應該被處理的。

　　2.應該預備一份葬禮說明書。

　　3.你應該留下親友的姓名、電話、住址，以供進一步聯絡。

　　4.應該留下銀行帳號、記錄，以及授權處理人。

　　5.你應該留下保險箱的位置與內容清單。

　　6.應該留下信用卡號碼及名稱與住址。

　　7.保存存款證明、貸款、退休帳號、收入稅單，及保險等資
　　　料。

　　另外你也可以利用「生存意願書」來減少你的壓力。在「生存意願書」中，可以訂下自己生存無望時，你所期待的醫療處置方式。

　　也許你想在死後捐贈部分器官給需要的人，你可以立下「捐贈卡」，並隨時隨地帶著它，那麼，在你死亡時，器官會被用去救助他人。在這種情況下，無論你過去做了什麼，至少在這一刻，你可以確定保有生命的某些意義。

　　除了這些生活情境的處置之外，你一生的行為，都會在晚年影響到你所經歷的壓力與疾病，你必須關心：

　　1.你所吃的是否營養均衡？

2.你是否抽菸？

3.你是否濫用或誤用酒精和其他的藥物？

4.你是否管理壓力？

5.在你的生活中，是否有重要的人成為你的支持系統？

6.對你的生命是否有正向的展望？

7.你是否定期做身體檢查？

8.你住在都市、郊區，或鄉下（都市的人常在年輕時就死亡）？

9.你富有或貧窮？

10.在家中，你是否維持一個乾淨和安全的物理環境？

11.你是否將你的日子花在有用、有意義的活動上？

12.你是否維持一個適當的體重？

13.你能否在空閒的時間裏，快樂的享受一下？

14.你是否規律地做運動？

所有這些都該在你的控制之下，因為晚年之前你所做的事情，將決定你晚年的生活品質。

知覺的因應處理

知覺的處理，對退休相當有幫助。我們可以想像有兩種人，一個認為退休是退出生活的象徵，既沒有生產力，自我價值感也減少。而另一種人則將退休看成是多年工作後的報酬，能有機會去做以前沒有做過的事，也是個幫助他人或家庭成員的機會。他們對同樣的一件事，卻有完全不同的看法。

我們可以花時間去抱怨痛苦和悲傷，也可以去感謝這幾年的變遷和一直存在著的智慧。我們可以悲歎時間快速的飛逝，卻只能擁有這麼一點點，也可以認爲自己所擁有的比別人更多。我們可以認爲自己好孤單、好寂寞，也可以認爲這正是一個認識自己的良好機會。我們可以抱怨家人跟我們相處的時間太少，我們也可以感謝他們在這些時間裏給我們愛和關心。

總之，我們可以隨意地強調老年的負面或正面現象，這個選擇權在於自己。只注意負面現象會令它們變得更加不利。例如，抱怨家人花太少的時間與我們相處，會讓他們愈來愈不願意與我們相聚。而很在意死亡，使我們無法充實地去過剩餘的生命；太注意身體的病痛，也只會讓病痛更加惱人。如果我們把注意力放在其他事件或人身上，或許我們會暫時忘記那些病痛的存在。總之，自我覺察帶來救助和希望。

我們有能力藉由知覺好的一方面，來管理我們的壓力，而這個選擇全都操之在己。

情緒的因應處理

第八、九和十章中，我們已描述過放鬆的技巧，這些技巧可以用來處理情緒，而且也很適合老年人。很多老年人藉著祈禱將注意力轉移到自己之外的世界，而達到情緒上的平靜。而有些祈禱文的重覆性，更合乎情緒的處置原則。

其他老年人所使用的情緒處置方式包括在家裏養養魚，每天看著魚兒在水族箱內游來游去，他們不自覺的進入魚世界的同時，也遠離了他們的困境，忘了那些煩人的問題。有時候，老年人也把我們當做水族箱裏的魚兒，每天看著我們匆忙地上班、下班。不幸的是，有很多人卻認爲老年這樣的看著我們是好管閒事，殊不知，他們可以藉由看著我們這些魚兒游來游去，而避免掉情

緒上的激動，並忘記老年的負面觀點。我們最好幫助老年人清洗
他們心靈的眼睛，好讓他們看事情看得更清楚些，以取代抱怨他
們好管閒事的行為。

生理覺醒的因應處理

老年人像其他人一樣，也可以由運動中得到好處，有時候，
由於特殊的身體障礙或健康上的問題，必須依個人情況選擇不同
的運動。例如有些老年人在玩網球或手球時，必須雙打而無法單
打獨鬥。有些跑起馬拉松來，可能比年輕人慢，但還是可以完成
二十六哩的賽程，有些每天固定游泳數哩。適當的運動能減少壓
力的產物，像肌肉的緊張，血液中的膽固醇，血壓等等，這對老
年人來說是相當重要的，此外，運動對心理也頗有效益的。即使
你已怠惰了大半輩子，但在老年時，你還是可以開始做規律的運
動，不過在開始運動之前，先與醫生商量，訂個有利自己的運動
計劃。假如你在生活中已好久沒有運動的話，那麼訂一個步行的
計劃將是你最好的選擇。

總之，選擇還是在於你自己。假如你老了，你可以用這些不
同的因應處理方式來管理你的壓力。假如你還年輕，你也可以用
這些策略為自己的未來做準備，以減少老年時、壓力對自己的傷
害。

摘要

1.在一九〇〇年，美國六十五歲以上的老年人超過三百萬，約佔總人口的3.9%。而到了一九八五年，六十五歲以上的老年人超過兩千九百萬人，佔總人口的12%。

2.一般而言，老年人並不住在養護機構，他們大多數是健康的，擁有足夠的收入維生，居住在合適的房子，與其他人住在一起，因此他們並不孤單，也還保有性的活動。

3.艾瑞克遜的理論指出：老年人若對我是誰清楚的了解的話，他們就不會把死亡看成是最後的結束。然而，老年人若沒能順利完成發展的任務，便會變得痛苦、沮喪，因為時間短促，使他們無法另尋他途以找到自我的肯定。

4.哈賓哥爾描述老年人的六個發展任務為：適應身體和健康的衰退、適應退休和收入減少的生活、適應配偶死亡的日子、與同年齡的團體建立有意義的關係、迎接社會和公民的責任，及建立滿意的居家安排。

5.老年也會帶來潛在的、正向的改變。孫子變成歡樂的來源。此外，許多老年人利用自由自在的時間，去追尋早年被延誤的興趣。

6.退休經常是充滿壓力的，因此需要調適。退休會令人追問自我的價值，想念工作夥伴、渴望被需要感。退休也可以被視為正向的，如擁有多餘的時間是極其美好的。

7.國家心理健康中心發現四種退休調適的類型為：保持現狀、隱退、改變活動，及改變需求。

8.老人生活照顧者對處理日常生活有困難的老人，給予協助。提供生活照顧者、大多是女性，其中以受照顧者的女兒和妻子爲大多數。

9.老人生活照顧對照顧者及其所屬的工作機構會產生潛在的負面影響。通常照顧者會在工作時出現倦怠、曠職，和缺乏注意力等。爲了讓員工安心照顧老年人，有些企業提供老人照顧，或停薪等種種措施。

10.悲傷通常包括三個階段。第一個階段將持續一至三天，通常的反應爲震驚、否認和不相信。第二階段是悲傷的最高點，通常維持二至四週，甚至持續一年。此一階段的反應爲：痛苦的思念、心神不定、追憶、想念死者的音容、悲傷、流淚、失眠、食慾減退等。第三階段發生在死亡後一年內，其反應爲：事情解決的感覺，減少傷心的次數，及恢復一般的活動。

11.配偶死亡會導致活著的伴侶健康惡化，甚至死亡。失去社會性支持，是這類案件的主要因素。此外，操作性的生理機轉被認定是淋巴球刺激的壓抑，導致免疫系統功用的減低而造成。

參考書目

1. U.S. Bureau of the Census, *Current Population Reports, Series P-23, No. 150, Population Profile of the United States:1984-85* (Washington, DC:U.S. Government Printing Office, 1987), 6.

2. National Center for Health Statistics, "Use of Nursing Homes by the Elderly:Preliminary Data from the 1985 National Nursing Home Survey," *Advance Data*, 14 May 1987,1.

3. Louis Harris, *Harris Poll*(Washington, DC:National Council on the Aging, 1975).

4. A. Simon, "The Neurosis, Personality Disorders, Alcoholism, Drug Use and Misuse, and Crime in the Aged," in *Handbook of Mental Health and Aging*, ed. J.E. Birren and R.B. Sloane (Englewood Cliffs, NJ:Prentice-Hall, 1980),653-70.

5. U.S. Bureau of the Census, Current Population Reports, Series P-23, No.150, *Population Profile of the United States:1984-85*(Washington, DC:U.S. Government Printing Office, 1987),23.

6. National Center for Health Statistics, "Aging in the Eighties, People Living Alone—Two Years Later," *Advance Data*, 4 April 1988,1-2.

7. Alex Comfort, *A Good Age*(New York:Crown Publishers, 1976).

8. Harris, *Harris Poll*.

9. Erik H. Erikson, *Childhood and Society*(New York:W.W. Norton, 1963).

10. Robert J. Havighurst, *Developmental Tasks and Education*(New York:David McKay Company, 1972).

11. Ibid., 2.

12. Ibid., 108-13.

13. L. Aiken, *Later Life*(Philadelphia:W.B. Saunders Co., 1978).

14. National Institute of Mental Health, *Retirement:Patterns and Predictions*(Washington, DC:National Institute of Mental Health, 1975).

15. National Center for Health Statistics, "Aging in the Eighties: Functional Limitations of Individuals Age 65 Years and Over," *Advance Data*, 10 June 1987,4.

16. Molly Sinclair, "Coping with Careers and 'Elder Care'," *Washington Post*, 19 July 1987,A1,A6.

17. George B. Dintiman and Jerrold S. Greenberg, *Health Through Discovery*(New York:Random House, 1989),404.

18. M. Young, B. Benjamin, and C. Wallace, "The Mortality of Widowers," *Lancet* 3(1960):254-56.

19. C.M. Parkes, B. Benjamin, and R.E. Fitzgerald, "Broken Heart:A Statistical Study of Increased Mortality Among Widowers," *British Medical Journal* 1(1969):740-43.

20. Kund J. Helsing, Moyses Szklo, and George W. Comstock, "Factors Associated with Mortality after Widowhood,"

American Journal of Public Health 71 (1981):802-9.

21. Ibid., 808.

22. Jaakko Kaprio, Markku Koskenvuo, and Heli Rita, "Mortality after Bereavement:A Prospective Study of 95,647 Widowed Persons," *American Journal of Public Health* 77 (1987):283-87.

23. Steven Schleifer et al., "Suppression of Lymphocyte Stimulation Following Bereavement," *JAMA* 250(1983):374 -77.

24. Jerrold S. Greenberg, *Health Education:Learner-Centered Instructional Strategies*(Dubuque, IA:Wm. C. Brown, 1989), 208.

25. Cheryl Simon, "A Care Package," *Psychology Today*, April 1988, 44-49.

26. Office of Disease Prevention and Health Promotion, "Exercise for Older Americans," *Healthfinder*(Washington, DC:Office of Disease Prevention and Health Promotion National Health Information Center, November 1987).

結語

　　有人告訴我一則故事，內容是：一天的傍晚，有個人手中握著他們自家用的車子之方向盤回到家，身上滿是擋風玻璃的碎片和機油味，且以軟弱無力及冷冷的微笑，對等候多時的妻子說，「也好，最少妳不必再浪費星期五的下午來沖洗我們的車了」。

　　倘若我們僅能選擇這種無奈的態度來面對未來的話，壓力源勢必會產生。托福樂（Alvin Toffler）在他的經典鉅著「未來的震盪」一書中，勾劃出未來的本質。托福樂認為這種快速且無所不及的改變，我們會無一倖免的經歷到。如我們所知，類似的改變具有引發壓力反應的潛在可能；換言之，這些改變都是壓力因子（源）。

　　在知識爆炸的時代裏，今天的知識經常在明日就變成錯誤的資訊。例如：過去大多數人被教導並相信，兩條平行線永遠不會相交。然而今天的物理學家告訴我們，在無限大的情況下，平行線是會相交的。在過去我們也學到雞蛋和肝臟是有益健康的，因此應該常常攝取以獲得營養；然而現今的心臟學家相信它們含有太多的膽固醇，而建議應限量獲取。知識加倍的擴展，新知識往往取代舊知識，此一情境往往造成混淆——到底我們要相信什麼？如此常導致挫折，常見的一個例子是，我們屢次聽到「每一件事似乎都會引起癌症」。生存在一個大量的科技知識不斷推陳出新的世界裏，如何管理這些知識，也成為現代人的壓力。面對知識的更替，我們是否也有同感——「也好，最少我們不必再浪費星期五的下午來沖洗我們的車子」。

　　在托樂福銷售量最大的一本書——「第三波」中，他繼續述說一個改變的社會，作者把焦點放在科技對我們日常生活的影響。當我讀到一篇有關美式足球電視遊樂器的實驗報告時，我回憶起托樂福所描述的，新的溝通方式和電腦是如何的影響我們的食衣住行育樂等生活內容。在一九八〇年七月，葛雷地雅特隊（The Racine Gladiators）正與梅仇隊（Columbus Metors）進行一場半準決賽。當地的有線電視系統作現場轉播，並對電觀眾同時開放，在家裏能同步按鈕以進行資訊交換。事後統計，約有五千個電視觀眾參與此項活動。在每一場球賽之前，觀眾可以先從五種不同的打法中，選出他們認為下一場比賽地主梅仇隊應有的最理想的打法。在十秒內，電視觀眾的意見被統計出來，並顯示在現場球員看不見的體育館銀幕上，同時也以耳機方式傳給梅仇隊的四分衛。結果梅仇隊以7－10輸掉這場球，但教練卻說這場球賽他調度得很好了。所以，在時光中，每一刻都是改變的。

　　倘若我們想在一個快速變遷的社會中存活並保有活力，我們最好學習如何去管理隨之而來的壓力。我們必需調適我們的生活情境，消除不必要的壓力因子，同時在酬賞、一成不變及穩定的關係和日常活動中，去找出合適的慰藉與內涵。我們需要鞏固我們的家庭，並讓工作意義化與趣味化，同時妥善規劃休閒時間以達到歡樂與從新得力的目的。再者，對於我們無法改變的不愉快生活情境，儘可能做到知覺最少的威脅和干擾。其中的方法包括：把自己當做是一個有價值的生命體，相信生活中我們能掌控許多事件及其結果。同時，把生命中的考驗視為自我挑戰和成長的經驗，而非苦惱事常以閃躲、逃避、和遺忘等方式來處理之。

　　附加的建議是規律的放鬆練習和運動。放鬆技巧提供一個「放鬆的蓄水池」，當我們的生活變得充滿壓力時，我們即可開啓水池，飲用流出的甜美池水。放鬆技巧也能因減少壓力因子，而造成生理覺醒，在知覺到的不愉快生活情境和隨後引起的疾病當中，扮演一個很好的因應處理方法。

在你的生活中，希望本書能有助於提昇你的壓力管理能力，在此我留下一句值得大家去深思的話。這句話對我意義深遠，希望對你也是意義非凡。它是那麼簡短有力，你一定能輕易地記住：

　　　　我抱怨沒鞋穿，
　　一直到我遇見沒有腳的人。

　　　　　　　　　　　　　　　——波斯諺語

參考書目

1. Alvin Toffler, *Future Shock* (New York:Random House, 1970).
2. Alvin Toffler, *The Third Wave* (New York:William Morrow & Co., 1980).

主要參考文獻目錄

Adler, Ronald B. *Confidence in Communication: A Guide to Assertive and Social Skills.* New York: Holt, Rinehart & Winston, 1977.

"Aerobic Instructor Burnout." *Reebok Instructor News* 1(1988):1, 4–5.

Aiken, L. *Later Life.* Philadelphia: W. B. Saunders Co., 1978.

Allen, Roger J. *Human Stress: Its Nature and Control.* Minneapolis: Burgess, 1983.

Allen, Roger J., and David Hyde. *Investigations in Stress Control.* Minneapolis: Burgess, 1980.

Allison, J. "Respiratory Changes during Transcendental Meditation." *Lancet* no. 7651(1970):833–34.

American Academy of Family Physicians. *A Report on Lifestyles/Personal Health Care in Different Occupations.* Kansas City: American Academy of Family Physicians, 1979.

American Cancer Society. *Cancer Facts and Figures—1987.* New York: American Cancer Society, 1987.

American College Health Association. *Acquaintance Rape: Is Dating Dangerous?* Rockville, MD: American College Health Association, 1987.

American College of Sports Medicine. *Guidelines for Exercise Testing and Prescription.* 3d ed. Philadelphia: Lea and Febiger, 1986.

American Podiatry Association. *Jogging Advice from Your Podiatrist.* Washington, DC: American Podiatry Association, n.d.

Anand, B. K., G. S. Chhina, and B. Singh. "Some Aspects of Electroencephalographic Studies in Yogis." *Electroencephalography and Clinical Neurophysiology* 13(1961):452–56.

Anand, B. K., et al. "Studies on Shri Ramananda Yogi during His Stay in an Air-Tight Box." *Indian Journal of Medical Research* 49(1961):82–89.

Anderson, G. E. "College Schedule of Recent Experience." Master's thesis, North Dakota State University, 1972.

Anderson, Jack. "Whistleblower Stress." *Washington Post,* 24 March 1985, C7.

Anderson, J. R., and I. Waldon. "Behavioral and Content Components of the Structured Interview Assessment of the Type A Behavior Pattern in Women." *Journal of Behavioral Medicine* 6(1983):123–34.

Anderson, N. B., P. S. Lawrence, and T. W. Olson. "Within-Subject Analysis of Autogenic Training and Cognitive Coping Training in the Treatment of Tension Headache Pain." *Journal of Behavioral Therapy and Experimental Psychiatry* 12(1981):219–23.

Arafat, I., and W. L. Cotton. "Masturbation Practices of Males and Females." *Journal of Sex Research* 10(1974):293–307.

Bagchi, B. K., and M. A. Wengor. "Electrophysiological Correlates of Some Yogi Exercises." In *Electroencephalography, Clinical Neurophysiology and Epilepsy,* edited by L. van Bagaert and J. Radermecker. First International Congress of Neurological Sciences, vol. 3. London: Pergamon, 1959.

Baker, D. B. "The Study of Stress at Work." *Annual Review of Public Health* 6(1985):367–81.

Barefoot, J. C., W. G. Dahlstrom, and W. B. Williams. "Hostility, CHD Incidence, and Total Mortality: A 25 Year Follow-Up Study of 255 Physicians." *Psychosomatic Medicine* 45(1985):59–64.

Barling, Julian. "Interrole Conflict and Marital Functioning amongst Employed Fathers." *Journal of Occupational Behaviour* 7(1986):1–8.

Becker, Marshall H., and Lawrence W. Green. "A Family Approach to Compliance with Medical Treatment—A Selective Review of the Literature." *International Journal of Health Education* 18(1975):1–11.

Beehr, V. A., and J. E. Newman. "Job Stress, Employee Health, and Organizational Effectiveness: A Facet Analysis, Model, and Literature Review." *Personnel Psychology* 31(1978):665–99.

Belar, Cynthia D., and Joel L. Cohen. "The Use of EMG Feedback and Progressive Relaxation in the Treatment of a Woman with Chronic Back Pain." *Biofeedback and Self-Regulation* 4(1979):345–53.

Belisle, Marc, Ethel Roskies, and Jean-Michel Levesque. "Improving Adherence to Physical Activity." *Health Psychology* 6(1987):159–72.

Benson, Herbert. *The Relaxation Response.* New York: Avon Books, 1975.

Berger, Richard A. *Applied Exercise Physiology.* Philadelphia: Lea and Febiger, 1982.

Berkovec, T. D., and D. C. Fowles. "Controlled Investigation of the Effects of Progressive and Hypnotic Relaxation on Insomnia." *Journal of Abnormal Psychology* 82(1973):153–58.

Berstein, D. A., and B. Given. "Progressive Relaxation: Abbreviated Methods." In *Principles and Practice of Stress Management,* edited by R. Woolfolk and P. Lehrer. New York: Guilford Press, 1984.

Blakeslee, Sandra. "Study Links Emotions to Second Heart Attack." *New York Times,* 20 September 1990, B8.

Blanchard, Edward, et al. "Three Studies of the Psychologic Changes in Chronic Headache Patients Associated with Biofeedback and Relaxation Therapies." *Psychosomatic Medicine* 48(1986):73–83.

Blanchard, Edward B., and Leonard H. Epstein. *A Biofeedback Primer.* Reading, Mass.: Addison-Wesley, 1978.

Blanchard, Edward B., et al. "Two, Three, and Four Year Follow-Up on the Self-Regulatory Treatment of Chronic Headache." *Journal of Consulting and Clinical Psychology* 55(1987):257–59.

Boller, Jon D., and Raymond P. Flom. "Behavioral Treatment of Persistent Post-traumatic Startle Response." *Journal of Behavior Therapy and Experimental Psychiatry* 12(1981):321–24.

Breeden, S., et al. "EMG Levels as Indicators of Relaxation." Paper presented at the Biofeedback Research Society Meeting, Monterey, Calif., 1975.

Brody, Jane E. "Effects of Beauty Found to Run Surprisingly Deep." *New York Times,* 1 September 1981, C1–C3.

Brosse, Therese. "A Psychophysiological Study of Yoga." *Main Currents in Modern Thought* 4(1946):77–84.

Brouha, Lucien. "The Step Test: A Simple Method of Testing the Physical Fitness of Boys." *Research Quarterly* 14(1943):23.

Brown, Barbara B. "Recognition Aspects of Consciousness through Association with EEG Alpha Activity Represented by a Light Signal." *Psychophysiology* 6(1970):442–52.

———. *Stress and the Art of Biofeedback.* New York: Harper & Row, 1977.

Brown, G. W., M. Bhroclain, and T. Harris. "Social Class and Psychiatric Disturbance among Women in an Urban Population." *Sociology* 9(1975):225–54.

Brownell, K. D., et al. "The Effect of Couples Training and Partner Cooperativeness in the Behavior Treatment of Obesity." *Behavior Research Therapy* 16(1978):323–33.

Bruess, Clint E., and Jerrold S. Greenberg. *Sexuality Education: Theory and Practice.* New York: Macmillan, 1988.

Brush, Stephen G. "Neither Reasonable Nor Fair: SAT Discriminates Against Women, Rewards Coaching." *The Faculty Voice* 4(May–June 1990):4.

Budzynski, Thomas, Johann Stoyva, and C. Adler. "Feedback-Induced Muscle Relaxation: Application to Tension Headache." *Journal of Behavior Therapy and Experimental Psychiatry* 1(1970):205–11.

Budzynski, Thomas H., et al. "EMG Biofeedback and Tension Headache: A Controlled Outcome Study." *Psychosomatic Medicine* 35(1973):484–96.

Burke, Ronald J. "Beliefs and Fears Underlying Type A Behavior: What Makes Sammy Run So Fast and Aggressively?" *Journal of Human Stress* 10(1984):174–82.

Burks, Nancy, and Barclay Martin. "Everyday Problems and Life Change Events: Ongoing versus Acute Sources of Stress." *Journal of Human Stress* 11(1985):27–35.

Bushnell, D. D., and T. J. Scheff. "The Cathartic Effects of Laughter on Audiences." In *The Study of Humor,* edited by H. Mindesc and J. Turek. Los Angeles: Antioch University, 1979.

Byrd, Robert. "Job-Stress Illness Up, Report Says; More Injury Claims Cite Mental Anxiety." *Washington Post,* 3 October 1986, F2.

Cairns, D., and J. A. Pasino. "Comparison of Verbal Reinforcement and Feedback in the Operant Treatment of Disability Due to Chronic Low Back Pain." *Behavior Therapy* 8(1977):621–30.

Callon, Eleanor W., et al. "The Effect of Muscle Contraction Headache Chronicity on Frontal EMG." *Headache* 26(1986):356–59.

Cannon, Walter B. *The Wisdom of the Body.* New York: W. W. Norton, 1932.

Caplan, G. *Support Systems and Community Mental Health.* New York: Behavioral Publications, 1974.

Caplan, R. D., S. Cobb, and J. R. P. French. "Relationships of Cessation of Smoking with Job Stress, Personality, and Social Support." *Journal of Applied Psychology* 60(1975):211–19.

Carruthers, Malcoml. "Autogenic Training." *Journal of Psychosomatic Research* 23(1979):437–40.

Case, R. B., et al. "Type A Behavior and Survival after Acute Myocardial Infarction." *New England Journal of Medicine* 312(1985):737–41.

Cauthen, N. R., and C. A. Prymak. "Meditation versus Relaxation: An Examination of the Physiological Effects with Transcendental Meditation." *Journal of Consulting and Clinical Psychology* 45(1977):496–97.

Chadwick, J., et al. "Psychological Job Stress and Coronary Heart Disease." NIOSH report under contract no. CDC-99-74-42, National Institute for Occupational Safety and Health, 1979.

Chapman, Stanley L. "A Review and Clinical Perspective on the Use of EMG and Thermal Biofeedback for Chronic Headaches." *Pain* 27(1986):1–43.

Charlesworth, Edward A., and Ronald G. Nathan. *Stress Management: A Comprehensive Guide to Wellness.* Houston, Tex.: Biobehavioral Publishers, 1982.

Chase, Anne. "Police Psychologist: Post Remains Vacant for 9 Months Despite Growing Stress in Department." *Prince George's Journal,* 14 March 1980, A4.

Cherlin, A. "Remarriage as an Incomplete Institution." *American Journal of Sociology* 84(1978):634.

Choudhury, Bikram. *Bikram's Beginning Yoga Class.* Los Angeles: J. P. Tarcher, 1978.

Clark, N., E. Arnold, and E. Foulds. "Serum Urate and Cholesterol Levels in Air Force Academy Cadets." *Aviation and Space Environmental Medicine* 46(1975):1044–48.

Coates, T. J., and C. E. Thoreson. "What to Use Instead of Sleeping Pills." *American Medical Association Journal* 240(1978):2311–12.

Cobb, Kevin. "Managing Your Mileage—Are You Feeling Groovy or Burning Out?" *American Health,* October 1989, 78–84.

Cobb, S., and R. M. Rose. "Hypertension, Peptic Ulcer, and Diabetes in Air Traffic Controllers." *Journal of the American Medical Association* 224(1973):489–92.

Cohen, Sheldon. "Sound Effects on Behavior." *Psychology Today,* October 1981, 38–49.

Collet, L. "MMPI and Headache: A Special Focus on Differential Diagnosis, Prediction of Treatment Outcome and Patient: Treatment Matching." *Pain* 29(1987):267–68.

Collet, L., J. Cottraux, and C. Juenet. "GSR Feedback and Schultz Relaxation in Tension Headaches: A Comparative Study. *Pain* 25(1986):205–13.

Comfort, Alex. *A Good Age.* New York: Crown Publishers, 1976.

Cooper, Kenneth H. *The Aerobics Way: New Data on the World's Most Popular Exercise Program.* New York: M. Evans, 1977.

Coopersmith, Stanley. *The Antecedents of Self-Esteem.* San Francisco: W. H. Freeman, 1967.

Corbett, Ann. "Too Stressed for Sex: The Decline and Fall of Married Love." *Washington Post,* 8 October 1985, B5.

Corbin, Charles B., and Ruth Lindsey. *Concepts of Physical Fitness with Laboratories.* 6th ed. Dubuque, Iowa: Wm. C. Brown, 1988.

Cory, Christopher T. "The Stress-Ridden Inspection Suite and Other Jittery Jobs." *Psychology Today,* January 1979, 13–14.

Cowing, Patricia S. "Reducing Motion Sickness: A Comparison of Autogenic-Feedback Training and an Alternative Cognitive Task." *Aviation, Space, and Environmental Medicine* 53(1982):449–53.

Cox, D. J., A. Freundlich, and R. G. Meyer. "Differential Effectiveness of Electromyographic Feedback, Verbal Relaxation Instructions, and Medication Placebo with Tension Headaches." *Journal of Consulting and Clinical Psychology* 43(1975):892–98.

Crittendon, Ann. "We 'Liberated' Mothers Aren't." *Washington Post,* 5 February 1984, D4.

Curtis, John D., and Richard A. Detert. *How to Relax: A Holistic Approach to Stress Management.* Palo Alto, Calif.: Mayfield, 1981.

Curtis, John D., Richard A. Detert, Jay Schindler, and Kip Zirkel. *Teaching Stress Management and Relaxation Skills: An Instructor's Guide.* La Crosse, Wis.: Coulee Press, 1985.

Danskin, David G., and Mark A. Crow. *Biofeedback: An Introduction and Guide.* Palo Alto, Calif.: Mayfield, 1981.

Davis, Kathie. "How to Choose an Aerobics Instructor." *Shape,* November 1990, 113–115.

Davis, Martha, Matthew McKay, and Elizabeth Robbins Eshelman. *The Relaxation and Stress Reduction Workbook.* Richmond, Calif.: New Harbinger Publications, 1980.

Dean, Dwight. "Alienation: Its Meaning and Measurement." *American Sociological Review* 26(1961):753–58.

Deaux, K. *The Behavior of Women and Men.* Monterey, Calif.: Brooks/Cole, 1976.

DeLamater, John, and Patricia MacCorquodale. *Premarital Sexuality: Attitudes, Relationships, Behavior.* Madison: University of Wisconsin Press, 1979.

DeLongis, Anita, et al. "Relationship of Daily Hassles, Uplifts, and Major Life Events to Health Status." *Health Psychology* 1(1982):119–36.

DiCara, L. V., and Neal E. Miller. "Instrumental Learning of Vasomotor Responses by Rats: Learning to Respond Differentially in the Two Ears." *Science* 159(1968):1485.

Dillbeck, M. C. "The Effect of the Transcendental Meditation Technique on Anxiety Levels." *Journal of Clinical Psychology* 33(1977):1076–78.

Dinoff, M., N. C. Rickard, and J. Colwick. "Weight Reduction through Successive Contracts." *American Journal of Orthopsychiatry* 42(1972):110–13.

Dintiman, George B., and Jerrold S. Greenberg. *Health through Discovery.* 4th ed. New York: Random House, 1989.

Dintiman, George B., et al. *Discovering Lifetime Fitness: Concepts of Exercise and Weight Control.* St. Paul: West, 1984.

Dion, Maureen. "A Study of the Effects of Progressive Relaxation Training on Changes in Self-Concepts in Low Self-Concept College Students." *Dissertation Abstracts International* 37(1977):4860.

Dixon, N. F. "Humor: A Cognitive Alternative to Stress?" In *Stress and Anxiety,* edited by I. Sarason and Charles Spielberger. New York: Hemisphere, 1980, 281–89.

Donatelle, Roberta J. and M. J. Hawkins. "Employee Stress Claims: Increasing Implications for Health Promotion Programming." *American Journal of Health Promotion* 3(1989):19–25.

Downing, G. *Massage Book.* Berkeley, Calif.: Book Works Publishing Co., 1972. Distributed by Random House, Inc.

Dreyfuss, F., and J. Czaczkes. "Blood Cholesterol and Uric Acid of Healthy Medical Students under Stress of an Examination." *Archives of Internal Medicine* 103(1959):708–11.

Duhamel, Meredith. "Rising Above Stress: Staying Hardy." *Medical Selfcare,* January/February, 1989, 26–29, 59.

Dunbar, Flanders. *Psychosomatic Diagnosis.* New York: Harper, 1943.

Editors of the *Ladies' Home Journal* and the Harvard School of Public Health's Center for Communication. "Your Body, Your Health." *Ladies' Home Journal,* February, 1988, pp. 91–93, 134–136.

Egdahl, R., and D. Walsh. *Mental Wellness Programs for Employees.* New York: Springer-Verlag, 1980.

Eldridge, William, Stanley Blostein, and Virginia Richardson. "A Multi-Dimensional Model for Assessing Factors Associated with Burnout in Human Service Organizations." *Public Personnel Management* 12(1983):315.

Elias, Marilyn. "Type A's: Like Father Like Son." *USA Today,* 7 August 1985, D1.

Eliot, Robert S. "Are You a Hot Reactor: How Do You React to Stress?" *Shape,* February 1987:66–73, 128–31, 138.

Ellis, Albert, and Robert Harper. *A Guide to Rational Living.* N. Hollywood: Melvin Powers, Wilshire Book Company, 1975.

––––––. *A New Guide to Rational Living.* Englewood Cliffs, N.J.: Prentice-Hall, 1979.

Elson, B. D., P. Hauri, and D. Cunis. "Physiological Changes in Yogi Meditation." *Psychophysiology* 14(1977):52–57.

Engel, George L. "Studies of Ulcerative Colitis. III. The Nature of the Psychological Processes." *American Journal of Medicine,* August 1955.

Erikson, Erik H. *Childhood and Society.* New York: W. W. Norton, 1963.

Everly, George S., and Daniel A. Girdano. *The Stress Mess Solution: The Causes of Stress on the Job.* Bowie, Md.: Robert J. Brady, 1980.

Eversaul, G. A. "Psycho-physiology Training and the Behavioral Treatment of Premature Ejaculation: Preliminary Findings." *Proceedings of the Biofeedback Research Society,* Denver, Colo., 1975.

Eysenck, Hans J. "Health's Character." *Psychology Today* 22(December 1988):28–35.

Fee, Richard A., and Daniel A. Girdano. "The Relative Effectiveness of Three Techniques to Induce the Trophotropic Response." *Biofeedback and Self-Regulation* 3(1978):145–57.

Feiner, R. D., S. S. Farber, and J. Primavera. "Transitions in Stressful Life Events: A Model of Primary Prevention." In R. D. Feiner, L. A. Jason, J. N. Moritsugu, and S. S. Farber (Eds.). *Prevention Psychology: Theory, Research and Practice.* New York: Plenum, 1983.

Feist, Jess, and Linda Brannon. *Health Psychology: An Introduction to Behavior and Health.* Belmont, Calif.: Wadsworth, 1988.

Feldman, Robert H. L. "The Assessment and Enhancement of Health Compliance in the Workplace." In *Occupational Health Promotion: Health Behavior in the Workplace,* edited by George S. Everly and Robert H. L. Feldman. New York: John Wiley & Sons, 1985, 33–46.

Fentress, David W., Bruce J. Masek, James E. Mehegan, and Herbert Benson. "Biofeedback and Relaxation-Response Training in the Treatment of Pediatric Migraine." *Developmental Medicine and Child Neurology* 28(1986):139–46.

Ferguson, P., and J. Gowan. "TM—Some Preliminary Findings." *Journal of Humanistic Psychology* 16(1977):51–60.

Fier, B. "Recession Is Causing Dire Illness." *Moneysworth,* 23 June 1975.

Fishman, Ricky. "Headache Cures." *Medical Selfcare,* November/December 1989, 24–29, 64.

Forman, Jeffrey W., and Dave Myers. *The Personal Stress Reduction Program.* Englewood Cliffs, N.J.: Prentice-Hall, 1987.

Forney, Deanna S., Fran Wallace-Schutzman, and T. Thorn Wiggers. "Burnout among Career Development Professionals: Preliminary Findings and Implications." *Personnel and Guidance Journal* 60(1982):435–39.

Frankenhauser, M., and B. Gardell. "Underload and Overload in Working Life: Outline of a Multidisciplinary Approach." *Journal of Human Stress* 2(1976):35–46.

Franklin, Neshama. "Massage—A Happy Medium." *Medical Selfcare*, September/October 1989, 71–73.

Frazier, T. W. "Avoidance Conditioning of Heart Rate in Humans." *Psychophysiology* 3(1966):188–202.

French, J. R. P., and R. D. Caplan. "Psychosocial Factors in Coronary Heart Disease." *Industrial Medicine* 39(1970):383–97.

Freudenberger, Herbert J., and Gail North. *Women's Burnout*. New York: Doubleday & Co., 1985.

Friedman, Howard S. and Stephanie Booth-Kewley. "The 'Disease-Prone Personality': A Meta-Analytic View of the Construct." *American Psychologist* 42(1987):539–555.

Friedman, Meyer, and Ray H. Rosenman. "Association of Specific Overt Behavior Pattern with Blood and Cardiovascular Findings: Blood Clotting Time, Incidence of Arcus Senilis, and Clinical Coronary Artery Disease." *Journal of the American Medical Association* 169(1959):1286–96.

————. *Type A Behavior and Your Heart*. Greenwich, Conn.: Fawcett, 1974.

Friedman, Meyer, and Diane Ulmer. *Treating Type A Behavior and Your Heart*. New York: Alfred A. Knopf, 1984.

Friedman, Meyer, A. E. Brown, and Ray Rosenman. "Voice Analysis Test for Detection of Behavior Pattern: Responses of Normal Men and Coronary Patients." *Journal of the American Medical Association* 208(1969): 828–36.

Friedman, Meyer, Ray Rosenman, and V. Carroll. "Changes in the Serum Cholesterol and Blood Clotting Time in Men Subjected to Cycle Variation of Occupational Stress." *Circulation* 17(1958):852–64.

Fuller, George D. *Biofeedback: Methods and Procedures in Clinical Practice*. San Francisco: Biofeedback Press, 1977.

Funk, Steven C., and Kent B. Houston. "A Critical Analysis of the Hardiness Scale's Validity and Utility." *Journal of Personality and Social Psychology* 53(1987):572–78.

Galway, W. Timothy. *The Inner Game of Tennis*. New York: Random House, 1974.

Gerschman, Jack A., et al. "Hypnosis in the Control of Gagging." *Australian Journal of Clinical and Experimental Hypnosis* 9(1981):53–59.

Getchel, Bud. *Physical Fitness: A Way of Life*. New York: John Wiley, 1983.

Gillespie, David F. "Correlates for Active and Passive Types of Burnout." *Journal of Social Service Research* 4(Winter 1980–81):1–16.

Girdano, Daniel A., and George S. Everly. *Controlling Stress and Tension: A Holistic Approach.* Englewood Cliffs, N.J.: Prentice-Hall, 1986.

Glass, David C. "Stress Behavior, Patterns, and Coronary Disease." *American Scientist* 65(1977):177–87.

Goleman, Daniel, and Gary E. Schwartz. "Meditation as an Intervention in Stress Reactivity." *Journal of Consulting and Clinical Psychology* 44(1976):456–66.

Gore, S. "The Effects of Social Support in Moderating the Health Consequences of Unemployment." *Journal of Health and Social Behavior* 19(1978):157–65.

Gorton, B. "Autogenic Training." *American Journal of Clinical Hypnosis* 2(1959):31–41.

Grant, Eleanor. "The Housework Gap." *Psychology Today* 22(1988):8.

Green, Elmer E., A. M. Green, and E. D. Walters. "Voluntary Control of Internal States: Psychological and Physiological." *Journal of Transpersonal Psychology* 2(1970):1–26.

Green, Lawrence W., David M. Levine, and Sigrid Deeds. "Clinical Trials of Health Education for Hypertensive Outpatients: Design and Baseline Data." *Preventive Medicine* 4(1975):417–25.

Green, Tim. "My Favorite Routine: Chair Aerobics." *Shape,* June 1986, 150–53.

Greenberg, Jerrold S. *Health Education: Learner-Centered Instructional Strategies.* Dubuque, IA: Wm. C. Brown, 1989, 208.

Greenberg, Jerrold S. "The Masturbatory Behavior of College Students." *Psychology in the Schools* 9(1972):427–32.

———. *Student-Centered Health Instruction: A Humanistic Approach.* Reading, Mass.: Addison-Wesley, 1978.

———. "A Study of Stressors in the College Student Population." *Health Education* 12(1981):8–12.

———. "A Study of the Effects of Stress on the Health of College Students: Implications for School Health Education." *Health Education* 15(1984):11–15.

Greenberg, Jerrold S., and David Pargman. *Physical Fitness: A Wellness Approach.* Englewood Cliffs, N.J.: Prentice-Hall, 1986.

———. *Physical Fitness: A Wellness Approach.* 2d ed. Englewood Cliffs, N.J.: Prentice-Hall, 1989.

Greenberg, Jerrold S., Clint E. Bruess, and Doris Sands. *Sexuality: Insights and Issues.* Dubuque, Iowa: Wm. C. Brown, 1986.

Greenberg, Jerrold S., Clint E. Bruess, Kathleen Mullen, and Doris Sands. *Sexuality: Insights and Issues.* 2d ed. Dubuque, Iowa: Wm. C. Brown, 1989.

Greene, W. A. "Operant Conditioning of the GSR Using Partial Reinforcement." *Psychological Reports* 19(1976):571–78.

Greenwood, James W. "Management Stressors." *NIOSH Proceeding: Reducing Occupational Stress.* Cincinnati, Ohio: National Institute for Occupational Safety and Health, April 1978, 41.

Griest, J. H., et al. "Running as Treatment for Depression." *Comparative Psychiatry* 20(1979):41–54.

Guitar, B. "Reduction of Stuttering Frequency Using Analogue Electromyographic Feedback." *Journal of Speech and Hearing Research* 18(1975):672–85.

Hall, Holly. "A Woman's Place . . ." *Psychology Today* 22(1988):28–29.

Harris, Louis. *Harris Poll.* Washington, DC: National Council on the Aging, 1975.

Hartzmark, Gini. "Teeth." *Ms.,* May 1985, 106–8.

Hasslebring, Bobbie. "Health and Fitness According to Robert Cooper." *Medical Selfcare,* September/October 1989, 52–56, 69–70.

Havighurst, Robert J. *Developmental Tasks and Education.* New York: David McKay Company, 1972.

Haynes, S. G., and M. Feinleib. "Women at Work and Coronary Heart Disease: Prospective Findings from the Framingham Heart Study." *American Journal of Public Health* 70(1980):133–41.

Haynes, Suzanne G., M. Feinleib, and W. B. Kannel. "The Relationship of Psychosocial Factors to Coronary Heart Disease in the Framingham Study III. Eight Year Incidence of Coronary Heart Disease." *American Journal of Epidemiology* 3(1980):37–58.

Haynes, S. G., et al. "Electromyographic Biofeedback and Relaxation Instructions in the Treatment of Muscle Contraction Headaches." *Behavior Therapy* 6(1975):672–78.

Heide, E. J., and T. D. Borkovec. "Relaxation-Induced Anxiety: Mechanisms and Theoretical Implications." *Behaviour Research and Therapy* 22(1984):1–12.

Helsing, Knud J., Moyses Szklo, and George W. Comstock. "Factors Associated with Mortality after Widowhood." *American Journal of Public Health* 71(1981):802–9.

Henig, Robin Marantz. "The Jaw Out of Joint." *Washington Post, Health,* 9 February 1988, 16.

Hill, C., Z. Rubin, and L. Peplau. "Breakups before Marriage: The End of 103 Affairs." In *Divorce and Separation,* edited by G. Levinger and O. Moles. New York: Basic Books, 1979.

Hjelle, L. A. "Transcendental Meditation and Psychological Health." *Perceptual and Motor Skills* 39(1974):623–28.

Holahan, C. K., C. J. Holohan, and S. S. Belk. "Adjustment in Aging: The Roles of Life Stress, Hassles, and Self-Efficacy." *Health Psychology* 3(1984):315–28.

Holmes, David S. "Meditation and Somatic Arousal Reduction: A Review of the Experimental Evidence." *American Psychologist* 39(1984):1–10.

Holmes, Thomas H., and Richard H. Rahe. "The Social Readjustment Rating Scale." *Journal of Psychosomatic Research* 11(1967):213–18.

Holmes, T. S., and Thomas H. Holmes. "Short-Term Intrusions into the Life-Style Routine." *Journal of Psychosomatic Research* 14(1970):121-32.

Houston, B. Kent and C. R. Snyder, Eds. *Type A Behavior Pattern: Research, Theory and Intervention.* New York: John Wiley & Sons, 1988.

Hovell, Melbourne F., Beverly Calhoun, and John P. Elder. "Modification of Students' Snacking: Comparison of Behavioral Teaching Methods." *Health Education* 19(1988):26-37.

Howard, John H., David A. Cunningham, and Peter A. Rechnitzer. "Personality (Hardiness) as a Moderator of Job Stress and Coronary Risk in Type A Individuals: A Longitudinal Study." *Journal of Behavioral Medicine* 9(1986):229-44.

"How to Prevent Back Trouble." *U.S. News & World Report,* 14 April 1975, 45-48.

Hull, Jay G., Ronald R. Van-Treuren, and Suzanne Virnelli. "Hardiness and Health: A Critique and Alternative Approach." *Journal of Personality and Social Psychology* 53(1987):518-30.

Hunt, Morton. *Sexual Behavior in the 1970s.* Chicago: Playboy Press, 1974.

Hurrell, J. J., and M. J. Colligan. "Psychological Job Stress." In *Environmental and Occupational Medicine,* edited by W. N. Rom. Boston: Little, Brown, 1982, 425-30.

Hurrell, Joseph. "An Overview of Organizational Stress and Health." In *Stress Management in Work Settings,* edited by Lawrence R. Murphy and Theodore F. Schoenborn. Washington, DC: National Institute for Occupational Safety and Health, 1987, 31-45.

Hypertension Update. Chicago: Abbott Laboratories, 1976.

Ivancevich, John M., Michael T. Matteson, and Edward P. Richards III. "Who's Liable for Stress on the Job?" *Harvard Business Review,* March-April 1985, 66.

Iyengar, B. K. S. *Light on Yoga.* New York: Schocken Books, 1965.

Jackson, S., and R. Schuler. "A Meta-Analysis and Conceptual Critique of Research on Role Ambiguity and Role Conflict in Work Settings." *Organizational Behavior and Human Decision* 36(1985):16-28.

Jacobson, Edmund. *Progressive Relaxation.* 2d ed. Chicago: University of Chicago Press, 1938.

―――. *You Must Relax.* New York: McGraw-Hill Book Co., 1970.

Jenkens, C. D. "Recent Evidence Supporting Psychologic and Social Risk Factors for Coronary Disease." *New England Journal of Medicine* 294(1976):987-1038.

Jennings, Charles, and Mark J. Tager. "Good Health Is Good Business." *Medical Self-Care,* Summer 1981, 14.

Jones, John W. "A Measure of Staff Burnout among Health Professionals." Paper presented at the annual meeting of the American Psychological Association, Montreal, September 1980.

Jones, M. A., and J. Emmanuel. "Stages and Recovery Steps of Teacher Burnout." *Education Digest* 45(1981):9–11.

Kamiya, J. "Conscious Control of Brain Waves." *Psychology Today* 1(1978):57–60.

Kanner, A. D., et al. "Comparison of Two Modes of Stress Management: Daily Hassles and Uplifts versus Major Life Events." *Journal of Behavioral Medicine* 4(1981):1–39.

Kaprio, Jaakko, Markku Koskenvuo, and Heli Rita. "Mortality after Bereavement: A Prospective Study of 95,647 Widowed Persons." *American Journal of Public Health* 77(1987):283–87.

Karasek, Robert A., et al. "Job Characteristics in Relation to the Prevalence of Myocardial Infarction in the US Health Examination Survey (HES) and the Health and Nutrition Examination Survey (HANES)." *American Journal of Public Health* 78(1988):190–198.

Karasek, R. A., J. Schwartz, and T. Theorell. *Job Characteristics, Occupation, and Coronary Heart Disease.* Final report on contract no. R–01–0H00906. Cincinnati, Ohio: National Institute for Occupational Safety and Health, 1982.

Kasamatsu, A., and T. Hirai. "Studies of EEG's of Expert Zen Meditators." *Folia Psychiatrica Neurologica Japonica* 28(1966):315.

Kasl, Stanislav V., and Sidney Cobb. "Health Behavior, Illness Behavior, and Sick-Role Behavior." *Archives of Environmental Health* 12(1966):246–66.

Katz, Jane. "The W. E. T. Workout: A Swimmer's Guide to Water Exercise Techniques." *Shape,* June 1986, 82–88+.

Keefe, J. F., R. S. Surwit, and R. N. Pilon. "Biofeedback, Autogenic Training, and Progressive Relaxation in the Treatment of Raynaud's Disease: A Comparative Study." *Journal of Applied Behavior Analysis* 13(1980): 3–11.

Keen, Sam and Ofer Zur. "Who Is the New Ideal Man?" *Psychology Today* 23(November 1989):54–60.

Kelly, Colleen. *Assertion Training: A Facilitator's Guide.* LaJolla, Calif.: University Associates, 1979.

Kiesling, Stephen. "Loosen Your Hips: Walkshaping." *American Health,* October 1986, 62–67.

Kiesling, Stephen and T. George Harris. "The Prayer War." *Psychology Today* 23(October, 1989):65–66.

Kimmel, H. D. "Instrumental Conditioning of Autonomically Mediated Behavior." *Psychological Bulletin* 67(1967):337–45.

Kimmel, H. D., and F. A. Hill. "Operant Conditioning of the GSR." *Psychological Reports* 7(1960):555–62.

Kittleson, Mark J., and Becky Hageman-Righey. "Wellness and Behavior Contracting." *Health Education* 19(1988):8–11.

Kobasa, Suzanne C. "Stressful Life Events, Personality, and Health: An Inquiry into Hardiness." *Journal of Personality and Social Psychology* 37(1979):1–11.

Kobasa, Suzanne C., Salvatore R. Maddi, and Mark C. Puccetti. "Personality and Exercise as Buffers in the Stress-Illness Relationship." *Journal of Behavioral Medicine* 5(1982):391–404.

Kobasa, Suzanne C., Salvatore R. Maddi, and Marc A. Zola. "Type A and Hardiness." *Journal of Behavioral Medicine* 6(1983):41–51.

Kobasa, Suzanne C., et al. "Effectiveness of Hardiness, Exercise, and Social Support as Resources against Illness." *Journal of Psychosomatic Research* 29(1985):525–33.

Kondo, C., A. Canter, and J. Knott. "Relaxation Training as a Method of Reducing Anxiety Associated with Depression." Paper presented at the Biofeedback Research Society Meeting, Monterey, Calif., 1975.

Koop, C. Everett. *Understanding AIDS: A Message from the Surgeon General.* Washington, DC: Department of Health and Human Services, 1988.

Koskenvuo, Markku, Jaakko Kaprio, Richard J. Rose, Antero Kesaniemi, and Seppo Sarna. "Hostility as a Risk Factor for Mortality and Ischemic Heart Disease in Men." *Psychosomatic Medicine* 50(1988):330–340.

Krenz, Eric W. and Keith P. Henschen. "The Effects of Modified Autogenic Training on Stress in Athletic Performance." In James H. Humphrey (Ed.), *Human Stress: Current Selected Research, Vol. 1.* New York: AMS Press, 1986, 199–205.

Kriyananda. *Yoga Postures for Self-Awareness.* San Francisco: Ananda Publications, 1967.

Kukla, Kenneth J. "The Effects of Progressive Relaxation Training upon Athletic Performance during Stress." *Dissertation Abstracts International* 37(1977):6392.

Labott, Susan M., and Randall B. Martin. "The Stress-Moderating Effects of Weeping and Humor." *Journal of Human Stress* 13(1987):159–64.

Lacroix, J. Michael, Melissa A. Clarke, J. Carson Bock, and Neville C. Doxey. "Physiological Changes after Biofeedback and Relaxation Training for Multiple-Pain Tension-Headache Patients." *Perceptual and Motor Skills* 63(1986):139–53.

Lamont, Linda S., and Mary T. Reynolds. "Developing an Individualized Program for Physical Fitness." *Occupational Health Nursing* 28(1980):16–19.

Lamott, Kenneth. *Escape from Stress: How to Stop Killing Yourself.* New York: G. P. Putnam, 1974.

Lazarus, Richard S. *Psychological Stress and the Coping Process*. New York: McGraw-Hill Book Co., 1966.

———. "Puzzles in the Study of Daily Hassles." *Journal of Behavioral Medicine* 7(1984):375–89.

Lazarus, Richard S., and A. DeLongis. "Psychological Stress and Coping in Aging." *American Psychologist* 38(1983):245–54.

Lazarus, Richard S., and Susan Folkman. *Stress, Appraisal, and Coping*. New York: Springer, 1984.

Lear, Martha Weinman. "How Many Choices Do Women Really Have?" *Woman's Day*, 11 November 1986, 109–11, 180–83.

Lehrer, P. M., and R. L. Woolfolk. "Are Stress Reduction Techniques Interchangeable, or Do They Have Specific Effect?: A Review of the Comparative Empirical Literature." In *Principles and Practice of Stress Management*, edited by R. L. Woolfolk and P. M. Lehrer. New York: Guilford, 1984.

LeShan, Lawrence. "An Emotional Life-History Pattern Associated with Neoplastic Disease." *Annals of the New York Academy of Sciences*, 1966.

LeShan, Lawrence, and R. E. Worthington. "Some Recurrent Life-History Patterns Observed in Patients with Malignant Disease." *Journal of Nervous and Mental Disorders* 124(1956):460–65.

Levine, A. *When Dreams and Heroes Died*. San Francisco: Jossey-Bass, 1983.

Lindemann, Erich. "Symptomatology and Management of Acute Grief." In *Stress and Coping: An Anthology*, edited by Alan Monet and Richard S. Lazarus. New York: Columbia University Press, 1977.

Linden, W. "Practicing of Meditation by School Children and Their Levels of Field Independence-Dependence, Text Anxiety, and Reading Achievement." *Journal of Consulting and Clinical Psychology* 41(1973):139–43.

Linton, Steven J. "Behavioral Remediation of Chronic Pain: A Status Report." *Pain* 24(1986):125–41.

Litt, Mark D. "Mediating Factors in Non-Medical Treatment for Migraine Headache: Toward an Interactional Model." *Journal of Psychosomatic Research* 30(1986):505–19.

Locke, Steven E. and Douglas Colligan. "Tapping Your Inner Resources: A New Science Links Your Mind to Your Health." *Shape*, May 1988, 112–114.

Long, Nicholas J., and Jody Long. *Conflict and Comfort in College*. Belmont, Calif.: Wadsworth, 1970.

Lundberg, V., T. Theorell, and E. Lind. "Life Changes and Myocardial Infarction: Individual Differences in Life-Change Scaling." *Journal of Psychosomatic Research* 19(1975):27–32.

Luthe, Wolfgang. "Method, Research and Application of Autogenic Training." *American Journal of Clinical Hypnosis* 5(1962):17–23.

———, ed. *Autogenic Training*. New York: Grune & Stratton, 1965.

———, ed. *Autogenic Therapy*. Vols. 1–6. New York: Grune & Stratton, 1969.

Machlowitz, Marilyn. *Workaholics: Living with Them, Working with Them.* Reading, Mass.: Addison-Wesley, 1980.

Mac Kinnon, Catherine. *Sexual Harassment of Working Women.* New Haven, Conn.: Yale University Press, 1979.

McLean, Alan A. *Work Stress.* Reading, Mass.: Addison-Wesley, 1979.

McLeroy, K. R., Lawrence W. Green, K. D. Mullen, and V. Foshee. "Assessing the Health Effects of Health Promotion in Worksites: A Review of the Stress Program Evaluations." *Health Education Quarterly* 11(1984):379–401.

McNeil, Kevin, et al. "Measurement of Psychological Hardiness in Older Adults." *Canadian Journal on Aging* 5(1986):43–48.

McQuade, Walter, and Ann Aikman. *Stress.* New York: Bantam Books, 1974.

Maddi, Salvatore R. "Personality as a Resource in Stress Resistance: The Hardy Type." Paper presented in the symposium on "Personality Moderators of Stressful Life Events" at the annual meeting of the American Psychological Association, Montreal, September 1980.

Mahoney, M. J., and C. E. Thoresen. *Self-Control: Power to the Person.* Monterey, Calif.: Brooks/Cole, 1974.

Maier, Steven F., and Mark Laudenslager. "Stress and Health: Exploring the Links." *Psychology Today,* August 1985, 44–49.

Makara, G., M. Palkovits, and J. Szentagothal. "The Endocrine Hypothalamus and the Hormonal Response to Stress." In *Selye's Guide to Stress Research,* edited by Hans Seyle. New York: Van Nostrand Reinhold, 1980.

Malec, J., and C. N. Sipprelle. "Physiological and Subjective Effects of Zen Meditation and Demand Characteristics." *Journal of Consulting and Clinical Psychology* 45(1977):339–40.

Mann, R. A. "The Behavior-Therapeutic Use of Contingency Contracting to Control an Adult-Behavior Problem: Weight Control." *Journal of Applied Behavioral Analysis* 5(1972):99–109.

Manuso, J. S. J. "Stress Management in the Workplace." In *Health Promotion in the Workplace,* edited by M. P. O'Donnell and T. Ainsworth. New York: John Wiley & Sons, 1984, 362–90.

Margolis, B. L., W. H. Kroes, and R. P. Quinn. "Job Stress: An Unlisted Occupational Hazard." *Journal of Occupational Medicine* 16(1974): 654–61.

Mariab, Elaine N. *Human Anatomy and Physiology.* Redwood City, CA: Benjamin/Cummings, 1989, 555.

Martin, R. A., and H. M. Lefcourt. "Sense of Humor as a Moderator of the Relationship between Stressors and Mood." *Journal of Personal and Social Psychology* 45(1973):1313–24.

Mason, James W. "A Historical View of the Stress Field." *Journal of Human Stress* 1(1975):22–36.

Massage Therapy Journal. Available from the American Massage Therapy Association, P.O. Box 1270, Kingsport, TN 37662.

Masuda, M., et al. "Life Events and Prisoners." *Archives of General Psychiatry* 35(1978):197–203.

Matthews, Karen A. "Psychological Perspective on Type A Behavior Pattern." *Psychological Bulletin* 91(1982):293–323.

Matthews, Karen A., and Suzanne G. Haynes. "Reviews and Commentary: Type A Behavior Pattern and Coronary Disease Risk. Update and Critical Evaluation." *American Journal of Epidemiology* 123(1986):923–60.

McCurdy, Mindy. "Cool Water Workout." *Shape,* August 1990, 64–73.

Mental Health Service. "Freshman: Aiding the Transition." *Mental Health Update* 8(1990):1–2.

Merit System Protection Board report on sexual harassment in the workplace given before the Subcommittee on Investigations, Committee on the Post Office and Civil Service, U.S. House of Representatives, September 1980.

Mikevic, P. "Anxiety, Depression and Exercise." *Quest* 33(1982):140–53.

Miller, Neal E. "Learning of Visceral and Glandular Response." *Science* 163(1969):434–45.

———. "RX: Biofeedback." *Psychology Today,* February 1985, 54–59.

Mitchell, K. R., and D. M. Mitchell. "Migraine: An Exploratory Treatment Application of Programmed Behavior Therapy Techniques." *Journal of Psychosomatic Research* 15(1971):137–57.

Monat, Alan, and Richard S. Lazarus, eds. *Stress and Coping: An Anthology.* New York: Columbia University Press, 1985.

Moos, R. H., and George F. Solomon. "Psychologic Comparisons between Women with Rheumatoid Arthritis and Their Nonarthritic Sisters." *Psychosomatic Medicine* 2(1965):150.

Morgan, Janet DiVittorio. "I Work Because I Have To." In *The Mothers' Book: Shared Experiences,* edited by Ronnie Friedland and Carol Kort. Boston: Houghton Mifflin, 1981, 96.

Moskowitz, Daniel B. "Workers' Compensation Awards for Job Stress on the Rise." *Washington Post, Business,* 14 October 1985, 39.

Moss, G. E. *Illness, Immunity and Social Interaction.* New York: John Wiley & Sons, 1973.

Naranjo, C., and R. E. Ornstein. *On the Psychology of Meditation.* New York: Viking, 1971.

National Center for Health Statistics. "Advance Report of Final Divorce Statistics, 1985." *Monthly Vital Statistics Report* 36 (7 December 1987).

———. "Advance Report of Final Divorce Statistics, 1987." *Monthly Vital Statistics Report* 38(May 15, 1990):1.

———. "Advance Report of Final Marriage Statistics, 1985." *Monthly Vital Statistics Report* 37(29 April 1988).

———. "Advance Report of Final Marriage Statistics, 1987." *Monthly Vital Statistics Report* 38(April 3, 1990):3–4.

————. "Aging in the Eighties: Functional Limitations of Individuals Age 65 Years and Over." *Advance Data,* 10 June 1987.

————. "Aging in the Eighties, People Living Alone—Two Years Later." *Advance Data,* 4 April 1988.

————. "Annual Summary of Births, Marriages, Divorces, and Deaths: United States, 1986." *Monthly Vital Statistics Report* 35(24 August 1987).

————. "Blood Pressure Levels and Hypertension in Persons Ages 6–74 Years: United States, 1976–80." *Advance Data,* 8 October 1982.

————. "Use of Nursing Homes by the Elderly: Preliminary Data from the 1985 National Nursing Home Survey." *Advance Data,* 14 May 1987.

National Institute of Mental Health. *Retirement: Patterns and Predictions.* Washington, DC: National Institute of Mental Health, 1975.

Noland, Melody P., and Robert H. L. Feldman. "An Empirical Investigation of Exercise Behavior in Adult Women." *Health Education* 16(1985): 29–33.

Nowack, Kenneth M. "Coping Style, Cognitive Hardiness, and Health Status." *Journal of Behavioral Medicine* 12(1989):145–158.

Nowack, Kenneth M. "Type A, Hardiness, and Psychological Distress." *Journal of Behavioral Medicine* 9(1986):537–48.

Nuckolls, K., J. Cassel, and B. Kaplan. "Psychosocial Assets, Life Crises, and the Prognosis of Pregnancy." *American Journal of Epidemiology* 95(1972):431–41.

"Nutrients and Stress." *Medical Self-Care.* Summer 1985, 18.

O'Brien, F., and K. Sothers. "The UW-SP Stress Management Program." *Health Values* 8(1984):35–40.

"Of Rats and Men." *Psychology Today,* July 1985, 21.

Office of Disease Prevention and Health Promotion. "Exercise for Older Americans." *Healthfinder.* Washington, DC: Office of Disease Prevention and Health Promotion National Health Information Center, November 1987.

"On the Pulse." *Washington Post,* 6 February 1985, 5.

Orme-Johnson, David W. "Autonomic Stability and Transcendental Meditation." *Psychosomatic Medicine* 35(1973):341–49.

Ornstein, Robert, and David Sobel. *The Healing Brain: A New Perspective on the Brain and Health.* New York: Simon & Schuster, 1987.

Osipow, Samuel H., and Arnold R. Spokane. "Occupational Environment Scales." Unpublished Scales, University of Maryland, 1980.

Otis, Leon, et al. "Voluntary Control of Tension Headaches." Paper presented at the Biofeedback Research Society Meeting, Colorado Springs, Colo., 1974.

Ouchi, Wm. *Theory Z.* Reading, Mass.: Addison-Wesley, 1981.

Pargman, David. *Stress and Motor Performance: Understanding and Coping.* Ithaca, N.Y.: Mouvement Publications, 1986.

Parkes, C. M., B. Benjamin, and R. E. Fitzgerald. "Broken Heart: A Statistical Study of Increased Mortality among Widowers." *British Medical Journal* 1(1969):740–43.

Patlak, Marjie. "Eating to Avoid Cancer Gets More Complicated." *Washington Post, Health,* 2 April 1986, 16–17.

Patrick, Pamela K. S. *Health Care Worker Burnout: What It Is, What to Do About It.* Chicago: Blue Cross Association, Inquiry Books, 1981.

Pelletier, Kenneth R. *Mind as Healer, Mind as Slayer.* New York: Dell Publishing Co., 1977.

———. *Healthy People in Unhealthy Places: Stress and Fitness at Work.* New York: Delacorte Press/Seymour Lawrence, 1984.

Peters, Ruanne K., Herbert Benson, and John M. Peters. "Daily Relaxation Response Breaks in a Working Population: II. Effects on Blood Pressure." *American Journal of Public Health* 67(1977):954–59.

Peterson, J. et al. "The Playboy Reader's Sex Survey, Part 2." *Playboy.* March, 1983, pp. 90–92, 178–184.

Pollock, Susan E. "Human Response to Chronic Illness: Physiologic and Psychosocial Adaptation." *Nursing Research* 35(1986):90–95.

Pond, Jim. "Survey Shows Studying Freshmen's Top Worry." *The Diamondback,* 15 April 1985, 1, 3.

Poppen, Roger. *Behavioral Relaxation Training and Assessment.* New York: Pergamon Press, 1988, 66.

Potter, B. A. *Preventing Job Burnout.* Palo Alto, CA: Consulting Psychologists Press, 1987.

President's Council on Physical Fitness and Sports. *An Introduction to Running: One Step at a Time.* Washington, DC: President's Council on Physical Fitness and Sports, 1980.

———. *Aqua Dynamics.* Washington, DC: President's Council on Physical Fitness and Sports, 1981.

———. *Building a Healthier Company.* Washington, DC: President's Council on Physical Fitness and Sports, n.d.

"Princeton Study: Student Stress Lowers Immunity." *Brain Mind Bulletin* 14(1989):1, 7.

"Putting the Heart in Cardiac Care." *Psychology Today,* April 1986, 18.

Rabkin, S., and F. Matthewson. "Chronobiology of Cardiac Sudden Death in Men." *Journal of the American Medical Association* 244(1980):1357–58.

Raskin, M., G. Johnson, and J. Rondestvedt. "Chronic Anxiety Treated by Feedback-Induced Muscle Relaxation." *Archives of General Psychiatry* 23(1973):263–67.

Rathus, Spencer A. "A 30-Item Schedule for Assessing Assertive Behavior." *Behavior Therapy* 4(1973):398–406.

Rice, Phillip L. *Stress and Health: Principles and Practice for Coping and Wellness.* Monterey, Calif.: Brooks/Cole, 1987.

Rich, Spencer. "Study Details Income Lost in Giving Birth." *Washington Post,* 15 March 1988, A21.

Richburg, Keith B. "College Students' Average Age Rises." *Washington Post,* 14 August 1985, A4.

Riddle, Patricia, and Geraldine A. Johnson. "Sexual Harassment: What Role Should Educators Play?" *Health Education* 14(1983):20–23.

Riley, V. "Mouse Mammary Tumors: Alternation of Incidence as Apparent Function of Stress." *Science* 189(1975):465–67.

Robinson, Vera M. "Humor in Nursing." In *Behavioral Concepts and Nursing Intervention,* 2d ed., edited by C. Carlson and B. Blackwell. Philadelphia: Lippincott, 1978.

————. "Humor and Health." In *Handbook of Humor Research,* edited by Paul E. Mcghee and Jeffrey H. Goldstein. New York: Springer-Verlag, 1983.

Rodin, J., and J. Slochower. "Externality in the Obese: Effects of Environmental Responsiveness on Weight." *Journal of Personality and Social Psychology* 33(1976):338–44.

Roman, J. A. "Cardiorespiratory Functioning in Flight." *Aerospace Medicine* 34(1963):322–37.

Rosato, Frank D. *Fitness and Wellness: The Physical Connection.* St. Paul, Minn.: West, 1986.

Rosch, Paul J., and Kenneth R. Pelletier. "Designing Worksite Stress Management Programs." In *Stress Management in Work Settings,* edited by Lawrence R. Murphy and Theodore F. Schoenborn. Washington, DC: National Institute for Occupational Safety and Health, 1987, 69–91.

Rosenbaum, Jean. "Aerobics without Injury." *Medical Self-Care,* Fall 1984, 30–33.

Rosenbaum, Jean, and Veryl Rosenbaum. *Living with Teenagers.* New York: Stein & Day, 1980.

Rosenman, Ray H., Richard Brand, and C. David Jenkins. "Coronary Heart Disease in the Western Collaborative Group Study: Final Follow-Up Experience of 8½ Years." *Journal of the American Medical Association* 223(1975):872–77.

Rosenman, Ray H., Meyer Friedman, and Reuban Strauss. "A Predictive Study of Coronary Heart Disease: The Western Collaborative Group Study." *Journal of the American Medical Association* 189(1964): –22.

Rotter, Julian B. "Generalized Expectancies for Internal vs. External Control of Reinforcement." *Psychological Monographs* 80(1966):whole no. 609.

Rovner, Sandy. "Learning Ways to Beat Stress." *Washington Post Health,* 22 September 1987, 16.

Rowland, K. F., and B. A. Sokol. "A Review of Research Examining the Coronary-Prone Behavior Pattern." *Journal of Human Stress* 3(1977): 26–33.

Rowlands, Peter. *Saturday Parent.* New York: Continuum, 1980.

Rubin, R. T. "Biochemical and Endocrine Responses to Severe Psychological Stress." In *Life Stress and Illness*, edited by E. K. E. Gunderson and Richard H. Rahe. Springfield, Ill.: Charles C. Thomas, 1974.

Rubin, R. T., E. Gunderson, and R. J. Arthur. "Prior Life Change and Illness Onset in an Attack Carrier's Crew." *Archives of Environmental Health* 19(1969):753–57.

Rubenstein, Carin and Carol Tavris. "Special Survey Results: 26,000 Women Reveal the Secrets of Intimacy." *Redbook*, September, 1987, pp. 147–149, 214–215.

Russek, Henry I., and Linda G. Russek. "Is Emotional Stress an Etiological Factor in Coronary Heart Disease?" *Psychosomatics* 17(1976):63.

Sadker, Myra, and David Sadker. "Sexism in the Schools of the '80s." *Psychology Today*, March 1985, 54–57.

Safran, Claire. "What Men Do to Women on the Job: A Shocking Look at Sexual Harassment." *Redbook*, November 1976, 149, 217–24.

Salameh, Waleed Anthony. "Humor in Psychotherapy: Past Outlooks, Present Status, and Future Frontiers." In *Handbook of Humor Research*, edited by Paul E. Mcghee and Jeffrey H. Goldstein. New York: Springer-Verlag, 1983, 75–108.

Sands, Steven. "The Use of Humor in Psychotherapy." *Psychoanalytic Review* 71(1984):458.

Sargent, J. D., E. E. Green, and E. D. Walters. "Preliminary Report on the Use of Autogenic Feedback Techniques in the Treatment of Migraine and Tension Headaches." *Psychosomatic Medicine* 35(1973):129–35.

Sargent, Joseph, et al. "Results of a Controlled, Experimental, Outcome Study of Nondrug Treatments for the Control of Migraine Headaches." *Journal of Behavioral Medicine* 9(1986):291–323.

Schleifer, Steven, et al. "Suppression of Lymphocyte Stimulation following Bereavement." *JAMA* 250(1983):374–77.

Schmied, Lori A., and Kathleen A. Lawler. "Hardiness, Type A Behavior, and the Stress-Illness Relation in Working Women." *Journal of Personality and Social Psychology* 51(1985):1218–23.

Schultz, Johannes. *Das Autogene Training*. Stuttgart, Germany: Geerg-Thieme Verlag, 1953.

Schultz, Johannes, and Wolfgang Luthe. *Autogenic Training: A Psychophysiologic Approach to Psychotherapy*. New York: Grune & Stratton, 1959.

Schwinn, Beth. "Burned in Pursuit of the Burn." *Washington Post, Health*, 14 August 1986, 12.

Seeman, M., and J. W. Evans. "Alienation and Learning in a Hospital Setting." *American Sociological Reviews* 27(1962):772–83.

Segell, Michael. "The American Man in Transition." *American Health*, January/February, 1989, pp. 59–61.

Selye, Hans. *The Stress of Life.* New York: McGraw-Hill Book Co., 1956.
———. *Stress without Distress.* New York: J. B. Lippincott, 1974.
Shapiro, D. H., and D. Giber. "Meditation and Psychotherapeutic Effects." *Archives of General Psychiatry* 35(1978):294–302.
Shapiro, Shoshana, and Paul M. Lehrer. "Psychophysiological Effects of Autogenic Training and Progressive Relaxation." *Biofeedback and Self-Regulation* 5(1980):249–55.
Shearn, D. W. "Operant Conditioning of Heart Rate." *Science* 137(1962): 530–31.
Sheikh, A. A. *Imagery: Current Theory, Research, and Application.* New York: Wiley, 1983.
———. *Imagination and Healing.* Farmingdale, N.Y.: Baywood Publishing Company, 1984.
Shekelle, R. B., J. A. Schoenberger, and J. Stamler. "Correlates of the JAS Type A Behavior Pattern Score." *Journal of Chronic Diseases* 29(1976):381–94.
Shekelle, R. B., et al. "Hostility, Risk of Coronary Heart Disease and Mortality." *Psychosomatic Medicine* 45(1983):109–14.
———. "The MRFIT Behavior Pattern Study II. Type A Behavior and Incidence of Coronary Heart Disease." *American Journal of Epidemiology* 122(1985):559–70.
Shostak, Arthur B. *Blue-Collar Stress.* Reading, Mass.: Addison-Wesley, 1980.
Silver, B. V. "Temperature Biofeedback and Relaxation Training in the Treatment of Migraine Headaches." *Biofeedback and Self-Regulation* 4(1979):359–66.
Simeons, A. T. W. *Man's Presumptuous Brain: An Evolutionary Interpretation of Psychosomatic Disease.* New York: E. P. Dutton, 1961.
Simon, A. "The Neurosis, Personality Disorders, Alcoholism, Drug Use and Misuse, and Crime in the Aged." In *Handbook of Mental Health and Aging,* edited by J. E. Birren and R. B. Sloane. Englewood Cliffs, NJ: Prentice-Hall, 1980, 653–70.
Simon, Cheryl. "A Care Package." *Psychology Today,* April 1988, 44–49.
Simonton, Carl O., and Stephanie Matthews-Simonton. "Belief Systems and Management of the Emotional Aspects of Malignancy." *Journal of Transpersonal Psychology* 7(1975):29–48.
Sinclair, Molly. "Coping with Careers and 'Elder Care'." *Washington Post,* 19 July 1987, A1, A6.
Singer, Jefferson A., Michael S. Neale, and Gary E. Schwartz. "The Nuts and Bolts of Assessing Occupational Stress: A Collaborative Effort with Labor." In *Stress Management in Work Settings,* edited by Lawrence R. Murphy and Theodore F. Schoenborn. Washington, DC: National Institute for Occupational Safety and Health, 1987, 3–29.
"Sleeping with the Boss." *Forum,* December 1979, 7.
Smith, H. P. R. "Heart Rate of Pilots Flying Aircraft on Scheduled Airline Routes." *Aerospace Medicine* 38(1967):1117–19.

Smith, Jonathan C. *Relaxation Dynamics: Nine World Approaches to Self-Relaxation.* Champaign, Ill.: Research Press, 1985.
————. *Meditation: A Senseless Guide to a Timeless Discipline.* Champaign, Ill.: Research Press, 1986.
————. "Meditation, Biofeedback, and the Relaxation Controversy: A Cognitive-Behavioral Perspective." *American Psychologist* 41(1986):1007–9.
Solomon, Z., M. Mikulincer, and S. E. Hobfoll. "Objective Versus Subjective Measurement of Stress and Social Support." *Journal of Consulting and Clinical Psychology* 55(1987):557–583.
Somers, P., and J. Clementson-Mohr. "Sexual Extortion in the Workplace." *The Personnel Administrator,* April 1979, 23–28.
Sorenson, Jacki. *Aerobic Dancing.* New York: Rawson, Wade, 1979.
Sparacino, Jack. "The Type A Behavior Pattern: A Critical Assessment." *Journal of Human Stress* 5(1979):37–51.
Squires, Sally. "When You're Smiling, the Whole Immune System Smiles with You." *Washington Post,* 9 January 1985, 16.
————. "The Power of Positive Imagery: Visions to Boost Immunity." *American Health,* July 1987, 56–61.
Stachnik, Thomas et al. "Goal Setting, Social Support and Financial Incentives in Stress Management Programs: A Pilot Study of Their Impact on Adherence." *American Journal of Health Promotion* 5(1990):24–29.
Stellman, Jeanne, and Mary Sue Henifen. *Office Work Can Be Dangerous to Your Health.* New York: Pantheon, 1983.
Stone, Arthur A., et al. "Evidence That Secretory IgA Antibody is Associated with Daily Mood." *Journal of Personality and Social Psychology* 52(1987):988–93.
Stone, William J. *Adult Fitness Programs: Planning, Designing, Managing, and Improving Fitness Programs.* Glenview, Ill.: Scott, Foresman and Company, 1987.
Straits, B. C., and L. Secherst. "Further Support of Some Findings about Characteristics of Smokers and Nonsmokers." *Journal of Consulting Psychology* 27(1963):282.
Swell, Lila. *Success: You Can Make It Happen.* New York: Simon & Schuster, 1976.
Szekely, Barbara. "Nonpharmacological Treatment of Menstrual Headache: Relaxation-Biofeedback Behavior Therapy and Person-Centered Insight Therapy." *Headache* 26(1986):86–92.

Tasner, Mary. "TMJ." *Medical Self-Care,* November-December 1986, 47–50.
Taub, Edward. "Self-Regulation of Human Tissue Temperature." In *Biofeedback: Theory and Practice,* edited by Gary E. Schwartz and J. Beatty. New York: Academic Press, 1977.
Taylor, Shelly E. *Health Psychology.* New York: Random House, 1986.

Theorell, T., and T. Akerstedt. "Day and Night Work: Changes in Cholesterol, Uric Acid, Glucose, and Potassium in Serum and in Circadian Patterns of Urinary Catecholamine Excretion—A Longitudinal Cross-Over Study of Railroad Repairmen." *Acta Medicine Scandinavia* 200(1976):47–53.

Theorell, T., and B. Floderus-Myrhed. "Workload and Myocardial Infarction—A Prospective Psychosocial Analysis." *International Journal of Epidemiology* 6(1977):17–21.

Theorell, T., and R. Rahe. "Life-Change Events, Ballistocardiography and Coronary Death." *Journal of Human Stress* 1(1975):18–24.

Thomas, D., and K. A. Abbas. "Comparison of Transcendental Meditation and Progressive Relaxation in Reducing Anxiety." *British Medical Journal* no. 6154(1978):1749.

Tobias, Maxine, and Mary Stewart. *Stretch and Relax: A Day by Day Workout and Relaxation Program*. Tucson, Ariz.: The Body Press, 1975.

Toffler, Alvin. *Future Shock*. New York: Random House, 1970.

———. *The Third Wave*. New York: William Morrow & Co., 1980.

Tom, G., and M. Rucker. "Fat, Full, and Happy: Effects of Food Deprivation, External Cues, and Obesity on Preference Ratings, Consumption, and Buying Intentions." *Journal of Personality and Social Psychology* 32(1975):761–66.

Tucker, Larry A., Galen E. Cole, and Glenn M. Friedman. "Stress and Serum Cholesterol: A Study of 7,000 Adult Males." *Health Values* 11(1987): 34–39.

Turk, D. C., Donald H. Meichenbaum, and W. H. Berman. "Application of Biofeedback for the Regulation of Pain: A Critical Review." *Psychological Bulletin* 86(1979):1322–38.

U.S. Bureau of the Census. *Current Population Reports, Population Characteristics, Series P-20, No. 417. Households, Families, Marital Status, and Living Arrangements: March 1987. Advance Report*. Washington, DC: U.S. Government Printing Office, 1987.

———. *Current Population Reports, Series P-20, No. 419. Household and Family Characteristics: March 1986*. Washington, DC: U.S. Government Printing Office, 1987.

———. *Current Population Reports, Series P-23, No. 150. Population Profile of the United States: 1984–85*. Washington, DC: U.S. Government Printing Office, 1987.

———. *Current Population Reports, Series P-23, No. 159, Population Profile of the United States: 1989*. Washington, DC: U.S. Government Printing Office, 1989.

———. *Current Population Reports, Series P-23, No. 162, Studies in Marriage and the Family*. Washington, DC: U.S. Government Printing Office, 1989, p. 1.

————. *Current Population Reports, Series P-23, No. 163, Changes in American Family Life.* Washington, DC: U.S. Government Printing Office, 1989, p. 13.

————. *Current Population Reports, Series P-70, No. 10. Male-Female Differences in Work Experience, Occupations, and Earnings: 1984.* Washington, DC: U.S. Government Printing Office, 1987.

van Doornen, L., and K. Orlebeke. "Stress, Personality and Serum Cholesterol Level." *Journal of Human Stress* 8(1982):24–29.

Wallace, Robert Keith. "Physiological Effects of Transcendental Meditation." *Science* 167(1970):1751–54.

Wallace, Robert Keith, and Herbert Benson. "The Physiology of Meditation." *Scientific American* 226(1972):84–90.

Walsh, Sharon Warren. "Confronting Sexual Harassment at Work." *Washington Post, Business,* 21 July 1986, 16–17.

Walster, Elaine, and G. William Walster. *A New Look at Love.* Reading, Mass.: Addison-Wesley, 1978.

Wanning, Esther, and Michael Castleman. "Healing Your Aching Back." *Medical Self-Care,* Fall 1984, 26–29.

Weiman, Clinton G. "A Study of the Occupational Stressor and the Incidence of Disease/Risk." *Journal of Occupational Medicine* 19(1977):119–22.

————. "A Study of the Occupational Stressor and the Incidence of Disease/ Risk." *NIOSH Proceeding: Reducing Occupational Stress.* Cincinnati, Ohio: National Institute for Occupational Safety and Health, April 1978, 55.

Weldon, Gail. "The ABC's of Aerobics Injuries." *Shape,* September 1986, 86–90 +.

White, Louise M. "Attention Type A's! You May Be 'Talking Yourself Into' Coronary Heart Disease." *The University of Maryland Graduate School Chronicle* 19(1985):6–7.

Wolf, Stewart. *The Stomach.* Oxford: Oxford University Press, 1965.

Wolf, Stewart, and Harold G. Wolff. *Headaches: Their Nature and Treatment.* Boston: Little, 1953.

Wolff, Harold G. *Stress and Disease.* Springfield, Illinois: Charles C. Thomas, 1953.

Wolpe, Joseph. *The Practice of Behavior Therapy.* 2d ed. New York: Pergamon, 1973.

Women on Words & Images. *Dick and Jane as Victims.* Princeton, NJ: Women on Words & Images, 1975.

Women's Bureau. *Facts on Women Workers.* Washington, DC: U.S. Department of Labor, 1984.

"Women's Health: More Sniffles in Splitsville." *American Health,* July/August 1986, 96, 98.

Young, M., B. Benjamin, and C. Wallace. "The Mortality of Widowers." *Lancet* 3(1960):254–56.

Zaichkowsky, L. D., and R. Kamen. "Biofeedback and Meditation: Effects on Muscle Tension and Locus of Control." *Perceptual and Motor Skills* 46(1978):955–58.

Zarski, J. J. "Hassles and Health: A Replication." *Health Psychology* 3(1984):243–51.

Zimbardo, Philip G. *Shyness: What It Is and What to Do about It.* Reading, Mass.: Addison-Wesley, 1977.

Zimmerman, Tansella, "Preparation Courses for Childbirth in Primipara: A Comparison." *Journal of Psychosomatic Research* 23(1979):227–33.

國家圖書館出版品預行編目資料

壓力管理／Jerrold S. Greenberg 著；潘正德譯
--初版.--臺北市：心理，1995（民 84）
面；　公分.--（輔導諮商；29）
譯自：Comprehensive Stress Management
參考書目：面
ISBN 978-957-702-156-4（平裝）

176.54　　　　　　　　　84012443

輔導諮商 29　壓力管理

作　　　者：Jerrold S. Greenberg
譯　　　者：潘正德
總 編 輯：林敬堯
發 行 人：洪有義
出 版 者：心理出版社股份有限公司
社　　　址：台北市和平東路一段 180 號 7 樓
總　　　機：(02) 23671490　　傳　　　真：(02) 23671457
郵　　　撥：19293172　心理出版社股份有限公司
電子信箱：psychoco@ms15.hinet.net
網　　　址：www.psy.com.tw
駐美代表：Lisa Wu　　tel: 973 546-5845　　fax: 973 546-7651
登 記 證：局版北市業字第 1372 號
印 刷 者：翔盛印刷有限公司
初版一刷：1995 年 11 月
再版一刷：2000 年 4 月
再版五刷：2007 年 9 月

讀者意見回函卡

No. _____   填寫日期：　　年　　月　　日

感謝您購買本公司出版品。為提升我們的服務品質，請惠填以下資料寄回本社【或傳真(02)2367-1457】提供我們出書、修訂及辦活動之參考。您將不定期收到本公司最新出版及活動訊息。謝謝您！

姓名：_____　　性別：1□男　2□女

職業：1□教師 2□學生 3□上班族 4□家庭主婦 5□自由業 6□其他____

學歷：1□博士 2□碩士 3□大學 4□專科 5□高中 6□國中 7□國中以下

服務單位：_____　部門：_____　職稱：_____

服務地址：_____　電話：_____　傳真：_____

住家地址：_____　電話：_____　傳真：_____

電子郵件地址：_____

書名：_____

一、您認為本書的優點：（可複選）

　❶□內容 ❷□文筆 ❸□校對 ❹□編排 ❺□封面 ❻□其他____

二、您認為本書需再加強的地方：（可複選）

　❶□內容 ❷□文筆 ❸□校對 ❹□編排 ❺□封面 ❻□其他____

三、您購買本書的消息來源：（請單選）

　❶□本公司 ❷□逛書局⇨_____書局 ❸□老師或親友介紹

　❹□書展⇨____書展 ❺□心理心雜誌 ❻□書評 ❼其他_____

四、您希望我們舉辦何種活動：（可複選）

　❶□作者演講 ❷□研習會 ❸□研討會 ❹□書展 ❺□其他____

五、您購買本書的原因：（可複選）

　❶□對主題感興趣 ❷□上課教材⇨課程名稱_____

　❸□舉辦活動 ❹□其他_____　　　（請翻頁繼續）

```
┌─────────────────────┐
│ 廣  告  回  信      │
│ 台 北 郵 局 登 記 證 │
│ 台 北 廣 字 第 940 號│
└─────────────────────┘
```
（免貼郵票）

 心理出版社 股份有限公司

台北市 106 和平東路一段 180 號 7 樓

TEL: (02) 2367-1490
FAX: (02) 2367-1457
EMAIL: *psychoco@ms15.hinet.net*

沿線對折訂好後寄回

六、您希望我們多出版何種類型的書籍

❶□心理 ❷□輔導 ❸□教育 ❹□社工 ❺□測驗 ❻□其他

七、如果您是老師，是否有撰寫教科書的計劃：□有□無

　　書名／課程：_____

八、您教授／修習的課程：

上學期：_____

下學期：_____

進修班：_____

暑　假：_____

寒　假：_____

學分班：_____

九、您的其他意見

_____

謝謝您的指教！　　　　　　　　　　　　21029